JN153066

近世教育思想史の研究

——日本における「公教育」思想の源流——

辻本雅史 著

思文閣出版

近世教育思想史の研究※目次

問題の所在——「教育爆発」への始動と教育思想史の構想——

十九世紀の日本は「教育爆発の時代[1]」であるといわれることがある。しかしその「爆発」は、すでに宝暦以降の十八世紀後半（とりわけ天明・寛政期）には始動している、というのが、本書の立場である。それは、すでに初期微動の段階を越えているといってよい。この時期の教育的諸現象の高揚は、ほぼ全国的規模において見られる。それは、量的にはもちろん、質的にも階層的広がりの面においても、著しい。

たとえば、(一)藩校の増加による武士教育の一般化、(二)藩校の学科目の増加や医学校・洋学校などの専門学のための学校などの増加、(三)民衆への教化活動の活発化（郷学や教諭所の設立、細井平洲に代表されるような廻村教諭活動、為政者層と結んだ石門心学の全国的普及、幕府や諸藩における「孝義録」の類の編纂や出版、藩校における士庶共学など）、(四)都市はもちろん、農村部までの寺子屋の普及・浸透、(五)私塾の増加と多様化（漢学塾の他に、国学・洋学・医学等の塾の増加）、および地方への普及（三都以外の地方都市でも普及、たとえば、本稿でとりあげる亀井南冥・菅茶山・広瀬淡窓などの例）、等の現象である。いずれも全社会的に、教育や学習への需要や熱意の高まりを示すといってよい。

とりわけ、公権力が、教育のもつ意味を自らの政策の中で自覚し、教育の組織化や制度化が、幕藩領主層にほぼ共通の認識となり、藩校の設置や拡充につながっていった。(2) もちろん、宝暦以前に藩校がなかったというのではない。(3) しかし、たとえば、幕府の聖堂学問所が、寛政期を境に質的に大きな転換をみたことが示すように、問題は、藩校の有無や開設数の多少にあるのではなく、藩校がいかなる機能と役割でもって意味づけられているかにある。その点からすれば、やはり宝暦から寛政に至るこの時期こそが、大きな画期と想定せられることになる。(4)

それまでの日本の歴史の中で、この時期ほど、教育的諸事象が全社会的に、しかもほぼ全国的規模において活発さを示した時代は、ほかになかった。全く新たな歴史的現象といわねばならない。とすれば、十八世紀後半のこの時期は、日本教育史の全体からしても、その前後を二分するに値するほどの一大画期の時代と想定するとしても、あながち誇張であるともいえまい。何しろ、その動向は、以後明治維新をはさんで遠く近代日本におよぶ「教育爆発」の時代の、そのはじまりに位置しているのだから。(5)

本書は、この十八世紀後半の、幕・藩公権力によって取り組まれた教育的諸政策に思想史的考察を加えて、その教育史的意義を明らかにすることを第一義的な目的とする。次いで、そこで展開される思想と論理が、いかなる構造と特質をもって日本の近代に規定性を与えることになったのか、この点の解明にもつとめたい。この意味では、教育史における近世と近代を、断絶よりも連続した相に力点をおいてとらえようとするこころみでもある。

儒学思想史の点から見るなら、十八世紀後半は、徂徠学の後退を承けて折衷学の盛行をみ、次いで朱子学が復活する勢いを示して来る時期に相当する。折衷学は徂徠学を否定的媒介として成立した（第二章および第五章）。したがって、十八世紀後半の儒学思想は、享保期に成立し、儒学のあり方を一変させた徂徠学への考察をふまえずしてとらえることはできない。本稿が徂徠学の分析から始める所以である（第一章）。

第二―第五章において、宝暦から寛政にいたる（十八世紀後半）幕・藩の教育政策（藩政改革における藩校の設立、武士教育や民衆教化など）をめぐる思想や論理とその特質（その有効性や限界）を、折衷学（細井平洲、第二章）、徂徠学（亀井南冥、第三・四章）、正学派朱子学（頼春水など）および為政当局（松平定信、第五章）の思想に即して探る。それらを通して、幕府の寛政異学の禁にいたる必然性とその意味とを、思想史的に解明する（第五章）。さらに、西洋近代諸国による外圧（寛政期に始まり文政期に衝撃的に自覚された外圧）に対抗して形成された後期水戸学の思想を明らかにし、そこに、正学派朱子学との内在的な関連をさぐるとともに、近代日本の国家主義の教育政策のあり方にも連続し得る特質の形成が見られることを、示唆する（第六章）。

ところで、これまで、近世教育思想に関する研究の蓄積は、極めて貧しい。概していえば、これまでの研究の多くは、個々の思想家の教育説や学校論などの言説、もしくは私塾等における教育活動の解明などにもっぱら注意が向けられがちであった。かかる研究の問題点をあげるとすれば、総じて、(1)当該思想が形成されてきた固有の歴史的・社会的契機に十分注意が払われてこなかったこと、(2)その思想が、いかなる政治や社会の局面にかかわり、いかなる役割や機能を担い、いかなる影響をおよぼすことになったか、といったいわば歴史内在的評価の視点が欠落しがちであったこと、(3)近世思想史の全体的な展開過程への理解のもとで、その教育思想を、近世思想の内在的発展の中に位置づける視点を必ずしも自覚的にもっていたとはいえないこと、などが指摘できよう。敢えていうなら、教育思想の研究ではあっても、教育思想史の研究たりえなかったのではあるまいか。そこからは、ともすれば、思想史の歴史過程に固有の文脈や歴史的諸条件への考察を欠落させたまま、短絡的に、あるいは主観的に、現代的価値にもとづく評価や裁断をいとも安易に下すことになりかねない。

本書は、教育思想史の研究をめざす立場から、とりわけ次の二点に留意すべくつとめた。

第一に、歴史（政治史や社会経済史など）の展開の諸段階をふまえ、その中で、教育がいかなる機能と役割を担っていたか、という点への配慮である。(6) 教育は、為政者の側からすれば、為政者が自らの政治的意図を実現するための有力な一つの手段であり方法でありうるものであろう（近代日本の教育政策や公教育の歴史過程を見れば、この点はただちに了解されるはずである)。その意味で、十八世紀後半以降の教育史を、為政者(封建領主層)の政治的実践の一つであるといった視点からとらえることもまた可能であろう。そして、本書序章に展開するように、まさに儒学思想はすぐれて政治的実践にかかわる思想としての性格をそなえていた。しかも、人間形成(実践主体形成)を通じての政治的実践である。

留意した第二点は、教育の、思想内在的理解という点である。すなわち、教育思想を考える際、たんに思想家の教育説や学校論などの言説をさぐることにのみとどまらず、当該思想の全体的な論理体系とその特質をふまえた上で、教育的諸言説の意味をとらえる教育思想のとらえ方である。いうまでもなく、思想史は、思想の内在的発展の把握をめざすべきものである。教育思想史の研究についても、それは同様であって、そのためにも、教育思想の思想内在的理解が不可欠の前提たるべきこと、当然である。

なお、近世儒学思想史の研究にかかわっていえば、近世前期は、独創的にして個性豊かな思想家たち(たとえば、藤原惺窩、中江藤樹、熊沢蕃山、山崎闇斎、貝原益軒、山鹿素行、伊藤仁斎、新井白石、そしてそれに荻生徂徠も加えてよかろう)の輩出を反映して、相対的に豊かな研究の蓄積が見られる。また後期は、新たな時代にむけての可能性をはらんだ変革的にして行動的な思想的営為があり(後期水戸学、大塩中斎、吉田松陰、佐久間象山、横井小楠、橋本左内など)、その多くは、近代とのかかわりで関心がもたれてきた。これに対して、徂徠学以後の近世中期の儒学思想は、思想的停滞期、なかでも折衷学や正学派朱子学などは、理論的創造力や思想的個性を喪失した単なる封建道徳学の繰り返しに過ぎないとして、極めて低い評価が下されるのが一般であった。したがって中期の研究対象は、もっぱら儒学の枠をこえた諸思想(国学や経世の思想や多くの個性的・批判的な諸思想)に求められる傾向にあった。本書は、かかる儒学思想史研究の現状において、折衷学や正学派朱子学を、近世儒学思想史の中に、新たな視角から新たな意味づけをおこない、さらに幕末から近代への一定の展望を示さんとするこころみでもある。

たしかに、中期儒学は前期に比べて、思想の独創性の点では二流の域を出まい。しかし、その二流の思想家たちこそ、社会の現実に対しては、より活発で能動的な教育的営為の取り組みが見て取れる事実に着目したい。この点こそ、教育史の立場からする視点であると考えるからである。

本書のめざすところは、日本教育史学（とりわけ前近代教育史）の活性化と前進に資することだけにとどまらず、日本思想史学や歴史学に対しても、何らかの積極的な問題提起をすることにある。

（1）入江宏氏は、『講座日本教育史』第二巻、「近世Ⅱ・近代Ⅰ、概説」において、「十九世紀の日本は一種の教育爆発の時代といってもよく、民衆の学習熱は高揚し、手習塾から最先端の洋学塾までさまざまの水準の私的な塾が成立し、一方、支配権力は体制的危機を反映し、にわかに教学の主体としての自覚を高め、家臣団および領民の教育を公的に組織化しはじめた」（二〇九頁、第一法規、一九八四年）と述べておられる。

（2）公権力による教育への取り組みが、民間における私塾の広汎で多様な増加や民衆的教育の広がりと無関係であったとは思わない。当然密接にかかわる問題であろうが、私塾や民衆の動向は、当面ここでは対象にはできない。

（3）参考までに、藩校開設年代一覧表を別掲しておく。この表は、海原徹氏が『日本教育史資料』および『近世藩校の綜合

年号	西暦	年数	校数	累計
寛永—貞享	一六二四—一六八八	六四	九	九
元禄—正徳	一六八八—一七一六	二八	一七	二六
享保—寛延	一七一六—一七五一	三五	一五	四一
宝暦—天明	一七五一—一七八九	三八	五三	九四
寛政—文政	一七八九—一八三〇	四一	八四	一七八
天保—慶応	一八三〇—一八六八	三八	六三	二四一
明治元—四	一八六八—一八七一	四	四八	二八九
不明			六	
合計		二四八	二九五	

的研究』（笠井助治著）の二書にもとづいて作成されたもの（海原『日本史小百科、学校』五〇頁、近藤出版社、一九七九年）にもとづく。

（4）前期開設の藩校の大多数も、この時期に組織や規模を一新する改革が行われた。

（5）『講座日本教育史』第二巻（前掲注1）は、明治維新をさかいにその前後を近世と近代に二分する従来の教育史観を修正して、幕藩制解体期から維新をはさんで明治二〇年代初めの憲法体制成立期までを、「近世Ⅱ・近代Ⅰ」にまとめる区分法をとっている。その考え方の積極的意味は、前掲の入江氏による「概説」に説かれており、この点大いに評価できる。しかしその構想が、同書所収の個別論文に十分生かされ反映されているとはいえない。とりわけ、近世の歴史的諸段階をふまえた教育史的考察は、まだ極めて少ないといわざるを得ない。思えば、一つにくくった「近世Ⅱ・近代Ⅰ」というネーミングからして、いかにも妥協の産物の観をぬぐえない。近世教育史の研究の現状を反映しているといえようか。

（6）近世教育史・思想史の時代区分に関しては、当面、筆者はおおざっぱに以下のように想定している。

一、十七世紀、幕藩制の確立・安定期。新しく形成され確立した体制（幕藩の政治的体制、兵農分離とそれにともなう石高制の社会経済的体制）のもとで、教育政策としては、一部の先進的な好学大名（尾張の徳川義直、会津の保科正之、水戸の徳川光圀、岡山の池田光政など）に、儒学思想（主要には朱子学理念）にもとづく先進的なこころみが見られた。しかしそれも実際は、藩主の個性が色濃く反映した性格のものであっただけに、その藩主が没すると共に衰退するのがほとんどで、結局十分に社会的に定着を見るまでには至らなかった。一方思想の面では、確立・定着してきた幕藩制社会を、思想的にいかに論理化し、対応してゆくか、様々な思想的なこころみも見られた。しかし一部の好学大名らに若干の影響を見いだせるほかは、実際の政治的世界にかかわることは、少なかった。

二、元禄—享保期（十八世紀前半）。幕藩制の「初発的危機」（津田秀夫「近世封建国家の危機と解体の要件」『シンポジウム日本歴史』一三、学生社、一九七四年、一四三頁以下）に対応して、享保期、幕・藩での政治改革が見られた。そうした中で、幕府（将軍吉宗）や一部の諸藩で部分的に教育政策的なこころみがなされたが、必ずしもいまだ一般化するまでには至らなかった。こうした動向を思想的に反映したのが、徂徠学であった。徂徠学は、思想や学問のあり方を根本的に組み替えて、儒学が幕・藩の政治的世界に本格的に機能してゆく道を切り開いた。

三、寛政期を中心にして宝暦からほぼ文化期（十八世紀後半—十九世紀初期）。幕藩制の構造的な矛盾と危機が進行し、その克服を目指して幕・藩の政治改革の取り組みが、ほぼ全国的に見られた（いわゆる中期的改革）。こうした政治改革の不可欠の一環として、武士教育と民衆教化を視野にいれた教育政策が、本格的に登場してくる。こうした教育政策と政治改革の理念を、思想的な方向づけと理論化をしたのが、徂徠学、折衷学、そして正学派朱子学であった。
四、天保期を中心とした文政からペリーの来航した嘉永期まで（十九世紀前半）。前代以来の構造的危機が深刻化する一方で、新たに外圧の危機（鎖国的外交体制＝近世的国家体制の危機）が自覚され、内憂と外患に対応する政治改革の取り組みが、断続的に行われた。とりわけ、それまで前提とされていた幕藩制の政治的秩序や近世的国家そのもののあり方まで、根本から問い直す方向性も見られるようになってきた。こうした動向を思想的に反映したのが、たとえば後期水戸学や平田篤胤・佐藤信淵らの思想と想定できよう。教育政策の面では、寛政期以来の基調がさらに強く推進され、中小諸藩にまで藩校が普及してゆく状況が認められる。また、既設の藩校においても、朱子学を中心とする儒学の他にも、洋学や兵学などの実用的な諸学科の増設が進められていった。
五、ペリー来航から明治維新まで（安政―慶応）。巨大な西洋諸国との直接的な対峙を余儀なくされ、とりわけ開港以後は、幕藩制の解体、政治的激変の時期であった。教育の面では、これを反映して、危機に積極的に対処しうる能動的政治主体の形成と、軍事力増強につながる西洋の近代技術の導入を目指しての学校（藩校など）の強化や急増がみられた。思想的には、伝統的世界観を保持しつつ西洋技術を積極的に摂取する論理を示す思想（たとえば、佐久間象山や横井小楠、橋本左内など）や、吉田松陰や山田方谷らに代表されるごとき、時局を変革する行動的主体形成の論理がもとめられた時代であった。

以上総じて、幕藩領主側からの教育的取り組みは、幕藩制の動揺や危機の進行への対応を契機として、本格化していったこと、明らかである。本書は、右の区分のうち、本格的な教育政策のはじまる第三期を軸に、それを前後する第二および第四期の時期を含めて、思想史的に考察することになる。

近世教育思想史の研究

——日本における「公教育」思想の源流——

序　章　儒学における教育思想の基本的特質
――朱子学を中心に――

第一節　儒学思想の基本的特質

本章の課題は、東アジアに固有の思想としての儒学思想において、教育（広義に、人間形成の意で教育を考える）の問題がいかに構想されているか、その基本的な原則を明らかにするにある。それは、次章以下に、日本の近世儒学における教育思想を考えるための、準備作業としての意味をもつ。というのは、儒学の教育思想は、本来、子どもの発達を基軸において展開された教育思想では、必ずしもない。したがって、儒学において教育がいかなる契機で問題とされるのか、いわば儒学に固有の教育の論理を確認しておく必要があると考えるからである。

念のために付言すれば、ここでは、儒学思想が、歴史の発展系列の中で、遅れた封建思想であるとする固定的な考え方はとらない。西欧近代に至る歴史の発展系列を唯一の普遍的尺度として、儒学思想をその系列の中に位置づけようとする立場は、儒学思想の内在的理解を妨げ、その固有の論理と価値とを見失わせ、ひいては、儒学思想のもつ歴史的意味の正しい把握を不可能にするからである。つまり、東アジアには、ヨーロッパとは異質な歴史や思想の営為があり、そうした中で人間形成（教育）のいとなみがあったという前提から出発する。そして、儒学思想においても、その内部から近代思想が形成される可能性が認め得ると考える。その場合、歴史的には、近代は、西洋近代によってもたらされたことは、いうまでもない。したがって、在来思想は、それに対応（対抗）する思想の論理の構築を迫られた。そうした中で、自らの思想の論理にもとづいて、主体的に近代を自らの論理の中に組み込む思想も形成されてきたが、それも結局、近代思想といえるものであろう。

　さて、儒学は「道」の思想として展開され、「道」は、聖人に凝縮して提示されるが、実際は、人間の生き方、ことに社会における人間のあり方を通して自覚される。つまり、「道」は人間行為の規範であるといえる。

　そうした規範は、何よりも人間の本性に根差すもの、というのが儒学の考え方である。これが「道」の第一の性格である。つまり、「道」が「性」（人の本性）に根差すこと、これを強調してやまない。『中庸』冒頭部の「天の命、之を性と謂ひ、性に率ふ、之を道と謂ひ、道を修む、之を教と謂ふ。道なるものは須臾も離るべからず、離るべきは道にあらざるなり」というのは、このことの宣言である。つまり、「性」は「天命」として人間に賦与された本性であり（性善説の根拠）、「道」はその「性」にもとづいたところのものにほかならない。だから、「道」は、人間およびその本性（「性」）を離れてはありえないということになる。

　この点、朱子は、『中庸章句』において、「蓋し人の人たる所以、道の道たる所以、聖人の教えを為せし所以は、その自る所を原ぬるに、一として天に本づき我に備はらざるは無し」（原漢文、芸文印書館『四書集註』。傍点引用者。以下同）と、人（「性」）・道・教が、結局、天にもとづくものであると解説している。漢の董仲舒の言という「道の大原は天より出ず。天変わらず、道も変わらず」（『漢書』董仲舒伝）というのも、同じ意味にほかならない。すなわち、「道」の根源が、天にもとづいているということ、これが「道」の第二の性格としてあげられよう。ここで天とは、「天は陰陽五行を以て万物を化生す」（朱熹『中庸章句』第一章）というように、万物を生成するはたらきをもち、また地と一体となって、自然的秩序そのものを成す。つまり「道」は「天地の道」（自然的秩序）

に由来するということである。

かく、「道」は、天にもとづくとともに人間の本性に即した規範であった。そしてまた他方、「道」は社会全体の規範でもある点に注意されたい。ここに「道」の第三の性格を指摘しておく。儒学では、一般に、個人と社会とは決して対峙的にとらえられることはない。逆に『大学』の三綱領や八条目にみられる通り、連続的である。このことが、「道」が人間の（内面の）規範であると同時に、社会規範でもあることを保証している。ただしここで両者の連続といっても、『大学』の三綱領――「明明徳、親民、止於至善」（明徳を明らかにする、民を親しむ〔朱子学では「民を新たにす」と読む〕、至善に止どまる）――、および八条目――「格物・致知・誠意・正心・修身・斉家・治国・平天下」――に明示されるように、個人の完成がまず根本で、それが家・国・天下へと階梯的に社会に推及されてゆくという構成をとる。『大学』八条目のすぐ後に、「天子より以て庶人に至るまで、壱是に皆修身を以て本と為す」といい、両者を本・末の関係で説明しているのも、このことをいったものにほかならない。つまり個人の成就がそのまま社会的実践に連続するというところに、「道」＝儒学の基本的性格が見て取れる。

右のことは、根本的には、人間が自然と決して対峙的でないことと、内的にかかわる。先述の、人性が天にもとづくということは、人間は、本質的に宇宙的規模での自然の究極的原理を、自らに内在させているということである。したがって、人間は、天に由来する自らの人性に従う限り、自然的秩序に調和的であるはずであり、その集団としての人間の世界（社会）にも、整然たる自然的秩序と全く同一の秩序が貫徹するはずなのである。個人確立の原理が、そのまま社会に拡延するとは、こうした意味を背景にもっている。

こうした人間の自然との連続性を、朱子学では、理気論で説明する。気は、人間をも含めた万物（形而下的存在）の構成要素である（万物は、気の絶えざる聚散運動によって生成・消滅する）。これに対し、理は、万物をあるべきようにあらしめている根拠であった。「一物には一物の理あり」というように、理は、人間を含めたあらゆるものに内在して、万物の本質をなしているとともに、他方で「無極にして太極」ともいうように、理が世界の究極的真理でもあるといった、二重構造をもっていた。前者の理が、『中庸』の「天の命之を性と謂ふ」の「性」で、朱子が『大学或問』にいう「所当然の理」であり、後者が「所以然の故」に相当する。そしていわゆる「理一分殊」がこうした理の二重構造の端的な解説である（こうした朱子学の存在論が、一種の汎神論としての性格をもつということは、よく指摘されるところである）。

かく、理は、自然と人間とを貫く普遍的秩序として考えられていたから、自然界の秩序法則（物理）は、それ自体、人間の世界の道徳的社会秩序（道理、それは五倫五常に具体的に示される）と別物ではない。かくて人間は、本来、世界の全体的秩序にこよなく調和する本性をそなえて生まれているのである。性善説とは、朱子学では、こうした天理の内在（本然の性）によって保証された論理構成としてあったのである。

第二節　儒学思想における教育の問題

右に見てきたことを手掛かりとして、以下に儒学における教育の問題を考察する。

儒学においては、「道」の社会的実現こそが、究極の目標に設定されていた。もちろん、教育の目的もこの点に規定される。その場合、「道」が、人間の本性にもとづくとともに社会的にも実現さるべき規範であるから、要するに「道」の社会的実現とは、社会を構成する一人一人が自己の「徳」を完成し、あるべきようにあること、あるいはあらしめられること、を意味している。

なお、ここで「徳」とは、人が「性」にもとづいて「道」を自己に実現し、獲得したもの。たとえば、『礼記』楽記の「徳なる者は得なり」というのにもとづき、朱子は「徳の言たるは得なり。道を行いて心に得ること有るなり」（『論語集註』為政）といい、伊藤仁斎は「徳とは、仁義礼智の総名」（『語孟字義』徳）「道・徳の二字、また甚だ相近し。道は流行を以て言ふ。徳は存する所を以て言う」（同）、荻生徂徠は、「徳なる者は得なり。人々各々道に得る所あるを謂ふなり」（『弁名』上、徳）と定義する。結局、「徳」とは、個別の人間が普遍的価値を得たことを意味する概念といってよい。

ともかく、かかる「道」の社会的実現自体が、天の秩序の、人間世界における顕現であることは、いうまでもない。

ここから、儒学における教育は、理論的にいって二つの局面が想定される。一つは、「道」――「徳」の実現へむけての一人の人間としての陶治。いま一つは、「道」――社会規範の実現へ向けての全社会的陶治、いわゆる社会教化である。これを『大学』八条目に即していえば、「格物・致知・誠意・正心・修身」（総括的にいえば「修身」）までが前者を意味し、「斉家・治国・平天下」が後者を意味している。

ここで、儒学でいう学問とは、第一義的には、人間形成の学を意味することは、明らかであろう。「道」を学んで徳を成す人間をいかに形成するか、こうした学問と教育がまず自覚される。ここでは、学問と教育とは区別しがたい。儒学は、まず人間のあり方を問題とし、それとは無関係な客観的真理や法則を問題とし得ない以上、学問と教育は、コインの表と裏の関係に過ぎない。「聖人の学」と「聖人の教え」の意味内容そのものに違いがないように、「学」と「教」とは、単に主体を変えたいい方の違いに過ぎないのである。

こうした儒学の学問の特質（人間形成の学）を、ここでは朱子学に即して見ておく。朱子学では、既述のように、人間はひとしく天理（本然の性）を内在させているが、一方で人を構成するところの気には、清濁・厚薄などの様々な差異がある。だから、「性と道とは同じなりと雖も、而も気稟或は異なる。故に過・不及の差無きこと能わず」（朱子『中庸章句』第一章）というように、それぞれ気稟の差異によって、現実には、中正を失って「過」もしくは「不及」が生じて現象してくる。これが、「本然の性」に対する「気質の性」。本然の性も、気質の性を通じてしか現れようがない。したがって、この気質の性の「過・不及」を「中」なる状態にまで是正して、本来の本然の性（天理）に復すること（「復初」）、これが朱子学における学問（人間形成の学）の基本構成である。ここでは、とりあえず以下の諸点について指摘しておく。

（一）人間は、本来、善なる存在として生まれている（性善説）。したがって、端的にいえば、生まれたばかりの子どもは、善に限りなく近い存在と考えられている。たとえば『孟子』離婁下の「孟子曰く、大人なる者は、その赤子の心を失はざる者なりと」に対して、朱子はその章句において「大人の心は万変に通達す。赤子の心は則ち純一無偽なるのみ」と注したのにも(1)、それは暗示されている。ここにおいて、人が大人になることは、一般には人欲にとらわれた気質の性によって本然の性が蔽われてゆく過程、つまり善を見失ってゆく過程にほかならない。したがって、人間形成の学といっても、子どもの成長や発達とともに行われる意味での人間形成ではなく、蔽われ見失われた本来的自己の回復をめざした営み、したがって、成人の、人間としての自己形成（自己変革ないしは自己教育）の営為といってよい。そこに実に烈しい内的緊張（天理と人欲の葛藤）を内にこめた、厳しい自己規律による自己形成が、学問の名において要求されることになる。朱子学においては、「格物窮理」（「一事一物の理」を窮めてゆく客観的方法）と「主静持敬」（主観的内省）の二つが、そのための方法であった。

（二）学問が、結局、人間の自己形成にかかわるとすれば、学問は原則的には、すべての人に必要とならざるをえない。朱子が「（夏・殷・周の中国古代極盛の三代においては、学校が完備し、教育法も整備されていたから）是を以て当世の人、学ばざること無し。その学ぶ者は、以てその性分の固より有する所、職分の当に為すべき所を知って、各々俛焉として以てその力を尽くすこと有らざるは無し」（『大学章句』序）というように、人はすべて勝義には「学者」（学問をする人）でなければならないというのが、朱子学の原則であった(2)。

（三）右のことは、逆にいえば、すべての人間は、学問によって自己成就（本来的自己の回復）が可能であるということである。「聖人、学んで至るべし」(周濂渓・程伊川)、学問によって(努力すれば)だれでも聖人にまで到達できるというこの言葉は、朱子学が人間存在に対して寄せた限りない可能性と信頼の端的な表明であり、朱子学の人間観と学問論の根本的な考え方であった。

(四)右の意味から、朱子学では、学問を、原則的にはすべての人が学校で学ぶことを理想としていた。「三代の隆なるや、その法(教化の制度)浸く備はれり。然して後、王宮国都より、以て閭巷に及ぶまで、学あらざるは莫し」(朱子『大学章句』序)と、三代に託しての理想が述べられる。なお、この学校は、王公以下庶人の子弟までが八歳で入学する「小学」(学習の内容が「灑掃・応対・進退の節、礼・楽・射・御・書・数の文」という日常の基本的な行動様式や「六芸」と総称される基礎的知識や技術を修める初等教育段階の学校)と、十五歳で、皇太子以下諸王子、公・卿・大夫や士の子弟および「凡民の俊秀」とが入学する「大学」(「窮理正心修己治人の道」、要するに治者となるための学を修める)とが想定されている。朱子は、この「大学」のための(『礼記』の一篇の)『大学』書に対応する形で、わざわざ「小学」のための講学の書を編纂した。それが『小学』書である。(3)

以上、朱子学では、原則的には、学校という組織的教育によって、総ての人が人間的陶冶(それは知的陶冶も含み、主知主義的性格をともなう)を行うことを理想としていた点を、ここでは確認しておきたい。

さて、教育の第二の局面、すなわち「道」——社会規範実現にむけての社会教化の問題である。それは、先の「斉家・治国・平天下」にあたることから明らかなように、政治と区別することは難しい。むしろ、政治の内容が社会教化にあるとみなされていたというべきであろう。つまり儒学においては、いかにしてすべての民を(儒学的な意味での)あるべき人間として陶冶・形成してゆくか、という点に、政治の本来的な課題を設定していたと考えられる。徳治主義は、まさにこの立場の典型的表現であるといえよう。なお、右の意味での「教化」には、よく誤解されるような、外的強制や一方的な注入という意味はない。(4)あくまで、すべての人に内在する自己の善

性への覚醒や自覚をうながすものと想定されているのが、本来である。たとえば、

蓋し天の生民を降してより、則ち既に之に与うるに仁義礼智の性を以てせざることなし。然れども其の気質の禀、或は斉しきこと能わず。是を以て皆以て其の性の有する所を知りて之を全くすること有る能はず。一も聡明睿智にして能く其の性を尽くす者の其の間に出ずる有れば、則ち天必ず之に命じて以て億兆の君師と為し、之をして治めて之を教え、以て其の性に復らしむ（朱子『大学章句』序）(5)

というのに、こうした考え方がよく示されている。すなわち、「聡明睿智にして能く其の性を尽くす者」というのは、完成された人格、つまり聖人を意味する。そうした聖人が、天命を受けて（天子として）民を治める。その政治とは、民の「君師」（君主にして教師）として民を教化し、各々が本来具有している善なる性に復帰させる。それは、政教一致の理論にほかならない。

またその教化の方法は、単に言語での教説のみとは限らない。朱子が「（人々に過・不及の差があるから）聖人、人と物との当に行くべき所のものに因りて之を品節し、以て法を天下に為し、則ち之を教と謂う。礼楽刑政の属のごとき是なり」（『中庸章句』第一章）というように、「礼楽刑政」といった政治や文化の方法が、すべて教化の手段とされるのである。なお、「礼楽刑政」による教化の面を徹底してゆけば、徳治主義を正面から否定する徂徠の主張に接近してゆく。徂徠は、民の一人一人に対する直接的教化や教育の働きかけに反対し、礼楽や制度の整備を重視する。それは徂徠が民への教化を放棄したことを意味するのではない。民一般は、個別の徳によってではなく、制度などの政治的諸形式によってこそ、全体的に道徳教化され得る、という確信にもとづいていたのである。徂徠もやはり、教化をめざしていたといってよい（本書第一章第三節参照）。

かく考えれば、儒学における政治とは、一面において、それ自体が一つの壮大な教育活動である、と意識されていたと理解できるだろう。為政者は民の父母たるべし、という儒学に一般的にみられる考え方も、単に愛民

（我が子のごとく民を愛す）という意味だけでなく、我が子を育てるように民を教え育てるという意味合いもこめられていると考えるべきではあるまいか。

ところで、近世日本の儒学者たちも、多くの場合、政治や経済の問題をも道徳上の問題として、人間の心に内面化させる形でとらえる。それはつまり、政治や経済なども、それを担い実践する人間の主体のあり方におき直して考える立場といってよい。その分、政治や経済などを、社会現象としてそれ自体を客観化し対象化して、それに固有の論理の体系化をみちびくことはできない。しかしその一方において、それらを自らの責任に引き受けて行く主体的で実践的なとらえ方を可能とする。そこでは常に、そうした人間の主体形成のあり方が問題とならざるをえない。かかる意味においても、儒学はそれ自体、人間形成（主体形成）の学ということができよう。近世の教育思想を考える上において、やはり、政治や経済や倫理などとのかかわりにおいて、広い意味での教育の問題に注目せざるを得ないのである。

儒学、とりわけ朱子学のこうした人間観や政教一致論の前提には、独自の儒学的世界観があったことを理解しておかねばならない。「道」は天にもとづき、人間は、天理の内在によって、自然的秩序の一環をなす存在であった。人間が、学問や教育によって、本来の善なる性に復すとは、根源のところにおいて、天の秩序に連なることを意味している。

『中庸』第一章の結びに、「中・和を致せば、天地位し、万物育す」とある。朱子学では、これを、「中」（未発の性）「和」（已発の徳）を推し極めてゆけば、天地自然の秩序があるべきように安定し、その結果、万物は自己固有の生を完全に実現することができる（「育すとは、その生を遂ぐるなり」『中庸章句』）、と解する。すなわち、「天地」（自然）の調和的秩序こそ、万物を生みかつ育てる根本の力である。ここには、「天地万物は、本（もと）吾と一体」（程明道の言葉、『中庸章句』第一章に引用）というような、本来の自己は自然（「天地万物」）と一体的存在、とする人間観がある。すなわち、人間は万物の一として、天地の徳（「性」、朱子学ではこれが「天理」）を備えて生まれており、それによって自然的秩序に連なることができるというのである。だから、『中庸』第二十二章に、

唯だ天下の至誠のみ、能く其の性を尽くすと為す。能く其の性を尽くせば、則ち能く人の性を尽くす。能く人の性を尽くせば、則ち能く物の性を尽くす。能く物の性を尽くせば、則ち以て天地の化育を賛く可し。以て天地の化育を賛く可ければ、則ち以て天地と参となる可し。(6)

というように、我・人・物の性を尽くした聖人は、「天地の化育を賛く」ことができ、その結果、「天地と参となる」ことができる。つまり、自然的世界の万物を生み育てるはたらきに参加・協力して、上なる天、下なる地の中間にあって、それらと並ぶトリオを構成するのである。

なお、ここで、人間が「天地の化育を賛く」というのは、具体的には、たとえば天は物を生むことはできるけれども、種蒔きや耕作は人間による。水は物を潤すことはできても、灌漑は人間でなければできない。政治家としての天下の切り盛りも人間がしなければならない、などのことであると、朱子は『朱子語類』に説明している。(7)こうした原理は、人間の成長についても、したがって養育についても、そのまま妥当するはずである。つまり、人が生まれ、成長してゆくのは、根本的には、天地の「造化」や「化育」（万物を生生化育する）という間断なき自然のはたらきによる。そうした中で、人（親）が子どもを養い育てることは、子どもの備えている「性」（「天地の徳」）をそこなわず、それを完成させるようにはたらきかけること、そしてそのことが結局、「天地と参となる」こと、つまり「天地の化育」の一として参加することにほかならない。だからそれはちょうど、先の農作物の栽培と原理的に変わるところがないのである（種蒔き、耕作、灌漑などに対応している）。

この点に関連して、日本近世には、子育てを植物の栽培にたとえて説く子育て論がきわめて多かったことは、

大いに注目されてよい。すでに山住正己氏は、近世人の子育て論における「自然の重視」や植物栽培の比喩に着目して、「東照宮御消息」（伝徳川家康）、大蔵永常、大原幽学、上杉治憲、細井平洲、佐藤一斎、あるいは心学者や農書などに見られる子育て論の実例をあげて、紹介している。そこでは、子ども自らの成長する力を前提として、子育てにおいて自然の果たす力がいかに重視されているかが、明らかにされている。(8)とすれば、日本の子育て観も、根底的なところで、儒教的世界観や人間観と通底するところがあったといってよい。(9)

ともかく、右に見る世界観は、明らかに東アジア的な天人合一の思想にほかならない。学問や教育による人間形成の目標は、自然に対峙し得る主体として自己を定位するのでは、決してない。自然の秩序の環の中に参画し、自己を自然と一体化することで、自己の完成と考える人間形成のとらえ方である。人間の本来性は、このように「天地と参」であること、いわば自然的な存在そのものにある、と確信されていることがわかる。天―自然の運行（規則正しい法則や自然の秩序）と、人間が生まれ、成長してゆくこと（やがて老いて死んでゆくことも含めて）とは、深いところで内的にしっかりつながった同じ営みであると認識されている。教育も、こうした世界観にもとづいてとらえられているのである。

従来、こうした天人合一の思想は、人間を自然の中に埋没させ、人間としての主体の立場の未確立として、前近代社会に固有の思想とされてきた（それは、ほとんどまるごとの西欧化を志向した福沢諭吉ら以降の見方でもあった）。自然と人間の分離という西欧の思想史的発展の過程こそ、近代思想形成史と見なされるのが一般であった。それが、西欧近代の歴史的発展を普遍的モデルとした立場であることは、いうまでもない。しかし、今や西欧近代の普遍的絶対性は自明のことではない。西欧近代の原理や価値自体が問題とされなければならない。少なくとも、そうした問題の立て方のみでは、前近代・非西欧社会のもつ多くの可能性や豊かさを見失うことになろう。一方を唯一絶対の価値と考えて、それをもとに、歴史の単線的発展を想定することには、十分に慎重でなければならない。少なくとも、我々は、西欧近代が歴史的に世界を席巻したという結果的事実から導かれた「近代化論」的な歴史観から一定程度自由になることが、前近代日本をみるとき、とりあえず必要であるやに思われる。こうした立場からすれば、右のごとき天人合一の思想は、やはり歴史的にも文化的にも、西欧近代とは異質な原理をもつ思想と考えておきたい。(10)

そして、天人合一思想のような非西欧・前近代的な思想や世界観のうちからでも、実際に西欧近代に向き合い対峙して行く中で、独自の思想と論理にもとづいて、近代思想に接近し、場合によっては、西欧近代をも独自に相対化し自らのうちに包摂しうる思想的営為の可能性をもっていた。たとえば、本論第六章にみる後期水戸学は、圧倒的強大さでもって迫り来る西欧近代に対する危機意識のもとに、国家としての日本に固有の伝統的価値への回帰を通じて、きわめて独善的ながら、日本近代を構想する方向に進んだ。他方、たとえば横井小楠の思想は、伝統的な儒教的理念の普遍化を通して、西欧近代を自らの体系のうちに包摂することができた。小楠は、そのうえで、独自な近代国家の理想を描いて見せた希有の思想家であった。(11) 儒学は、一見、定型で、しかも前近代的な陳腐な道徳思想に見えるかもしれない。またともすれば、そのように見られて来た。しかし、ひとたびそれぞれの思想に分け入って、そこに内在する論理を通して考えていくならば、そこにはそれぞれに、時代や社会の諸課題に応えんとして苦闘する思想的営為や、案外に個性的で豊かな思想的地平の広がりのあることに気づかされる。それは、いってみれば、儒学の概念や言葉で装われた、歴史上の人々の生々しい思想的営為だったといってよい。歴史の中から聞こえてくるこうした思想の肉声に耳を傾け、そこに込められた深い思いを正しく受け止めること、これが、現代にあって歴史を考える我々に、まず必要な基本姿勢であると思われる。

本書は、こうした立場から、近世儒学の思想を考えてゆく。

(1) 陽明学の良知説は、その発展である。さらにそれは、陽明学左派の李卓吾の「童心説」にゆきつく。なお、江森一郎「武士的・近世儒教的子ども観」(小林登他編『新しい子ども学』第三巻、「子どもとは」、海鳴社、一九八六年) 参照。

(2) 島田虔次『大学・中庸』、新訂中国古典選第四巻 (朝日新聞社、一九六七年)。

(3) 『小学』書の教育史的意義については、既に江森一郎氏が展開されている。江森「教育史上に於ける宋学の位置」(『宮城教育大学紀要』第十四巻、一九七九年)。

(4) 江森、同前論文参照。

(5) 島田、前掲書、二頁。なお、訓読は、同書島田氏による。

(6) 島田、前掲書、二九一頁。訓読も同書。

(7) 以上、島田前掲書、一七八〜八〇頁、および二九一〜三頁など参照。

(8) 山住正己「近世における子ども観と子育て」(『岩波講座・子どもの発達と教育、第二巻、子ども観と発達思想の展開』、岩波書店、一九七九年)。なお、山住正己・中江和恵編注『子育ての書』一巻―三巻 (平凡社東洋文庫、一九七六年) も参照。

(9) 山住氏が指摘したような、近世日本の伝統的な子ども観や子育て論には、教育 (子どもの成長) における自然の問題や、子どもをとりまく環境あるいは地域共同体と子どものあり方等々、現代の教育や子どもに関わる諸課題を、歴史的に、かつ根底的に考える上で示唆的な論点を、数多く含んでいるやに思われる。こうした意味において、教育学は、前近代社会の教育的な諸々の営為を、積極的に視野に入れてゆく必要があろう。そして、そのためには、まさに教育史学や思想史学が、こうした前近代日本の教育の営みやそれをささえる思想の豊かさを、明らかにしてゆく努力を必要としていよう。

　前近代日本の伝統的な子ども観や教育論をさぐる山住氏の示した方向での教育史研究は、いまだほとんど未開拓に近い。民俗学、社会史、思想史 (とりわけ民衆の日常をささえる思想)、文化人類学などを視野に入れた、幅広い広がりをもった教育史的研究の深化が必要な段階であると思われる。この意味で、やはりフランス「アナール」派の提起した問題と研究の方法は、重いものとして受け止めるべきであろう。教育史の領域において、いちはやく、そうしたインパクトのもとに取り組まれている中内敏夫氏を中心とした人々の近年の一連の成果は、大いに刺戟的というに足る。たとえば『叢書・産育と教育の社会史』全五巻 (新評論、一九八三―一九八五年)、中内敏夫『新しい教育史』(新評論、一九八七年)

など。

（10）天人合一思想については、幕末陽明学を中心的素材に、近代日本形成期における天人合一的世界観の意味を解明された宮城公子氏の一連の論考に、多くの示唆を得た。宮城「幕末儒学史の視点」（『日本史研究』二三二号、一九八一年）、「山田方谷の世界」（『日本政治社会史研究』下、塙書房、一九八四年）、「日本の近代化と儒教的主体」（『日本史研究』二九五号、一九八七年）など。

（11）拙稿「横井小楠の『経綸の実学』と西洋理解」（『光華女子大学研究紀要』第十九集、一九八一年）参照。

第一章　荻生徂徠の教育思想

荻生徂徠（寛文六〜享保一三、一六六六〜一七二八）の思想は、近世日本の思想を分水嶺的に二分するといわれているほどに、近世思想の動向を一変させ、後世への影響力もきわめて大きい。その評価は、近世思想史研究の大きなカギであるといっても過言ではない。とすれば、近世教育史・思想史の研究においても、徂徠学の位置づけは、避けて通ることのできない問題である。本章では、かかる視点から、徂徠の考える人間のあり方や学問・教育思想の特質を検討し、徂徠学以後の学問や教育の展開への展望をこころみる。

第一節　徂徠学の基本構成――「道」と世界――

周知のように、徂徠学は朱子学批判を通じて形成されてきたが、ここでは、形成過程ではなく、完成した徂徠学の基本構成とその特質の確認に重点をおく。

まず、徂徠は、朱子学の思想的核心ともいうべき理の概念を認めない。いうまでもなく、朱子学における理とは、気の聚散によって存在している形而下なるものに対して、その存在に根拠を与える本質的原理とでもいうべきものであった。その意味では、理は、超越的原理（朱子のいわゆる「所以然の故」）であったが、同時に、それがあらゆる存在のうちに浸透しているという意味では、すぐれて内在的原理（「所当然の則」）でもあった。理は、また、「天地自然の理」（「物理」）であるとともに、「事物当行の理」（「道理」）として、自然界と人間界とを問わず、すべての存在に内在的に分有されて、朱子学が一種壮大な形而上学的理論をなす際のキーワードであった。こうした理の、超越的―内在的性格によって、朱子学では、あらゆる存在の本質的斉一性が強く確信されていた。したがって、各存在の現象的諸相の中から、それを克服して、本来の斉一性（理）に復すること、ここに朱子学的倫理学の基本構成があった。

では、こうした朱子学的な意味の理を認めない徂徠の考える理とは、一体いかなるものであったのか。

> 理なる者は、事物に皆自然に之有り。我が心を以て之を推度して、その必ず当に是の若くなるべきと、必ず是の若くなるべからざるとを見ること有り、是れ之れを理と謂ふ（『弁名』下、理気人欲[1]）

かく、理とは、「必ず当に是の若くなるべきと、必ず是の若くなるべからざる」といったことわりである。徂徠は、事物のこうした理がないというのではない。けれども、彼によれば、それは、それぞれの人が「我が心を以て推度」するいわば主観的判断にすぎない。ところが、「人の見る所は、各々その性を以て殊なる」（同前）ものであってみれば、「見る人」によって「各々殊な」らざるを得ない。たとえば、同じ飴を見ても、伯夷といった聖賢なら「以て老を養ふべし」というのに対して、盗跖という盗賊なら「以て枢(くるる)に沃(そそ)ぐべし」（戸の回転部にそそいで回転音を消す）というように（同前）。しからば、理は、とうてい朱子学でいうような、世界に秩序を与える普遍的な原理としての性格など、もち得ない。したがって、「天下の理は豈に窮め尽くすべけんや」（同前）と、窮め尽くすべき対象でもありえない。かくて、理と気で構想された朱子学の形而上学は、否定されざるを得ないわけである。

> 理・気の対言する者は、乃ち宋儒より昉(はじま)る。（中略）是れ生滅する者を以て気と為し、生滅せざる者を以て

理と為す。乃ち老氏の色空の説なり（『弁名』下、理気人欲）
後世の精を貴び粗を賤しむの見は、濂渓に昉る。濂渓は乃ち易の道・器の言に淵源す。（中略）宋儒の、道を訓じて事物当行の理と為すがごときは、これその格物窮理の学にして、学者をして己が意を以て夫の当行の理を事物に求めて、此を以て礼楽刑政を造らしめんと欲す。それ先王なる者は聖人なり。人人にして先王の権を操らんと欲するは、僭に非ずんば則ち妄にして、また自ら揣らざるの甚だしきなり（『弁道』三）(2)
徂徠によれば、朱子学の理気二元の形而上学は、「精粗二分」（「精」は本体的・精神的なもの、「粗」は現象的・物質的なもの）の老荘や、仏教の「色空の説」の踏襲でしかない。それは、聖人ならぬ後世の凡人が、全く恣意的臆見でもって聖人的行為をなさんとする妄想の所産にほかならない。結局、徂徠は、朱子学の本質を、主観的な臆測にもとづく学であるととらえる点で、その学問的妥当性を否定しようとしたのである。
ところが、徂徠がその本質と考えてやりだまにあげてやまない朱子学批判のこうした論点こそ、徂徠学のもつ顕著な特質をあざやかに投影していることを、我々は見逃してはならない。
徂徠にあっては、理は各個人の主観的判断にすぎなかった。だから、「理なる者は定準無き者」（『弁名』下、理気人欲）、「理は形無し。故に準無し。その以て中庸と為し当行の理と為す者は、廼ちその人の見る所のみ」（『弁道』十九）などと主張される。ここに明らかなように、彼が朱子学の理を批判する主要な根拠は、それが「定準」（客観的基準）にはなりえないとみるところにあった。もとより、朱子学にいう理は、世界の本質的原理、人間にとっては内在的自己規範でこそあれ、決して、客観的実体として人間の外のどこかに存在する意味での「定準」ではなかった。とすれば、どこまでも「定準」を志向するところに、徂徠学の朱子学と異なる最も顕著な特質を見いだすことができよう。
では、こうした徂徠の「定準」志向は、彼の思想において、いかなることを意味しているのであろうか。それは、端的にいえば、多様や個別の相において理解する彼の人間認識と分かちがたくかかわる問題であった。かかる視点から、以下において、徂徠学の諸特質を考察してみよう。

理を主観的判断と考える徂徠にあっては、理が諸存在に内在的な意味や価値をもたらす本質的原理たりえなかったことは、既に述べた。かかる立場にあっては、あらゆる存在は、その自らの内在的意味を喪失したために、おのおのに外見される多様な現実相が、そのままに、そのものの本来性・固有性として認められるに至るであろう。朱子学においては、世界の本質が唯一の原理で説明され、したがって、あらゆる事物（なかんづく人間）は、個別的現象の背後に一貫した本質的原理が想定されていた。こうした現象と本質とを峻別してやまない朱子学に対して、徂徠学では、世界の本質は「不可知」の領域に属することであったから、それぞれ個別の現象それ自体に、本来的・積極的な意味が認められることになった。かくて、あらゆる事物は、おたがい本来的に異質な、無限なる多様と認識されざるを得なくなったのである。ここにあって、世界は、かかる無限に多様な事物の集合によって構成されていると想定されることになる。「天地も活物に候。人も活物に候。縄などにて縛りからげたるごとく（朱子が『通鑑綱目』において人を）見候は。誠に無用之学問」（『徂徠先生答問書』上、括弧内引用者、以下同）[3]というように、徂徠が一切を「活物」ととらえるのも、世界の各存在は各々に多様で独自の生を営んでいる、とする認識にもとづいているからである。とすれば、本来的に多様な諸存在を「縄などにて縛りからげたるごとく見」る、すなわちおのおのの多様性を否定して、それらに斉一性を要求する朱子学は、「活物」を「死物」化する「誠に無用之学問」ということになるわけである。

世界がかく無限に多様なる個別的存在で構成されているのであってみれば、世界は無限に複雑な相を呈することになるであろう。とすれば、かかるものとしての世界および人間を、統一的に認識することなど、人間の知性では到底不可能とされざるを得ない。そもそも人間自体が個々に異なり、一様ではない以上、その知的認識能力もまたそれぞれに相違しており、限界があるのは当然なのである。かくて、「畢竟天地は活物にて神妙不測なる物に候を。人の限ある知にて思計り候故。（雷の発生について、「陰陽之気」「鬼神之所為」「獣之類」などといった）右のごとくの諸説御座候得共。皆推量之沙汰にて手にとり候様なる事は無御座候」（『徂徠先生答問書』上、『全集』四三八頁）というのに明らかなように、人間の知的認識能力は、世界の複雑多様さの前にあっては、ほとんど無力なのである。宋儒が『大学』の「格物致知」を「見誤」って、「風雲雷雨の沙汰、一草一木の理までをきはめ」（同前、四三八頁）んとして説く窮理説の恣意的強弁さが指摘され、厳しく批判される所以も、まさにここにある。徂徠にいわせると、朱子学の窮理説は、「其心入を尋ね候に。天地の間のあらゆる事を極め尽し。何事もしらぬ事なく。物しりという物になりたきという事迄」にすぎず、しかもその「知る」というのも、「おしあてに義理をつけたる迄」で、「誠に知ると申物にて無之」ということになる。まさに、「神妙不測なる天地の上は。もと知られぬことに候間。雷は雷にて可被差置候」（同前、四三八頁）といった、知覚体験する具体的事実のみを素朴に認める、いわゆる徂徠の「不可知」論（人間の窮理能力の否定）は、かかるものとしてあったのである。

こうした徂徠の不可知論（窮理否定論）は、「人智人力のとゞき不申場にては。天命に打ちまかせ候より外更に他事無御座候」（同前、四三七頁）というように、他方において「天命」を想定して初めて可能な論理的展開であった。そして、この「天」というのも、確かに一般の人には不可知ではあったが、後述のように、聖人（先王）によって、開示されてあった。その意味で、ここで不可知論というのも、必ずしも懐疑論でもないし、また超感覚的な神秘主義的性格をおびたものではなかった。つまり、各存在が相互に内的な一貫性をもたない多様の相で把握されるためには、一方において、一定の超越的権威による世界の基礎づけの論理が、必要とされたわけである。そうしたところに、「天」の超越的絶対性が強調される契機があった。

かく、朱子学の存在論（理気論）を斥けたところに展開された徂徠の世界像は、無限に多様なる個別的存在によって構成されるものであった。しかも、そこに内的に一貫した原理が想定されていないから、世界（実際には人間社会）は、本来的に、無限に分裂し、かつ各個物は自律の根拠を自らのうちにもたないままに、極めて不安定に存在していることになる。それは、いわば一種の無秩序に近い状態であると考えられているかのごとくに予想される。

社会のこうした無秩序性や不安定性は、一体、いかに解決されるのであろうか。もちろん、それは、何等かの統一的秩序が与えられることで解消されなければなるまい。そして、徂徠学の世界像からして、この統一的秩序は、自然に実在ないしは実現するものではなく、人為的に与えられなければならないのは、論理の必然である。[4]いうまでもなく、それが、「先王の造る所」（『弁道』四）といわれる「道」である。つまり、多様な諸存在相互間に一定の関係性を与え、それらを整序し、社会に全体としての統一性をもたらせたもの、それがまさしく先王＝聖人であり、「道」とは、そのために先王が「制作」したものにほかならなかった。したがって、「道なる者は統名なり。由る所有るを以て之を言ふ。蓋し古先聖王の立つる所にして、天下後世の人をして此に由りて以て行はしめ、而して己もまた此に由りて以て行ふなり」（『弁名』上、道）と、「道」は、すべての人が「由りて行ふ」べき基準とされ、社会もそれに依拠することで、統一的秩序が保たれると考えられているのである。だから、「道」こそが、世界（社会）を全体として統合する基準という意味で「定準」にほかならなかったのである。ここに、先述の、徂徠が「定準」を志向した意味は明らかになったであろう。結局、「定準」への志向は、世界や人間を多様の相において理解したために要請された論理であったことが、理解されるはずである。

「先王の道は天下を安んずるの道なり。その道は多端といえども要は天下を安んずるに帰す」（『弁道』七）、あるいは、「聖人の道は専ら国天下を治め候道に候」（『徂徠先生答問書』下、『全集』四六九頁）などというように、右の意味での「道」の目的とする内容が、実際には「安天下」という社会統治（あるいは世界の全体的統合）を意味していたことは、もはや指摘するまでもない。だからこそ、「礼楽刑政を離れて別にいわゆる道なる者有るに非ざるなり」(『弁道』三)と、「道」は、先王による政治的・社会的諸制度に即して説かれ、しかも、「孝悌仁義より、以て礼楽刑政に至るまで、合わせて以て之に名づく。故に統名と曰ふなり」(『弁名』上、道)というように、それは社会の多様な事物・人間のあり方を、全体として統合するという意味で、「統名」でもあったのである。

人の窮理の否定は、他方の極に窮理を独占する聖人の存在を想定してのことであった。

惟だ聖人のみ能く我の性を尽くし、能く人の性を尽くし、能く物の性を尽くして、天地とその徳を合す。故に惟だ聖人のみ、能く理を窮めて之が極(基準、定準)を立つる有り。礼と義と是なり(『弁名』下、理気人欲)

つまり、理を客観的には認識できない我々普通の人間のために、聖人が「定準」を立て、提示したのである。聖人とは、徂徠では、先王の謂である。具体的には、伏羲・神農・黄帝・顓頊・帝嚳・堯・舜・禹・湯王・文王・武王・周公・孔子といった中国古代の歴史上(ただし実際には伝説上の王も含む)の王が想定されている。[5] この場合、「聖なる者は作者の称」(『弁名』上、聖)というように、彼ら聖人は、利用厚生や礼楽刑政などの「道」の制作者という限りにおいて、定義される。朱子学のように、道徳的完全人としての意味合いにおいて定義されることは、決してない。いわゆる聖人制作説の立場である。

「聖人もまた人のみ」(同前)であるはずの聖人が、いかにして右のような窮理能力をもち得て、制作が可能であったのか。

古の天子は、聡明睿智の徳有り。天地の道に通じ、人・物の性を尽くし、制作する所有り。功神明に侔しく、利用厚生の道、是においてか立つ(『弁名』上、聖)

あるいはまた、

夫れ聖人の聡明睿智の徳は諸を天に受く。豈に学んで至るべけんや。その徳の神明にして測られざるは、豈に得て窺ふべけんや（同前）

ともいうように、自然界に通暁し、人間と万物の本質を窮め尽くし得る聖人の一種の天才的能力（「聡明睿智の徳」）は、「天」によって賦与され、保証されていた。すなわち「天命」として、あった。換言すれば、我々普通の人間には、「豈に学んで至るべけんや」、努力や学問によって到達できるものでは決してなく、聖人に固有の先験的な能力としか、いいようがない。結局、聖人の権威を確立するものは、「先王の道は、天に本づき、天命を奉じて以て之を行ふ」（『弁名』上、智）といわれる「天」である。「天」は、万物に「命」を与える「至尊無比」の存在（『弁名』下、天命帝鬼神）。そして、「夫れ天の、人と倫を同じくせざるは、猶ほ人の、禽獣と倫を同じくせざるがごとし」（同前）というように、天は、人間世界を超越し、かつ「天なる者は知るべからざる者」不可知・不可測であるから、「天命」としてある聖人の「聡明睿智の徳」は、我々凡人には窺うべくもない。したがって、古の聖人（先王）たちが、いかにして制作したか、その過程（道源論）について、（「六経」に記していることの他には）具体的に説明することを、徂徠は、しない。そもそもそれは、知る必要もないし、知りようもないのであるから。ただ、聖人が「聡明睿智の徳」によって「万物の性」を尽くした、と理解すれば十分である、というのが、徂徠の立場であった。

とかく、聖人は、一応人間の側に位置していながら、「天」に密着することで、超越的権威を賦与された、「彼岸的」(6)存在であった。我々一般人には、決して越えることのできない無限の距離を隔てて、聖人は、位置しているのである。結局、「天」の意志は、聖人（の制作）によって初めて具体的に表現され、我々が知ることができるということになる。したがって、聖人は、「学んで至るべからざ」る存在で、決して人間の到達目標ではない。

ただそれを畏敬し、遵奉して、ひたすら従う対象であった。

宋儒之格物致知之修行をして、此事をかくあるべきはづ。其事は左あるべき筈と手前より極め出して。是即聖人之道と替りなしといふ。是臆見なり。手前之見識昇進するに随ひて。始めかくあるべしと思ひたる事の後は左あるまじと思はるる事のいくらもあるべきをもしらず。早速に欛柄手に入るやうに思はるる故。如此見識を生ずる事なり。聖人之道は甚深広大にして。中々学者之見識にてかく有るべき筈の道理と見ゆる事にてはなき事也。しかるを我知り顔に成程尤かくあるべき筈と思ひたらんは。聖人へ此方より印可を出す心根。誠に推参之至極と言つべし。其上聖人の道を己が心のかねに合せて成程尤かくあるべき筈と浅墓にきはめ行時は。後々は己が心に合たる所計を取りて。己が心に尤と思はぬ所をば棄る事に成行申候故。聖人之道と存候得共。皆々己が臆見に成申事に候（『徂徠先生答問書』下、『全集』四七七頁）

引用に明らかなように、徂徠が朱子学の窮理説を鋭く拒否したのは、窮理説が「自ら信ずる事厚く。古聖人を信ずる事薄き所より」（同前）する態度で、結局そのゆきつくところ、「窮理の失は、必ず聖人を廃するに至る」（『弁名』理気人欲）と、それが聖人の絶対性をおかすからであった。以上、聖人の超越化は、人間が、自らのうちに依拠すべき規範を失ったために要請された論理的必然であったことが、ここで再び確認された。

かくして、徂徠学の体系を根本のところにおいて支えているものは、「天」―聖人の、ア・プリオリの権威以外にないことが明らかとなった。それは、必ずしも存在論や認識論によって重装備された論理構成をともなった体系ではなかった。不可知論を前提にもった一種の「信仰」的態度に近いものといえよう。そのことは、たとえば「蓋し先王の道は天を敬するを以て本と為す」（『弁名』上、恭敬荘慎独）といういわゆる敬天思想や、あるいは「学問の道は聖人を信ずるを以て先と為す」（『弁名』下、学）、また「愚老は釈迦をば信仰不仕候。聖人を信仰仕候」（『徂徠先生答問書』中、『全集』四五二頁）という、いわゆる聖人信仰として表明される。

かく、徂徠学は、「天」―聖人の権威への「敬」や「信」などの一種の心情的確信という、（それを確信する者にはきわめて）強いが、一面いかにも危ういイデオロギーに依拠していたというべきであろう。こうしたところに、徂徠学の基本的性格を見て取らないわけにはいかない。

第二節　人間観

(1)　多様性の意味

徂徠の世界像は、そのまま、多様性や個別性の相に重点をおいてとらえる彼の人間理解でもあった。もちろんこのことは、社会における人間のあり方に対する徂徠なりの積極的なイメージを前提としてのことであった。以下において、そうした徂徠の人間観を、彼の世界（社会）像とのかかわりにおいて考えてゆく。そのためには、人間の多様性が、「道」と関連して、いかに社会的に意味づけられているか、この点を、まず検討しておかなければならない。

既にみてきた通り、社会は、それ自体のうちには一貫した原理をもたない多様な人間によって構成されていた。それ故、それを統一するための絶対的な「道」が要請されていた。ところがその一方において、徂徠は、社会に統一的秩序が可能であるとする根拠を、個々の人間の側からも準備していた。(7)

> 相親しみ相愛し相生じ相成し相輔け相養ひ相匡し相救ふは、人の性然りと為す。（中略）故に人の道は一人を以て言ふに非ず。必ず億万人を合して言を為す者なり。今試みに天下を観るに、孰か能く孤立して群せざる者ぞ。士農工商は相助けて食ふ者なり。かくの若くならずんば、則ち存すること能はず。盗賊と雖も必ず党類有り（『弁道』七）

つまり、人間は、本来的に相互性ないしは調和性とでもいうべきものをそなえており、必ず「群」（集団）を構成する中で生を営んでいる。否、むしろ人は「群」を去って孤立的には生きられない集団的存在であるが故に、こうした相互性や調和性を本来的にその属性としている、というべきであろう。「群」において、人々は相互依存的にかかわって、社会を成している。かく、各人が社会に対して一定の機能を担うものであるとすれば、人々は互いに異なっていることが必要であろう。換言すれば、人々がそれぞれに多様であってこそ、初めて社会は全体としての調和が期待できると考えられている。とすれば、社会にあって、多様な人間は、独自の機能を担いつつ、相互に依存しあって、全体として統一されることが求められるのである。

ところが、人間に本来そうした社会性があったとしても、人間それ自体に自立的根拠がない。だから、社会の統一的秩序が自然に生じてくると期待することはできない。それ故、聖人が「道」を制作しなければならなかった。その場合、「道」が、人間の社会的調和性と多様性を十分に踏まえて制作されていると強調されることは、いうまでもない。

たとえば、士農工商の身分制度も、そうしたものとして、聖人の制作になる制度であると考えられていた。

世界の惣体を士農工商之四民に立候事も。古の聖人の御立候事にて。天地自然に四民有之候にては無御座候。農は田を耕して世界の人を養ひ。工は家器を作りて世界の人につかはせ。商は有無をかよはして世界の人の手伝をなし。士は是を治めて乱れぬやうにいたし候。各其自の役をのみいたし候へ共。相互(たがい)に助けあひて。一色かけ候ても国土は立不申候（『徂徠先生答問書』上、『全集』四三〇頁）

ここで、士農工商の身分は、各々の職分や「役」の分担として、明確に社会的機能の相違に応じて主張されている。こうした意味での上下の身分制がなければ、調和的世界は実現できない、というのが、ここでの主張である。したがって、「人はもろすぎなる物にて。はなればなれに別なる物にては無之候へば。満世界の人ことごとく人君の民の父母となり給ふを助け候役人に候」（同前）という。ここでは、四民は対立すべき階級でないのはもちろん、それぞれがひとしく「安天下」のための「役」を担う意味での「役人」として、四民調和的な世界に参加し、積極的にそれを構成する存在なのである。(8)

このように、人間および諸身分も、それぞれの社会的機能に即して理解されている。とすれば、「大」なる世界（社会）にあって、人間は多様であればあるだけ積極的な意味をもってくる。「世界の為にも。米は米にて用にたち。豆は豆にて用に立つ」（『徂徠先生答問書』中、『全集』四五六頁）ことになる。したがってまた「天地の間の物何によらず。各長短得失御座候而。其長所を用候時は天下に棄物棄才は無御座候」（同前、四四五頁）と、すべての人は、何らかの形で社会に有用である、というわけである。換言すれば、人が多様であるが故に、社会的調和が可能なのである。かくて、人間の多様性と調和性とが、何の矛盾もなく、相互補完の関係で説かれたのである。

既に明らかになったように、徂徠における人間の多様性の意味は、その調和性を介在させることによって、社会に対する「役」＝機能の分担という側面において、積極的に認められた。ここにおいて各人間の価値は、社会の中でそれぞれが果たす機能と役割に即して、個別的に認められることになった。そのことは、そうした個別的価値を超えたところに、いわば超越的・全体的価値（「安天下」にかかわる）が、個別的価値に優位した形で想定されていることを、確かに物語ってはいる。しかし、それによって、すべての人間が、社会に対して積極的な意義を担っていることが承認されるに至ったことに、ここでは注目しておきたい。それはまた、社会的契機を比較的軽視しがちであった朱子学的人間把握の機軸に、転換を迫るものであった（朱子学では、人間に内在する天理＝「本然の性」に人間の本質を見いだす。そして『大学』八条目に定式化されるように、それを階梯的に社会に推しおよぼしてゆく構成を基本原則とする。したがってこの原則に即する限り、社会的契機が直接に前面に出て論じられることは、まずない。むしろ、社会的契機さえも、自らの内面の問題に還元してとらえるのが、朱子学の人間観であった）。こうした点に、徂徠学の多様な人間観の意義を見いだすことができよう。

以上、人間の多様性は徂徠の世界像にもとづいており、人間は、世界―社会でのそのあり方に即して意義づけられていた。しかし一方、それは、それぞれの人性の側からも根拠づけられて、はじめて彼の人間観が世界像と論理的に整合することになるであろう。徂徠の「人性」論の考察が、次の課題である。

(2)　人性と徳

徂徠の人性論は、「気質不変化」説に約言できる。まさにこの気質不変化説こそ、彼の多様的人間観の明解な理論的根拠をなしていた。

性なる者は、生の質なり。宋儒のいわゆる気質なる者これなり（『弁名』下、性情才）

『中庸』の首章に、「天の命ずる之を性と謂ふ」というごとく、儒学における「性」とは、人間に降された「天命」を意味した。朱子学にあっては、「性即理」つまり性は個々の人間に本来的に内在する天理を意味し、それは「本然の性」ともよばれて、人間の本質性・先天的道徳性をなしていた。しかし、実際の人間においては、清濁・厚薄などにともなう気の過や不及に規定された「気質の性」によって、「本然の性」は、容易に顕現され得ない状態にある。人間の現実相を示すこの「気質の性」を克服し変化させて、本来の中正な状態、すなわち「本然の性」に復帰すること（「復初」）、これが朱子学の倫理学上の課題であった（なお序章第二節参照）。

徂徠の人性論は、この朱子学の人性論を逆転させたところで、主張された。そもそも、人間の現実的諸相を示す「気質の性」こそ本来的な人の性、すなわち「気質なる者は天の性」（『弁道』一四）である。したがって、それこそ「生の質」として、天から与えられた「天命」にほかならない。「気質は天より稟得。父母よりうみ付候事」であるから、「気質を変化すると申候事は。宋儒の妄説にてならぬ事を人に責候無理之至に候。気質は何としても変化はならぬ物にて候」（『徂徠先生答問書』中、『全集』四五六頁）と、「気質」の不変化性が主張される。「気質」が「天命」であるとすれば、それが変化不能であるのはもちろん、それ自体、どこまでも尊重されなければならないものであった。つまり、人々に現象する多様は、そのままにおいて尊重すべきなのである。徂徠の比喩によれば、「米はいつ迄も米。豆はいつまでも豆」で、「世界の為にも。米は米にて用にたち。豆は豆にて用に立申候。米は豆にはならぬ物に候。豆は米にはならぬ物」なのである。宋儒（朱子学）の気質変化説は、実に「米ともつかず豆ともつかぬ」全く社会に無用なものをつくることを求める「妄説」にほかならないというわけである（同前、四五六～七頁）。

こうした徂徠の「気質不変化」の人性論が、先に見た徂徠学の特質（個物の斉一性の契機を強く斥けつつ、社会的有用性に即して個別的存在の多様性を積極的に説いたその特質）と対応した論理であることは、いうまでもない。そしてまた、「雷は雷にて可被差置候」といった先の、現象的事実を事実のままに、素朴に尊重する認識論的論理に一貫した考え方であることも、明白である。しかし、そのことは、必ずしも人間をそのあるがままの状態に、ただ放置しておくことを意味しているのではない。

人の性は万品にして、剛柔軽重、遅疾動静、得て変ずべからず。然れども皆善く移るを以てその性と為す（『弁名』下、性情才）

人性は不可変だが、よく「移る」という。この点、丸山真男氏は、「変」とは異質のものへの質的変化、「移」とは同質のものの内部での量的変化を示す概念であると説明された[9]。「性を移す」ということは、再び先の比喩に従えば、米を実入りよく充実させるべく施肥するように、人も天性の気質を、その固有性のままに、涵養・伸長させてゆくことを意味する（「たとへば米にても豆にても。その天性のままに実いりよく候様にこやしを致したて候ごとくに候」、『徂徠先生答問書』中、四五六頁）。そして、「只気質を養ひ候て。其生れ得たる通りを成就いたし候が学問」(同前)というように、「性を移す」過程に想定されているのが、学問ないしは教育にほかならない。先の比喩の「こやし」がこれに相当することになる。

右の徂徠の人性論においては、儒学史上の一大アポリアであった性善悪論は、「無用の弁」でしかなかった。彼の善悪論は、「大氏物その養を得ざるは、悪なり。その所を得ざるは、悪なり。養ひて之を成し、その所を得しむるは、皆善なり」(「学則」六)[10]というのに、明らかである。すなわち、天性(「気質の性」)が「養」を得て充全に「移」り得たか否か、あるいはその結果、「道」に参与し得る適正な社会的位置にあるか否か(それはいずれも「天命」に十分応えているか否かの問題であった)[11]といった、極めて現実に即した問題であり、性が本来善か悪かといった問題ではなかった。

徂徠においては、「性」は「気質の性」を意味していたから、人性それ自体は、たとえば米とか豆とかが存在するのと同じく、価値以前の単なる事実に過ぎなかった。米が善で豆が悪とかいった議論が全く無意味であるのと同じように、性善悪論は何の意味ももたず、したがって、それは考察の対象にさえなり得なかったのである。

ところで、多様極まりないこうした「性」を涵養・伸長してゆくのは、何のためか。それは、やはり社会に全体的統一性(「安天下」)を実現させることと、かかわってくる。そして、個々の「性」が、「安天下」を実現するための「道」にかかわる点において、彼のいう「徳」が構想されていた。

徳なる者は得なり。人各々道に得る所有るを謂ふなり。或はこれを性に得、或はこれを学に得。皆性を以て殊なり。性は人人殊なり。故に徳もまた人人殊なり。夫れ道は大なり。聖人に非ざるよりは、安んぞ能く身、道の大なるに合せんや。故に先王、徳の名を立てて、学者をして各々その性の近き所を以て、拠りて之を守らしめ、修めて之を崇ばしむ(『弁名』上、徳)

「徳」とは、個々人に異なった「性」を涵養してゆくことで、獲得され、成就したものと考えられている。人間に「棄物棄才」はなかったから、「性の近き所」にもとづいて得られたところの「徳」は、「性」の多様さに応じて「徳」の内容も各々異なっている。しかし、いずれも必ず「安天下」の「道」において、有用性を発揮する。右の「人各々道に得る」というのは、この意味にほかならない。したがって、「人各々その性の近き所に随ひて、以て道の一端を得ん」（『弁道』七）ともいうように、「徳」は「道」の「一端」（一部分）に資すことができるものであった。

「徳」はこのように「道」と関わり、しかも「道」の内容は社会統治にあった。ここから、

> 君の斯の民をして学んで以てその徳を成さしむるは、将に何くに之を用ひんとするか。また各々その材に因りて以て之を官にし、以てこれを安民の職に供せんと欲するのみ（『弁名』上、仁）

という。「徳」は、「官」（役人）として、「安民」のための有用性や機能性に即して考えられている。したがって、多様な「徳」は、多様な人間の社会における位置（地位、身分、職業など）やそれに伴う機能に対応して語られる。たとえば、仁・智・勇が君主の徳、忠や信が主に家臣の徳、孝や悌が特に年少者や民に必要な基礎的な中庸の徳、といったように。

また、『大学』の三綱領「明明徳」についても、「明徳なる者は顕徳なり。その徳著明にして、衆の皆見る所を謂ふなり。故に多くは以て在上の徳を称す」（同前、徳）、「明徳は顕徳之儀にて君徳の事なり。君徳をあらはして万民にしらする事を明々徳と申候」（『徂徠先生答問書』附巻、『全集』一、四九二頁）と解される。

この点、朱子学では、「明徳なる者は、人の天に得て、虚霊不昧、以て衆理を具して万事に応ずる所のものなり。但だ気稟の拘する所、人欲の蔽ふ所となれば、則ち時ありてか昏す。然れどもその本体の明は、則ち未だ嘗て息まざるもの有り。故に学者は当にその発する所に因りて、遂に之を明らかにし、以てその初に復すべきなり」（『大学章句』）と注す。つまり「明徳」は、すべての人の心に天によって賦与されているもの（結局、天理—本然

の性）にほかならないと、理解されている。したがって、「明徳を明らかにする」ことこそ、朱子学の第一義的目的であった。これに対して徂徠では、「明徳」は「顕徳」外面に現象として表現された徳、しかも民衆に広く開示してみせるための（作為意識の混入した）「在上の徳」あるいは「君徳」であるという。

内面化された朱子学の徳に対して、徂徠学では徹底して外在化し、現象的にとらえられた徳の理解である。徂徠のいう徳が、いかに政治的機能の側面で捉えられているか、明らかであろう。だからこそ遂には、「只天下国家を治むる道を学んで熟すれば徳はをのつから成る事也」（『徂徠先生答問書』附巻、『全集』一、四九一頁）とまで、いわれることになるのである。

以上にみてきたように、人間は、各々の社会的位置や担うべき社会的機能に即して意味づけられ、その結果、人間の多様性が、身分制をも包括した形で、積極的に主張された。だからこそ、「徳」にこめられた内容が、各人が担うこの社会的機能に密接に対応している。こうして、多様な人間は、それぞれが獲得する多様な「徳」によって、明確に「安天下の道」に関係づけられることになった。これを彼の世界像との関連でいえば、自らの中に依拠すべき原理をもたない無限に多様な人間は、「性」→「徳」を媒介とすることによって、「道の一端」に位置づけられ、そのことによって、すべての人間が社会の統一秩序の中に組み込まれたのである。ここに、徂徠の世界像や人間観と、その規範との関係が明確になったといえよう。

ところで、右に見て来たとおり、「徳」は社会的な身分や機能に即したものであった。したがって、「徳」は実際には、具体的かつ実体的な内容をもって考えられていた。幕政改革論を具体的に展開した『政談』[12]においては、「徳」の語が使用されることは、ほとんどない。それに代わって、たとえば「人ノ気質様々成故、才智ノ筋モ様々ナル（以下略）」（『大系』三七六頁）というように、「才智」という語が、右にいう「徳」とほぼ同じ意味内容でもって、頻繁に使用されているのに注意せられたい。また、この「才智」なる語も、時に、「才（材）」

「才能」「器量」「長所」などの語で、ほぼ同じような意味に使用されている。こうした事情は、『政談』とほぼ同じ性格の書である『太平策』や、徂徠学を平易な和文の書簡体で解説した『徂徠先生答問書』においても、ほとんど変わるところがない。この点、「学則」七でも、「天の命之を性と謂ふ。人ごとにその性を殊にし、性ごとにその徳を殊にす。財を達し器を成すは、得て一にす可からず」(『全集』一、八〇〜一頁)と、「性」→「徳」→「財(材)」→「器」の関連が示唆されている。

また『弁名』では、「才」について次のように解説される。

才・材は同じ。人の材有るは、諸を木の材に譬ふ。或は以て棟梁と為すべく、或は以て宗桷(ほうかく)と為すべし。人はその性の殊なる所に随ひて、各々能くする所有り。是れ材也(『弁名』下、性情才)

「徳立ちて材成り、然る後に之を官にす」(『弁名』下、徳)というように、確かに「材」(才)と「徳」とは、若干のニュアンスの相違をもって、使い分けられていることは認められなければならない。しかし、「徳」の実体的内容が、個々人の人間に多様にそなわった「才能」「才智」「器量」などといった実利的な能力の面において認められることは、以上で明白といわねばならない。それは、人が社会に対して果たし得る個別的才能とでもいうべきものである。ただ、「道」との関連でいう場合には、儒学用語としての「徳」の語が使われ、より実際的・個別的な場面では「才智」などの通俗的な用語が使用される。換言すれば、「徳」は一般的、「才智」などは実際的・具体的なニュアンスをおびて使い分けられているといってよい。徂徠が儒者である限り、「徳」への志向は全く当然であるが、その場合の「徳」とは、こうした内容をもった概念だったのである。かの有名な「学則」結びの「学は寧ろ諸子百家曲芸の士と為るとも、道学先生と為ることを願はず」(『全集』一、八二頁)という「曲芸」なども、右にいう「徳」―「才」との関連において意味づけられなければならない。こう考えてくれば、彼の学問の重点が奈辺にあったかは、おのずから明らかであろう。(13)

もちろん、「徳」―「才（材）」は、「官」（実際政治にあたる官僚層）のための不可欠の要件であった。とすれば、以上にたどってきた「性」↓「徳」↓「材」↓「官」の一連の過程は、「安天下」に任ずるための人才（材）教育の過程を、原理的に展開した論にほかならない。その意味では、主要に念頭にあったのは、武士層である。無論、四民の身分制が社会的機能に即して意味づけられていた以上、教育原理論としては武士のみに限定されなければならない性質のものではなかったともいえよう。しかし、「安天下」の第一次的責任が武士層において考えられていた限りにおいて、右の過程は、武士を念頭においてはじめて意味をもっていたといってよい。

ともかく、「道」を構成し、しかも人間の価値をも意味する「徳」にこめられた実体的内容が、人間の、社会に対して果たしうる個別的才能（「才」）の側面において認められたということは、徂徠が人間の多様性を積極的に認めた意図の所在を、十分に推測させるものであった。つまり、人間の多様性は、人間の社会に対する「才（材）」の多様でかつ豊かな可能性を保証するのである。ここにおいて、人間の価値が「才」において考えられていたことは、明らかであろう。

(3) 人材論

前項でみたような「徳」―「才」をそなえた人間が、「安天下」のための「人才（材）」（以下「人才」と記す）であること、いうまでもない。人間の多様性の意味がこうした「人才」、すなわち人間の個別的才能という点においてもっとも強調されるとすれば、徂徠の人間論は、人才論において大いに精彩を放つことになるのも、当然であろう。

従来、制度論や土着論に示された徂徠の経世論の卓抜さは、大いに注目されるところであった。それも勿論さることながら、徂徠も儒学者である限り、やはりその制度論や土着論も彼の人間観と無関係に語ることはできまい。そして、徂徠学の課題とする「安天下」の可能性の根拠が、人間の多様性と調和性とに求められ、そのため後にふれるように、乱と治の契機が「制度」以上に「人才」のあり方に即して考えられていたのである。徂徠自身、「法よりは人猶肝要」（『徂徠先生答問書』中、『全集』一、四四一頁）というように、その人才論のもつ意味は、徂徠学の根幹にかかわる重要な問題であったといえよう。(14)

徂徠によれば、人才のあり方と時代の興廃とは密接に関連していた。すなわち、太平の世には、為政者は上にあって「幼少より富貴に成長して、人情世態を歴練なく、物やはらかにそだてられ、心次第に細膩(さいし)になり、物を気遣心つよく」なるため、「過失を咎むる事甚しく」て「物毎に踏込深入する事なく、上をぬり隠す事を第一」とするような、いわば事勿れ主義に陥ってしまう（同前、四四三頁）。かかる治世においては、「人ヲ一様ニナシタガ」り、「諸事云ヒ合ニナリ、人ノマネヲシテクラスヤウニ」（『太平策』、『大系』四八二頁）(15)なる。多様な人間を尊重する徂徠の目には、これは風俗の頽廃以外の何ものでもなかった。かかる風俗の下では、恵まれた為政者層の中に傑出した人才の出現は期待し得ない。ところが一方、「総テ人ノ才智ハ、様々ノ難儀・困窮ヲスルヨリ出来ル者」と考えられていたから、「太平久ク経レバ、能人(よきひと)下ニ有テ上ノ人ハ愚ニ成行ク」（『政談』巻之三、『大系』三六七頁）というように、直接政治を担当する上層の為政者よりも、むしろ下層の家臣や民間のうちにこそ、すぐれた人才が潜在しているとされる。

かかる事態は、時代にとっては危機である。何故なら、「才智ノ上ニ無ク成テハ、世ノ末ニ成テ乱世ニ成、下タル者ニ才智ノ人出デ、代ヲ覆ヘス」（同前、三六六頁）からである。ここから、「治乱ノ道、治極リテ乱レ、乱極リテ又治ル」（『太平策』、『大系』四五九頁）と、治乱の交代は必然的な「天運ノ循環」（同前）として説明されるけれども、その循環に必然性をもたらす契機が、右のように、治世と乱世における人才のあり方の違いであった。こうした認識は、「総ジテ今ノ世ハ諸役人共ニ器量ノ人ナシ。是国家ヲ治ルニ大ナル憂也」（『政談』巻之三、

『大系』三七二頁）と嘆くように、太平の同時代に対する危機意識を抱いてのことであったろう。

世の太平さの中にこそ乱世への必然性を見いだす徂徠のこの逆説は、歴史や政治を為政者の人間としてのあり方で説明することによって、「安天下」のための人才の重要性を強調するものであった。周知のごとく、徂徠は、一方において「安天下」のための礼楽制度の重要性を説く。しかし、それは主要には聖人に関わる問題であって、誰もが軽々しく言及し得る性質のものではなかった。とすれば、実際の政治論において最も重要になってくる問題は、多様な「才」をいかに養い、それをいかに適正に「安天下の道」に関らせるか、という「人才」の問題だったのである。(16)

では、すぐれた人才とは、一体どのような人か。彼は、「何役ヲモ仕落ナク可ㇾ勤人」（『政談』巻之三、『大系』三七八頁）は、ただ事勿れ主義の人だと斥ける。元来、彼の「才」の多様性の尊重は、人のもっている他の人との異質の部分に価値を見いだすことなのである。故に、人才は、特異な人の中により多く期待されることになる。徂徠は、こうした人を「疵物」あるいは「癖ある人」などと表現する。「大概癖ノ有ル人ニ勝レタル人アル者也」（同前、三八四頁）「今時も世上之悪俗に染不申候人は疵多く御座候間。疵物にならでは人才はなき物」（『徂徠先生答問書』中、『全集』一、四四四頁）というように、世間的な風俗や常識を卓越しているが故に、容易に世間に受容されない程の人の中にこそ、優れた人才がいるというのである。それは、たとえば、「車ヲハネカヘシテ駆出ス」「泛駕ノ馬」（『政談』巻之三、『大系』三八五頁）でなければすぐれた馬とはいえないし、また、石膏や附子などの劇薬こそすぐれた効力をもつ薬になる、といったことと同じなのである。

薬は皆毒にて候へ共。毒と名を付不申候事は長所を用候故に候。前書に疵物と申進候は。今世の習俗より名を付候て。御合点参やすき様に申進たるに而御座候。其実は天地の間の物何によらず。各長短得失御座候而。其長所を用候時は天下に棄物棄才は無御座候へ共。長所を御存知不被成候故。短処にばかり御目つき申候て

疵物と思召るゝにて候（『徂徠先生答問書』中、『全集』一、四四五頁）

まさに「疵物」とは、特異な固有の「才」をもった人、したがって必ず多少の短所を併せもつが、その長所に着目すれば必ず大いに役に立つ人、そうした人を意味する逆説的表現にほかならなかった。

徂徠によれば、かかる人が時代のカギをにぎっている。そのことは、「今の世より見候へば。其時分（「御先祖様之時代」、すなわち戦国時代）に名を申候能人と申候は皆疵物にて候」（同前、四四三頁）というように、国初に時代を率いた戦国武士は皆「疵物」だった、との確信に裏付けられていた。「歴代ヲ考ルニ、賢才ノ人ハ皆下ヨリ出タル事」（『政談』巻之三、『大系』三六七頁）というように、彼らは「様々ノ難儀・困窮ヲスル」（同前）ことの中からすぐれた「才智」を形成してきたのである。かくて、「代々大禄・高官ナル人モ、其先祖ハ何レモ戦国ノ時生死ノ場ヲ経テ、様々ノ難儀ニ逢タルヨリ才智生ジテ、夫故功ヲ立テヽ大禄・高官ニ成タレドモ、其子孫ハ代々大禄・高官ナル故、生ナガラノ上人ニテ、何ノ難儀ヲモセネバ、才智ノ可レ生様ナシ」（同前、三六八頁）と、国初の人才との対照の上で、現在の為政者層への痛烈な批判と危機意識を表明する。結局、「疵物」とは、世の太平さの中で無気力化した非主体的な武士層に対する痛烈な皮肉をこめた表現である。否、それのみならず、人間の長所や才能をあくまでも尊重する人間観、したがって、多様的人間観が到達したところの、人才論の具体的提示であった。

では、人才の長所はいかにして発揮されるのか、という点にまで、徂徠の人才論は論及されてゆく。後述のように、人才を見いだし登用するのは君主の役割だが、その場合、「人ヲ知ト云ハ、兎角使テ見テ知コト」（『政談』巻之三、『大系』三七三頁）が重要なのである。ただし「人ヲ使ト言ニ様々ノ差別アリ。人ヲ使テ其器量ヲ知ト云ハ、上ヨリ物好ヲ出サズ、兎ナセヨ角ナセヨト指図ヲセズ、其人ノ心一杯ニサセテミルコト」（同前、三七四頁）、君主からあれこれ指図をしないで、その人の自主性に任せきるのでなければ、その人の「才智」を知ることはできない。「人ノ才智ハ一向ニ得手ナル所有テ、又不得手ナル所有物」（同前、三七五頁）であり、かつ人の長所は「思ノ外ナルモノ」であるから、得手なる所が十分に発揮された場合には、その点に関する限り、聖人でさえおよびがたいものである。だから、その人の自発性に任せきることが、その長所を十分に発現させる最良の方法なのである。

「（君が）手前より注文を出し人を御さがし候は。手前之御物ずきを御立候にて御座候故。その御注文に合候人は天下古今尽未来際まで無之物に候。子細は人心不レ同如レ面候」（『徂徠先生答問書』中、『全集』一、四四二頁）というのにも明らかなように、徂徠の人才論は、確かに君主の優位が前提のうえではあるけれども、人才の側の相対的な主体性や自発性を最大限に尊重しようとする主張だったといえよう。

なお、優れた人才は、いつの世にも必ず一定の割合で存在している、というのが、徂徠の考えであった。「其時代之用に立候程の人才は必有之物」である。ちょうどそれは「国土に五穀を生じ。材木万物を生じ候」ていつの時代にも不足することがないのと同じである（「人材恒在の法則」[17]）。したがって、賢才がいないというのは、実は「朝廷に人なき」ということにすぎず、その場合、「賢才下僚に沈み。或は民間に埋れ候」状態を意味しているというのである（同前、四四二頁）。

とすれば、下に潜在する人才の登用と、人才の教育とを徂徠が主張してやまなかったのは、いわば当然である。ましてや、前述のように、下に賢才が潜在することが乱を招来する要因であってみれば、下からの人才の登用が、乱への予防策として、政治に不可欠な措置と強調されざるを得なかったわけである。『政談』巻之三は、その主張の展開であった。

仮令百姓・町人ナリトモ、才智アラン者ヲバ新ニ被ニ召出一テ御家人ニナシ玉ハンモ、上ノ御威光ニテ、国家ヲ治スル道ニハ何ノ憚カ可レ有。兎角ニ家筋ヲ立ル方ト、賢才ヲ挙ル方トハ裏腹ナルコトニテ国家治乱ノ別

ルヽ事ハ茲ニ有事也（『政談』巻之三、『大系』三七一頁）

こうした能力原理にもとづく人才登用の主張は、当然、現行の家禄世襲制への一定の批判を伴わずにはおかなかった。もっとも、既にふれたように、それは幕藩制的な身分制を批判する立場からのものではなく、もっぱら、君主権力の絶対性の強調によって（「上ノ御威光ニテ」）、むしろ身分制にともなう弊害を一定程度除去し補強して、現実の身分制を、より内実あるものにせんとする方向性をもったものであった。

いずれにせよ、これは、幕藩制の政治改革に対する徂徠の提示した一つの視点であったといえよう。

(4) 君主の超越性――「仁」と「智」――

本項では、君主のありかたを、人才との関連に留意しながら、考察する。

君主の役割が「安天下」にあることはいうまでもない。「安天下」とは、要するに、多様かつ不安定な人間集団（社会）に、全体的に統一した秩序をもたらすことであった。

荀子称すらく、君なる者は群也と。故に人の道は一人を以て言ふに非ざる也。必ず億万人を合して言を為す者也。（中略）故に能く億万人を合する者は君也。能く億万人を合して、その親愛生養の性を遂げしむる者は、先王の道也（『弁道』七）

右の「億万人を合す」というのが、もちろん「安天下」に相当する。ここでは、『荀子』王制篇を典拠にして、「君」を類似音の「群」で説明し、それを「群」（人間集団、社会）の統合者と解するのである。そのための君主の徳が、「夫れ君なる者は群也。是れその人を群して之を統一する所以の者は、仁に非ずんば安んぞ能くせん」（『弁名』上、仁）というように、「仁」と規定され、徳の最高位におかれる。

ところで、君主の「安天下」の役割は、「天我に命じて天子と為り諸侯と為り大夫と為る」（『弁道』七）というように、「天命」にほかならない。また、「安天下」の方法は、「先王の礼楽を奉じて之を行ひ、敢へて違背せず」（同前、五）というとおり、（天の意志が具体的にこめられている）「先王の道」にひたすら依拠し、それを実際の政治に顕現してゆくことにある。

君主の「安天下」（社会統治）は、かく「天命」に由来するものであったから、その統治権は「天」によって絶対的に保証され、したがって、それは被治者に対して超越的に作用することになる。たとえば、『論語』学而篇の「人不知而不慍」についても、「上たる人は只天を相手に仕候故。下に知られ度と存候心は無御座候」（『徂徠先生答問書』中、『全集』一、四五五頁）と独自の解釈が示され、[18] 君主は、天に対してのみ責任を負っていることが明示される。

ところが、天による君主権力の保証は、同時に、「安天下」に対する君主の全面的な責任を意味していた。君主の責任は、究極的には「天命」に対していたけれども、「天命」は「安民」をその内容としていたから、実際には、「安民」にたいする責任に帰着せざるを得ない。そして、この責任遂行のための徳が「仁」にほかならなかった。かく、徂徠の君主政治論も、やはり儒学に共通の「仁政」の論理を身にまとうことになる。

しかし、「仁」にこめる内容において、徂徠学は独自の特質を発揮する。朱子学では、「仁」とは、端的には、「愛の理、心の徳」（朱子『論語集註』学而篇）と定義され、君主に限らず、人間一般にそなわった普遍的な道徳性（結局は「道」）と解された。その上で、徳治政治の原則により、特に君主の「修身」＝「仁」の体現が、すべての政治的価値実現の前提とされる。それに対して、「道」と「徳」とを範疇的に峻別して考える徂徠は、「仁」は「道」ではなく「徳」であるとする立場から、次のようにいう。

仁なる者は、人に長となり民を安んずるの徳を謂ふなり。これ聖人の大徳なり。（中略）蓋し聖人の徳は、備はらざる莫し。何ぞ唯だに仁のみならん。故に仁なる者は聖人の一徳なり。然れども聖人の聖人たる所以

の者は、その天下後世に仁なるを以てなり。故に仁なる者は聖人の大徳なり（『弁名』上、仁）
また、『論語徴』には、次のようにいう。
仁はけだし其の大を統ぶる者なり。唯だ賢者のみ能く其の大いなる者を識る。学者の難んずる所なり。仁言ひ難しとは（顔淵篇）、此れを以てす。然れども先王の道は、天下を安んずるの道なり。六経孰れか天下を安んずるの道にあらざらん。故に仁は天下を安んずるを以て之を解すれば、その差はざるに庶し（学而篇、『全集』三、三八一頁）
この点、『徂徠先生答問書』では、「民の父母」となる心、つまり、一家の家長が自家の眷属を世話をし扶養してゆく心、という比喩で説明され[19]、「されば一国之主は。一国之士民を天より附属被成候眷属にて。見放不被申ものと思入。我苦に致し其国を楽候に仕候事」（『全集』一、四四七頁）と、天に対する責任という形で、君主の「仁政」の責任を強調する。
以上、徂徠における「仁」は、すぐれて君主の政治的能力のカテゴリーであるとともに、君主の「安天下」の責任性を明示する概念でもあった。しかも、その超越性や責任性は、内に朱子学的徳治のような内的緊張をはらまないが故に、一層強力にかつあらわな形で、要請されざるを得なかった。
ところで、君主の超越的権威には、多様な人才の存在が必要とされる。統治の責任主体は君主にあるとはいえ、実際には、「天下を安んずるは一人の能く為す所に非ず。必ず衆力を得て以て之を成す」（『弁道』一四）というように、君主一人の力で複雑な社会を治めることはできない。種々の才能をもつ人才が不可欠なのである。たとえば、大工作業に「椎鑿刀鋸」の道具を必要とし、医療に「実熱補瀉」などの様々な効能をもつ薬物を必要とするように。
こうした、君主と人才との関連についての考え方を、『論語』為政篇の「君子不器」の解釈に、みてみよう。

祇だ君子は器ならずの如きは、仁人の謂ひなり。君相の器なり。諸を匠者と医とに比す。（『弁道』一四）
君子なる者は民に長たるの徳あり。器を用ふる所以の者なり。故に「器ならず」と曰ふ。器とは百官なり。
君子とは君と卿なり。諸を良医の薬を用ひ、良匠の椎鑿を用ふるに譬ふ。薬と椎鑿とは器なり。医匠は君子なり（『論語徴』為政篇、『全集』三、四二五頁）

周知のように、本来、君子と君主は、範疇を異にする概念で、等置さるべき性格のものではない。ところが、徂徠は、右の引用に明らかなように、「君子」を君主もしくはそれに準ずる為政者層（「士大夫」、重臣層）とほぼ等置して論ずる。(20)

そうした前提の上で、「器」は、「一芸一能」をもつ人間の才能ないしは器量と解される。いうまでもなく、それは先にみた「才」とほぼ同義である。君主は、そうした「器」を使う立場にあるから、自らは「一芸一能モ無」くして「器量ノ人ヲ取出シ」「人ヲ其役儀ニハマラセテ、其人ノ才智ヲ一杯ニ可レ顕」ようにはからえばよい（『政談』巻之三、『大系』三八五頁）。徂徠によれば、人の才智が十分発揮されれば、元来、天下は治まるはずのものであるから、君主自身が万能である必要も、また「器」である必要もないのである。

こうした才智ある賢才を見いだす君主の徳、徂徠はそれを「智」と規定し、『尚書』皐陶謨の「人を知るに在り、民を安んずるに在り」という皐陶の言葉にもとづいて、「仁」と並ぶ「聖人の大徳」とする。「在レ安レ民在レ知レ人ト云二句ハ聖門ノ万病円（万能薬）」であり、「人君ノ大智」は「我智ヲ智トセズ、ヨキ人ヲ知リテ委任スル」ことをいう。ここから、「人君ノ職分、タヾ人ヲ知ル一ツニ帰」せばよいことになる（『太平策』、『大系』四六六〜九頁）。

こうして、「安民」と「知人」とが、各々「仁」および「智」の君主の二大徳目に比定された。しかも、「仁」が被治者に対する君主の超越性を意味していたように、「智」も、君主に用いられてはじめて「才」を発揮できる人才にとっては、やはり君主の超越性を意味するものであった。かく、君主が超越化されることで、その権威が絶対化されたのである。

君主のこうした絶対的権威が、前述の徂徠の人間把握と密接に関わっていることは、改めて繰り返すまでもあるまい。

(5) 君臣関係論――家臣における「忠」――

前項にみたように、君主権威の絶対性は、家臣＝人才の多様な才の意義の承認と、いわば表裏の関係であった。したがって、いかに家臣を使う君主の絶対性が強調されようとも、必ずしもそのことが直ちに家臣の君主に対する無条件の隷属を意味したのではなかった。ここでは、徂徠の君臣関係についての考え方を、「忠」の理解を手がかりに考察する。

忠なる者は、人の為に謀り、或は人の事に代わりて、能くその中心を尽くし、視ること己の事の若く、懇到詳悉至らざる莫し。或は君に事ふるを以て之を言ひ、或は専ら訟を聴くを以て之を言ふ。(中略)忠は政事の科たり。政事なる者は、君の事に代わる。故に忠を以て之に命く(『弁名』上、忠信)

右のとおり、「忠」は「政事の科」として、やはり政治機能に即して解された。[21]『政談』にも、「忠ト云ハ其事ニ身ヲ打ハマリテスルヲ云。如此ナレバ人ノ才知誠ニ顕ル、故、聖人ノ道ニ忠ヲ貴ブコト也」(巻之三、『大系』三八三頁)という。すなわち「忠」の具体的な意味は、君主の政治を補佐したり代行したりするために、しかるべき「役」に心を打ち込み、自己の才能を十分に発揮することにあった。かかる意味での「忠」が、特に家臣に要求される徳であったことは、もはやいうまでもない。

もとより、家臣の役割は、君主の社会統治の補佐・代行にあった。そのために、多様の「才」を必要とし、その限りにおいて、家臣の君主に対する相対的独自性は認められねばならない。つまり、家臣が自己の「才」を生かすべき個別の「役」に関する限りは、いかなる権威からも独立した家臣の「主体性」が尊重される必要があった。「畢竟聖人の道は国家を治候道故。忠之立様世俗之了簡とは違申候。其分れ所は。上より下に任せ候と。下より上に任せ候にて分れ申事にて御座候」（『徂徠先生答問書』、『全集』一、四五〇頁）というように、「忠」は「上より下に任せ」て家臣の自発性を認めなければ、本来実践できないものである。かかる「忠」のとらえ方が、人才は他からの非干渉においてのみ知られ得るとして、人才の「主体性」や「自発性」を重視した先の人才論に対応したものであることは、容易に理解されよう。

こうした立場から、当時一般に賛美されていたという（「今時はやり申候理窟」）献身道徳的な意味での「忠」（「御身は主君へ被差上。無物と被思召」）は、「身を人に任せ」る「妾婦之道」と変わらないものとして、強く批判された[22]。「臣は君の命をうけて。其職分をわが身の事と存じ務むる事」ゆえ、もし職において納得できない時には、職を「吾身の事」として責任をもって取り組めない。その結果「不忠」になるほかないから、断然、辞職すべきである。主君に我が身命を差し出し「身を我物と不存」いわゆる献身の美徳は、家臣が自己判断を放棄し、ひたすら君主の意に盲従あるいは隷従するだけのものだから、決して「忠」にはならない、「臣は君の助にて。使ひものにては無御座候」という（以上、同前、四四九・四五〇頁）。確かに、家臣は君主に使われてはじめて意味をもつ存在であったが、既に明らかなように、実は君主の超越的権威こそ、家臣のもつ個別的な「才」を生かすためのものといった構造であった。したがって、徂徠においては「才」の独自性や個別性を侵す君臣関係は、当然否定されなければならなかった。もとより、いわゆる献身道徳が、徂徠のいうように実際には家臣の主体性の全的否定を意味しているとは必ずしも考えられないが[23]、人間の内面的な緊張よりも実際的な「才」に、より多く注目する徂徠の目には、それが、支配―隷属の君臣関係と映ったわけである。

徂徠における君臣関係論は、「臣もまた先王の道に任ずる者なり。然れども君はその全を統べて、臣はその分に任じ、各々官守有り、各々事とする所有り」(『弁名』上、義)というのにうかがえるように、「安天下」に対する機能の相違に即して意味づけられねばならなかった。「君はその全を統べて、臣はその分に任」ずるというように、確かに家臣のはたす機能は、君主のそれの全体性・超越性に対して、部分的・個別的に限定されてはいる。しかし、家臣が、その独自の「才」を部分的領域で発揮することを通じて、結局、全体としての「先王の道」に参与しうると考える点で、徂徠は、家臣に能動的あるいは主体的な自覚を促そうとしているのである。「忠」にこめた徂徠の意図は、ここにあったとみられよう。(24)

ところで、今述べた意味での家臣の「主体性」というのは、多分に矛盾を含んでいるといわねばなるまい。何故なら、「忠」は、君主が家臣を「役ニハマラセル」ことが前提条件であってみれば、家臣にとっては、自らの「才」が君主に認められない場合には、そもそも「忠」を問題にさえしえないからである。つまり、家臣の「主体性」は、君主の絶対性を媒介として、はじめて可能であった。ところが、既に明らかなように、徂徠の考える家臣の「主体性」は、君主の絶対性と矛盾しない性質のものとして、あった。つまり、家臣の才は、「安天下」という至上の目的の一翼を担う限りにおいて(しかもそれが君主の統治の補佐・代行であるが故に)そのままで十分に尊重されなければならなかった。この場合、君主は、「安天下」のいわば総括的責任主体であったから、その家臣の活動の「主体性」を保証するとともに、促進する立場になければならなかった。

かかる意味での家臣の「主体性」の契機は、明らかに個別的能力としての「才」であり、決して人間各個に固有の自我を根源とした意味での「主体性」ではなかった点に注意すべきである。この点にこそ、徂徠の人才論が、一人の個人としての自律性を認める人間論に至り得ず、政治的価値の規制からついに自由になりえなかった理由が存在していたのである。

以上、徂徠の人間把握をみてきた。人の多様性は、社会に対する機能と役割に即して意義づけられ、それは「才」の尊重に至らしめた。かくて、徂徠の人間把握の機軸は、結局「才」にあったということができよう。超越的権威の要請も、この人間把握と一体のものであった。とすれば、徂徠の人間観は、実際上、「安天下」の人才論にゆきつくものであったといって誤りない。

第三節　学問および教育思想

(1)　学問・教育の方法――「物」への「習熟」――

前節に明らかになった人才は、いうまでもなく、学問によって成就さるべきものであった。その意味で、学問は教育の方法でもあった。本節では、右の人才論との関連に留意しつつ、徂徠の学問・教育論の性格を検討してゆく。まず、学問・教育に対する徂徠の基本的な考え方を示す文を掲げる。

学なる者は、先王の道を学ぶを謂ふなり。先王の道は、詩書礼楽に在り。故に学の方も、また詩書礼楽を学ぶのみ。是れ之を四教と謂ひ、又之を四術と謂ふ。詩書なる者は義の府なり。礼楽なる者は徳の則なり（『左伝』僖公二十七年）。徳なる者は己を立つる所以なり。義なる者は政に従ふ所以なり。故に詩書礼楽は、以て士を造るに足る（『礼記』王制）。然れどもその教ふるの法は、詩には誦と曰ひ、書には読と曰ひ、礼楽には習と曰ふ。春秋は教ふるに礼楽を以てし、冬夏は教ふるに詩書を以てす。仮すに歳月を以てし、陰陽の宜しきに随ひて以て之を長養し、学者をしてその中に優柔厭飫（いうじうえんよ）し、これを蔵しこれを脩め、これに息ひこれに游ばしめば、自然に徳立ちて知明らかなり。要は習ひて之（詩書礼楽）に熟し、久しうして之と化するに在るなり。是れ古の教法爾（しか）りと為す（『弁名』下、学）。

学問とは、「先王の道」を学ぶこと、具体的には、「詩書礼楽」の四つの経書（さらに『易』と『春秋』を加えて六経ともいい、またそのうちから『楽記』を除いて五経ともいう。それらはいずれも孔子によって編まれたということになっている)を、学ぶことである。それらは『礼記』王制篇の表現に従って、「四教」もしくは「四術」ともいわれる。[25]

こうした経書は、「夫れ六経は物なり。道具さにここに存す。諸を行事に施し深切著明なり(『史記』太子公自序に記された孔子の『春秋』著作の言)とは、聖人の空言を悪むなり」(「学則」三)というように、具体的な「物」を著したものなのである。[26] 六経という古典が「物」であるというのは、いささかわかりにくい。この前提に、六経は他の書とは根本的に違うとの考えがある。「世は言を載せて以て遷り、言は道を載せて以て遷る」(「学則」二)。古文辞で記された六経は、その言葉に密着して古代先王の文化的諸事実をありのままに「載せて」我々の前に提示している。だから六経はたんなる言葉でも、まとまった思想でもない。「事実」そのものである。また「蓋し先王の教へは、物を以てして理を以てせず。教ふるに物を以てする者は、必ず事を事とすること有り。教ふるに理を以てする者は、言語詳かなり。物なる者は衆理の聚る所なり。而して必ず事に従ふ者之を久しうして、乃ち心実に之を知る。何ぞ言を仮らんや」(『弁道』十六)というように、「物」は朱子学の理への対置である。世界のことはすべて理論的分析的に言葉で説明できるというのが、朱子学の立場である。徂徠はこれに反発した。元来、「道」は「大」かつ「多端」であり、人智では「知り難き」ものであったのだから。

かくて「道」は、六経に記された「物」として、具体的に提示される。「物」は、聖人が一切の人情や理をふまえて、人々がそれに拠って自らを成し、生きて行く規範として提示した、実体的内容を備えていた。したがって、人はその「物」を学ぶことによって、「知」を開き「徳」を得ることができるというのである。その場合、単に知識としての学習では、十分ではない。学習者の発達段階や人の性格に応じて、長い年月それに慣れ親しむ、つまり「習熟」することこそが重要である。「物」への「習熟」が、「自然に」かつ「識らず知らず」のうちに、「徳」を生む。それは、「物」に「化」(感化)するからである。徂徠によれば、『大学』の「格物致知」がこの「習熟」を教えたものにほかならないという。

物なる者は、教への条件なり。（中略）蓋し六芸に皆之れ有り。徳を成すの節度なり。その事に習ふこと之を久しうして、守る所の者成る。これ「物格る」と謂ふ。その始めに教へを受くるに方りて、物は尚ほ我に有らず。これを彼に在りて来らざるに辟ふ。その成るに及びて、物は我が有と為る。これを彼より来り至るに辟ふ。その力むるを容れざるを謂ふなり。故に「物格る」と曰ふ。「格」なる者は「来」なり。教の条件我に得れば、則ち知自然に明らかなり。これ「知至る」と謂ふ（『弁名』下、物）

「物」とは、学問・教育の具体的内容（「条件」）であり、「格物」とは、その「物」への「習熟」を意味する。徂徠は、「格」を「至」とする朱子学の新注を斥け、「来」と解する鄭玄の古注に従う。(27) 彼によれば、「格物」とは、「物」を招き寄せて「我が身に有する」ことで、それは「物」への「習熟」によって可能となる。「物」に久しく習熟することを通じて、「物」の背後に、「道」のあり方がおのずと理解できるといってもよい。かかる立場から、『大学』八条目の学問原理も、「大学の言ふ所、工夫は唯だ格物に在りて、致知以下は皆其の効験のみ」（同前、学）という通り、もっぱら「格物」に重点をおいて理解される。

この点、朱子学では、『大学章句』伝第五章の「いわゆる『格物致知』とは、吾の知を致さんと欲すれば、物に即きてその理を窮むるに在るを言ふ（以下略）」といういわゆる「格物補伝」の格物窮理の方法であった。(28) この格物窮理に対する徂徠の批判はすでにみた。要するに、理の普遍的浸透性や人の窮理能力を認めない徂徠にあっては、「道」―「物」への「習熟」こそ、朱子学の格物窮理に対置された徂徠学の方法論に違いなかった。この方法によってこそ、人は「道」に参与できるというのである。

この「習熟」は、言葉や知識や悟性などによって行われるものではない。反復経験による身体全体（「心志身体」、『弁名』礼）でする体得を意味する。それは必ずしも意識化された認識ではない。知らず識らずのうちに「化」

してゆき、やがて十分に認識される。それは、人間形成における経験や習慣の契機を重視する教育の考え方が前提となっている。「書に曰く、『習は性と成る』と。孔子曰く『学んで時に之を習ふ』と。又曰く、『性は相近きなり、習は相遠きなり』と。故に学の道は習ふに在るのみ」（原漢文、「与竹春庵」第二書、『徂徠集』巻二十七、『大系』五二七頁）、「風俗ハナラハシナリ。学問ノ道モ習シ也。善ニ習ル、ヲ善人トシ、悪ニナル、ヲ悪人トス。学問ノ道ハ、習ハシ熟シテクセニシナスコトナリ」（『太平策』、『大系』四七三頁）という通り、学問の理想的境地は、「四教」に従って、それが無自覚的習慣になるまでに「習熟」することにあったのである。

(2) 「習熟」——読書法と古文辞学——

前項でみた徂徠の「習熟」主義の学問方法論は、いかなる契機によって形成されたのか。本項では、この点を考える。ここでは、次の二点を想起されたい。一つは、徂徠が早くから提唱していた中国語学習の方法（若しくは読書法）、二つは、李攀竜・王世貞との邂逅を契機とする古文辞の文学方法である。

まず、読書法について。徂徠は、返り点・送り仮名による日本の伝統的な漢文読書法を排し、中国の原典を本来の中国文として読み、理解すべきだと主張した。

> 但だ此の方には自ら此の方の言語有り。中華には自ら中華の言語有り。体質本より殊なり。何に由りて脗合（ふんごう）せん。ここを以て和訓廻環の読み、通ずべきが若しと雖も、実は牽強たり。而も世人省みず。書を読み文を作るに、一に唯だ和訓にのみ是れ靠（よ）る。即（たと）ひその識淹通（えんつう）と称せられ、学宏博を極むるも、もしその古人の語を解する所以の者を訪へば、皆隔靴掻痒に似たり。その毫（ふで）を援きて思（ひ）を攄（の）ぶる者、亦た悉く侏儷（しゅり）・鳥言、その何の語たるかを識るべからず（『訳文筌蹄初編』巻首）[29]

すなわち、中国の書物は、もちろん、中国文（中国語）として書かれている。当然、中国文固有の「字義・文理・

句法・文勢」(『訓訳示蒙』巻一、『全集』二、四四一頁)をもって、表現されている。あるいは「華人の言語は、纔かに口より出づれば輒ち自ら天秩有り。位置森然として、得て紊すべからざる者有り」(「与県次公」第三書、『徂徠集』巻二一、『大系』五〇一頁)である。とすれば、返り点や送り仮名の和訓式読書法は、中国原文の破壊にほかならず、中国文(古典)を正確に理解することなど、できようはずがない。それが牽強付会となるのは、必然である。ところが、世のほとんどの学者は、そのことの自覚がなく、自分では正しく理解しているつもりでいる。その錯覚に、致命的な悲劇が存するというわけである。

文字は皆華人の言語、此の方には迺ち和訓顚倒の読み有り。これ和語を華言に配する者、而して中華・此の方の語言は、本自ら同じからず。得て配すべからず。故に此の方の学者の字義を知らざるは、皆此に由りて累を作す(原漢文、『蘐園随筆』巻二、『全集』十七、八七頁、なお、読み下しは二五七頁)

かくて、「学者の先務は、唯だその華人の言語に就きて、その本来の面目を識らんことを要す」(「訳文筌蹄初編」巻首、『全集』二、四頁、読み下しは五四八頁)と、中国の原典を、あくまで本来の中国語すなわち外国語として、扱うことが要請される。そのための方法は、「先づ崎陽の学を為し、教ふるに俗語を以てし、誦するに華音を以てし、訳するに此の方の俚語を以てして、絶して和訓廻環の読みを作さしめず」(同前、九頁、読み下しは五五五頁)である。ここで「崎陽の学」とは、長崎の中国語のことで通訳の学、すなわち口語、「俗語」としての中国語。これを学び、原典を中国音(「華音」)読みしたうえで、それを平易な日本語に翻訳する(これを「訳」という)とする学習法である。なお、この「訳」に関しては、従前行われて来たような王朝風のいかめしい「雅言」による和訓は、日常語から遠く「人情に近から」ざるゆえ、有害無益。中国の古典とて、とくに「高深」なことを説いているのではなく、古代中国語で平易に説いている。だから、それを我々の「平常の語言」(平易な日常語)に置き換えるのがよいという(同前、六頁、五五〇頁)。

なお、徂徠の「崎陽の学」（「華音」）の習得は、華音をよくした黄檗の禅僧や、長崎通詞たちを通じて行われた。前者には、たとえば、宝永期から享保初年まで江戸の蘐園に遊んだ肥前の僧大潮、明からの渡来僧で黄檗山万福寺第八代住持の悦峰上人などがおり、後者には、蘐園の華語講習会ともいうべき「訳社」の講師として迎えられた岡島冠山などがいた。(30) 尤も、徂徠の熱意にもかかわらず、中国人と直接語り合う機会のほとんど無かった徂徠の中国語会話は、結局、中国人と自由に語り合えるまでには至らなかったようである。(31)

こうした鋭い言語感覚による独自の語学の方法的自覚をもっていたからこそ、やがて李攀竜・王世貞の古文辞との衝撃的な邂逅があったというべきであろう。徂徠によれば、それは「天の寵霊」（『弁道』一および「答屈景山」、『徂徠集』巻二十七）による邂逅で、二氏の著作を通じて、古文辞学の方法に開眼したのである。

いわゆる古文辞という明代に興った文学の方法は、典型として設定された古典的詩文（「文は必ず秦・漢、詩は必ず盛唐」）への徹底した模倣であり、そこでは独創的な表現などには一切価値を認めようとはしないものであった。それは、文学上の一種の擬古主義で、彼らにとって盛唐詩は、いわば絶対的な規範的表現形式であった。(32)

いうまでもなく、中国語学習の方法は、華音そのものへの「習熟」を意味しているが、この古文辞の方法も、実に規範形式とされた古典的詩文への「習熟」として、説かれたのである。古文辞は、古典的詩文の成句を「自己の表現せんとする事態の表現として、一字一句ちがわぬ形で使い、その綴りあわせをもって、みずからの文章とする」、(33) つまり、「古文辞」の句のつぎはぎにのみ徹した形で、自己の文学の表現形式とする。したがって、規範とされる古典的詩文への徹底した「習熟」がなければ、自己の述作における古文辞の自在な活用はできない。そうして、「李王（李攀竜と王世貞）の心は良史に在りて、六経に及ぶに遑（いとま）あらず。不佞は乃ちこれを六経に用ふること、異有りと為すのみ」（「復安澹泊」、『徂徠集』巻二十八、『大系』五三七頁）と、若干の自負をこめて語るように、「習熟」の対象を、たんに秦・漢や盛唐の詩文ではなく、聖人の経書に求めたところに、新しい独自の徂徠学が成立したのである。

> 今言を以て古言を眎（み）、古言を以て今言を眎れば、均しく之れ朱㒧鴃舌（しゅりげきぜつ）（わけのわからぬこと）なるかな。科斗（中国の古代文字）と貝多（ばいた）（インドの古代文字）と何ぞ択ばん。世は言を載せて以て遷り、言は道を載せて以て遷る。道の明らかならざるは、職として是に之れ由る（「学則」二、『全集』一、七四頁）

言語は、時代と共に変遷し、言語は「道」を伴って（「載せて」）変遷する。「古言」は「今言」と同じではなく、互いに通用するものではない。だから、「今言」でもって「古言」をみても、古代の「道」はとらえられない。「後世の人」は、「古文辞」（古言）を知らないままに、「今言を以て古言を視る」から、「道」を誤って解した（『弁道』二四）。「聖人の道」を明らかにするためには、六経が書かれている「古文辞」を学び、身につけなければならない。それは、「今言」とは異なる「古文辞」で表現された言語に習熟することによってはじめて行われることである。

先に「和訓廻環」の漢文読書法が、原典への誤解を生むという主張を見た。ここでは、「今言」による六経解釈が、誤解を生じ、儒学説を誤るというのである。そして、その誤りを解消する方法が、いずれも「習熟」であった。ここに、徂徠の語学的方法と学問的方法（および文学的方法も）の連続性は、もはや明らかといわねばならない。そして、既に指摘したように、この「習熟」は、また教育の方法でもあったわけである。

(3)　学問・教育論の特質

以上見てきたような学問が、演繹的ないしは既定主義的性格をもたざるを得ないのは、当然といえよう。なぜなら、「道」は所与のものとしてあり、「物」は第一義的には、聖人によって既に提示されているものであるから。したがって、徂徠における学問上の真理は、世界の中にベールにつつまれて発見されるのを待っている性質のもの（たとえば、朱子が「豁然として貫通するに至る」と、『大学章句』の「格物補伝」にいうように）ではなく、六経に確定して、既にある。ここでの学問の意味は、既定の「物」にいかに「習熟」し、いかに天性（「才」）を涵養し、その「才」を、いかに政治の一部に生かしてゆくか、という点にあったわけである。

もちろん、こうした学問の正当性を保証するものは、聖人の超越的権威であった。だから、「学問の道は、聖人を信ずるを以て先と為す」（『弁名』下、学）と、学問における聖人への「信」という形で、聖人権威の先験性が主張される。また、「蓋し教へなる者は、我を信ずる者に施す」（『弁道』一五）ともいう。こうした教育における信頼性の重視も、聖人権威への信頼という共通のイデオロギーの基盤が、教育の前提条件をなす、と見なされていたからであった。これは先の「聖人信仰」に通底するが、また「習熟」は、その対象とする規範への信頼が不可欠であることを説いたものであった。(34)

では、こうした学問によって、人才はいかに教育さるべきか。学問の主要な役割が人才の成就にあるとすれば、まさに徂徠がもっとも力点をおく問題がこれだったのである。

人才の個別的領域における「主体性」が超越的権威の絶対性と矛盾しなかったように、徂徠の学問の既定主義的性格は、必ずしも学ぶ者の自発性や能動性を損なうものではなかった。むしろ聖人の権威は、人間各個の固有性の伸長や完成を保証するものとみなされていたから、それへの強い信頼は、逆に学習者の自発性を促進するはずのものであった。つまり、「道」は、絶対的規範として提示されているものであるから、学習者は、自らが直接「物」に対すべきであって、その間の介在者、たとえば、教師による懇切なる教えや注釈などは、「道」の前にあってはすべて相対化され、学習者自身の能動性こそが尊ばれねばならないのである。

既に明らかなように、右のことは、学の対象を、「実体性」をもった「物」に限定したことと密接に関連していた。しかもそこに「言を以て人を服する者は、未だ人を服する能はざる者なり」（『弁道』一五）といった、言葉のみによる教育への不信感をこめていたのである。

> 夫れ言なる者は、固より人を喩す者なり。然れども古の善言は、必ずしも人を喩さずして、人自ら喩る。先王の道は爾りと為す。これ何の故ぞ。蓋し古の教なる者は、我を信ずる者に施す。彼乃ち思ひて之を得。爾らずんば、以て之を知るに足らず（原漢文、「与竹春庵」『徂徠集』巻二七、『大系』五二七頁）

教育とは、本来、言葉で諭したり、外側から知識や道理を教え込むことではない。「人自ら喩る」こと、つまり「聖人ノ教ハ、皆其自得スルヲ待コト」（『太平策』、『大系』四五五頁）なのである。[35] こうした考えから、「人ノ材徳ヲ養フハ草木ニコヤシヲシテ長養セシムル如ク」（同前）というように、教育は植物の栽培にたとえられる。植物自身の自然に生長する力、すなわち学習者自らがする自発性や自己活動こそが何より尊重されるべきである。教育は、草木の「コヤシ」と同様、その側面援助の役割を担うにすぎない。朱子学者のいうような「木にて人形など割見候ごとく」（『徂徠先生答問書』中、『全集』一、四四〇）師の好みの人を作ったり、「外より鑠す」（「学則」三）つまり外面からメッキで飾ることなどが、教育の役割では決してないという。

> 総ジテ聖人ノ教ハ、ワザヲ以テ教ヘテ、道理ヲ説カズ、偶ニ道理ヲ説ケドモ、カタハシヲ云テ、其人ノ自得スルヲ待ツコトナリ。其故ハ人ニ教ヘラレタル理屈ハ、皆ツケヤキバニテ、用ニ立ヌモノ也（『太平策』、『大系』四五五頁）

右の引用に徂徠の教育の考え方はほぼ集約されているといえよう。つまり教育は、学習の「ワザ」（方法）を教えるだけで、後は学習者の自発的学習による「自得」を期待する、もしくは、自発的学習を促すために「カタハシ」（示唆）を側面から与えるのみである。孔子の教育方針も、実にこの自得主義であった、というのが、徂徠の主張であった。[36]

また、ここに「自得」というのは、先に「思ひて之を得」とあるように、学習者の思索を透過したものでなければ、それはたんなる「ツケヤキバ」にすぎず、本当の納得ではない。したがって「自得」ではない。だから「学問の道は思を貴しと為すなり」（『弁名』下、思謀慮）と、学問における思索の重要性が強調される。彼が言葉による教育を排した理由の一つは、それが思索を軽視するからであった。

> 言ひて喩らば、人以てその義是に止まると為し、復たその余を思はざるなり。是その害は、人をして思はざらしむるに在るのみ。礼楽は言はざれば、思はずんば喩らず（『弁名』上、礼）

というように、学の対象を直接「物」（「礼楽」）においた意味も、学習者の思索を重視するからであると、表明される。[37] つまり「礼楽」が「具体的」な「物」であるが故に、学習者の自由で自発的な思索が必要となり、その過程を経て「自得」に達し得る。ここに、一見、思索と全く相反するかにみえる「習熟」主義も、いずれも、言葉や教説の方法による学問や教育を否定し、それに対置すべきものとして提唱されたことは、明らかである。その意味で、習熟と思索は、決して矛盾するものではない。否、むしろ両者は、学問や学習の過程の表裏をなすものであった、といって誤りない。

また、指導法の実際については、人間は本来的に多様であるから、その多様性に応じて、「善教ル人ハ、一定ノ法ニ拘ハラズ、其人ノ会得スベキスヂヲ考ヘテ」（『太平策』、『大系』四五五頁）指導法も各々に多様でなければならないと、主張される。したがって、上から下への画一的な注入の教育は否定され、人間を多様なままに陶冶してゆく教育のあり方が説かれているのである。

以上見てきた徂徠の教育に対する考え方（言葉での教育の排除、学習者の自得や思索や自己活動などの尊重、多様な学習者に応じた多様な指導法、など）は、いずれも講釈批判にゆきつくものであった。徂徠によれば、当時一般に流布していた講釈という教育（学問）の方法は、漢文の和式訓読の読書法と並ぶ、当代の学問衰微の二大元凶にほかならなかった。

徂徠は、『訳文筌蹄』初編、巻首題言において、「予れ講を悪む」として、講釈学問を排する根拠を、講釈の「十害」と言あげして、列挙する（『全集』二、七〜九頁、なお五五一頁以下に読み下し文）。それを以下、簡単に要約して示す。

（1）章句文字のささいな「字詁」から「正義」「旁義」等々が「叢然として並び集まり」「肆を開くが如」き講釈では、たとい講師が「精確詳明」に講義しても、初学者は混乱する。また、常に講師が聴者に迎合し、仁・智を損なう。（2）学習者の修学の諸段階を考慮しない一斉講義であるため、「蒙生」が手前勝手な理解をすることが、避けられない。（3）耳学問の安易さになずむため、日ごろの自力によるこつこつとした学問の努力を怠るようになる。（4）万巻の書をすべて講釈で聴くことは不可能。（5）無点の書が読めなくなる。（6）師の講釈を忠実に、しかしその表面ばかりを模倣するのみ。（7）和訓による理解で通解したつもりになるため、本義から遠ざかることを知らず。（8）講師は文章を作らず、「貫道の器」ともいうべき「文字」を知らないため、その講説が妄となるのは必然。（9）学を書として残し得ず、学問はついに無に等しい。（10）売文売講と勢力争いを事とし、本来の教育ができない。以上、かくて、「十害を母と為し、百弊孳生す」と、講釈が学問衰微の根本的な原因であるとされる。

かかる有害な講釈の風潮の蔓延、そしてその結果としての学問の衰退化は、具体的には主として、闇斎学の罪と見なされていた。

講説もまた学者の祟をす。凡そ書を読むことはもと思ひて之を得んことを欲す。（中略）而るに講師皆な一場の説話と作し、務めてその明鬯にして、聴く者の耳に愜ひて、阻滞有ること莫からんことを要す。夫れ道理は豈に一場話の能く尽くす所ならん乎。これ必ず学者を浅迫に導きて、それをして深遠含蓄の思ひ、従容自得の味はひに乏しからしむるなり。（中略）大氐耳に由りて目に由らざる者は、能く己が用を為ること鮮なし。予れ十四の時、先大夫に従ひて、南総に流落し、独り自ら書を読み、未だ嘗て世師の講説を聴かず。赦に値ひて還るに及んで、世の書を講ずる者別に一種の俗学の気習有りて纏繞するを見るなり。皆な予が見る所と同じからず。之を訪へば則ち前年闇斎先生といふ者有り、首として朱学を倡ふ。これより先諸儒能く閩洛の学を攻むる者有ること莫し。而して闇斎なる者出るに及びて、海内靡然として風に嚮かふ(『蘐園随筆』巻二、『全集』一七、八七頁、二五八頁に読み下し)(38)

山崎闇斎は、儒学の極致は朱子学にありとし、朱子学末流の浅薄さを排し、直接朱子自身の著作に就いて、その根本の体認にむかった。(39)詞章記誦を排し、読書目も、四書・「小学」「近思録」などの数書の外は無用視し、博学や詩文への耽溺は厳に戒めるところであった。峻厳きわまる闇斎の学風は、門弟への教育姿勢にも一貫していた。確かにその主たる教育法は、講釈であった。闇斎の講釈の目指すところは、精緻かつ難解な朱子の説を、それを体認した闇斎が、講義の形で、懇切にかつ平易に口述して、解説してみせることにあった。それを、門弟たちは、一字一句も逃すまいと、ひたすら忠実に筆録してゆく。闇斎学派では、以後の門弟たちにも、こうした講義による一斉教授の教育法が受け継がれ、定着していった。そこでは、弟子たちの筆録した師闇斎の講義ノートは大変に重んぜられ、弟子たちの間で以後代々継承・重写されるのを常としたほどであった。

徂徠は、こうした学問状況の大勢への反発と嫌悪から、まず自らの学の位置を定めていったといえよう。(40)なお、前引の『蘐園随筆』は、いまだ徂徠が朱子学を信奉していた時期の朱子学の立場からの著作であってみれば、先に見た彼の読書や学問の方法は、徂徠学成立以前からの徂徠の固有のものであった。やがて徂徠学を生み出す母胎が、ここにあったことは、いうまでもない。ともかく、闇斎流の講義中心の学問は、いずれの意味においても、当初からの徂徠の学問の基本的対立物であったわけである。

かく、講釈学を排するに熱心であった徂徠は、先にみた習熟のほかに、学問や教育において重点をおいたのは、何か。「従二古師友と申事有之。師教よりは朋友の切磋にて知見を博め学問は進候事に候」(『徂徠先生答問書』下、『全集』一、四六八頁)と、教師よりの指導よりもむしろ学友間相互の教育的効用をより重くみる。ここから、「朋友聚候て会読などいたし候得ば。東を被言候て西の合点参り候事も有之候」(同前、四七〇頁)と、会読などの共同学習法が推奨される。既にみてきた、信・自己活動・思索・自得などを重んずる彼の学問・教育観からすれば、蓋し当然の学習法であるといえよう。

(4)　学校論

徂徠の学問ないし教育論は、聖人の超越的権威のもとでの、学ぶ者の固有性に応じた多様な自己活動を、何よりも尊重するものであった。こうした学問・教育が、前述の彼のいうところの「人才」の養成をめざしたものであることは、いうまでもない。とすれば、徂徠の教育論が直接にめざすところは、人才教育にあったといってよかろう。

したがって、徂徠の、学校に対する期待は、人才教育、もしくは人才教育に携わる専門儒者養成にあった。徂徠が、学校教育や学校のあり方に関して具体的に言及しているのは、将軍吉宗に献呈する目的で著された『政談』巻之四の一節と、昌平黌に対する意見書簡「学寮了簡書」の二著に見える程度で、決して多くはない。徂徠において、学問は治国安民の学であった。逆にいえば、政治のために学問は必要不可欠であった。それ故、専門学者は、治国安民の学を担う存在として大いに重視されるとともに、政治にたずさわる武士たちにも、学問は必須のものと考えられていた。「学寮了簡書」によれば、中国や、まだ大学寮が完備していた延喜以前の日本では、学校は「官人」養成機関であった。ところが延喜以後、「諸役皆世官(世襲)」になったから、「学校ニテハ専ラ儒者ヲ仕立テ、国家ノ御用ニ立候ヲ主意ト」するようになった。徂徠は、そのいずれをも否定しない。それぞれ治国に有用であると考える。彼が厳しい批判の刃を向けるのは、当時の学校、すなわち幕府(林家)の昌平黌のあり方である。

只今ハ儒者ヲ仕立候筋ハ次ニ罷成、昌平坂ニ別ニ講釈所ヲ構ヘ、弟子取モ無之、書生取モ無之者ニ普ク講釈ヲ聞セ候儀ヲオモノ筋ニ仕リ、御家ニ罷在候弟子共ニ右之講釈ヲ為勤候ヲ役目ニ為仕候事、大キナル取違ニテ御座候(「学寮了簡書」、『全集』一、五六八〜九頁)

つまり、林家は、当初の羅山や鵞峰の時代の学風を失い、専門儒者養成をおろそかにしている。さらに、門人でもない不特定多数の武士や町人などの聴衆を相手に、講釈を専らにしている。徂徠が批判するのは、林家のこうした状況である。「聴衆兼而極リ無之、参懸リ之人」を相手とするから、「ヲノツカラ談義説町講釈之様」になり、「或ハヲトケ咄ヲマゼ、或ハコワ色ヲツカイ」聴衆への迎合を生んでいる(同前、五六九頁)。学問・教育の手段として、こうした講釈が無益であるという徂徠の説は、もはや繰り返すまでもあるまい。

将軍吉宗は、幕臣への教育を主要な目的として、享保二年、林大学頭に命じて、昌平坂の聖堂仰高門東舎で毎日講義をさせ、庶民の聴講も許した(仰高門日講)。翌三年から、聖堂に隣接した饗応座敷で、林家以外の儒者、木下菊潭・荻生北渓(徂徠の弟)にも開講させ、同四年八重洲河岸の高倉屋敷でも、鳩巣や菊潭らに講釈を担当させた。吉宗は、かく武士教育(および町人教化)に留意した。しかし、武士の間に学問を敬遠する風潮が強く、それらはいずれも不振をきわめていた。その状態は、室鳩巣の「兼山麗沢秘策」所載の書簡(たとえば、享保七年四月三日づけなど、『日本経済叢書』巻二)にもうかがえるが、徂徠自身、この点について、次のようにいう。

学文ノ事、上ノ御世話ニテ、昌平坂・高倉屋敷ニテ儒者講釈スレドモ、御旗本ノ武士ニキク人絶テナシ。唯家中ノ士・医者・町人ナド少々承ル。此輩ガ為ニ計リ御世話遊サル、ハ無レ詮事也。是仕形不レ宜故、上ノ思召ト相違スルト見ヘタリ(『政談』巻之四、『大系』四三九頁)

かかる武士教育の不振に対して、鳩巣・菊潭および林信篤ら朱子学の幕府儒臣たちは、講釈への幕臣の出席を、幕命として権力的に強制するよう、吉宗に要請した。これに対して徂徠は、出席強制案に明確に反対する意見をもっていた。徂徠においては、かかる講釈による教育のあり方自体が、有害無益であった。しかも加えて、幕府（公権力）による官制教育は、学習者個々の自発性を前提としない点で、その効果には、全く否定的であった。

第一、稽古事ハ公役ノ稽古ニハ人々勧マヌ物也。（中略）其子細ハ、問返シテモ聞レズ、教ヲ親切ニ受ル事ナラヌ故也。手前ノ信仰ナル師ナレバ、附届ニ物ヲ入テモ、稽古ヲスル心ナレバ稽古スル也。是人情ノ必有事也。其上、師ハ尊ク、弟子ハ卑キ者ナル故、師ノ方ニ権ナケレバ、教ハ成ヌ者也。右ノ如ク講釈所へ出テ役目ニ講釈スルコトナレバ、師ノ方ニ権ナシ。是又道理ニ背ク故、教ノ益ナキ也（同前、四三九頁）

学問における「自発性」と「信」の重視は、すでにみた。幕府による官制教育（「公役ノ稽古」）は講釈の一方的な教育である。それはそもそも、学習者の自発的な学ぶ意志を前提にしていない以上、学習者の個別の自主性を阻害している。また、教師も、役目として講釈するだけであるから、師弟間の信頼関係が前提となった教育の関係ではない。かかる視点から、幕臣への出席強制はもちろんのこと、現行の幕府の官制の教育すら、ほとんど無益であるとみなされていた。学校出席強制案を説いた朱子学者たちの、「教と申物は、厳励に無之候ては難行奉存候」（室鳩巣「兼山秘策」第五冊、享保六年二月十三日付け、『日本経済叢書』二、四三四〜五頁）といった強制教育論と、徂徠の教育論との懸隔は、果てしなく大きいといわざるを得ない。(41)

このように、官制教育・強制教育を排する徂徠は、いかなる形の学校を考えていたのであろうか。学問は「畢竟内証事」という主張が、これとかかわってくる。

昌平坂・高倉屋敷ハ場所悪キ也。唯儒者ヲ江戸中所々ニ配リ置、人々勝手次第ニ参ル様ニ有度事也。然バ教ル人モ学ブ人モ勝手ヨキ事也。学問ハ公儀ノ勤トハ違テ、畢竟内証事ナレバ、勝手ヨクアラネバ成ヌ事也。

> （中略）当時屹ト学校ト云程ノ事ニテ無トモ、儒者共ノ宅ニ上ヨリ稽古所ヲ御立下サレ、屋鋪ヲモ弘ク下サレ、弟子共多ク、書写ノ御用モ可レ勤程ナラバ、弟子共ニ御扶持ニテモ下シ置レ（中略）儒者共ノ手前ニ書生多ク集リ居ルトキハ、自ラ学問モ怠リ無レ之者也。近所ノ御旗本ヘモ、望次第ニ弟子共ヲ指南ニ遣シ、又近所ナレバ、彼方ヨリモ稽古ニ参リ善ルベシ（『政談』巻之四、『大系』四三九〜四〇頁）

学問・教育は、「公役ノ稽古」ではなく、「内証事」―私事であるという。これが先の、学習者の「自発性」「自主性」に対応した考え方であることは、見易い道理である。それを前提に、学習者の便宜を第一に考慮した、「私塾」的形態の「稽古所」（一種の学校）が構想されている。その場合、「稽古所」は、完全な私的な経営ではない。幕府による一定の物質的・経済的援助で営まれると考えられている。その意味では、「稽古所」は、「家塾」というべきであろう。それが、学習者個々の、私的な自発性を損なわない方法であり、そのゆえに、固有の「才」を伸ばし、多様な人才の育成を可能にするのである。つまり、徂徠は、学習者の独自性や自主性を阻害しない形態として、「私塾」（家塾）的学校教育の有効性を提唱したのであった。

こうした徂徠の「家塾」的学校の構想は、「公役ノ稽古」としての教育を否定し学問を「内証事」と規定したことと相俟って、徂徠の私教育論として、従来、高く評価されてきた。しかし、これには問題がないわけではない。

徂徠が学問を「内証事」としたことの意味は、「公役」つまり政治と分離した意味での私事という点にはない。ましてや政治や国家に対峙する「私」では、もとよりない。それは、まさに個々の学習者の独自性や自発性の重要さを確保し、保証する点にこそあったと考えられる。そしてそれは、一方に超越的権威を想定することで可能となる性質のものであってみれば、彼の学校論は、政治や国家からの相対的自由を意味する「私教育」の問題ではなかった。そうではなく、超越的権威にもとづく政治に包括された中での、学習者の個別的自己活動の重要性を主張するものにほかならなかった。とすれば、徂徠の右の「私教育」論は、本質的には、教育の方法や技術に関わる問題である、といって誤りない。

だから、学問や教育に一定の独自性を認める一方で、他面において、それは政治権力に十分掌握されていることが必要であった。たとえば、「扨御旗本ノ学文アルヲ、其向寄ノ儒者ドモヨリ、若年寄・御番頭へ申サスベシ」(『政談』巻之四、『大系』四四〇頁)と、私塾で教える儒者に政治とのパイプ役を期待し、人材登用に関する推薦権を認めるよう主張する。また、学問・教育に政治からの一定の独自性を認めるのは、そのほうがむしろ政治に有効である(つまり、有用な人才を形成できる)という認識にもとづいていたからにほかならない。だから「総ジテ聖人ノ道ハ、元来治国平天下ノ道ナル故、(「学文」は)政務ノ筋ニ入用ナル事ヲ第一トスル」(同前、四四三頁)というように、その内容においても、政治へ収斂させてゆく方向性をもっていた。やはり、学問・教育が「私事」のままに、放恣に放任されていたのでは、決してなかったのである。

かかる立場から「人ノ器量ニ得手・不得手有テ、一人ニテ諸事ハ兼ラレヌ」から、「詩・文章・歴史・律・和学・兵学・数学・書学ト八色程ニ分ケ[42]、御家ノ儒者共、何レモ思寄次第ニ此内ヲ一色宛請取、弟子ドモニモ教へ、御用ニ立様ニ心掛ベシト被二仰出一度事也」(同前、四四四頁)と、多様な「才」に応じた多様な専門科目をそなえたカリキュラムが構想されていた。ただし、「経学ハ家業ナレバ御催促ニ不レ及事」(同前)である。つまり、儒学の基礎のうえに、八科目の専門科を設け、儒者は儒学の他に、自らの適性に応じ、そのうちの一科目を専門的に担当し、人才教育にあたる。学習者のほうでも、同様に、適性に応じて一つだけでも修得すれば、「大氏御用ニ立様」(同前)な人才が得られるはずである。なお、上からの権威による強制教育をあれほどに排した徂徠が、学問を政治に接続させるための論では、「被仰出度」と、上からの権威性に期待していることにも、注意されたい。

かく、徂徠の構想したカリキュラムも、明確に、多様な「才」をもった「安天下」に有用な人才を養成する点に、照準を当てて考えられていたことが確認できた。

以上、徂徠は昌平黌での幕臣教育には否定的であった。では、昌平黌の役割を、どのように考えていたのか。結論的にいえば、専門儒者養成の学校である。

延喜已後今日ニ至候テハ諸役皆世官ニ罷成候故、学校ニテハ専ラ儒者ヲ仕立テ、国家ノ御用ニ立候ヲ主意ト仕候事ニ而御座候。是儒道ハ元来治国平天下之道ニ而御座候故、古来ヨリ如此御座候（「学寮了簡書」、『全集』一、五六八頁）

「学寮了簡書」は、幕府の昌平黌に対する意見書である。したがって文中の「学校」とは、昌平黌を指すことはいうまでもない。それが専ら儒者養成の機関となっている、という。また、『政談』には次のようにいう。

日本国中ハ相持ナル道理ニテ、諸大名ノ家ニテ学文流行(はや)レバ、学者ノ身上片付アルニヨリテ、ヨキ学者モ多ク出来、御家（幕府）ノ儒者モ自然ト学文ヲ励ムベキ事ナレバ、十万石以上ノ大名ニハ、其在所ニ学校ノ様ナル物ヲ立サセ度事也。大抵五百石程ノ物入ニテハ学校ハ出来スル事也（『政談』巻之四、『大系』四四二頁）

ここでは、全国諸大名家（藩）での学問の隆盛が儒者への需要を高めるから、すぐれた学者が育ち、儒者も学問に励むことになるという。昌平黌が儒官（諸藩の「学校」＝藩校の教師）養成の学校と構想されているかのようである。おそらく何ほどかは、そうした意味あいがあったであろう。（「日本国中ハ相持ナル道理」というのも、それを推測させる）。しかしそれのみではなかろう。先にみた通り、徂徠の構想は、「儒者ヲ江戸中所々ニ配リ置、人々（幕臣たちのこと）勝手次第ニ参ル」（先引）という家塾的形態にあった。つまり、市中に儒者が散在して家塾を営み各々が幕臣教育にあたる、そうした専門儒者（教師）を養成するのが昌平黌の役割である、と徂徠は考えていたのである。だから先にみた、経学（儒学）の外に八科目中の一つを修得して弟子（学生）の教授にあたる、というカリキュラムも、決して一般武士（学生一般）のそれではなかった。こうした儒者は、当然数多く供給されなければならない。諸藩の藩校の教師をも含むとすれば尚更である。そこに昌平黌の役割が想定されていた。

以上、徂徠の家塾型の学校構想においては、幕府の昌平黌は、このような一種の師範養成学校として考えられていたといって、誤りない。また、以上から明白なように、徂徠は、武士一般に対する教育（学問）と専門儒者の学問とは、明確に区別して考えていた。武士は、政治実践にあたる官僚、専門儒者はすぐれた武士官僚を育成する教師、とそれぞれの任を想定していたのである。なおこのことは、徂徠が「道」の認識と「道」の実践とを分離して、学問が政治的実践の場から常に相対的に独自性を保持し、一定の専門性をもたねばならないと考えたという、後に指摘するはずのこととかかわっている（本章第五節）。

(5)　庶民教化論

徂徠は、武士（治者）と庶民（被治者）とを明確に分離して、それぞれの在り方を異なったものとしてとらえていた。いうまでもなく、すでに述べてきた彼の学問・教育論は、直接的には武士を念頭においてのことである。とすれば、ここで残る課題は、被治者・庶民への教育もしくは教化を、どう考えたか、という点にある。

人の性は殊なりと雖も、然れども知愚賢不肖と無く、皆相愛し相養ひ相輔け相成すの心、運用営為の才有るは一なり。故に治を君に資り、養ひを民に資り、農工商賈、皆相資りて生を為す（『弁名』上、仁）

先にみた「四民役人論」において、「役人」と位置づけられた庶民も、実際には、右にいうように「養ひを民に資る」、すなわち人々を養うための生産に携わるという点で、社会の「運用営為の才」を有することにすぎなかった。それが、社会統治への参与を期待された意味での「役人」でなかったことは、すでに述べた通りである。

彼の民衆観は、「民は愚なる物」という典型的な愚民観であった。この「愚民」への教化を、徂徠はどうするというのか。

民間ノ輩ニハ、孝悌忠信ヲ知ラシムルヨリ外ノ事ハ不入ナリ。孝経・列女伝・三綱行実ノ類ヲ出ヅベカラズ。其外ノ学問ハ、人ノ邪智ヲマシ、散々ノコトナリ。民ニ邪智盛ナレバ、治メガタキ者ナリ（『太平策』、『大系』四八五頁）

ここからわかるように、徂徠は、庶民には「孝悌忠信」のほかに特別な教育は無用、否、かえって有害であるとする（彼において「孝悌忠信」は、日常的・基礎的な「中庸の徳」で、「孝悌は解を待たず、人の皆知る所なり」と『弁名』にもいうように、それらはほとんど教える必要のないものであった）。この点、武士に学問が必須であるというのと、著しい対照をなす。しかし、すでに「四民役人」というように、庶民にも社会的機能を認める以上、その機能を充全に果たさせるためにも、少なくとも論理的には、何等かの形の庶民教育（教化）論が必要とされるはずである。ましてや、彼の学問の目的が、「安民」（民を安んずる、民衆統治）にこそあったとすれば、彼の庶民教育不要論は、論理的一貫性を欠くかに思われる。

この点は、彼の教育方法論や制度論によって、解決される。

制度ヲ立カヘルト云ハ、風俗ヲナヲサン為ナリ。（中略）コレヲ直スニ術アリ、是ヲ聖人ノ大道術ト云フ。後世理学（朱子学）ノ輩ハ、道理ヲ人々ニトキ聞セテ、人々ニ合点サセテ、其人々ノ心ヨリ直サントス。米ヲ臼ヘ入テツカズシテ、一粒ヅヽシラゲントスルニ同ジ。正真ノ小刀細工也。又小人ノ術ハ長久ニ用ラレズ。シカモ術ノ跡見ユルニヨリテ、下ノ奸智ヲ引起シ、上ヲ疑ヒ上ヲケスム心ヲ醸成シテ、益々風俗ヲアシクナス。（中略）風俗ハナラハシナリ。学問ノ道モ習シ也。善ニ習ル、ヲ善人トシ、悪ニナル、ヲ悪人トス。学問ノ道ハ、習ハシ熟シテクセニシナスコトナリ。（中略）故ニ聖人ノ道ハ習ハシヲ第一トシ、聖人ノ治メハ風俗ヲ第一トス。サレバ只今マデノ風俗ヲ移スコトハ、世界ノ人ヲ新ニウミ直スガ如クナルユヘ、是ニ過タル大儀ハナキナリ。故ニ大道術ナラデハ、是ヲ直スコトハナラヌナリ。其大道術ト云ハ、観念ニモ非ズ、マヂナヒニモ非ズ、神道ニモ非ズ、奇特ニモ非ズ、ワザナリ。ワザノ仕カケニヨリテ、自然ト移リユクコトナリ（『太平策』、『大系』四七三頁）

言葉による直接的な教えが有効性をもたなかったことは、先に述べた。右にいうように、民衆一人一人にはたらきかける朱子学流の教育（言葉や理屈による民心への教化）は、「米ヲ一粒ヅ、シラゲン」とするのと同じく、不可能だという。民衆への教化は、「米ヲ臼ヘ入レテツク」方法でなければならない。すなわち、はたらきかける対象を、一人一人の個人にではなく、民が全体としてなす「風俗」におく。その場合、「風俗ハナラハシ」であるから、「習ハシ熟シテクセニシナス」こと、つまり「習熟」することで、無自覚的習慣となるようにすることが重要である。何故なら、「性相近也習相遠也」（『論語』陽貨篇）、「習与レ性成」（『書経』太甲上篇）、「習慣若ニ天性一」（『漢書』賈誼伝）など（右に引用した『太平策』の「中略」の部分に引用されている）というように、習慣は人の本性を形成するに至るのであるから。そしてそのための方法は、「制度」「大道術」「ワザ」によって、「自然ト（よき風俗に）移リユク」ように「仕カケ」ることにあるという。つまり、民衆が、日常生活のうちに、知らず知らず一定の方向に習慣づけられ、しかもその持続を保証する政策や制度によってこそ、人間（民衆）は、全体として教化され、良き「風俗」を成す、というのである。かく、「風俗」の形成（それが人間形成の方法にほかならない）は、政治を通じてなされなければならない。そしてその政治というのは、「ワザ」という術策性を伴う性格のものであった。

この点を『政談』で見れば、以下のとおり展開される（巻之一、二七七頁）。

当時ノ奉行ハ下ヨリ申出デタルコト計リヲ捌キ、申出ヌコトハ構ワズ、法計リヲ立テヽ、法ノ行支（ゆきつか）ユル所ロヲ、理ヲ極メテ法ニ合スルヤフニシ、治ト云コトニ一向心著ヌ故、悪人ノ絶ルコトナシ。

つまり今の「奉行」（行政責任者）は、下から出て来る問題に対症療法的に「法」的措置をとるだけである。それでは悪人は「法ノ陰ニ隠レテ悪事ヲスル」だけ、いわばいたちごっこにほかならない。それは徂徠にいわせれば「治」ではない。真の「治」とは、「唯法ヲ以テアヒシラフ」ことではなく、「風俗」全体にはたらきかける「仕込」でなければならない、というのが徂徠の立場であった。

上ヨリ（奉行に）御預ケノ町村ハ、我家ノ如クニ身ニ引受テ世話ニシ、一町一村ノ内ノ者ハ和睦シ、兎角民ノ風俗ノ善ナルベキスジヲ主意トシ、名主ニモ能筋ヲ申含メ、下ノ下ゲスマズ、オサメヲ疑ハヌ様ニ治ルヲ、誠ノ治ト言也。古聖人ノ道ニ、民ニ孝悌ヲ教ユルコトヲ第一ト言ルモ、儒者ナドニ講釈ヲサセテ民ニ聞セ、民ノ自カラ発得シテ孝悌ニ成ル様ニスルコトト心得ルハ、大ヒナル誤也。右ニ云ル如ク、其町村ノ睦ジク、民ノ風俗ノ善ナル様ニ、奉行ノ仕込コトヲ、孝悌ヲ教ユルトハ云也（同）

ここに明らかなように、「民ニ孝悌ヲ教ユル」民衆教化が、不要とはされていない。ただそれは、決して儒者の講釈によるのではない。あくまで「奉行」による政治的方策の問題ととらえられていた。つまり民衆に積極的に教える必要はないと徂徠がいうのは、よき政治こそ「米ヲ臼ヘ入レテツク」方法、つまりよき民衆教化の方法にほかならないというのである。

以上、徂徠は、庶民を教化すること自体を否定したのでは決してなかった。それは、全く政治の問題であるととらえたのである。換言すれば、術策性を伴った（その意味で、非教化的方法による）政治こそ、最良の民衆教化なのである。あるいは、民衆の日常の生活そのものが、良き民衆を作り上げてゆくような政治こそ、（いわば、生活によって陶冶されることを保証する政治こそ）、「聖人ノ大道術」、真に優れた政治ということなのであった。かくて、徂徠における庶民教化論は、完全に「礼楽刑政」の政治そのものの中に、還元されることになったといってよい。

第四節　徂徠の人間観の性格

以上、徂徠の人間観と教育思想をみてきた。そこでは、すべての人間の社会的意義を承認し、彼らの、社会に対する主体的能動性を最大限ひきだそうとする方向性をもっていた。

ところが、徂徠の人間観・教育論は、一方における超越的権威の承認と不離一体をなしていた。むしろ、超越的権威の想定によってはじめて論理化し得た理論であったといってもよい。そこでは、人のもつ意義を、「人才」や社会的機能において認めた結果、人間自身の内面的自律性を認める立場を失い、結局論理構成としては、人間は、超越的権威に依拠することではじめて安定的に存在できる、ということになった。

善悪は皆心を以て之を言ふ者なり。（中略）然れども心は形無きなり。得て之を制すべからず。故に先王の道は、礼を以て心を制す。礼を外にして心を治むるの道を語るは、皆私智妄作なり。何となれば、之を治むる者は心なり。治むる所の者も心なり。我が心を以て我が心を治むるは、譬へば狂者自らその狂を治むるが如し。安んぞ能く之を治めん（『弁道』一八）

右の引用に明らかなように、自己の心のあり方を決するのは、決して自己ではない。人の心には、自律性は認められていない。かく、人の心は自己統御できないから、一定の権威と形式をそなえた外在的規範（「礼」）に拠らざるを得なかった。またたとえば「理は形無し。故に準無し。（中略、理が客観的基準でないことを論じて）辟へば両郷の人の地界を争ふが如し。苟くも官の以て之を聴くこと無くんば、将た何の準とする所ぞや」（同前、一九）というように、その超越的権威は、自己解決能力（自己統御）のない民事訴訟における「官」（公権力）にアナロジーされるものであった。したがって、徂徠の人間観は、政治による人間（民衆）の権力的支配や強制の体系を、

いとも容易に、肯定するに至る可能性をそなえていた。(43)

人間の「情」について、徂徠は次のようにいう。「情」とは、人の「性の欲する所」が思慮を経ずして自然のままに現出した「喜怒哀楽の心」である(『弁名』下、性・情・才)。それは、「性」の自然の姿である以上、決して善悪の価値の介在する問題ではない。それ自体否定できない人間の自然性である。この点で、「人欲」も「性の欲、好悪の心」であるから、やはり人の「情」にほかならず、決して否定されるものではない(同前、理気人欲)。しかしそのことは、必ずしも人間の自然性たる「情」をそのあるがままに、全面的に容認することを意味するものではない。この点に注意を要する。「その(「天理」「人欲」の典拠である『礼記』楽記篇)文意を味ふに、唯だ礼楽以て耳目口腹の欲を節していその好悪を平にするを言ふのみ。初めより人欲の浄尽するを求むるに非ざるなり」(同前)というように、やはり「人欲」―「情」も、「心」と同じく、聖人の「礼楽」の制約から決して自由ではなかった。

ところで、よく知られているように、徂徠は、詩文などの文学は、人の「情」の表現として、重んじた。

古人ノ詩ヲ学フハ、今世ノ人ノ謡ヲ習フ如クナリ。孟子ニ、心之官則思ト云ヘリ。人ノ心ハ思フヲ官トスルユヘニ、閑暇無事ノ時デモ、何ナリト思フ𠀋(こと)ハアルモノナリ。況ンヤ物ニ感スル𠀋アレハ、其事ニ随テ、或ハ喜ヒ、或ハ怒リ、或ハ哀ミ、或ハ楽ミ、或ハ愛シ或ハ悪ムト云フヤウナ情カ内ニ起レハ、自然ト言ニアラハレ声ニ発ス。唯日本ノ和歌ト同シ𠀋ニテ、サノミ修己治人ノ道ヲ説キタル物ニテモナク、治国平天下ノ法ヲ示スモノニアラス(「経子史要覧」巻之上、『全集』一、五〇六頁)

徂徠は、朱子学的な「明鏡止水」説や「人欲浄尽」説を否定し、(44) 喜怒哀楽愛憎などの「情」の率直な表現である詩文と、その実作とを、重んじた。蘐園学派の、自由な気風のもとでの詩社などの盛会ぶりは、つとに知られている。いわゆる文人なるものの成立の契機も、徂徠学の文芸論の成立があずかって大きいと考えてよい。そこでは、道学主義の型にはまらない、自由で情感豊かな人間のあり方が重視された。[45] かかる人間の魅力を、徂徠は「風雅文采」の語で呼んだ。「聖人の教は専礼楽にて風雅文采なる物に候。心法理屈の沙汰は曽而無之事に候」（『徂徠先生答問書』下、『全集』一、四六九頁）というように、「風雅文采」とは、朱子学の道学主義の対極をなす、幅広い情感豊かな人間性とでもいってよかろう。

（詩文章は）是を学び候とて道理の便には成不申候へ共。言葉を巧にして人情をよくのべ候故。其力にて自然と心こなれ。道理もねれ。又道理の上ばかりにては見えがたき世の風儀国の風儀も心に移り。わが心をのづからに人情に行わたり。高き位より賤き人の事をもしり。男が女の心ゆきをもしり。又かしこきが愚なる人の心あはひをもしらるゝ益御座候。又詞の巧みなる物なるゆへ。其事をいふとなしに自然と其心を人に会得さする益ありて。人を教へ諭し諷諫するに益多く候。殊に理窟より外に君子の風儀風俗といふ物のある事は是よりならでは会得なりがたく候（『徂徠先生答問書』中、『全集』一、四六〇頁）

右に見えるごとく、朱子学的な実践道徳を排し、「徳」さえも政治的に解釈した徂徠は、それによって生じた内面のブランクを、「心こなれ、道理もねれ」「人情に行きわた」るといった「風雅文采」で補ったともいえよう。

この「風雅文采」の形成を促すもの、それは右に見た通り、詩文であり、また音楽であった（礼楽ということもある）。また、都市生活における人間の類型化の進行を排し、[46] 田舎での自然でかつ自由な人間の形成の重要性を主張して、いう。「武士ヲ田舎ニソダタセテ、幼少ノ内ハ心ノママニハネアリカセ、智慧ノ遅ク開クルヲカマワズニ置タランニハ、大量ノ人多ク出来ルベシ」（『太平策』、『大系』四八二頁）と。これも人の自然性の重視という点で、「風雅文采」の形成に通じるほぼ同じ性格の問題であったといってよい。

徂徠におけるかかる「風雅文采」の重視は、丸山真男氏の指摘以後、「公」から分離した私的（内面的）領域の、リゴリズムからの解放、さらには近代的個人の成立として、近代への思想史的発展の画期であるとされるのが一般であった[47]。

しかし、人の「心」や「情」が、「礼楽」の規制から必ずしも自由たりえなかったことを思えば、人間の自然性にもとづく「風雅文采」というのも、ただちに「公」(政治的領域)と分離した私的個人の成立を意味するとは、速断できまい。

> (『詩経』は)世変邦俗、人情物態、得て観るべし。(中略)且つその義たる、典要(重要な規範)と為らざるも、美刺皆な得。唯だ意の取る所のみ。引きて之を伸ばし、類に触れて之を長ぜば(類推し応用すれば)、窮まり已むこと有る莫し。故に古人意智を開き、政事に達し、言語を善くし、隣国に使して専対酬酢する所以の者は、皆な此に於いて得(『弁道』二二)

かく、詩(文学)—「風雅文采」は、結局、「政事に達する」という政治的有用性の視点から、その重要さが主張されている。したがって、「風雅文采」は、庶民も含めたすべての人間において考えられているわけではない。たとえば、庄内藩の家老水野元朗および匹田進修(『徂徠先生答問書』の相手、両名とも徂徠門)に対して、「足下杯之上ニは。(中略)只風雅と申候事を御存知候はば。是計にても君子の心位を御失ひなく。人の上に御すはり候には其益不少候」(『徂徠先生答問書』中、『全集』一、四六一頁)という。これに明らかなように、「風雅文采」や詩文は、「安天下」に任ずる「上に御すはり候」為政者(君主や重臣)や「人才」(武士「官僚」層)に必要なものにほかならなかった。必ずしも、民衆を含めた人間一般にまで、広く妥当しうるものではなかったことに、注意すべきであろう。『詩経』が『書経』と「陰陽の並行する如」き相互補完の関係で、ともに「義の府」として、「四教」に数えられている理由は、ここにあった(『弁道』二二)[48]。

以上、人の「性」および「情」や「心」は、いずれもその本来的な固有性は尊ばれながらも、それら自身の自律的発展の可能性は、ついに論理化されることがなかった。徂徠にあっては、それらが聖人の「礼楽」に依拠することこそ、それらの発展の保証を意味していたから、その自律的発展の論理は、必要としていなかった。しかし、それが実際に意味するところは、「安天下」に役立つ多様な「人才」養成にあるとともに、彼ら自身自律性のない一般被治者を社会の統一的秩序の中に適正に組み込むことにあったのである。明らかに、徂徠学の目的は、こうした社会の全体的統合という意味での「安天下」にあった。そのために認められた人間の「才」は、そうした「全体」に対しては、やはり「部分的」「個別的」であることを免れることはできなかった。この限りでは、人間は、いわば一個の自律した人格をもった「全体」とは、いえないであろう。個別の才能を意味する「才」が、個性として十分に評価し得ない主な理由も、ここにある。(49) また、こうした徂徠の人間観は、朱子学のような内的葛藤を自らのうちにもたない分、朱子学などよりもより一層あらわな形で、封建的諸制度と結合しうる可能性をはらんでいたといえよう。

しかし一面において、それは、徂徠がすべての人間の社会的意義や社会に対する積極的な能動性を、大胆に容認するために必要としたいわば論理上の手続きであったとみることもできる。そうした論理構成のありかたに、朱子学を否定することを通じて成立した徂徠学のもつ歴史的制約を見て取ることができるとしても、徂徠の人間観のもつ積極的意義（すべての人間の社会的意義や社会に対する能動性の容認など）そのものまで、見失ってはならない。この点、すでにみた徂徠の教育思想についても、事情は変わるところがない。

第五節　徂徠学と徂徠学以後の展開

(1) 学問・教育観の転回

徂徠は、一人一人の人間を、内面において律するものとしてとらえる儒学の、それまでのあり方を、根底から斥けんとした。徂徠によれば、学問（儒学）とは、何よりも、社会を全体として統合するための方法を示すものであった。その意味で、政治の方法に違いなかった。いい換えれば、徂徠は、儒学の政治的有効性を、学問的体系性をもって論じたのであり、さらにいえば、儒学を、幕藩政治の論理に合致する方向に組み替えようとしたのである。(50)

こうした方向性をもった思想的営為が、徂徠学以前になかったわけではない。たとえば、熊沢蕃山の時処位論や山鹿素行の士道論などが想起されよう。ただ、蕃山も素行も、近世武士の生き方の原理としての問題関心にもとづいた立論の一面を免れ得なかった。これに対して、徂徠は、個々の人間の生きかたよりも、社会の全体的統合として政治の方法として、学問をとらえる視点を徹底していった。こうした点において、徂徠学は、それまでの学問観を分水嶺的に大きく転回させる役割を果たした。学問史上の徂徠学の意味は、何よりもここにある。いわゆる「経世済民の儒学の成立」(51)である。

徂徠学によるかかる学問観の転回は、一には、徂徠学以後折衷学が盛行してゆく土壌をなしたこと、二には、儒学が幕藩制の政治的世界でにわかに脚光をあび、有効に機能しはじめ、さらには、儒学が政治改革を主導してゆく理念となる状況を生み出す前提をなしたこと、こうした点において、近世学問・教育史上の画期をなすものとみることができよう。

次章以下に見るように、宝暦以降寛政期にいたる幕藩の政治改革は、ほとんどの場合、藩校を中心とした学問と教育の体制の確立と、強力な改革理念および改革主体の創出が、徂徠学・折衷学そして正学派朱子学にもとづいて、推進されていった。こうした政治や学問および教育の動向も、徂徠学との関連を抜きに考えることができないのは、次章以下に見る通りである。(52)

(2)　専門人および専門学の成立

徂徠の構想した「人才」は、これまでの考察から予想できるように、政治的価値優位の下で、特殊な知識や技能をもつ専門人を志向するものであった。現に、社会的・体制的矛盾が進行する中、政治的にも複雑な対応を迫られてきた近世後半期の幕藩政治改革において、そうした専門人への需要は、いわば必然であった。こうした状況が進む中、たとえば改革に併行する形で増加・充実してきた諸藩校等の教育機関の質的・量的拡大や、多彩に花開いた経世学・洋学・本草学・農学・算学などの実用的ないし技術的な諸学問なども、専門人を志向する徂徠の方向と軌を一にしたものといえよう。

こうした専門人への志向は、他方また、徂徠が「道」の認識と実践とを分離したこととも関連する。朱子学や陽明学では、「道」の認識が、その実践のための不可欠の前提をなしていた。これに対して徂徠学では、人の社会的位置は、いわば「天命」によってすでに確定していたから、政治実践者（治者）は、「道」の認識いかんによって左右されるものではなかった。徂徠学では、「道」の全体的認識は、もとより一般人には不可能であると考えられていた。とすれば、「道」（真理）を具体的に明らかにしてゆくという意味での学問は、政治実践の現実から一定の独自性をもって、専門的に研究されなければとてもできるものではなかった。ここに、高度な専門性を有する専門学の成立と、それに従事する専門人としての学者の存在が、認められることになった。もちろん、こうした方向は、やがて政治に有用な他の諸学においても、その専門性への道を開く契機となるはずである。

(3)　実践倫理の欠落

徂徠学の専門人への志向は、政治主体を内面から支える固有の実践倫理の欠落を意味する。ところが矛盾したことに、徂徠の志向する専門人としての「人才」は君主の政治に関わる点で、すぐれて政治実践者であらねばならなかった。したがって、専門人の成立は、彼らに別に実践倫理の必要性を痛感せしめることになろう。ここに、幕・藩政治改革が本格化した十八世紀中期以後、現象的には徂徠学が後退し、道徳主義中心の実践的な儒学が復活して来る契機があった。もとより、古典的な徳治の原則に立つ近世前期以来の朱子学そのままでは、複雑化した現実には、いかにも無力であった。ここにおいて、徂徠学の経世論を前提に、それを朱子学的実践倫理と結合して説く折衷学の盛行を見るに至ったのも、当然の成り行きといえよう。ただ、後章に説く通り、折衷学は、政治に対して部分的ないしは限定的であり、民衆統合の論理としては、いかにも不十分であった。ここに、天明前後の時期に、正学派朱子学が政治権力と結んで登場してくる必然性があった。

こうした視点から、以下、徂徠学以後の徂徠学や折衷学や朱子学について考えてゆく。

（1）『弁名』は、日本思想大系36『荻生徂徠』（岩波書店、一九七三年）によった。（同書は以下『大系』と略記する）。書き下し文は、原則として同書に従った。ただ、仮名表記を一部漢字表記にもどしたところがある。原文の漢字のもつニュアンスを、尊重するためである。たとえば、「すなはち」という場合でも、「即」「則」「乃」「廼」「輒」などの違いは、表記によって明示された方がよいと思うからである。なお、以下に引用の漢文についても、事情は同じである。

（2）『弁道』は、同前書『大系』によった。以下同。

（3）『荻生徂徠全集』第一巻、学問論集（みすず書房、一九七三年）四三二頁。以下、『徂徠先生答問書』は、同書による。なお、同全集は、以下『全集』と略記する。

（4）一方で人間の窮理能力を否定しておきながら、他方において、統一的秩序が「人為的」に与えられるというのは、論理的には、明らかに矛盾を含む。論理的には、人間からはるかに超越した絶対者（たとえば神のような）から与えられることにならねばならない。しかし以下の本文に示すように、聖人は、先王、すなわち歴史上に実在した人間であると想定されていながら、しかも先王は、人間一般からは超越した存在と見なされていた。つまりこの意味で、ここでの矛盾は、聖人＝先王自身のもつ矛盾的性格の反映なのである。

（5）なお、孔子は王ではなく、そのため「道」の制作に参与したわけではなかった。しかし、制作能力と意志があり、経典

（六経など）を集大成したことで、聖人＝先王に準じて語られる。「且く之（孔子）を古の作者に比して、聖人を以て之に命くるのみ」（『弁名』上、聖）。

（6）丸山真男『日本政治思想史研究』九八頁（東京大学出版会、一九五二年）。

（7）人間の側に統一的秩序の根拠をおく点で、徂徠の考える社会の無秩序性は、ホッブズ的原始状態ほどには悲観的なものではなかった。元来、徂徠の想定していた世界像は、各々が多様であるからこそ世界は全体として調和しうるものだ、とするきわめて楽観的な認識を根本にもっていた。したがって、その無秩序性も、調和し得ない人間の欲望を前提として説かれたホッブズのそれとは、本質的に異質であろう。一般に、天の秩序（一種の自然的秩序）を前提に説かれる儒学思想においては、ホッブズのいうような無秩序状態を想定することは、本来まずなかったといってよい。

（8）ここで「役人」というのは、いうまでもなく、政治に参与するという意味での役人では、決してない。それは、ひとしく社会的機能（「役」）を分担する意味での（したがってむしろ、社会の責任という意味での「役」を負担する）「役人」にほかならない。したがって、四民がひとしく社会的機能をになっているといっても、それが直ちに四民が相互に対等と考えられていることにはつながらない。四民が、他方で上下の身分関係を示す制度であったことは、前提とされている。この身分的上下関係の契機が、聖人による制作、として説明される以上、身分制はむしろ批判の余地のない絶対的な制度であった。

（9）丸山前掲書（注6）八九頁。

（10）「学則」は、みすず書房版『荻生徂徠全集』第一巻（前掲注3）による。以下同。

（11）徂徠の「天命」の概念は、「命なる者は、天の我に命ずるを謂ふなり。或いは生あるの初を以て之を言ひ、或いは今日を以て之を言ふ」（『弁名』下、天命帝鬼神）というのに明らかなように、二つの内容をもつ。一つは、「生あるの初」におけるいわゆる先天的な天性で、『中庸』首章の「天の命ずる之を性と謂ふ」に根拠をもち、徂徠の場合は「気質」を意味した。いま一つは、「今日」つまり人の現在ある社会的位置で、いわば「天職」というのに近い。『論語』為政篇の「五十にして天命を知る」という「天命」がこれに相当すると思われる。

（12）『政談』は、日本思想大系36『荻生徂徠』（前掲注1）による。以下同。

（13）徂徠のいう「徳」が「特殊技能」的な意味内容をもつことについては、丸山前掲書（注6）九〇頁参照。

（14）徂徠学における人間観の重要性については、黒住真「荻生徂徠の人間論に向けて」（『中国古典研究』第三二号、一九八八年）も参照。

(15) 『太平策』は、前掲『大系』（注1）による。以下同。

(16) 人間のあり方を重視する点では、朱子学にも共通するかのごとくに見えるかもしれない。しかし、徂徠は、人間と制度とを、一種の相互規定の関係でとらえていた。つまり、制度はそれを運用する人間次第であるとする一方で、その逆の関係、すなわち制度や社会のあり方が、人間を規定するとも考えられていた。社会の風俗を正すには、（朱子学のように）一人一人の人間に働き掛ける言葉による教育によっても、それは「米ヲ臼ヘ入テツカズシテ、一粒ヅヽシラゲントスルニ同ジ」（『太平策』、『大系』四七三頁）ことで、とうてい不可能な方法である。そこで、政治や社会の制度を確立することこそ、「知らず識らず」のうちに人間を良くし、風俗を全体として善導する方法であると考えた。だからこそ、特に両者（制度と人間）の相互の関係をわきまえた「大量の人」が為政者に求められているというのである。

(17) 日本思想大系36『荻生徂徠』四七二頁、『太平策』の丸山真男校注。

(18) 徂徠の『論語徴』でのこの部分の注釈では、「士　先王の道を学んで以て徳を成す。将に以て世に用ひられんとす。然れども人知らずして我を用ひざる也、その心あに怫鬱するところ莫からん乎。下と為れる者の情　然りと為す。然れども亦た命有り。先王の道を世に行ふは、命なり。先王の道を人に伝ふるは、命なり。唯だ命　同じからず。是の時に於いて教へ学んで以て事と為し、藉りて以て憂ひを忘る。其の心　怫鬱するところ有ること莫し」（『全集』第三巻、経学一、三七四～五頁）と、「下たる者」の立場からこの一節を解釈しているが、それも要するに「(天)命」の問題としてとらえられていることは、明らかである。

(19) 君主は「民の父母たるべし」という考え方自体は、徂徠独自のものではない。儒学にありふれた伝統的な考え方であり、『書経』『詩経』その他に頻繁に見える。なお、第二章第三節参照。

(20) 「君子なる者は、上に在るの称なり。子は男子の美称にして、之に尚ふるに君を以てす。君なる者は下を治むる者なり。士大夫も皆民を治むるを以て職と為す。故に君之に子を尚へて以て之を称す。是れ位を以て之を言ふ者なり。下位に在りと雖も、其の徳、人の上たるに足れば、亦た之を君子と謂ふ。是れ徳を以て之を言ふ者なり」（『弁名』下、君子小人）と、「君子」の「子」を、単なる美称とし、「君」と同義に解す。具体的には、君主もしくはそれと一体の士大夫を指すとしている。「下位に在る」君子についても、「其の徳、人に上たるに足る」、つまり為政者たるにふさわしい能力（「徳」）ある人と解するように、かなり無理な解釈をしてまで、あくまで君子を君主の意にひきつけての説明をこころみている。

(21) 朱子学では、「忠」について、「己を尽くす、之を忠と謂ふ」(『論語集註』学而篇)、あるいは「己を発して自ら尽くすを忠と為す」(『大学章句』伝十章)という。これに対して徂徠は、「(朱子学は)殊に知らず、曾子は止だ人の為に謀り朋友と交はる者を以て之を言ひ、初めより宋儒の心学の深きを務むる者の比の如きに非ざることを」(『論語徴』学而篇『全集』三、三八五頁)と、朱子学が自己の心のあり方の問題としてとらえることを批判し、「忠」を何よりも「皆人に接するの間に存す」(同前)と、他人や社会とのかかわりの中での徳と考えている。なお、この点、伊藤仁斎が、「(忠・信は)皆人に接はる上に就て言ふ」(『語孟字義』下、日本思想大系33『伊藤仁斎・伊藤東涯』六三頁)というのに、ほぼ共通したとらえ方である。徳を、人間の社会的行為のうちに考える指向性を示している。

(22) この時代、君臣関係のあり方に就いて大方の人の意識を覚醒させた事件は、何といっても、元禄十五年(一七〇二)のいわゆる赤穂四十六士事件であろう。この事件に対する議論は、近世を通じて続けられたきわめてポレミカルな問題であった。ここで徂徠が批判する献身道徳的な忠と赤穂事件とは、もちろん等置できるものではないけれども、君臣関係における君の意志を最優先に考える思考の方向において、通底するものがあるといってよかろう。なお徂徠は「論四十七士之事」を書き、そこで大石以下四十七士の行為が「不義」であることを、明確に断定している(日本思想大系27『近世武家思想』に所収)。なお、田原嗣郎『赤穂四十六士論』(吉川弘文館、一九七八年)一五六頁以下、参照。

(23) 武士道的献身道徳が、必ずしも家臣の主体性を無化するものではないことは、たとえば丸山真男「忠誠と反逆」(『近代思想史講座』第六巻「自我と環境」、筑摩書房、一九六〇年)など参照。

(24) 徂徠が説く「君の助」という意味での家臣の「主体性」の契機を強調するのは、元禄・享保期に対応した君臣関係のあり方を説いたものとみることができる。

　中世末・近世初期においては、大名領主権力が自らの絶対的優位性を確立するために、一般武士の在地性＝家臣の側の相対的自立性を否定し、自己に忠実な家臣団編成をめざす必要があった。そこに、家臣の主君に対する絶対的服従道徳(献身的道徳)を強調すべき契機があった。

　ところが、享保改革を不可避ならしめた幕藩体制の動揺を前にして、武士全体が政治主体として、自らを自覚的に位置づけることが必要であった。徂徠が、君臣関係を、支配―隷属の関係においてよりも政治的諸機能の相違に即してとらえ、しかも、共に政治をになう点を強調して説くのも、かかる時代的状況への対応としてあったとみられる。いわば、武士に対して、政治改革の主体としての自覚を促したわけであり、人格的主従関係よりも政治的武士「官僚」としてのあり方を説いたといってよい。

(25)『書経』は、「先王の大訓・大法」「聖人の言」で、「先王の天下を安んずるの道は是(書経)に具れり」(『弁道』二二)つまり先王の政治的言語の具体的記録。『詩経』は、民衆や朝廷の歌謡の集成で、「吾邦の和歌などの様なる物」(『徂徠先生答問書』中、『全集』一、四〇二頁)、人情や風俗の文学的表現。『礼記』は、政治や社会・家庭での儀式や諸行為の仕方。『楽記』は、人心を和にし、「天下を鼓舞する」(『弁道』二二)音楽等の芸術にほかならない。また「不佞謂へらく、詩書は辞なり。礼楽は事なり。義は辞に存し、礼は事に在り」(原漢文、「復水神童、附答問」第二書、『徂徠集』巻之二四、『大系』五一二頁)というように、「詩書」は事実をそのままに表現した修辞、「礼楽」は事実そのもの(「事」)であり、いずれも議論のための言語ではなく、「物」であると考えられている。

(26)「物」とは、元来天地間に存在する一切のものを意味する語で、その意味内容は広い。「事」に対する「物」という意味もあるが、朱子が『大学章句』に「物は猶ほ事のごとし」と註するように、「事」の意味に用いることも多い。その他、「人物」という場合は「人」の意味であり、「物我」のように自分以外の人・生物・物などの一切を意味することもある。島田虔次『大学・中庸』、新訂中国古典選第四巻(朝日新聞社、一九六七年)三八頁参照。ここで徂徠のいう「物」とは、抽象的観念性(具体的には朱子学の「理」)に対立するニュアンスをこめての、事物の一切をふまえ、規範性をそなえた語で、「六経」は、そうしたものとして聖人が作り孔子が編んだものだと主張する。なお、徂徠の「物」については、中村春作「徂徠における『物』について」(『待兼山論叢』一五、一九八一年)参照。

(27)「格なる者は、来なり至なり。感じて以て之を来す所有るの謂ひなり」、徂徠『大学解』(関儀一郎編『日本名家四書注釈全書』一巻、学庸部一、一六頁)原漢文。

(28)朱子学では「致とは、推極なり。知は猶ほ識のごとし。吾の知識を推し極め、その知る所、尽きざること無からんことを欲するなり。格とは、至なり。物は猶ほ事のごとし。事物の理に窮め至りて、その極処、到らざること無からんことを欲するなり」(『大学章句』経)というように、「格」は「至」と解される。すなわち、理一分殊を前提に、自らの「知」を手掛かりにして、一事一物の理を窮めて、その究極にまで至ることが、「格物致知」の意味であった。なお島田前掲書(注26)四四頁以下および七六頁以下参照。

(29)『訳文筌蹄』は、『荻生徂徠全集』第二巻、言語篇(みすず書房、一九七四年)四頁(なお、書下しは同書五四七～八頁)。

(30)　今中寛司『徂徠学の基礎的研究』(吉川弘文館、一九六六年)第一章一節など参照。
(31)　前野直彬「徂徠と中国語および中国文学」(『日本の名著　荻生徂徠』解説、中央公論社、一九七四年)七一頁参照。
(32)　古文辞学については、吉川幸次郎「徂徠学案」(前掲『大系　荻生徂徠』解説、後『仁斎・徂徠・宣長』岩波書店、一九七五年、所収)第三章、および前野前掲論文(注31)など、参照。なお、吉川論文は、徂徠の儒学説が、古文辞の文学的方法が発展して成立したことを述べている。また、日野龍夫氏は、徂徠の古文辞学が、絶対的な表現規範の形式を設定した擬古主義であるとし、そこに、自我を表現に定着する営為とする文学観の成立を見る。そして、儒学説としての徂徠学とそれが同じ構造をもつことを、論証している(「儒学から文学へ」、『徂徠学派』、筑摩書房、一九七五年)。また、平石直昭氏は、徂徠の古文辞学を、徂徠の認識主体確立(自己対象化の方法の確立)という認識論的視点から、思想史的な意味づけをおこなっている(「徂徠学の再構成」、『思想』七六六号、岩波書店、一九八八年四月号)。
(33)　吉川前掲論文(注32)六六八頁。
(34)　徂徠の「信」の重視は、教育の場のみに限らず、政治やさらには人間関係一般にまで、広く共通した問題であった。それはたとえば、「君も民に信ぜられ不申候へば。政は行はれ不申候。師も弟子に信ぜられ不申候ては教は行はれ不申候。朋友之間。惣じて人と人との間は。うたがふを以てはなれ。信ずるを以て合申候事人情の常に候」(『徂徠先生答問書』中、『全集』一、四五四頁)というのに、明瞭であろう。
(35)　こうした立場から、当時世間一般から忠なる行為と賛美されていた主君に対する諫言も、次のように批判される。「諫は大形は申さぬがよく御座候。(中略)其故は。言語を以て人を喩さんとする事大形はならぬ事にて候。此方より申候程之儀は大形は先も合点なるものに候。只我が心よりさとるとさとらざるにて了簡は替る物にて候を。さとらぬ人を口上にて申(し)すゝめ候半はいやがり候も断に候。(中略)若君より諫を御求め候はば。各別の事に候。又兼而われを深く信仰したまはんには諫も行はれ可申候」(『徂徠先生答問書』中、『全集』一、四五五頁)。言葉での教育力(説教)不信と「自得」主義、教育における信頼関係の重要性を強調する部分である。
(36)　徂徠は、その「学則」三において、孔子の教育法が自得主義にある根拠を、『論語』の次の二つに見いだしている。「子曰く、憤せずんば啓せず。悱せずんば発せず。一隅を挙げて三隅を以て反えらざれば、則ち復せざるなり」(述而篇)、「子曰く、予れ言うこと無からんと欲す。子貢曰く、子、如し言わずば、則ち小子何をか述べん。子曰く、天何をか言わん哉。四時行わる。百物生ず。天何をか言はん哉」(陽貨篇)。読み下しは、吉川幸次郎、『論語』上・下、新訂中国古典選第二・三巻（朝日新聞社、一九六五、一九六六年）による。なお、徂徠の詳注は、『論語徴』の各項を参照されたい。

(37) 学問における思索の重要性を強調してやまないのは、その他に、たとえば次のようにいうのに、さらに詳しい。「思なる者は思惟なり。論語に曰く、『学んで思はざれば則ち罔し』と。子夏曰く、『切に問ひて近く思ふ』と。中庸に曰く、『博く之を学び、審かに之を問ひ、慎んで之を思ひ、明らかに之を弁じ、篤く之を行ふ』と。管子に曰く、『之を思ひ之を思ふ。之を思ひて通ぜずんば、鬼神将に之を通ぜんとす』と。是れ学問の道は思を貴しと為すなり。洪範に曰く、『思には睿と曰ふ。睿は聖と作る』と。是れ聖人の徳は、その善く思ふを以てなり。孟子曰く、『心の官は則ち思ふ』と。是れ人の人たる所以も、またその能く思ふを以てなり」（『弁名』下、思謀慮）。

(38) なお、この点、「学寮了簡書」では、「(林家は、羅山・鵞峰の頃は博学重視で講釈軽視の学風であったのに) 只今ノ様子ハ朱子学計ノ狭キ学問ヲイタシ、講釈ヲ第一ニ仕リ、嘉右衛門（山崎闇斎）派ノ如ニ相見申候」（『全集』一、五六六頁）という。やはり講釈蔓延の元凶が闇斎学にありと認識されていたこと、明らかであろう。

(39) 「闇斎先生年譜」（山田慥斎著）の天和二年（闇斎没年）の条に、「(闇斎先生) 門人に語りて曰く、我が学朱子を宗とす。孔子を尊ぶ所以なり。孔子を尊ぶは其の天地と準ずるを以てなり。中庸に云ふ、仲尼は堯舜を祖述して文武に憲章すと。吾れ孔子朱子に於いて亦竊に比す。而して朱子を宗とするも亦苟も之を尊信するに非ず。吾れ意ふに朱子の学、居敬窮理は即ち孔子を祖述して差はざる者なり。故に朱子を学んで謬る、朱子と共に謬るなり。何の遺憾か之有らん。是吾れ朱子を信じて、亦述べて作らざる所以なり。汝が輩堅く此の意を守って失ふこと勿れ」（阿部隆一「崎門学派諸家の略伝と学風」日本思想大系31『山崎闇斎学派』五六五頁）というのに、その学問的立場や学風がよくうかがえる。なお、本文の山崎闇斎については、同書の阿部氏の解説、および丸山真男「闇斎学と闇斎学派」（同前書解説）参照。

(40) 闇斎学に対する徂徠の嫌悪は、他に、たとえば「嘉右衛門（闇斎）派ハ四書・近思録・小学立登リ候分ニ而、易本義迄ノ学問ニテ、広ク学候ヲ雑学ト申嫌申候。師ヨリ講釈弁ヲ習ヒ候ヘハ、不学ニテモ事済候義ニ御座候トテ、講釈ノ致方白人ノ耳ニ入候ヲ第一ニ致、元来林家ノ流義トハウラハラ違ヒタル義ニ而御座候。（中略）惣而儒者ノ学問、世上共ニ只今ハ大形嘉右衛門派之如成行申候」（「学寮了簡書」、『全集』一、五六七頁）と、その学問の偏狭さと講釈師ばりの学風を批判する。その批判は、『徂徠先生答問書』では、「(闇斎学派は) 風雅文才之のびやかなる事は嫌ひに成行。人柄悪敷成申候」（『全集』一、四八三頁）と、その学によってもたらされる道学者風の人柄の面にまでおよんでいる。

(41) 吉宗は、権力的な出席強制論をとらなかった。この点、徂徠に極めて近い考え方をもっていた。室鳩巣はいう。「其儀

（出席強制案）は、（吉宗は）御同心無レ之儀候（中略）其子細は、上の思召に、学問と申物は権威を以（て）人にさせ候ては何の益も無レ之候。面々に信じ候て自然に趣き不レ申候ては仕形ばかりに罷成申候、既に常憲院様（将軍綱吉）御代人々に無理に学文被二仰付一候て、殊外難儀致し至二于今一懲り申候様に罷成候」。ここにいう吉宗の考えは、徂徠の主張と寸分違わぬものといって誤りない。この点、徂徠の影響は、確実と見てよい。これに対して、鳩巣らの主張は以下のとおり。「学文権力にて無理に被二仰付一候事、御同心に不レ被二思召一候段は乍レ恐御尤至極の思召には候へども、只今の風俗にて中々自然に信じ候て趣申者は有間敷候、先一往御威勢にて被二仰付一、其内世上にはやり出候はゞ、自然と趣き申様にも可二罷成一、父の子に学文為レ致候様成事にて候、いやがり申者を初はしかりなどいたし無理にさせ候へば、後には己と合点いたし候様に罷成申候、子次第にいたし候ては学文好申事は無レ之物にて候、とかく教と申物は厳励に無レ之候ては難レ行奉存候」（以上、「兼山秘策」第五冊、享保六年二月十三日付、『日本経済叢書』二、四三四〜五頁）。

ところで、徂徠は、享保改革（もしくは将軍吉宗）と非常に近い関係にあった。まず、徂徠の直接の学問上の弟子として、平常蘐園塾に出入りしていた二人の大名、本多忠統（猗蘭侯、伊勢神戸一万五千石藩主）と黒田直邦（琴鶴丹侯、上野沼田三万石藩主）。本多は、享保四年、それまでの無役から大番頭になり、やがて享保九年奏者番・寺社奉行・若年寄へと昇進した。ちなみに、徂徠の墓碑銘執筆者でもある。黒田も、享保八年奏者番・寺社奉行、同十七年には老中にまで昇った。両人とも、改革の重要な時期に吉宗に重く用いられた。

改革を通じて権勢をふるった吉宗子飼いの重要人物に、御側衆と御用取次兼任の有馬氏倫と加納久通がいる。彼らと徂徠との交通は、徂徠が「六諭衍義」の訓点を命ぜられた享保六年頃から確認されるが、同七年、徂徠が幕府の御書籍御用と御隠密御用（幕府政治全般についての諮問を受ける任）を命ぜられて以後、この役のために毎月三度、有馬宅へ出向いている。なお「足高の制」も、こうした経緯の中で、徂徠の献策になるという（丸山真男「太平策考」、『大系』解説八一五頁以下、今中寛司前掲書(注30)第2章第1節)。

徂徠と吉宗を結ぶパイプ役をした最も重要な陰の人物として、紀州藩時代以来吉宗が重用していた大嶋古心という側近がいたことを、近ごろ平石直昭氏が明らかにされた。氏によれば、享保六年、吉宗は古心を通じて徂徠に対して「治道」に関する「切ナル」諮問を行い、それに対する徂徠の上申書が『太平策』であったという。説得力ある明解な実証である。（平石『荻生徂徠年譜考』注(25)、平凡社、一九八四年）。吉宗は、享保七年、この大嶋古心を仲介として、徂徠に「可被召出旨度ニ御内意」つまり幕府出仕を要請する内意を示したが、徂徠は、「存寄有之」といって辞退したという

（平石前掲書、一三六頁）。また死の前年の享保十二年四月、徂徠は江戸城において吉宗に拝謁している。陪臣徂徠に対する「御目見」は、まさに異例のことであった。

また、室鳩巣は、ライバル心むきだしに、徂徠学の非を吉宗に言上したが、無視された。鳩巣は「(鳩巣の言に対して吉宗は）とかくの御意は無レ之候故、見合御前を罷立申候。此儀（徂徠学批判）先達て有馬殿へも申入候得共、得と感心無レ之、是は荻生が博学を殊の外感じ被レ申由承り申候」（「兼山秘策」享保九年十一月二十八日付、『日本経済叢書』二、六三五頁）と、吉宗や有馬氏倫への、徂徠の影響の大きさの事実を認めている。

(42) 「学寮了簡書」では、「詩文章・博学・律令経済之学問・和学・兵学・天文算暦之学問・唐音俗語・筆道字学」（『全集』一、五七一頁）の八科。

(43) 安丸良夫氏は、徂徠学のもつこうした性格に着目して、その政治論は政治的強制の体系であり、またその人性論も人間性の解放を意味するのではなく、むしろ人間性の制限と圧殺の論理を内在させたものであると指摘された（「近世思想史における道徳と政治と経済——荻生徂徠を中心に——」、『日本史研究』四九号、一九六〇年）。

(44) 「人欲浄尽」批判は、本文本節『弁名』（理気人欲）所引、「明鏡止水」批判は、『弁名』（心志意）など。

(45) たとえば、今中寛司前掲書(注30)など参照。

(46) 「近来ノ風俗、タヾ人ヲ一様ニナシタガルコト、上タル人ノ通弊ナリ。コレヨリ諸事云ヒ合ニナリ、人ノハマネヲシテクラスヤウニナリユキテ、身ニハマリテ実ノ奉公ヲスルモノナシ。子共（供）ヲソダツルニハ、幼少ヨリ利ロニシナスニヨリ、アヒロニ鐔ヲウチタルヤウニ（精神的に奇妙にませた子どものたとえ）人々ナリユキテ、大量ノ人出来ラズ」（『太平策』四八二頁）。

(47) 丸山前掲書(注6)、一一〇頁。

(48) 本文に引用する『弁道』二二にすぐ続けて、「書は正言為り、詩は微辞為り。書はその大なる者を立つ。詩は細物を遺さず。日月の代るがはる明らかなる如く、陰陽の並行するが如し。故に二経を合して、之を義の府（左伝・僖公二七年）と謂ふ也」とある。

(49) 丸山前掲書、八八頁以下、また安丸良夫前掲論文(注43)参照。

(50) 徂徠と将軍吉宗との関係は、すでに(注41)でふれたが、元々、徂徠は元禄期の将軍綱吉の寵臣柳沢吉保に仕え、重用されていた。徂徠が吉保にことに重用されるようになった最初の契機が、親を捨てた百姓の処分問題について、徂徠が明解かつ適確な政治的識見を示したことにあった、とは、徂徠自らが記すところである。（「〔吉保が〕某ヲモ用ニ立ツベキ者トテ、念頃ニ仕タリシハ此事ヨリ始レリ」『政談』巻之一、『大系』二九〇頁）。また、幕府が困惑した吉良邸に討ち入った赤穂四十六士の処分が、結局徂徠の意見に沿って行われたともいわれている。もとより、元禄期吉保に仕えていた時期の徂徠は、いまだ朱子学徒であった。しかし、当代の幕政に「用ニ立ツベキ」政治的見識をもつものとして、幕政中枢から徂徠の学問が評価されていたことは、注意せられてよい。なお、相良亨『近世日本における儒教運動の系譜』（理想社、一九六五年）一五一～二頁参照。

(51)　相良同前書、第四章（一四七頁以下）。

(52)　なお、徂徠学の影響の大きさは、ここでの指摘にとどまらない。多方面におよんでいたこと、もちろんである。享保十三（一七二八）年に徂徠が没した後、徂徠学は多方面に分化していった。

（一）まず、経世論や政治実践論としては、（直接の継承者として、太宰春台に代表されるが）徂徠学の経世論や実践論などが実際の政治の中で一定の有効性をもつものとして、広く受容されていった。第三・第四章にみる亀井南冥の思想と実践は、そうした事例である。また、第二章に見る折衷学も、徂徠学の学問観を前提とした意味で、経世論の継承とみることができる。さらに聖人の絶対性から自由になって（つまり儒学の枠を超えて）、徂徠学の経世論を現実に即して理論的に発展させれば、たとえば海保青陵や本多利明らの経世学へとつながってゆくであろう。なお、小島康敬『徂徠学と反徂徠』（ぺりかん社、一九八七年）には、徂徠の経世論の発展として、徂徠―春台―青陵の系譜が示されている。

（二）徂徠学は、人のよるべき内面的規範を排し、人間の自然性（「情」）にもとづく「風雅文采」をもってそれに代えた。そこでは、詩文は、道徳規範から解放された自己を表現に定着させる形式として、その実作の正当性が積極的に肯定された。徂徠学以後、にわかに輩出されるようになった都市文人たちは、徂徠学のこうした文学観の成立を契機としていた。ただ、徂徠においては、詩文の学は、「安天下」を究極の価値とおく儒学（経学）と決して分離したものではなかった。しかしこれに対し、儒学で身を立てる可能性がほとんどなかった当時の大多数の知識人にとって、儒学は、結局「屠竜の技」（無用なことのたとえ、典拠は『荘子』。本居宣長が、儒学は「屠竜の技」であると述べている）でしかなかった。そうした知識人たちの満たされぬ自己は、徂徠学によって正当化された詩文の実作によって、そこにようやく自己の存在を確認せざるをえなかった。なお、日野龍夫「儒学から文学へ」（『徂徠学派』筑摩書房、一九七五年）参照。また、宝暦年間、京都で修学した本居宣長の意識が、徂徠学を前提とした文人意識そのものであったことは、日野龍夫氏が指摘している。（「宣長学成立まで」日本思想大系40『本居宣長』解説、一九七八年）。なお、本山幸彦『本居宣長』（清水書院、一九七八年）も参照。宣長の国学が徂徠学を否定的媒介として成立したことは、つとに、村岡典嗣、津田左右吉、丸山真男などの諸先学の指摘するところである。

（三）その他、考証学や医学（とくに古医方）や洋学などへの徂徠学の影響も指摘されるところである。たとえば、中村幸彦「近世後期儒学界の動向」（日本思想大系47『近世後期儒家集』解説、一九七二年）、佐藤昌介『洋学史研究序説』（岩波書店、一九六四年）、同『洋学史の研究』（中央公論社、一九七〇年）、井上忠「福岡藩における洋学の性格」（『日本洋学史の研究』創文社、一九六八年）、前田一良「経験科学の誕生」（旧版『岩波講座日本歴史』近世三、一九六三年）など。

第二章　折衷学の教育思想——細井平洲を中心に——

第一節　近世中期藩政改革と細井平洲

本章では、折衷学派の儒者細井平洲（享保一三～享和元、一七二八～一八〇一）の思想の分析と考察を通して、十八世紀後半期における藩校急増の思想史的要因の一つを明らかにする。

この時期に一般的に見られる藩校の質的・量的発展は、宝暦—寛政期、幕藩制の転換期に見られる幾多のいわゆる中期的藩政改革と切り離して考える事はできない。すなわち、ほとんどの場合、藩校は、藩政改革の不可欠な一翼を構成して、藩政改革上に重く意味づけられていた。それはいい換えれば、学問が現実の政治や社会の状況を直接自らの問題とするに至り、そのゆえに教育の問題が提起されざるを得なかった現象であった。したがって、近世藩校の研究には、藩政改革およびそれをとりまく学問・思想への視点を、欠かすことはできない（同様に、藩政改革の研究にも、藩校や学問・思想への関心を欠かすことはできまい）。かかる意味において、細井平洲は、学問（儒学）と政治（藩政改革）と教育（藩校）とを自らの問題として思想を構成しているが故に、大いに注目に値する。

ところで、中期的改革の顕著な特色として、たいていいわゆる「名君」や賢宰といわれる為政者が登場し、彼らの強力な指導のもとに、改革が推進されてゆく点が指摘されている。(1) 比較的知られた「名君」の例としては、享保期の将軍徳川吉宗以下、長州藩毛利吉元、宇和島藩伊達村候、熊本藩細川重賢、和歌山藩徳川治貞、名古屋藩徳川宗睦、米沢藩上杉治憲、会津藩松平容頌、秋田藩佐竹義和、松江藩松平治郷、そして白河藩政と幕政を主導した松平定信などが挙げられよう。むしろ「名君」とは、かかる改革を成功にみちびき、顕著な治績をあげえた所以の者、といってよいかもしれない。その意味で、「名君」あるいは賢宰とは、何よりも強力な政治改革の主体にほかならない。(2)

かかる中でも、米沢藩の上杉治憲は、古来「名君」の典型と見なされてきた。彼は米沢藩財政の危機を克服し、藩政改革を成功に導いた。その有徳ぶりと美政ぶりとが、戦前の修身科の有力な教材であったことは、周知のところである。その場合、治憲の治績は、その師細井平洲の思想的影響、感化とセットになって語られるのが常であった。確かに、平洲は治憲が米沢藩世子であった少年期以後、生涯にわたる師として、「名君」治憲の人間形成のみならず、藩校興譲館の設立や米沢藩領民教化活動など、藩政の一部にかかわり、並々ならぬ力を尽くした。また上杉治憲自身も、平洲の教えを忠実に藩政のうちに実践しようとした君主であった。

ところで、平洲が関係した「名君」(藩主)は上杉治憲にとどまらない。特に自らの出身地でもあった尾張藩徳川宗睦の藩政には、藩校明倫堂の再興や、郷村を巡回しての民衆教化活動などを通じて、彼はその後半生を捧げた。その他、米沢藩や尾張藩ほどではないにしても、伊予西条藩から和歌山藩に入った徳川治貞や人吉藩相良長寛、郡山藩柳沢信鴻、松山藩久松定国、延岡藩内藤政陽父子、出石藩(藩老)仙石久賢らとも師弟関係があったことが知られる。(3) 要するに、平洲の思想は、こうした「名君」とみなされた一連の藩主から高い評価でもって迎えられたのである。とすれば、彼らが「名君」と見なされたことと平洲の思想とには、何等かの関連があったと推定されよう。かかる推定のもとで、本章では、平洲の思想の分析によって、「名君」と藩政改革を基礎づける思想や学問の性格を検討してゆく。またそれによって、この期の藩校発展を推進した思想の論理と教育思想の特質とが明らかになるはずである。

思想史の問題からすれば、折衷学をいかに評価し、位置づけることができるか、という課題である。これまで、折衷学にたいして正面から論及した研究は極めて少なく、思想史的にはおおむね軽視されてきた。ここで折衷学の特質と歴史的意味を検討することによって、手薄な折衷学研究史の一部を補うことをめざしたい。本章はまた同時に、前章で考察した徂徠学の政治や学問や教育の論理や思想が、いかなる形で以後の政治や思想の中に展開しているかを見る作業としてもある。

第二節　平洲の儒学説——「道説」を中心に——

平洲の思想の構成原理を明らかにするために、まず彼の儒学説を検討しておく。

儒学説に関する彼の著作は少ない。実際的な実践にこそ、学問の意義を認めるのが、彼の立場だったからである。ここでは、自己の儒学説をまとまった形で論じた唯一のものと思われる「道説」(『嚶鳴館遺稿』巻七)という小論を手掛かりに、考察を進める。(4)

平洲はまず「道なる者は天地自然の道なり。而して人の造作する所に非ざるなり」という。もちろんこれは、徂徠が、「先王の道は先王の造る所なり。天地自然の道に非ざるなり」(『弁道』四)といい、以後儒者間に大きなインパクトをあたえた徂徠学のいわゆる聖人制作説を意識してのことである。徂徠では、すでに見たとおり、「道」は何よりも「天下を安んずるの道」であり「礼楽刑政」が直ちに「道」にほかならなかったから、「道」は決して自然的秩序そのものではなかった。これに対して平洲は、「天地有れば則ち陰陽有り、陰陽有れば則ち男女有り、而して人は天地の精を承け、陰陽の化に生ず。即ち一動一静も、亦た二気の自然に効うのみ」というように、運行し、万物を化生する陰陽二気の自然の営みを「道」と規定する。かく、徂徠がひとたび「道」から排除した自然を、平洲は再び「道」に引き戻した。この点、一見、朱子学的自然への復帰の様相を呈している。

平洲において、天地自然と「道」との関連は、どうか。「上古の聖王（天地自然に）循ひて以て之を修め、由りて以て之を行ひ、而る後に今のいはゆる道なる者成るなり」というように、そこには「上古の聖王」（先王―聖人）が介在していた。つまり、「道」は、聖人が「天地自然の道」に依拠し、それを修めることで明らかにしたものであった。この明らかにされた「道」とは、「道は道路なり。人の行く者なり。行く者は此に由りて以て行く。由らざれば則ち行く可からず。西に東に南に北に、方一に非ざれば則ち行くことも亦た一に非ず。孝弟忠信、仁義恭敬は、之を行くに名を殊にする所以なり」というように、人がそれに拠ってゆくべき正しい道を意味する。この点で「道」とは、何よりも人ののっとるべき規範にほかならなかった。とすれば、徂徠と平洲の相違は、「礼楽」を「道」とするか（徂徠）、天地自然を「道」とするか（平洲）の違いのみで、「礼楽」が聖人制作になり、それが人の拠るべき規範であると考える点では、変わるところがない。

では、平洲があくまで「道」―天地自然にこだわり、徂徠の制作説を批判してやまなかった意図は、一体どこにあったか。

> 制作と申事は徂来（徂徠）か道は聖人の造る所にて、天地自然の道にあらずと申所より出候様に相聞へ申候。聖人の制作は礼楽に御座候。道は聖人の作りたるものには無之と申が、愚見に御座候。孟子の仁義礼知心に根ざすと申事、正道に御座候。人心をすて申候而、別に道は無御座事、不及申上候（「上杉家秘庫存書」、『全集』八四一頁）

ここに明らかなように、徂徠学批判の根本は、徂徠が「道」から人心を排除した点にこそあったのである。確かに、徂徠では、「道」は根本において人心に調和的に作られていると確信されるが故に、論理上「道」は人心のあり方を助長するものであった。しかし、平洲にとっては、「道」は何よりも人心の欲望（人欲）を規制すべきものでなければならなかった。何故なら、「その行かんと欲する所に行けば、必ずしも正しきに由らず」というように、人欲に従えば「道」を失う。つまり、「聖は能く礼楽を作りて、人心を作る能はず。故に（『書経』大禹謨に）曰く、人心は惟れ危うく、道心は惟れ微かなりと」であるから、人心の欲求（人欲）は「邪径」につながる。「聖人、（人心の危うさを）観てこれを懼れ、為に之が防を作り、以て邪径を塞ぐ。邪径を塞がんと欲し、故に正路を表す。蓋し礼楽は自然の正路を表す者なり。刑政は人欲の邪径を防ぐ者なり」である。すなわち、先王（聖人）が天地自然にもとづいて、「礼楽刑政」を具体的に制作したのは、放置しておくと「邪径」におちいり、「正路」を見失ってしまう人心に、規範を与えるためであった。

以上、聖人の教え（礼楽）が人心の規制原理として想定されていることは、明らかであろう。ここでは、人心に対する信頼は、徂徠に比べて、よほど後退している。とすれば、平洲の徂徠批判は、徂徠学の人心へのオプティミズム、およびそれにもとづく「道」からの人心の排除（つまり道徳論の軽視）、という点にあったといって誤りない。

こうした、平洲の人心に対する不信の高まりは、やはり十八世紀半ば以降顕著になってきた在来的秩序の崩壊など、同時代の民衆や社会の新たな状況の反映と見ることができると思われる。つまり、人心への一定の信頼を前提に(5)、政治や文化の諸制度や諸形式による社会統合を説いた徂徠学は、多様に複雑化してきた十八世紀半ば以降の社会の状況下では、民衆をとらえることができず、徂徠学そのままでは、急速に有効性を失うことになっていったといえよう(6)。平洲の徂徠学批判は、そうした一面を示すものであった。

さて、平洲では、聖人は自然の道にもとづいて「礼楽」を作り、教えを立てた。「教えを立つる者は聖、聖無くんば則ち教へ無し。教へて而る後に五倫明らかなり」という。「道」は、このように、聖人が教えに表し、人々に教化して、はじめて五倫として具体化されるものであった。つまり、人は自力では「道」―教えを知ることができないのである。

この考え方は、朱子学の「道」―教えの原則とは、明白に相違する。朱子学では、自然的世界を貫く普遍的原理としての理の内在（「性」）の自覚が、自己の倫理性や自律性の内在の確信となり、それが階梯的に社会へと推及される性質のものであった。民衆も、有徳なる為政者の教化によって、自己の内なる本来的な道徳性に覚醒し、自己の道徳的・人間的完成が可能であると考えられていた。したがって、朱子学でいう「道」は、人間の内在的規範であった。たとえば、「聖人学んで至るべし」（程伊川）というように、学問によって人はだれもが聖人に到達し得るというのが、朱子学の根本原則であった。そこには、主知主義の色彩を濃厚にもち、人間のもつ豊かな可能性への強い確信が前提となっていた。

ところが、平洲の場合、「道」の自然秩序への基礎づけという点では朱子学に通ずるようではあるが、それが必ずしも人間に内在する原理になりきっていなかった。既述のように、彼のいう「道」は、人心にとっては外在的な規範であった。この点は、人間的世界を自然的秩序の世界から一線を画して考えた徂徠学を経たことと関係することであるかもしれない。しかしここでの問題は、後述するように、「道」の外在的規範化が、実際には、君主による政治が民衆に対して絶対的な規範の相貌をもって立ち表れることに帰結してくることである。

かく、放置しえない人心のよるべき規範としての「礼楽」―「道」は、人間の当為規範でありながら、その根拠が、個々の人間に十分に根差しているとはいえなかった。したがって、ここに説かれる内容は、人心に外側から枠をはめて規制する道学的なもの、あるいは人心に向かっての上からの教化にならざるをえないであろう。この道学性は、以下に、天―聖人―君主―民の関連をみることで、その強固さが理解できるはずである。

《補説》

「道」と人心との関わりについて、若干の補足を行う。

平洲は、「天地の信誠をそなへて生れ付た所は、本心天地の信を持たる善根心」（「細井先生講釈聞書」、『全集』九一六頁）といい、あるいは「凡人の実は、天より貰ひ受たる誠」（同前、九四八頁）といい、また「天地有れば則ち陰陽有り、陰陽有れば則ち男女有り。而して人は天地の精を承けて陰陽の化に生ず」（「道説」）と理論化されるように、人間がひとしく天地の原理を享有していること、したがって、「道」と人心との本来的な連続性を説いている。この点、右の分析と矛盾するかに見える。しかし、「道説」にいう「天地の精」とは、先の「道心」につながる。ところが「道心は惟れ微か」つまり人々には知覚不能な、形を成す以前のレベルでの存在であり、一般の人間には、到底さとり得ない。すべての人間が自らの「道心」（理）を認識し得る、という原則を堅持する朱子学との決定的な相違が、ここに存する。平洲は、自らの人心（人欲）を自力で克服して「道心」に至り得る可能性を、想定していない。ただ僅かに、後にふれる「誠」によって「道心」の存在を感じ得るだけであった。したがって、人が承けた「天地の精」は、事実上「千人は千人、万人は万人、善をこのみ悪をにくむは人の天性」（「管子牧民国字解」、『嚶鳴館遺草』巻四、『全集』七二頁）というほどの意味以上ではなかったといってよい。とすれば、それは、人の自律性の根拠となって、積極的に外（社会）にかかわるような朱子学的な理とは程遠く、消極的に、ただ上からの教化を受容し得る可能性を保証する根拠でしかなかったと考えられる。

以上の「道」―「礼楽」観を前提にして、平洲は、教化の主体としての君主の権威の絶対化をはかる。「蓋し古の神知（聖人のこと）、先ず之（天）を敬するを知る。故に之を修め之に由りて、敢へて天に違はざるなり。董子（漢の儒者董仲舒）曰く、道の大原は天に出づと」（「道説」）と、「道」の根源を「天」に措定して、さらに次のようにいう。

夫れ天は至幽にして知るべからず、唯だ聖のみ能く知る。故に承けて以て之を行ふ。人之を待ちて、然る後に能く戻（もと）らず。聖は是においてか神なり。譬へば至尊の如きなり。唯だ在位のみ能く知る。故に承けて以て之を布く。民之を待ちて然る後に能く違はず。在位是に於いてか貴し。夫れ承けて以て教ふ。故に人之を敬す（「道説」）

ここに明らかなように、「天」は普通の人間には「至幽不可知」で、聖人のみが知り得るものである。ところが、「天」にもとづいた聖人の教えは、「夫れ人教へ有れば人、教へ無ければ則ち獣」というように、人間にとっては当為的規範にほかならないから、聖人の教えを受容することは、人として絶対的に不可欠の要件である。だから、人は聖人の教えに絶対的に従うことにのみ、自らの至福を保証する道が存在することになる。かくて聖人は、人間一般にとっては「至尊の如く」であり、有徳者の最高を意味する「神」[7]ともいうべき存在であった。かく、聖人の教えは、人間一般にとっては、絶対であった。ところが、人（とりわけ民衆）は、自力でそれを知ることができない。この意味で、平洲は明らかに愚民観に立つ。人がこうした意味で愚民である以上、その教えを説き教える人間の介在が想定されざるを得ない。これがすなわち「在位」（君主）にほかならない。「在位」は、聖人の教えをよく知って、愚民に布かねばならない。民は、「在位」からのこの教化をまたなければ、人たるの道を全うして生きえないからである（ここに君主の責任は、いやが上にも重大になるが、この点に関しては後述）。ここにおいて、民衆からすれば、君主は、民が人として生きてゆくための規範を提示してくれるが故に、尊貴なる敬畏の対象にほかならない。逆にいえば、君主の権威は、まさに聖人―「天」（自然）を背後にもつことによって、絶対的なものに高められたわけである。たとえば、「人君上に立給ひて、下万民御影を以て、生命を全し一生を暮すも先その如く、誰が恵ともしらず、人々精をだに出せば、一生は心安く暮さるとのみ思はせて置給ふか人君の恩沢」（『嚶鳴館遺草』巻二、「政の大体」、『全集』三四頁）というのに、この立場が明瞭に知られよう。

かく考えきたれば、「道」が人間の内在的原理でないにもかかわらず、それを天地自然に基礎づけた平洲の意図の所在が理解できる。「道説」にいう「聖も亦た人のみ。人、人を教へて而も之を能く侮ること無きは、承くる所有るを以てなり。然れども自然に非ずと曰へば、是れ承くる所無きなり」と。つまり、聖人が同じく人間でありながら、一般人と違って「至尊」であり得るのは、「天」（自然）に依拠しているからにほかならない。

さらに「在位」（君主）についても全く同様である。「在位もまた人のみ。人、人を制し、然り而して之を能く犯すこと無きは、承くる所有るを以てなり。曰く、君に出でざれば、是れ承くる所無きなりと」というように、人の身である君主が、民を統制して、民からあなどりおかされることがないのは、君主が「承くる所有る」からである。ここで君主が「承くる所」とは、「天」に従って制作された「聖人の教え」（「礼楽刑政」）であるのは、いうまでもない。

かくて、愚民への教化の主体としての君主は、まさに聖人の教えを体現する存在であり、その「礼楽」の絶対性は、天地自然によって保証されていた。とすれば、「天地自然の道」は、君主存在の絶対性を、根本のところで担保しているのである。「人君は一国臣民に天と戴かれ給ふからは、御身に天の如くの御徳」がなければならぬ、という。その「天の徳」とは、平易に表現すれば、「天の心を御心として、臣民の父母となり給はねばならぬが人君の道」（『嚶鳴館遺草』巻一、「野芹」、『全集』三頁）ということになろう。

以上、「道」を「天地自然」に基礎づけた平洲の意図は、端的にいえば、君主権力の強化にあったといってよい。すでに述べた通り、徂徠は超越的な「天」―聖人の権威にもとづいて、君主権力の強化をはかった。この点において、平洲の「天地自然」と、徂徠の「天」とは、論理構成上、ほとんど変わる所のない位置をしめていたといってよいであろう。但し、徂徠の念頭にある実際の君主は、将軍であったのに対し、平洲の場合は藩主であった。しかしこの点は、両者の置かれた社会的位置や時代の差によるものとみられ、理論構成の面からすれば、本質的な問題とはいえまい。

以上、見てきたように、君主は、「聖」―「天」に依拠している故に貴いのであり、その教えを民に浸透させて安民を保証するゆえに、敬せられるべき対象であった。民にとっては、君主からの教えが、天地の間に人として安らかに生活すべく立てられた教えであるがゆえに、ひたすらそれを従順に受容することが、自らの至福につながるということになる。

君主によるこうした愚民教化こそが、実に平洲の考える「道」の実践であり、為政の内実にほかならないことは、もはやいうまでもあるまい。とすれば、聖人の教え（「礼楽」）とは、安民のための方法であるともいえるであろう。この点で、彼のいう「道」は、朱子学のように一人一人の個人的次元で考えられた規範ではなく、むしろ徂徠学と同じく、「安民」（経世）の次元で考えられた、すぐれて政治的な規範であったということができよう。かくて、平洲の関心は、経世（政治）の問題に集中してくるのである。

ところが、同じく「道」が経世を志向しながらも、徂徠学の「道」の具体的内容が人心と分離したところの政治的諸制度や文物にあったのに対して、それを批判した平洲の場合は、五倫といった人心と分かちがたく結び付いた当為的実践倫理であったところに特色がある。とすれば、平洲の経世学の課題は、この五倫という倫理規範をいかに社会的に浸透させてゆくか、という点にあったといってよい。だから、彼の考える為政とは、実際にはほとんど民衆に対する道徳教化に尽きるわけだが、それは逆にいえば、彼の考える道徳は、常に政治的意味あいをおびるということになる。それは一面、徳治政治として現象していながら、それが必ずしも個々人の内面に普遍的基礎をもつものではなく、「天」―聖人―君主という超越的権威のもとに、上から下される性質のものであった。したがって、その徳治政治も、実際には、支配秩序維持のための秩序道徳の一方的強要という性格の一面を、免れることはできなかった。つまり、被治者に対した場合には、「天」―聖人の権威と一体化した君主の恩を強調し、そのもとで、君主への絶対的服従（在来の幕藩制的秩序への順従）を説くものとなったのである。

後述するように、彼の旺盛な民衆教化の活動は、その実践であった。そこではたとえば、「殿様の御蔭にて安らくに御国に住み、殿様の御蔭で相応に渡世致し、身にも時々相応の衣装を着て、上みの御蔭に依て一日暮すも安楽に一生を送る者、随分に御国の上み様の思召に違背せぬやうに御上みの御定めを大切に相守り親子兄弟の間下々に至る迄も其道を急度相守り人間一生申ぶんの無ひやうにして死て極楽へまいるのだ」（「細井先生講釈聞書」、『全集』九二六頁）というように、「殿様の御蔭」や「御上みの御定め」の恩恵性が繰り返し強調されたのである。平洲が、政治の目的として常に重視する「風儀」とか「風俗」とかは、実際には「御上みの御定め」にもとづいた在来の幕藩制的な秩序に順従する民衆のあり方を意味していたといえよう。

第三節　平洲の「名君」像と愚民観

前節において、平洲の思想が、君主権威強化のイデオロギーとして構成されていたことを見てきた。本節では、平洲が想定していた君主像を、民衆観との関連で見てゆく。それは、彼がいかなる形で政治の改革主体を構想していたか、という問題にもつながってゆく。

従来軽視されてきた折衷学派の思想を徂徠学以後の儒学の展開過程に位置付け、その思想的意義に着目され先駆的業績を示された衣笠安喜氏は、平洲の思想を分析して、「要するに平洲の道の把握は、封建的な秩序や道徳と現実との背離が誰の目にも明らかになってきた危機的段階において、君主の権威を宗教的権威にまで高め、支配への一切の批判を封じ、被治者に絶対的な服従を強要する幕藩支配体制強化の思想であったということができる」[8]と、封建教学再編強化と結論づけられた。ここでは前節の分析から、もちろんこうした評価を否定するものではない。むしろ一面継承するが、ただ、たんに被治者に対する服従道徳の強要ということだけでは、被治者の心情にまで訴える力をもち得たといわれる平洲の思想を説明するには、十分とはいえまい。平洲は、当時の治者領主層にも大いに歓迎された一方で、その旺盛に取り組まれた庶民教化活動の成功が物語るように、彼の思想は、被治者層をもとらえうる性格をそなえていた。むしろ、被治者の心情をもとらえたからこそ、治者にも高く評価されたというべきかもしれない。ここでは、平洲の思想が、治者・被治者共に、なぜ大きなリアリティーをもって受けとめられたのかという点の考察が課題である。

彼の庶民教化活動は、米沢と尾張とでなされた。ことに、尾張では、記録に残るだけでも九回におよび、十数万人の聴衆を集めたという。平洲自身も、上杉治憲宛の書簡（天明四年四月九日づけ）において、「小人教喩一道より外に任も無御座候得共、三寸の舌已に爛（ただれ）申候為体に御座候。併し天助を得候哉、聴聞之衆庶、無知愚能承り込み申候而、孝悌力田、次第に顕れ、去秋より今春迄賞誉之民、無間断罷出候。去（天明三年）四月より今三月中旬迄の奉公がましき儀、此教喩之外には無御座候。着帳人頭町在之民男女十六万人余に御座候」（「上杉家秘庫存書」、『全集』八二九頁）と報じた。随行の小河善太夫という儒者も、「誠古今珍妙とやいはん、感心仕候。なる程人々感涙致候も有之筈の義に而御座候」[9]とその教化ぶりに感嘆している。聴衆は数珠をかけて平洲を拝み、如来様如来様と銭を投げるありさまだったという。[10]かかる平洲の講釈の民衆教化力を示す史料は、数多い。多くの藩主から歓迎される一方で、庶民の心をもひきつけてやまなかった平洲の思想を、統一的・説得的に説明するためには、もう少し平洲の主体に即した思想理解が必要であろう。

平洲は、米沢藩世子の賓師として、上杉治憲十四歳の時以来、その教育（為政者教育）に心血を注いだ。「受次て国のつかさの身となれは忘るましきは民の父母」（『鷹山公世紀』一三頁）というのは、その治憲が明和四年十七歳で米沢藩主襲封に際して、自らの決意を詠んだ和歌である。ここでの、「君主は民の父母たるべし」という考え方は、儒教にありふれた伝統的なものであり、『書経』『詩経』『礼記』『孟子』などに再三見えている。治憲は襲封後、家祖上杉謙信をまつった春日神社に奉納した誓詞にも、「民の父母の語家督の砌歌にも詠み候へば、この事第一思惟仕るべき事」と、この語を改めて再確認している。かく、「民の父母」というのは、上杉治憲の藩主としての強烈な自覚の表明であった。平洲の主張の重点も、この考え方に示されるように、君主の責任の大きさを強調するところにあった。

人君は一国臣民に天と戴かれ給ふからは、御身に天の如くの御徳の無之候ては、君の徳に目出度被為居候事は不相成ことにて、常々御読み被遊候通、聖経賢伝の上、古今人君の賢愚興亡、歴然たる儀に御座候。扨天の如き御徳と申は、天は万物の父母として、凡天地の間に有とあらゆるもの、天の恵をうけ給はぬ物は無之候。そのごとく一国万民の天とならせ給へば、天の心を御心として、臣民の父母となり給はねばならぬが人君の道にて御座候（「野芹」、『嚶鳴館遺草』巻一、『全集』三頁）

既述のごとく、君主の役割は、「天」―聖人の教えを奉じて、民に恵み施すことにあった。故に、「天」―聖人を知り得ない愚民にとって、君主は「天」の権威をおびて、しかも「天」の恵みと同じく民を恵む存在として登場してくることになる。たとえば、「夫れ君臨の厳なること、帝且つ天の如し」（原漢文、「送米沢侯就国序」、『嚶鳴館遺稿』巻四、『全集』三九〇頁）ともいう。君主は、民にとっては「天」の体現者にほかならず、君主の権威は「天」に保証されていたのである。

確かに君主のこうした天的立場は、一面において、君主権力の絶対化の理論的基礎であった。しかしそれは、無制限の君主の専制や恣意的な独裁を許容ないし正当化するものではなかった。上杉治憲が自ら徹底した自己規制を行ったように、むしろ君主の「天」に対する責任、しかもそれは「安民」を内容とするから、民への責任の大きさを意味していた。この君主責任の重大さは、平洲の君徳に対する考え方を検討すれば、明瞭に理解されよう。

先にふれたように、人君は「天の如くの御徳」を身につけることが求められた。それは、君主の成徳が「安民」（政治）のための根本的な前提であることを意味していた。

> 一国の治乱万民の憂喜は、只君一人の徳不徳に懸り候事不及申候。上一人だによく候はゞ千事万行何の悪かるべく、上一人の宜しからぬと申時は、千事万行よかるべき道理は古今無之儀、是又不及申候（「つらつらふみ」、『嚶鳴館遺草』巻五、『全集』一三七頁）

かく、「安民」の成否はひとえに君主次第であり、君主の徳の成就がすべての政治的価値実現の根本であった。彼によれば、「臣民は枝葉、君は根本」、樹木は根本さえ養えば枝葉はおのずから繁茂するから、「先根本の御徳を専要に御養ひ可被遊」なのである（「野芹」、『嚶鳴館遺草』巻一、『全集』一一頁）。

この点、朱子学でも『大学』の三綱領八条目の解釈を引くまでもなく、君主の徳の実現がすべての根本であったが、その場合、あくまで普遍的な天理の貫徹した内面化された個人倫理に根差すものであった。これに対し、平洲のいう君徳は、次に見るように、明らかに政治的効果に色濃くぬりこめられていた。

> 君の徳を明徳顕徳と称し、あきらかにかくされぬ徳を云也。君は下のてほんとなり玉ふはづのものゆえに、手本になるうへにて、これは表へは出されぬと云やうなるふらちなる所行のありてはならぬことなり。世界万人目をつけてゐる尊き位に立玉へは、暗夜に火をたくが如くかくしおほせられぬは君の所行也（「管子牧民国字解」、『嚶鳴館遺草』巻四、『全集』一一〇頁）

> 人君の徳を明徳とも顕徳とも称して、世中へ広く推出し、誰も見聞て御尤に奉存やうに明白に行ひ給ふこと也（「上は民の表」、『嚶鳴館遺草』巻二、『全集』二四頁）

右に明らかなように、朱子学では道徳の普遍原理たる「明徳」も、ここでは「民の手本」として民に宣伝すべき、君主にのみ限定された現象的・政治的な意味の徳と理解されている。

この君徳＝「明徳」＝「顕徳」論は、まぎれもなく、第一章でみた徂徠の「明徳」論の継承である。徂徠は、『大学』の「明徳」を「顕徳」と解し、「その徳著明にして、衆の皆見る所を謂ふなり。故に多くは以て在上の徳を称す」[11]（『弁名』徳）、あるいは「明徳は顕徳之儀にて君徳の事也。君徳をあらはして万民にしらする事を明々徳と申候」[12]（『徂徠先生答問書』附巻）という。「明徳なるものは、人の天に得て、虚霊不昧、以て衆理を具して万事に応ずる所のものなり」（『大学章句』）と、朱子がいうのとは似ても似つかぬ、民への政治的効果を計算した作為的な徳であることは、明白である。

要するに平洲の想定する君主は、民に対する「手本」―規範であらねばならず、しかも民がそれに従うことで民の生活が保証される意味での「手本」であらねばならなかった。だから、君徳涵養は、「世界万人目をつけてゐる」衆目に監視された中での、君主の免れることのできない絶対の責任だったのである。

とすれば、平洲において、君主の徳の涵養（世子教育）がいかに重い意味をもっているか、十分に理解されよう。平洲が、上杉治憲を名君となすべく、その教育に心血を注ぎ込んだ意図は、こうしたところにあった。平洲の平易な和文で著された教訓書類を集めた『嚶鳴館遺草』のうちの、「野芹」「もりかがみ」「つらつらふみ」やその他に、君徳の涵養や世子教育の方法等が、繰り返し強調され展開されているのにも、平洲の思想の重点が表れているといえよう。[13]

ところで、ここで見逃しえない問題は、かかる君徳の根本性が、強烈な愚民観と表裏の関係をなしているということである。

なべて賤しき下々はもとより、道理をまなび辨へたる侍などの、義を存じ礼を守りて、上下左右を思ひ計るおとなしき心はなく、たゞおのれ〳〵の身の分を安楽にくらして一生を心よくわたりたく思ふより外に願はなきもの也。然るゆゑに上に立て、これを司る奉行代官といふものなければ、人々身勝手にのみなりゆき、己だに立ゆく時は上の為をもはからず、人の上をもかへりみず、はかなき心よりして、はて〴〵は己の身ひとつをだに得たもたず、終には不埒不届を仕出して、重き刑戮にもおちいる（以下略）（「農官の心得」『嚶鳴館遺草』巻二、『全集』四一頁）

かく、民は放置すれば、「道」―聖人の教えを知り得ず、人たる正しき道を生き得ない存在、したがって、決して自己を律することのできない愚民である。したがって全面的に、徳者＝君主に依存せざるをえぬ。逆にいえば、君主による教化は、いわば彼らの保護者（「民の父母」）として、上から彼らの拠るべき規範を与えることにほかならない。かくて、民が愚民であればあるだけ、それを「取り飼ふ」君主の責任が重くなってくるのは当然であろう。しかもその責任が、「天道への御奉公、御先祖様への御孝行」（「野芹」、『全集』六頁）と、「天」および先祖に対していた点に、その絶対的な重みをみることができる。上杉治憲が自分の世子に与えた、かのいわゆる「伝国の詞」[14]に、

一、人民は国家に属したる人民にして、我私すへき物には無レ之候。
一、国家人民の為に立たる君にして、君の為に立たる国家人民には無レ之候。

というのも、まさにかかるものとしての、君主の立場の表明にほかならなかった。

ところで、これまでの儒学思想研究、とりわけ戦後のそれにおいては、儒学思想にともなう愚民観は、おおむね否定的評価の対象とされてきた。すなわち、愚民観は、支配権力の絶対性を前提として、人民を身分差別の枠内に固定化させる、いわば近世儒学思想の封建性を如実に示す尾てい骨がごときものと見なされることが、きわめて多かった。確かに、儒学思想においては、民衆は、自らのうちに自律し得る根拠が認められることは、まず

なかった。民衆は支配の客体と位置づけられ、封建的な身分差別を積極的に正当化する機能をはたしていた。そうした民衆観を儒学がもつ限り、それが封建思想であることは、否定できない。しかしそのことは、愚民観がもつ一定の歴史的意味を無視してよいことを、意味しない。平洲の徹底した愚民観は、彼にとっていかなる意味をもっていたかがここでの問題なのである。それは、すでに明らかな通り、君主の仁政の責任の重みを加重するものだったのである。

民をとりかふと云は、四馬の車を乗る人と同じ心持なり。（中略）民と云ものは馬の如く、君と云ものは御者の如くにて、上の口のとり次第に民はよくもなりあしくもなるものなり。上にはやることは下にはやる故に、民をよき方にみちびかんとては、上にたつ人がよきかたに先だちて引入るゝこと也（「管子牧民国字解」、『嚶鳴館遺草』巻四、『全集』一〇九頁）

民は愚民である。故に、君主のあしらいによってどのようにもなる。逆にいえば、民によって絶対的に服従されるが故に、君主は徹底的に自己を律することが要求される。かく、君主の道徳的実践が、一国の風儀や風俗の源泉にほかならない。ここに、平洲が君主に求めた実践の厳しさと責任の重さとは、無限に肥大することになる。天明三年の東北一帯の大飢饉に関して、その翌年上杉治憲に宛てた平洲の書簡に、「天災流行不唯大邦候得者、昨年之儀は不及是非候。此上何卒々々御精神御自養被遊候而、幾万々年も民庶之上を被遊御苦心候様にとのみ奉祈願候。（中略）とてもかくても人主之御上は此御苦労可休御時節は無之儀と奉存候」（「上杉家秘庫存書」、『全集』八二八頁）と述べているのも、平洲が何を君主に求めたのかを窺わせるに十分であろう。

平洲によれば、君主は何よりもまず自らが率先して実践せねばならない。

（一軍において）大将は尤以大事なる一命にて候へ共、さればとて大将一人は楯の後にかゞみかくれ矢玉をしのぎ、軍兵ばかりをかゝれすゝめと宰配をふり候ては、一人もすゝみ候者は無御座候。すゝめかゝれの下知には及ばず、大将必死になり候て真先にすゝみ候時は、一軍一同に申合たるごとく、先を争ひ矢玉を犯し一命をなげうち候心に相成候は、全く人心の和したる処より出候。故に人君の尊き御身を以て臣民とひとしく労苦をわかち、御手元を御省略（倹約）被遊候へば、御下知に及ばず下は靡き従ひ御制度を相守り候（「野芹」、『嚶鳴館遺草』巻一、『全集』四頁）

実はこの率先垂範の姿勢こそが、君主としての「誠」の発露であり、下が従う理由である。平洲の「誠」の定義は、「内心と表向と一筋にして、うちそと二筋にならぬ」（「上杉家秘庫存書」、『全集』八二五頁）というのに示される。平洲によれば、「誠」はすべての人がひとしくもつ「天性」である。したがって、「誠」の心から出た行為は、必ず他者を感化せずにはおかない。上杉治憲の世子治広に対して、平洲が「常々御心に誠と申字を御忘れ不被遊候而、何事も何事も御心のそこより出候様に御心懸け可被遊候」（同前、八二六頁）と教えたように、彼が特に君主の「誠」を重視する所以はここにあった。治憲は、藩政改革に臨んで以来、生涯にわたって自ら率先して綿衣と一汁一菜の、大名としては全く異例の質素な生活を守りとおした。これも、かかる教えの実践としてあったといってよい。それは、たんに経常費の節約といった直接的なことよりも、臣民に対して自らの「誠」を示し訴えることの方に、より大きな意味があったのは、疑いをいれない。

平洲が、被治者に対して服従道徳を説き、しかも「下民は上の教にだに随ふ時は、罪もなく咎もなく、生涯を心ゆたかにくらす」（「教学」、『嚶鳴館遺草』巻二、『全集』三三頁）というとき、君主が、「人をふびんに思ひ、我身をつめても人をあんどさせたく思ふ」（「管子牧民国字解」、『全集』八九頁）という仁の心をもって民に臨んでいる、という原則が前提になっているのでなければ、それは何ら真実性をもち得ないであろう。つまり、民衆を前にして熱弁をふるう平洲は、君主とは仁政を行う主体以外の何者でもない、という強い確信に裏うちされていたから、民衆からの共感をかちえることができたのである。

とすれば、ひるがえって、彼が為政者に対した場合には、まず何よりも仁政の実践を要求せずにはおかない。この場合、仁政とは、「まづ人情に従ひ無理なることのなきやうに、いづくまでも道理を立てとりあつかふこと也。人は貴賤賢愚の差別なく、うれしきことには喜び従ひ、いやなることにはそむきもとる。是計は万人一情にて、如何なる賢知の君主に立玉へばとて、この人情をやぶりて上の威勢を以て下をむりにおしつけ置と云はなきこと也」(「管子牧民国字解」、『全集』八八頁)と、何よりも人情に合致した政治でなければならない(したがって、先述の「道」―外在的規範による人心の規制というのも、必ずしも一方的な権力的・専制的強制ではないことがわかる)。かくて、平洲が人情(民心)を以て君主に仁政を要求したのは、必ずしも民心による君主権威の規制を意図したからではなく、それによって民からの自発的服従が期待出来ると想定したからであったと考えられる。つまり仁政は君主の「誠」の実践にほかならない。だから、上からの仁政によって、「人情は相見互なるものにて、上より楽にしてやりたいと云仕向けになれば、下も、つらひことをいやがらぬ心になり(中略)民の心のうれしきやうにしおきをすれば、民は死でなりとも恩を報じたく思ふもの」(同前、九一頁)と、民の側からの「誠」も期待できることになる。かく、仁政を前提にすることで、はじめて民衆に対して服従道徳や五倫の教えを説くことができたのである。

以上のごとく考え来れば、平洲が、君主の誠実なる仁政の実践を前提として、民衆の心情を論理に組み込んで説く民衆への教説が、たとえ一時的にもせよ、民衆層に真実性をもって迫り、一定の説得力を発揮し得たのも、首肯できるであろう。とすれば、平洲のこの君主像こそ、近世中期の「名君」が求めた理想的な君主の姿ではなかったかと思われるのである。

第四節　平洲の学問の性格

以上、教化主体としての君主権威の強化と、その君主（「名君」）像を見てきた。ここでは、平洲の儒学説をふまえて、彼の学問のもつ性格を検討する。それは、諸学折衷の彼の学問的性格をさぐることでもある。

「道説」で見たように、為政の基本的構成は、先王の教えを民衆に教化するにあった。そこにおいて、学問を専門とする学者は、いかなる役割でもって関わると考えられているのであろうか。「自然に循ひて之を修むるは先王の教へ也。教へを奉じて僶勉するは学者の業也」（「道説」）という。また、儒者登用に関連して、「（儒者は）何れにても（いずれの学派であっても、の意）篤学美行の賢者を御用ひ被成候て、一家国の人心を教化有之、一国の風俗を美敷被成候と申が公道なる御所作」（「つらつらふみ」、『嚶鳴館遺草』巻五、『全集』一三四頁）という。つまり、学者の役割は、先王の教えを明らかにして、君主の人心教化に資する、という点に期待されている。ここから、学問の目的は、「徳を成して民を取り飼ふ」ことにあった。したがって、「何流にても我執つよく人を得教化不仕候はゞ無益の学問」（同前、一三六頁）と、人心教化に役立ち得ない学問は、学問としての価値すら疑われることになる。

かく、平洲の「道」は、学問の目的を人心教化に限定することになった。しかもそれは、「師長（教師、すなわち、藩の儒者）の人を教へ候事は、他国はともあれかくもあれ、御国の御為になる様にと申所肝要」（「対某侯問書」、『嚶鳴館遺草』巻六、『全集』一六六頁）と、「御国（藩）の御為」になるべき教化でなければならぬ。こうした立場から、「御国に学問所を御造立被遊候御本意は、御先祖様よりの風俗を失ひ不申、万人安堵仕候様に被遊度と申所極意にて、人を利口発明に被遊度と申所にては無御座候」（同前、一六五頁）と、藩校（「学問所」）設置の目的も主に「風俗」教化にあるとして、明確に藩政の中に位置づける。かく、学問の目的が政治の世界に組み込まれ、学問の実際が人心教化に限定されたことは、学問の側からいえば、学問としての知的探求を放棄する一方で、既存の多彩な学派学説に寛容な態度をみちびくことになる。

先以（まづもって）一家の学を興し候程の人は何れ共に一世の豪傑にて、各所見有之候事に御座候。但し聖人にても無之候得ば人々是非得失は勿論有之うちの事に御座候。長を用ひ短を捨て申候はゞ、何れ利益の無之学も有之間敷候。（中略）儒者の言論も種々に御座候得共成徳行の外無之様に被存候。畢竟其僧の修業次第仏性をさへ得候はゞ、何れの浄土へか往生は可致候。儒者も其人の修業次第、美徳をたに成就致候はゞ、何れの国家にても御用には立ち可申候（「つらつらふみ」、『全集』一三三頁）

平洲によれば、学問は学説や学派の内容如何が問題なのではない。その学問がいかに人を教化し、国政に資することができるかが問題なのである。ここでは、学問はそれ自体が目的なのではなく、彼の「道」がそうであったように、政治のための手段とさえいえる。したがって「学の派流を異にするは匹夫の私」であり、君主の政治には「何ぞ必ずしもその学の師承する所を問はんや」（原漢文、「答仙台玉子一」、『嚶鳴館遺稿』巻九、『全集』五〇〇頁）ということになる。たとえば「己々流儀を偏屈に申唱へ候て、他流を排棄」する学者は、「全く其儒者一人切の私心」にすぎない。人による教化は「公道なる御所作」にほかならない（前引「つらつらふみ」一三四頁）。いうまでもなく、学問に諸説が生じるのは、各々が真理をめざす営為の必然の結果であろう。ところがここでは、学派学説上の対立は「匹夫の私」として否定される。かくて、「一家国の人心教化」を意味する「公」という至上の政治的目的の前に、諸学の個別的価値や権威は相対化され（学問が真理といった絶対性を目的としない以上、諸学の相対化はきわめて容易）、その結果、人心教化という政治的価値を基準に、諸学の折衷化が進められる。

しかし一方、それはまた、徂徠学以後ことに顕著に進行していった儒学界の「仇讎相攻」のごとき諸学派対立の不毛性への痛烈な批判を含意していたことを、忘れてはならない。「聖学の要は徳を成すに在りて学流に在らず。

故に各々その学を学として各々その道を道として、揺唇鼓舌、人と門戸を争ふは吾取らざる也」（原漢文、門人樺島公礼著「細井先生行状」、『嚶鳴館遺稿』附録、『全集』五三〇頁）というのが、彼の基本的立場であった。この立場からすれば、「学術に流儀の角立候人は、心に邪気の募り候し始にて、其果は御国政の害にも相成る基」（「米沢学校相談書」）(15)ということになる。つまり、彼の折衷学は、多くの学問がたんに学派的対立や論争に明け暮れ、本来の使命たる経世＝教化に何等寄与していないことを強く批判する。その上にたって、教化という目的のもとに、そうした諸学を折衷した。しかもそれによって、逆にかかる諸学の意味を蘇生させ、学問としての存立意義を認めようとした。この点を見逃してはならない。「唯一筋に四書五経を本経とし、歴史記伝を羽翼として、浮華の習気不出様相勤度候、能相心得候へば、かな物語を見候ても、心術事業の助には相成候」（同前）と、「歴史記伝」はおろか「かな物語」にまで「心術事業」のための機能を認めたのも、平洲の折衷学がいかに幅広い内容をフォローし、それらを人心教化のもとに位置づけえたかを物語るであろう。

ところで、こうした実践的関心にささえられた学問は、学問する主体のあり方が重要な問題となってくる。彼は、学問する者に、「朝夕誦習する所の書は、我徳行を積み習候手本と相心得、信義忠愛の心は、一盃酒を呑、一服茶の出会にも、忘る隙なく、徳か不徳かと魂をいかし候（以下略）」（同前、『日本教育文庫、学校篇』三一六頁）態度、つまり学問の日常生活の中での活用や実践を強く要求する。「学思相須つは聖人の教へ」（原漢文、「細井先生行状」、『全集』五二九頁）というのも、同じ立場である。この点たとえば、米沢藩の執政職莅戸善政が『学制弁』に、次のような平洲の姿勢を紹介している。

（平洲が読書中しばしば梁を仰いで案思の体に見えるのを、門弟が平洲にその理由を問うた。平洲はこれに対して）学思相須つは古の学び方なり。余が書を読むは、毎篇毎章を熟読玩味して、その篇章の義を思い、その義専ら王侯の職務に的（適）する篇なれば、我れその職に居たるが如き心になりてその篇の義を以て治平の政務に推し当て思うなり。また専ら士庶の職務に的するの章なれば、またその職に居るが如き心になりて修斉の徳行に推し当て思うなり。かくの如く学びて思い思いて学べば、その楽も深く益も多きなりと語られしよし。[16]

かく、平洲において、学に志す者の、実践的にしてかつ強い主体的態度（ただし政治目的に貫かれた主体ではある）こそが、学問の前提であった。学問は、「行々己が事行に持込可申為」（前掲「米沢学校相談書」三一五頁）に学ぶ以上、各々が日常の実践の側から学問の意味をとらえ返してゆかねばならない。それが「何事も誠に誠を重」（同前、三一八頁）ねる学問の基本姿勢にほかならないのである。

要するに、平洲の折衷学は、諸学を折衷する学者（学問をする者）の強い主体的態度のもとに、経世の学たるには不毛の対立と論争に埋没した儒学諸派を、逆に積極的に経世の学として活用せんとしたところに形成された学問であったことを、ここでは確認しておきたい。

第五節　折衷学派の評価をめぐって

いわゆる折衷学は、明和―天明期に、徂徠学にとって代わって、儒学の主流となってきた。この間の状況について、広瀬淡窓は、

其後伊物ノ説盛ニシテ。程朱ノ学衰ヘシニ。儒者多ク浮華放蕩ニ流レテ。躬行ヲ務ムル者ナシ。於レ是世人之ヲ厭ヒテ。再ビ宋学ニ帰スル者多シ。然レトモ宋学ノ弊モ。亦鑑ミザルニ非ズ。故ニ程朱伊物ノ説ニ於テ。互ニ取捨スル所アリ。世之ヲ折衷学ト称ス。当時高名ノ儒者十ニ七八。折衷学ナリ。其行状。中頃ノ放蕩ニコリテ。少シク収斂ニ赴ケリ。然レトモ其利ニ走ルコト。極テ甚ダシ（「儒林評」、『淡窓全集』中巻、一頁）[17]

と説明している。

著名な折衷学派の儒者としては、細井平洲の他に、井上蘭台、井上金峨、山本北山、片山兼山、塚田大峰、太

田錦城らの名をあげることができる。

彼らの学は、おおむね、学派的対立を排し、朱・王・伊・物（朱子学・陽明学・仁斎学・徂徠学）などの諸説の採長補短によって、聖人の道（儒学）の正しい理解に達しようとするところに、共通の態度がみられた。したがって、折衷学という共通したまとまった一つの学問体系をもったという意味での学派ではない。むしろ、学派的体系の解体したところに生じた学問の方法的態度によって称される程の意味であり、その主張の内容自体は各人各様、まことに雑多であった。

こうした折衷学に対するこれまでの思想史上の評価は、きわめて低いものであった。「結局彼等は各学派のドグマティックな党派性に抗議して自由研究を主張した点で多少の積極性は持ったが、「折衷」はどこまでも「折衷」でなんら「創造」を意味せぬごとく、理論的には殆んど新たなものを提示するところなかった」[18]という丸山真男氏の評価が、基本的には現在においても、なお通説の位置をしめていよう。

ところで、衣笠安喜氏の「折衷学派の政治および学問思想」（『日本史研究』四〇・四一号、一九五九年）[19]は、戦後、折衷学を正面にすえたほとんど唯一の論考で、先駆的な大きな業績である。本稿も基本的にはその視点を受け継ぐものである。そこで氏は、折衷学を、徂徠学後退―折衷学盛行―朱子学復活といった十八世紀中後期の儒学史の展開過程の中に、位置づけられた。氏によれば、平洲らの折衷学は、「道」を当為的実践倫理に限定して把握する（「儒学の道徳学・形而上学への自己限定」）ことによって、「封建道徳学として儒教を再生せしめ」「藩政改革と関連して一定の政治的役割を果たした」という（『近世儒学思想史の研究』一八〇頁）。それは、裏からいえば、複雑化してきた幕藩制の現実の諸課題に儒学が適切に対応し得ないとともに、形而下の経験的諸学を放棄した結果として、説明される。したがって、平洲の学は、「政治への従属」、あるいは「学問の現実遊離、政治論および経済論の放棄、理性的認識の排除、道徳ないし学問にたいする政治の優位性」（同前書、一八〇・一八一頁）と、特徴づけられる。そのため、折衷学は、「陳腐な徳治論や倹約論・教化論をくり返す」にすぎず、結局そこでの意義は、せいぜい「封建的支配の原理及び道徳・倫理」（同前書、一八一頁）の提示といった点に認められる程度である。

しかし、衣笠氏のいわれるこうした儒学の全体としての「現実遊離」化の過程は、幕藩制社会の現実との関わりという面からすれば、まさに儒学が積極的に社会へ浸透してゆく過程そのものであった。すでにふれたように、十八世紀中期以降、実際政治の中で儒学のはたす役割は、にわかに増大していった。藩校の急増現象、武士教育の一般化、それに伴う儒学の一般教養化など、武士的世界における教育活動の急激な高揚の開始の時期は、折衷学盛行やそれに続く朱子学復活の時期と一致する。[20] しかも、かかる武士教育の藩校の基盤となった学問・思想は、おおむね、「封建道徳学に限定矮小化」（衣笠同前書、二二九頁など）したとされる折衷学や朱子学であったことは、いうまでもない。そしてこの傾向は、少なくとも天保期頃までは続く。とすれば、教育史の立場からすれば、実に儒学が思想的発展を終えたといわれる段階の、こうした折衷学や朱子学のもつ歴史的な意味にこそ、注目する必要がある。儒学思想が、「現実遊離」し、「陳腐」化してゆく過程こそ、他方において、儒学が実際的有効性や教育的生命を獲得していった過程としてみることができるのであるから。一見逆説的なこの現象は、いかにとらえることができるであろうか。

近世前期において、本来外来思想である儒学は、日本の幕藩制社会を思想的に十分内実化できず、社会的に十分適合したとはいえないというのが、今日おおむねの通説である。[21] もしそうであるとすれば、衣笠氏のいわれるごとく、近世儒学が形而下的現実世界を排除したうえで道徳学に自己限定していったとしても、むしろそうすることによってこそ、儒学が幕藩制社会に十分な機能を発揮し、現実的意味をもって定着・浸透することができた、と考えるべきではあるまいか。しかもそれは、道徳学を排除した徂徠学を否定的媒介とすることで、形成されてきたのであった。

　こうした視点からすれば、たとえば折衷学について、「学的方法をもたず、主観的主張」[22]である（相良亨）といわれたり、あるいは「恣意的ともいえる相対主義」（衣笠前掲書、一六五頁）といわれる折衷学の学問方法や、また「政治従属」（衣笠）といわれる学問的性格などの評価も、あらためて検討される必要があるように思われる。

　すなわち、折衷的学問方法は、平洲において見てきたように、学問する側の強い主体的態度のもとに、日常の実践の側から積極的に学問の意味をとらえ返してゆく態度であった。その場合、折衷の基準は、直面する諸課題への有効性如何にもとめられ、そして折衷する主体は、自己自身におかれた。「孟子の性善、荀子の性悪より、降りて程朱陸王及び我が伊物に至るまで、必ずしも古に合はずと雖も、要はまた各々己に得ること有れば、是に由りて以てその説を立つ」（原漢文、「匡正録」、『日本倫理彙編』巻之九、折衷学派の部、三六四頁）というのは、折衷学の有力な提唱者の一人であった井上金峨の言である。孟・荀・程朱・陸王・伊物の権威が総て相対化され（つまり学派上の体系性が解体され）、それに代わって折衷する主体としての自己の権威が強く前面におしだされていること、明らかであろう（なおこの点は、相良前掲書〔注22〕、二三六頁以下も参照）。

　一方、「政治従属」とされる平洲の学問については、元来社会生活や政治実践を律する学としてあった儒学が、幕藩制社会の中で、リアリティーをもって現実的な力を獲得しはじめた現象、と理解することができる。それは、学問が、社会の現実から疎外され、具体的現実からは一定の距離をおくことを余儀なくされていた近世前期[23]と異なり、政治や社会の側から学問の実践的なあり方を問題とするようになった結果である、といってもよい。またあるいは、実践的関心を根源的な思想的動機として思想形成してきた古学派以来、一貫してみられる思想的底流の徹底といってもよい。さらに「政治経済論ないし政治的現実把握の放棄」というのも、たんに政治的現実を排除ないしは無視したと見るのではなく、海保青陵に典型視されるようないわゆる重商主義的経世論者とは違った方向での、儒学の側からする政治・経済的現実に対する有効な対応の一つの形態であった、と見なすべきであろう。人間の心のあり方を律する道徳倫理こそ、実践の主体を形成する主要な契機である。とすれば、一見、いかに陳腐な道徳論・倹約論であったとしても、それがいかなる質と機能をもった人間形成を想定しているかを、あるいはそのためにいかに広汎に普及・浸透したかを、全体として見極めるのでなければ、本来の歴史的評価とはならないであろう。儒学説としてはたとえ理論的創造性が乏しくとも、それがまぎれもなく武士的世界の全体に広汎に歓迎され、積極的に受容されていった事実は、そこに一定の有効な機能と役割が担われていたと考えるのでなければ、説明できない。平洲の場合、藩主の誠実なる仁政を前提に、藩主権威の強化と、君の徳や恩を機軸にした藩内領民の全体としての統合の理念や論理を、展開したわけである。

さらにより一般化して論ずれば、宝暦以降急速に深刻度を増してきた藩政の危機（藩財政の危機、貨幣経済の広汎な浸透、農民層分解の進行、百姓一揆の頻発、民衆的宗教の流行などの民衆層の新たな動き、など）に規定されて、実際の改革政治は、多彩な政策が展開された。しかしいずれにしろ、政治の強力な改革には、強力な改革主体の形成と政治改革の理念の措定が何よりも重要な前提であった。(24) 平洲の「名君」像は、こうした強靱な改革主体の形成を目指したものであり、この「名君」仁政論とその前提のもとでの教化論は、改革の基調をなす理念であるとともに領内統合の論理として提示されたイデオロギーであったということができる。

第六節　武士教育論と学校論

以上見てきた平洲の思想構成において、教育の問題はいかにとらえることができるであろうか。これが本節の課題である。

おおざっぱにいって、平洲の思想構成における教育の契機は、次の三点に見いだせる。（1）理想的「名君」をめざしての君主（世子）教育、（2）君主の仁政を補佐する家臣団の教育（藩校による武士教育＝「官僚」的人材育成がここに構想される）、（3）民衆に対する教化、以上の三つである。（1）と（3）についての要点は、第二節でほぼ論じた。ここでは（2）を中心に見ておきたい。

(1) 君臣関係

すでに見たとおり、為政のためには、君徳の成就が根本であった。しかし、「家国の大政に至り候ては、迚も君御一人にて被為行候儀にても無御座」であるから、「貴賤親疎となく大勢の御役人」を必要とする（「細井甚三郎内考」[25]）。だから「臣は下に数十人、数百人、数千人（中略）立ならひて、一同に君の政事を手伝ひ、家国の安危を相談するもの」（「対人之問忠」、『嚶鳴館遺草』巻三、『全集』五六頁）と、臣の役割が君主政治のための「役人」と位置づけられる。この君臣関係は、人格的主従関係の性格を希薄化させている。そのことは、たとえば、それを人体にたとえて次のように説明するのに明白に窺える。「きみを元首と申候。元首は頭にて候。臣を股肱耳目と申候。手と足と耳と目の事に候（中略）四支百骸の頭に随ひ動くこと、誠に如才もなくまめやかなる者」（同前、五六・五七頁）と、君は頭で、臣は頭の意志に従って動く四肢にあたる。だから、「賢明の君」と「忠良の臣」がそろえば、「起居運動すくやかに立廻りて、まめまめしきがごとく」「一身達者無病」の健康人の身体と同様、健全となる（同前、五七頁）。ここに、藩政における君臣間および群臣相互間の文字どおりの有機体的調和が求められる。「国家は群臣の思ひあふを以て富強をなし、思ひ〳〵なるを以て衰弱をまねく。誠に忠なる人は何卒己が君を古の聖の君にもならひ給ふやうにし奉りたく存候は不及申事に候。然ば人我相互に思ひ合て手足耳目の一身に随ふ如く、ねぢれもとる心なく、左右上下一同に心力を合せ政を手伝ひ奉るべき事に候」（同前、五八頁）という。君主を統合の核とした藩士家中たちの有機体的な統合の体制こそが、ここで強調されている。それはまた「たとへて申さば、楽人共の鐘太鼓笙ひちりき、さまぐの道具を持よりて、一曲をかなで候やうなる物」（同前、六一頁）と、音楽の合奏における全体の調和にもなぞらえて説明される。

君徳との関係でいえば、政治の根本的前提たる「人君の徳」が（人君は「必ずしも聖人」ではないので）、「美徳ばかり」や「不徳なし」であるとは限らない。否、むしろ有徳なる人君が実際には極めて稀であるということを、平洲は、明確に認めてさえいるのである。[26] だから「人臣の奉公は君の不善をかくし、君の善を顕して、見聞人の感服するやうにと心得たるを忠臣とはいふ」（「上は民の表」、『嚶鳴館遺草』巻二、『全集』二四頁）と、主君の不善を隠し、その有徳性を示すところに、臣の君に対する基本的なあり方が想定されていた。いわば、主君の「名君」性の演出である。この点具体的には、『孝経』（事君章）を典拠として、「聊も君に善行あらばとりはやし奉りて、一寸の善は一尺にもそだて、聊も不善あらば念比に諫防て一寸の悪は五分のうちにも救ひ、増長し給はぬやうにと心を尽すこと」を「君に仕る臣下の心得」「臣の節」として説く（同前、二六頁）。

さらに、『詩経』大雅文王篇の「緜」の詩を典拠に、文王の四種の臣（疏附・先後・奔走・禦侮）を例として、家臣の役割を類型化して論ずる。

①「疏附」というのは、「下を卒て上をしたしましむるをいふとありて、君と民との中に立て、下の上におもひつき奉るやうに、下々の心をとりかふこと」、つまり、民が君恩を感じ君へ親愛の情をおこさせる役の臣で、それは「政事にあづかる士大夫」（重臣）の任務とする。ただ「まんざら君にかたちもなき徳を偽こしらへて、下へふれ行ふ」こともできないから、あわせて人君に「美徳をすすめ行ふ」ことの肝要さを付け加えることも忘れない。②「先後」とは、君の前後に立って、君があやまちがないように「手をひき腰をおして君を善道に導く臣」。③「奔走」とは、「世上を走り廻りて君の美徳をあげあらはし」吹聴・宣伝する臣。④「禦侮」は、武勇によって君の強敵に対する警護にあたる臣、と説明する（以上、「上は民の表」、『嚶鳴館遺草』巻二、『全集』二六〜

二八頁)。

④を除けば、いずれも民衆に対する君徳の演出といってよい。しかも、人君には「人に吹聴すべき程の徳は世にまれなるもの」(同前、二九頁)というのが、平洲の実際の認識であった。とすれば、君の有徳性を政治の前提として構想する平洲の政治論において、(人君の徳性教育と並んで)こうした家臣たちによる君徳の演出がいかに重要事となるか、みやすい道理である。それは、一方で「天」(自然)と「誠」を強調しながら、他方で多分に、策略性と欺瞞性にみちた矛盾的構造を伴わずにはおかなかったことも、明白である。否、むしろ欺瞞性を避けられないが故に、ことさらに「誠」や「天」を強調せざるを得なかった、というべきなのであろう。

かく考えれば、白河藩主松平定信の老中擁立を画策した尾張藩主徳川宗睦が、自らのその政治的画策に関連して、「事を行ふに謀計を用ふるの可否如何」と問うたのに対して、平洲が「論語にも謀を好んで成んもの也とあり、無智無術にては事々成就することなし、大事を決行するには勿論好く謀計をめぐらしてこそ、明君賢相とも申すべき儀也」と答えて、「謀計」といった一種の政治的策略性を積極的に肯定したことも、何等異とするにはあたらない。(27) ただ、その平洲の意図するところが、たとえ策略を用いてでも、藩士家中が一体となって、藩主を中核とした有機体的結合の体制を実現すること、そして領民教化に資することの必要性を説いた点にあったこと、この点はいうまでもない。

(2) 人材論

ともかく、家臣は「(文王の)四種の臣道のうち、何れなり共人々の性のちかき所を修練して、奉公を仕べきことなり」(前掲「上は民の表」二七頁)と、各人の個別の資質に応じて多様な人材としての形成の必要性を説く。

人材については、次のようにいう。

人才と申は、草木の区々にして別なる如く、柔勁性を別にし、紅白色を異にして、思ひく〳〵様々の花を開、実を結候にひとしく、人々一様に不参は、面の不同が如く候得ば（以下略）（「米沢学校相談書」、『日本教育文庫、学校篇』三一五頁）

人材の多様性が積極的に主張されていること、明瞭である。ただしその人材も、「其御用に取立方、上の御目(おめ)鑑(がね)次第」（同前）であるというごとく、君主の存在の絶対性を前提としたものであり、しかも「其御用」というのが、実際は君主による政治への有用性を意味するように、人材成就の目的も、政治という目的にあったことは、あらためていうまでもない。

こうした人材論は、第一章でみた徂徠の人材論の特質と、本質的なところにおいて、変わるところは認められない。すなわち「天」の権威を背景とした君主の絶対権と、それに手足のごとく使われる家臣（人材）の多様な存在である。ただ徂徠の場合が、人材にこめられた内容が、主に技術的な才芸であったのに対し、平洲では、政治的に規定された道徳におかれた点において、両者の相違がある。政治の方法として学問をとらえた学問観、およびそれに規定された君臣論や人材論が、時代の求める課題に応えるものへと内容を変容させながら、平洲に受け継がれていることが見て取れよう。

(3) 学校論

藩校は、「（学館は）群才を教育の処」（前掲「米沢学校相談書」五一五頁）というように、右に見た人材を育成する場であったことは、いうまでもない。ここで彼の学校論（藩校論）を瞥見しておく。

玉不レ磨不レ成レ器、人不レ学不レ知レ道、故にいにしへの聖主賢君、かならず学宮を建て人を教る所とす。天子の学宮を辟雍といひ、諸侯の学宮を泮宮といふ。何れも徳行道芸を教る所也。この稽古所にて古聖主の身を修め人を治め、天下国家を安定し給ひし道を学びしりて、其後君の官職をうけて、奉行頭ともなり下民を教へ導き、さばきをさむる役人とはなることなり（「教学」、『嚶鳴館遺草』巻二、『全集』三二頁）

あらためていうまでもなく、かく学校は、「天下国家を安定」させる古聖人の道を学び、自らの「徳行道芸」を修めること、そしてそれは民衆の教化や統治に任ずる「役人」を養成するということ、の目的のためであった。この点、「師長の人を教へ候事は、他国はともあれかくもあれ、御国の御為になる様にと申所肝要」（前引「対某侯問書」、一六六頁）と、藩校はあくまで一藩の政治を目的として設置されていた。

藩校での人材の養成は、先にみた人材の多様性に対応して、その教育のこつを、例によって、植物栽培にたとえて説明する。

> 惣て人を取育て申心持は、菊好きの菊を作り候様には致間敷儀にて、百姓の菜大根を作り候様に可致事に御座候（「つらつらふみ」、『嚶鳴館遺草』巻五、『全集』一三二頁）

人材養成の方法は、菊作りではなく、菜大根づくりでなければならないという。菊作りは、「花形見事に揃ひ候菊計を咲せ申度」ため、枝やつぼみを取捨選別し、「我好み通り」の花のみの花壇にしようとする。これに対し、百姓の菜・大根作りは、「一本一株も大切に」し、「上出来も有へぼも有、大小不揃に候ても、夫々に大事に育て候て、よきもわろきも食用に立て」るよう栽培する。人材養成の基本も、菜・大根作りと同じく、「人才は一様には無之もの」だから、「我持方の通りにのみ」型にはめて教育することには本来なじまない。それでは、「被教候人も堪兼候もの」被教育者への強制となり、耐え難いものとなる。「知愚才不才夫々相応に取かひ候て、必竟よき人にさへ相成候得ば、何ぞ御用には立もの」という点が大切であるという。指摘するまでもなく、徂徠の説いた「棄物棄才無し」とする人材論が連想されよう。平洲は、徂徠の人材論を下敷きにして、彼なりの言葉で説いたものとみて誤りない。

かく、「下民を教へ導き、さばきをさむる役人」として、武士たちは学校（藩校）で、それぞれに多様な人材としての陶冶が求められることになった。ただ、そこで想定されているのは、あくまで政治的人材であって、決して人間形成といった一般的な問題に還元して語り得るものでは、なかった。学問するのも「行々己が事行に持込可申」と自己の政治的任務に生かすためであり、しかも君主権威が前提であった。多様な人材は、君主の手足となって、君主のもとで一体であらねばならなかった。むしろ多様であるからこそ、より緊密な家中の一体性を強調する必要があったのである。ただその場合、「元首」たる君の意志による独裁が想定されているのでは、もちろんない。

平洲は、「執政大身より有司小臣迄」が参加した君主の御前で「君臣公会」を開き、そこで腹蔵なき自由な意見を出し合って討議して（「公論公評」「公座公評」）、政策を決定する制度を提唱し、その意義の大きさを強調した。とくに「御政事は大小共に公論公評にて無御座候得ば、衆心一定不仕候」（「細井甚三郎内考」、『東海市史』資料編第三巻、二九三頁）という「衆心一定」を重視する。また「同一心」や「御役人上下同一気」などというのも同じ意味で、「上下一統に君上の御内心を明白に存」じるというように（同前、二九四頁）、君主を中心にしつつも、たんに上意下達という形での家中（藩官僚）の統合ではなかったことは、注意されてよい。

さらにまた、学校設立の目的について、「御国に学問所を御造立被遊候御本意は、御先祖様よりの風俗を失ひ不申、万人安堵仕候様に被遊度と申所極意にて、人を利口発明に被遊度と申所にては無御座候。元来御国之旧風質実篤行にて、諸家に勝り申候事多く（以下略）」（「対某侯問書」、前出、一六五頁）、あるいは「師長の人を教へ候事は、他国はともあれかくもあれ、御国の御為になる様にと申所肝要」（前出、一六六頁）などということからわかるように、自藩に固有のあり方や理念の提示を、藩校設立の中に期待している。一種の〝藩ナショナリズム〟意識とでもいうべき指向性を示しているといってよかろう。

この時期、藩校は、一般に苛酷な藩財政のもと、藩政改革のいわば象徴的施設として設立される例が一般的であった。平洲がかかわった藩でも、たいてい平洲の主導によって、藩校の設置や大幅な拡充などが行われた。米沢藩の興譲館の例はいうまでもないが、その他にも、たとえば、尾張藩の明倫堂の再興と拡充、人吉藩の習教館の設立、出石藩の弘道館設立への影響、延岡藩江戸邸内の崇徳館の設立など、があげられる。(28)

平洲がこうした藩校設立に期待した機能は、以上に述べてきたことをふまえてまとめれば、(1)自藩固有の意識を中心とした藩政改革の理念の提示("藩ナショナリズム"指向)、(2)政治改革を実質的に担う多様でかつ有能な人材の育成、(3)藩主を中心にした藩士の一体的統合(家中結束の強化)による改革政治の体制づくりなどを、あげることができる。これを総じていえば、直面する藩政改革への強力な理念と体制づくりが、藩主を頂点とする形で構想されていた、といって誤りない。

ただ、それは支配者層内部での体制であった。だから、一般民衆は藩校から、終始一貫して疎外されていた。民は、知的に学ぶ存在ではなく、自律して生きて行くことのできない愚民であった以上、政治と教化の対象であった。否、平洲においては、この愚民を「取り飼ふ」ためにこそ、君主と武士がいたというべきであろう。この点、上杉治憲が世子治広に家督を譲る際に与えた有名な「伝国の詞」第三条(前引)に、「国家人民の為に立たる君にして、君の為に立たる国家人民には無之候」(29)というのは、そうした考え方を暗示している。

確かに、民は武士とは截然と区別されていた。しかし、その愚民観は、他方で、民生に対する誠実なる為政の責任の自覚の認識と一体の問題であった、という点に、注意されたい。

第七節　平洲の思想の意義と限界

以上に見てきた通り、平洲の思想は、「名君」もしくは"演出された"「名君」の「仁政」の実践を前提に、

「名君」的藩主を核とした藩統合のイデオロギーを提示した。いってみれば、それは、徂徠学の政治の枠組みを、自然的秩序で基礎づけるとともに、そこに道徳主義的な内容物を注ぎ込んで、人心レベルでの統合をはかることによって、藩秩序と民生の維持を目指していたとみられよう。

確かに、藩主がたとえば上杉治憲のごとき「名君」であった場合には、その君恩を強調して民衆の心情に訴えかける民衆教化も、一定程度の説得力をもって受け入れられたかもしれない。しかしすでにみたように、彼の「名君」像には、多分に政治的策略性や欺瞞性が内包されていた。しかも、徹底した愚民観が前提にあった。いうまでもなく、藩政改革の実際は、農民層からの収奪強化の方向に動いていた。やがて、収奪強化という不仁政なる事実が明らかになるとともに、「名君」藩主像の欺瞞性も次第に露わにならざるを得なくなる。つまり平洲の「名君」仁政論と、民を愚民とみる民衆観では、民心を、藩主を頂点とした藩の封建的秩序の中に永続的につなぎとめておくには、限界があったとせざるを得ない。(30)

この限界を克服する論理は、以後の儒学の展開のうちに見いだすことができるであろうか。第五章に検討する寛政異学の禁を唱導した正学派朱子学は、こうした折衷学の限界をふまえ、それを克服する論理をもって形成されたものと考えるのが、本稿の立場である。

（１）　たとえば、吉永昭「国産奨励と藩政改革」（『岩波講座日本歴史』近世三、一九七六年）参照。
（２）　「名君」なる概念は、きわめてあいまいである。それ自体、一定の価値を前提としている以上、それを認識する時代や立場などによって、その内容が異なってこざるを得ない。ここでは、近世中期の歴史的呼称としての「名君」であり、結局、改革を成功させた強力な政治主体を意味する、という程度に考えておきたい。
（３）　高瀬代次郎著『細井平洲』（星野文星堂、一九一九年）参照。平洲の伝記としては、本書はもっともよくまとまったものである。
（４）　「道説」は、高瀬代次郎編『平洲全集』（星野書店、一九二一年）四三四〜六頁所収、原漢文。なお、本節では、「道説」からの引用は出典を省略した。なお、同全集は、以下、『全集』と略記する。

また、衣笠安喜氏は、すでに「道説」を素材に、平洲の儒学説の特質（自然的秩序思想、不可知＝非合理主義、服従の道徳学など）を、明らかにしておられる。（「折衷学派の歴史的性格」、『近世儒学思想史の研究』Ⅱ 第一章、法政大学出版局、一九七六年）。本稿は、基本的にはこれを継承する立場であり、衣笠氏の所説と重なる論点も多い。

（5）ただし、徂徠学が人心の自律性を認めたというのではない。「道」＝礼楽による規制から、人心が完全に自由たりえなかったことは、すでに前章にみた。ただ徂徠は、究極的には、「道」＝礼楽による人心への規制が人心解放と矛盾しないものと考えられていた。こうした矛盾的構成が矛盾と意識されないところに、むしろ徂徠学の人間観のオプティミズムがみてとれる。やはり、元禄—享保期という時代が、それを可能にしたというべきか。

（6）たとえば、亀井南冥・昭陽父子は基本的には徂徠学を奉じていたが、その彼らですら、「(徂徠が）我が心を以て我が心を治むるは、狂者自らその狂を治むるが如しと曰ふは、之を失せり。礼の善物崩れ、心を以て心を治むるを得ず」（原漢文、「家学小言」『日本儒林叢書』六、六頁）と、徂徠学のいう礼楽の有効性に、懐疑的とならざるを得なかった（第三章第六節参照）。なお、衣笠氏は、徂徠学の後退の理由を、復古主義の徂徠学が、宝暦以後の幕藩制社会において、現実妥当性をもちえなかったことに求めている（前掲書Ⅱ 第一章）。

（7）ここで「神」というのは、『孟子』尽心下に典拠をもつ概念で、善・信・美・大・聖・神という六段階の有徳者の最高の徳をもつ人の意である。したがって、よく誤解されるごとく、必ずしも神秘的ないし宗教的性格を伴うものではなく、儒教的な意味での合理性が貫徹している。平洲は聖人の権威を、かかる「神」の概念で裏付けようとしたとみられる。

（8）衣笠安喜「折衷学派と教学統制」（旧版『岩波講座日本歴史』近世四、一九六三年）二一八頁。

（9）高瀬前掲書（注3）『細井平洲』一〇七三頁。

（10）たとえば、平洲の尾張での郷村巡回講話に立ち会った尾張藩勘定奉行の人見璣邑による「紀㆘明倫堂祭主細井世馨父諭㆔告横垠民㆒事㆖」（高瀬同前書四四八～五一頁に全文所収）などに、平洲の教化の実況が記されている。

（11）日本思想大系36『荻生徂徠』五二頁。

（12）『荻生徂徠全集』第一巻（みすず書房、一九七三年）四九二頁。

（13）これらの著作には、実に豊かでかつリアルな平洲の人間理解や教育論の展開がみられ、従来、平洲の豊かな教育思想を示すものとして、言及されることが多かった。（たとえば、中泉哲俊著『日本近世教育思想の研究』吉川弘文館、一九六六年、世界教育宝典『細井平洲・広瀬淡窓集』後藤三郎解説、玉川大学出版部、一九六六年など)。ただその場合、本論で考察したごとく、平洲の思想の全体の文脈の中でその教育思想をとらえるのでなければ、平洲の教育思想のもつ本来の意味や特質、その歴史性を見失うこととなろう。

(14) 日本思想大系38『近世政道論』(岩波書店、一九七六年)二二八頁。
(15) 黒川真道編『日本教育文庫、学校篇』(一九一一年、一九七七年復刻)三一七頁。
(16) 世界教育宝典『細井平洲・広瀬淡窓集』(前掲注13)七五頁。
(17) 日田郡教育会編『増補　淡窓全集』(一九二六年、一九七一年思文閣出版復刻)。
(18) 丸山真男『日本政治思想史研究』(前掲)一四五頁。
(19) のち、加筆修正の上、『近世儒学思想史の研究』(前掲)に所収。
(20) なお、宮城公子氏は、儒学の普及は武士世界にのみ限定される現象ではなく、広く庶民上層にまでおよぶものであるととらえ、寛政期以降の儒学の普及を、「儒学の大衆化」と規定された(「幕末儒学史の視点」、『日本史研究』二三二号、一九八一年)。しかしその場合の「大衆」は、一般的には下級武士や豪農商層であり、しかも彼らの意識の方向は、武士への上昇転化(武士=為政主体への自己同一化)にあったとされる以上、儒学の普及は基本的には武士的世界における現象として、大きな誤りはないと思われる。
(21) たとえば、主な論著に、尾藤正英『日本封建思想史研究』(青木書店、一九六一年)、田原嗣郎『徳川思想史研究』(未来社、一九六七年)、衣笠前掲書(注4)、渡辺浩『近世日本社会と宋学』(東京大学出版会、一九八五年)など。
(22) 相良亨『近世日本における儒教運動の系譜』(理想社、一九六五年)二二五頁。
(23) 近世前期、儒学が社会的現実から一定の距離をおくことを余儀なくされていたため、実践的で具体的な諸課題を即自的につきつけられることは少なかった。その分、幕藩制社会を一定程度対自化でき、相対的に自由にかつ全体的・根源的な思想的営為が可能であったと考えられる。独創的な儒学思想が、近世前期に集中して形成され得た一つの背景といってよかろう。
(24) 吉永昭「国産奨励と藩政改革」(前掲注1)。なお、衣笠前掲書(注4)一七六頁以下参照。
(25) 『東海市史(資料編第三巻)、新編細井平洲全集』(東海市史編纂委員会、一九七九年)二九三〜四頁。なお「細井甚三郎内考」は、天明七年(一七八七)、尾張藩主徳川宗睦からの藩政改革に関する諮問にたいして、平洲が提出した意見書。

(26) 平洲は、君の有徳性がすべての根本だといいながら、他方で「邦君の御身のうへに、人に吹聴すべき程の徳は世にまれなるもの也」と、人君のような身分には有徳者は一般よりもはるかに少ないという。なぜなら、貴人の子ゆえ、幼児期より「安逸の楽しきにならひ」、世間の「苦楽」の体験もないから、「微賤の人の険阻艱難を経歴し、真実の感慨より出たる」には、とてもおよばない。武芸にしても、柔弱に育てられた「貴人の筋骨」はたかが知れている。その他あらゆる点にわたって、「卑賤の人」の行動等と比べてみても「何ひとつ人君の美行と口広く吹聴すべきことはなし」とまでいい、有徳なる人君が本来的に希少であると論じている(『嚶鳴館遺草』巻二、『全集』二九〜三〇頁)。先に徂徠が生活に恵まれている為政者層に傑出した人材は少なく、むしろ下層にこそ人材の出現が期待できる、と説いたことが想起される。

(27) 尾州徳川家蔵本「源明様御美徳録」(高瀬前掲書『細井平洲』四八七頁所引)。

(28) その他、久留米藩の藩校明善堂設立を主導した樺島石梁は、平洲第一の高弟で、明善堂の設立・運営は平洲の教えの実践であった。なお、高瀬前掲書『細井平洲』第一三章参照。

(29) 日本思想大系38『近世政道論』(前掲)二二八頁。

(30) 衣笠前掲論文(注8)二二三頁、および林英夫「尾張における農民闘争と国学の基盤」(『近世農村工業史の基礎過程』、青木書店、一九六一年)参照。

第三章　天明・寛政期における徂徠学

——亀井南冥の思想と教育——

本章の課題は、十八世紀後半、徂徠学を奉じた儒学者亀井南冥の思想と、その歴史的意義を、解明するにある。

南冥は、幕府のいわゆる寛政異学の禁断行の二年後の、寛政四年（一七九二）に、福岡藩藩校甘棠館教授の地位を逐われた。異学派南冥のこの失脚は、従来、寛政異学の禁が影響した典型的事例と見なされてきた。[1] しかし、異学（徂徠学）批判—朱子学復活の動きは、思想的には、すでに徂徠没後、早くから始まっている。また教学政策の面においても、幕府の寛政異学の禁に先立つ宝暦—天明期に、少なくとも六藩において異学禁圧もしくは朱子学正学化が実行されている。[2] とすれば、南冥の失脚は、かかる思想史や教学史の大きな動向の中においても、位置づけられるべきであろう。そして、それが幕府の異学の禁自体に対してもとられるべき視点であることは、いうまでもない。本章では、徂徠学後退期における徂徠学の思想、すなわち亀井南冥という禁圧された一異学者の思想分析により、徂徠学が十八世紀後半の藩政の実際に果たした役割と限界を明らかにすると共に、異学の禁への新たな研究視角の手掛かりを探りたい。

第一節　亀井南冥略伝

亀井南冥（寛保三〜文化一一年、一七四三〜一八一四）は、筑前の一介の町儒医亀井聴因（字処静、号千秋翁）の長子として生まれた。[3] 諱は魯、字は道載あるいは道哉、以て通称とし、後に主水とも称した。南冥はその号。父聴因は、医学は古医方、儒学は徂徠学を奉じた儒医。南冥は、この父の意を受け、肥前の禅僧大潮に儒学および詩文を、長門の永富独嘯庵に医学を学んだ。大潮は、一時徂徠の蘐園門に出入りし、東の服部南郭に並称されるほどの徂徠古文辞風の詩文に長じた著名な学僧で、九州蘐門の礎石を築いたといわれる。独嘯庵は、徂徠門で一、二を争う高弟山県周南と、「親試実験」を唱えた古医方の大家山脇東洋とに、各々儒学と医学を学んだ儒医であった。いずれにせよここで確認すべきは、南冥の生まれついての学問環境とその修学が、徂徠学と古医方医学であった点である。

諸国へ遊学・遊歴（肥前・長崎・熊本・京都・大坂など）を重ねるとともに、宝暦十三年二一歳の時、朝鮮通信使一行との詩文贈答筆記で通信使にその才学を厚く称揚されたことを契機に、学名をにわかに高めるにいたった。天明に入る頃から、南冥は、父が医業のかたわら、福岡市中唐人町に営むところの漢学塾蜚英館において、自らの学問と教育の活動を開始した。やがて、近隣諸国の学生を集めて、南冥は徐々に九州蘐門の一大領袖としての学問的地歩を固めていった。

安永七年（一七七八）、三五歳の南冥は、福岡藩藩主黒田治之によって、「儒学医業兼業」一五人扶持を以て、異例の抜擢を受けた。なおこの時同時に、彼の実弟曇栄（詩文に非凡な才をうたわれた文人僧）も、黒田家菩提寺の崇福寺の住持に挙げられている。南冥は天明三年（一七八三）御納戸組仰せ付けられるとともに、同年藩校設立にあたり、甘棠館祭主として、自宅に隣接した西学問所（これを甘棠館と称した）を統括した。天明七年には一五〇俵を給せられたものの、寛政四年（一七九二）には逆に罪を得て、廃黜の難に遭った。彼が思いを込めて築き上げてきた西学甘棠館は、南冥廃黜後、その高弟の江上苓州と長子昭陽の運営するところとなった。しかし、寛政十年（一七九八）の火災での全焼を機に、甘棠館の再建は許されず、ついに廃止のやむなきに至った。失意のうちに晩年をすごした南冥は、文化十一年（一八一四）、火中に焚死した。あるいは、自ら放った火中に狂死したともいわれている（広瀬淡窓「懐旧楼筆記」一五参照）[4]。

南冥の藩への登用と、そしてやがての廃黜、この問題を、南冥の思想の分析をふまえて考えることは、一般化していえば、十八世紀後半の学問と政治と教育の在り方や動向の一面を考えることにつながるはずである。

たしかに、南冥の、藩への異例の抜擢は、市井での教育活動の実績やその学問的名声によるところが少なくなかったであろう。しかし単にそれのみにとどまらず、より根本的には、南冥の学問自体が、当該時代の藩政の課題に応えるべき内実をそなえていたことによっていた、と考えるべきであろう。かかる想定のもと、以下、南冥の思想にそれを探ってゆく。

第二節　学問の目的

南冥の学問観は、政治に密着した形で展開される。「蜚英館学規」序文の冒頭で、「夫れ学なる者は、民に長となるの徳を成し、世を輔くるの道を行ふこと、是のみ」[5]（原漢文）といい、学の目的を、「徳」の完成と「道」の実践におく。もとより、「徳」と「道」への志向は、ひとり南冥に限らず、儒学に一般の立場である。問題は、「徳」「道」の意味する内実である。ここでの「徳」は、「民に長となる」民の上に立ち民を治めるに足る徳、すなわち政治を担うに必要な政治目的に規定された「徳」である。「道」というのも、同じく右の意味での有「徳」者による「世を輔く」政治の「道」にほかならない。

藩校甘棠館開校日におこなった南冥の次の講義は、この「道」の内容を明瞭に物語っている。

其日之講説ハ第一ニ政事と学問とへたく（「別々」の意か）にならぬ様に相心得、政事即学問、学問即政事と成行候様に有之度、孝を勧候も忠を進メ候も皆々政事之根元、当代ハ東照宮御制度を守り諸国治り候へハ此制度ニはつれ候了簡ハ皆政事ニ害あり、政事ニ害ある事ハ孔子伝来之学問ならす候。列聖孔子之道ハ世を治め百姓を安治する外ハ無之候（括弧内および傍点は筆者、以下同断。行藍泉宛南冥書簡、天明四年二月二十一日付、『全集』八〔上〕、五八〇頁）

これはすでに明らかなように、「先王の道は天下を安んずるの道」（『弁道』一〇）とする荻生徂徠のそれの継承である。南冥は、徂徠の著作について、「家君（昭陽にとっての父、即ち南冥のこと）の言に曰く、二弁（徂徠の『弁道』『弁名』の二著）は語徴（『論語徴』）に如かず、語徴は文集（『徂徠集』）に如かず、文集は政談に如かずと」（原漢文、亀井昭陽『読弁道』三、『全集』六、一八二頁）と、その経学上の著作よりも、経世論を展開した『政談』により高い評価を与えていた。つまり南冥は、経世学に徂徠学の本領を見ていた。また、「蘐老の学（徂徠学をさす）は、独り事業を先として義解を尚ばず。その義解有る者も、即ち事業を尚ぶ所以の故を説き、以て後進を導く者のみ。故に蘐老を学んで唯だ義解をのみ是れ尚ぶ者は、真の蘐老の徒に非ざるなり。仮令その学、宋明を主として而も専ら事業を求むる者は、また真に古の徒なり」（原漢文、「南遊紀行」下、『全集』一、四九一頁）という。「事業」（実際の政治的実践）こそ、徂徠学の本質である。だからたとえ宋明学（朱子学や陽明学）であってもそれが「事業」を志向する学であるなら、むしろ徂徠学の本旨に合致している、というのである。ちなみに、南冥の交遊は、こうした朱子学者（たとえば、熊本藩の藪孤山、佐賀藩の古賀穀堂、備中鴨方村の西山拙斎、広島藩の頼春水ら、まさに正学派朱子学グループにいたるまで）をも含めて、極めて広範囲におよんでいた。なおここで、儒者のいう「事業」とは、『易経』繋辞伝上に「形而上なる者之を道と謂ひ、形而下なる者之を器と謂ふ。化して之を裁する之を変と謂ひ、推して之を行ふ之を通と謂ひ、挙げて之を天下の民に錯く之を事業と謂ふ」というのをふまえた概念であることに注意されたい。

「道」の規定にみられたような南冥の実践志向は、「義を述べ道を伝ふるは聖明の偉行、才を成し義を行ふは吾人の能事」（原漢文、「南遊紀行」上、『全集』一、四八二頁）という形でも表現される。つまり「道」は「聖明」すなわち孔子（「述義伝道は聖明の事にして、独り孔子のみ之に任じ、孟荀已下の能く及ぶ所に非ざるなり」同前、四七四頁）によって確定して、すでにある。我々はこれを規範として、ひたすら当世に応用・実践するだけである。これは、「先王の道」を絶対的規範とした徂徠の「道」の論理と、ほとんど変わるところがない（第一章参照）。すなわち、南冥の実践志向も、こうした徂徠学の論理にもとづくものであったといってよい。

以上要するに、南冥の学問が政治実践に資することを目的にしていること、そして、それが徂徠学にもとづいていたことが、ここで確認された。

第三節　学問と政治の関係

先の甘棠館開校日の講義に明らかなように、南冥にとっては、政治と学問の関係が問題であった。「政事即学問、学問即政事」という両者の関係は、学問の場ではいかにとらえられていたであろうか。

南冥は、学問に二つの分野を設定する。「その義訓を原ぬれば、則ち経典之を悉くし、その事業を考ふれば、則ち史伝に具さに存す」（原漢文、「甘英館学規序」、『全集』一、三七九頁）という「義訓」と「事業」の二つである。「義訓」とは孔子の伝述になる「道」を探る学、実際には経学にほかならない。「事業」は前節にも述べたように「道を行ふ」実践の学で、いわゆる経世の学に相当しよう。ただし実際は、過去の経世の「事実」を記録・集積した「史伝」類の研究や学習がその中心となる。この場合、もちろん両者は相互に無関係であるのではない。

「道」は「義に由りて行ふ」から、「義訓」は「事業」を行うための基礎という関係にならざるをえない。

ここで、「義訓」（経学）と「事業」（経世学）のこうした関係が、先に引用した「蜚英館学規序」の冒頭にいう「成徳」と「行道」という学問の二つの目的に対応していることに注意されたい。

> 我、子と道を行ひ以て世を輔けんか、未だ嘗て事業に勤めずんばあらず。要は時務を知るに在るのみ。我、子と徳を成し以て夫の民に長とならんか、未だ嘗て義訓に由らずんばあらず。要は性行を礪くに在るのみ（同前）

というのに、この関係が明解に示される。「義訓」（経学）により各々の「性行を礪き」、「徳」を完成する。他方、「事業」は、「時務を知り」、「世を輔くるの道」つまり実際の政事を行うのに資す、という図式である。ここでも、「徳」が「道を行ふ」ための前提（基礎）をなすこと、いうまでもない。なお、「子」や「集」の類をはじめその他の無数の書は、「大抵皆な経史の資」となるとして、「義訓」や「事業」のための補助的位置におかれ、この意味において博学も積極的に肯定されるのである（同前）。

かく、「成徳」は「行道」の前提であり、「義訓」は「事業」の基礎であった。したがって「義訓」と「事業」は本来別のものでは、断じてない。ところが今日、両者は分裂した状況を招来してしまっている。こう考える南冥は、この点を批判してやまない。

> 後世の学の要を失するや、聖人の道は裂けて二端と為る。義訓は則ち文儒の有と為り、事業は則ち雄傑の有と為る。その故は何となれば、則ち雄傑は事業を主とす。故に唯だ時務をのみ是れ務めて、未だ始めより義訓を稽ふることを知らず。稽ふるもまた多くは誣ふ。文儒は義訓を主とす。故に唯だ古言をのみ是れ証して、未だ始めより時務を務むることを知らず。務むるもまた甚だ泥む。裂けし所以なり（原漢文、「蜚英館学規序」、『全集』一、三七九頁）

「義訓」が「文儒の有と為る」とは、経学がそれ自体自己目的化して詞章記誦などの学に陥り、「事業」への実践性を欠落した学問状況を意味する。いわば〝象牙の塔〟と化した学問ということであろう。「宋明の間、その人極めて多し。何ぞそれ拙なるや」(同前)というのに明らかなように、主に朱子学や陽明学を念頭におき、政治的実効性を失った学問が、結局退嬰的な「拙」なる政治状況をまねくと認識されている。一方、「事業」が「義訓」と分離して「雄傑の有と為」れば、為政者の恣意による「暴」政になると考えられている。そしてその場合の弊害は、前者の方がはるかに大きい。なぜなら、「雄傑の害」はともかくも「一世にして亡ぶ」のに対し、「文儒の害」の方は直接表面化しないだけに「百世も猶ほ存し」て、より深刻となるからである(同前)。とすれば、「今を以て之を観れば、聖人の道、義訓に一定して専ら文儒の有と為り、ついに拙に終れり。豈に悲しからずや」(同前)という慨嘆をみれば、実にこうした南冥の主張が、何よりも当世の学問や政治のあり方を強く批判するものであったことが了解されよう。「事業」を目指さない学問状況のもとでは、「事業は以て益々熄ん」で、政治的沈滞をもたらさずにはおかない(同前)。南冥にとっては、何よりも「学問は国政の基」(『肥後物語』、『全集』一、四三六頁)でなければならなかった(6)。そう確信する南冥にとって、「義訓」(学問)と「事業」(政治)の分離したかかる状況は、まさに学問と政治の危機と意識されざるを得なかった。

(今日は)四書五経なとをよミ理屈のミの吟味を学問と覚へし儒風なれは、其講説を御聞被成候御面々様、孔子ハ理屈はるのミにて政事の用達ハ左のミ無之様に御心得被遊候も御尤御儀(以下略)(『半夜話』、『全集』一、四六六頁)

福岡藩では、貝原益軒の学統をひいた竹田家の朱子学が、代々行われていた。右の引用に見える今日の儒風批判は、暗に竹田家学への批判を含意していることは、いうまでもない。南冥は、竹田家学のこうした学風こそが政治的沈滞を招来すると説く。こうした南冥の主張が、政治改革に迫られていた藩当局に対し、一定の説得力をもちえたことは、推測に難くない。もとより、藩当局にとって、「耻を不弁心得違」いの「文盲懦弱」なる藩士たちの風俗（天明三年九月、学問所設立についての藩からの諭告）(7)の問題こそが、政治改革の重要課題であったのだから（なお、藩政と南冥の主張との関連については、次章に考察する）。

以上、藩校開校にあたり南冥が強調してやまなかった「政事即学問、学問即政事」とは、要するに、学問の現況に対する危機意識のもとに、「学問は国政の基」という体制を現出し、学問＝儒学的理念（「義訓」）による政治改革（「事業」）をめざす、南冥の基本姿勢を示す言葉であったといってよい。

第四節　武士教育論

南冥は学問の目的を政治に密着させて説いた。彼の、儒者としての自らの「道」の実践は、主要には政治に資すべき武士の「徳」の形成に関することを通じて、可能であった。つまり武士教育こそ、南冥の学問が直接本領を発揮すべき領域であった。ここでその武士教育論をみておく。それは、武士の「徳」（ただし先述のように、政治目的に規定された「民に長となるの徳」）をいかに形成するかという問題でもある。

謹んで按ずるに、古の大学の造士の道は、物を格して知を致せば、知油然として生じ、禦ぐべからざるなり。何をか物と謂ふ。六芸は皆物なり。蓋し芸業を訓練し、以て術知を致すなり。是を以て大学の教へは、芸業既に成れば、義は則ち黙して之を知る。故に曰く「物格りて後に知至る」と（原漢文、「蜚英館学規序」、『全集』一、三七九頁）

周知のように、『大学』の「格物致知」は、儒学における学問の方法原理を示す。右に明らかなように、南冥もここに立脚する。「格物致知」の解釈については、父南冥の説にもとづくという昭陽の『大学考』（原則として「古本大学」を正本とする）に、「致とは、招きて之を来たすを言ふなり」「格もまた自然にして諸をその身に来たすを言ふなり。物とは、詩書礼楽、大学の教へと為す所是なり」「物とは、郷の三物、礼の善物なること、古言に徴すべし」(原漢文、『全集』五、五〇二頁)と註されている。これは明らかに徂徠の説をふまえた解釈である。徂徠は、「物」=「六芸」に「習熟」し、それを自らに招きよせ体得することによって自然に「知」(「徳慧術知」)を獲得する、とその『大学解』に説いている(第一章第三節参照)。

ところで徂徠は、「知とは、徳慧術知也。世人の所謂知には非ざる也」(『大学解』[8])と「格物致知」の「知」に注解を示すように、「知」を「徳慧術知」[9]といい換え、ほぼ「徳」にひとしいものと解していた。南冥が右の引用に「知」を「術知」と解しているのは、やはり徂徠の「徳慧術知」をふまえての解とみて誤りないであろう。南冥の場合も、「知」は「徳」としての内容をそなえていると予想される。以下、この点を論証する。

ここでの「物」とは、右に引く「蜚英館学規序」にいう通り、「六芸」(「礼楽射御書数」)という「芸業」である。右に続けて南冥はいう、「周の礼楽は今の律令也。周の射御は今の弓馬也。周の書数は今の計簿也。豈に一つとして事業に非ざる者有らんや」(「蜚英館学規序」、『全集』一、三七九頁)と。かく、「事業」に必要なる律令・弓馬・計簿といった「芸業」の体得が、武士に必要な「術知」である(これが、南冥の「格物致知」説の、実際に意味する内容である)。とすれば、かかる「芸業」が、「徳」の実際の内容を意味しているかのごとくである。たとえば昭陽は、父南冥の言として次のようにいう。

先考(南冥のこと)曰く、後世、君子と豪傑とを分ちて之を二とするは、不祥なり。君子を外にして別に豪傑と称する者有るに非ずと。(中略)竊かに惟ふに才・徳の別もまた然り。才の難き、それ然らずや。八元の才子為る、斉聖広淵、忠粛共懿は、徳に非ずや。原軫の中軍に将となりて徳を上ぐるは、才に非ずや。徳を外にして才有るは、姦才のみ。(中略)此の二両者は、それ何を以て之を弁ぜん。また唯だその忠信を主とするや否やに在るのみ(原漢文、「家学小言」[10])

ここから二つのことが導かれる。一は、実体的内容において「才」と「徳」の等置（あるいは両者の区別の否定）ということ。先に示唆したように、「徳」とは、「道」＝政治に直接必要な「才」を必須の要件としていたことが、ここに確認された。

二は、しかし「才」は「徳」であるための十分条件ではないということ。「徳」は「忠信を主とす」（『論語』学而・子罕・顔淵の各篇に見える）という倫理的価値の有無によって「才」と区別される。つまり「徳」であるためには「忠信を主とす」ることが必要である。ところがこの点は、先の「蜚英館学規序」の「格物致知」論に「芸業既に成れば、義は則ち黙して之を知る」というのに、ほぼ解決の方向が示されている。「物」（六芸）を「格（来）」すことは、それによって「芸業」としての「才」の成就のみでなく、「義」にも自然に達し得るというのである。とすれば、先の「術知」とは、「才」とともに「義」の獲得をも意味することになり、「術知」は「徳」としてのほぼ十分な条件をそなえることができる。先の予想どおり、「術知」が「徳」に等置されうることが明らかになった。ただし、この場合の「義」が、「芸業」に必然的に付随すると楽天的にみなされているのであってみれば、事実上「才」は「徳」に一致するといって、ほとんどさしつかえないといえよう。

もとより、南冥のいう「徳」が、倫理的目的に貫かれた「道」と等置される朱子学的なそれと異なり、徂徠と同じく、政治目的に規定されたものであってみれば、「徳」が民衆統治に必要な実務的な知識や技術・技能に密着して語られるのも、ことさら異とするには当らない。南冥の期待するかかる「徳」―「才」をそなえた武士が、藩政をたすけ担うべきすぐれた「官僚」を想定してのことであるのは、もはや自明である。

かく、「徳」とは、「事業」に資すべき「術知」として、「官僚」に欠くことができない条件であった。もとより「官僚」は、たとえば「律令・弓馬・計簿」といった（複雑化してきた幕藩制社会を反映して）多様な職掌に対応するだけの多様な人材を要する。南冥の教育論が、かかる人材の教育を目指すものとしてあったことは繰り返すまでもない。ただ、「徳の小大と無く、性に従ひて之を成し、以て民に長となるべし」（原漢文、「蜚英館学規序」、『全集』一、三七九頁）とあるように、各々の固有の「性」にもとづき、それをそのままに伸張させることが、南冥の教育であった。この点においても、人間各個の固有性を根本におく徂徠の教育説への著しい親近性をみせている。ただ、徂徠のそれが「気質不変」を説く独自の人性論的基礎をもっていたのに対し、南冥は、徂徠のこの人性説を受け容れない。たとえば『論語』陽貨篇にいう「性は相近く、習は相遠し」に、南冥は次のように注解する。

> 孟は性善を言ひ、荀は性悪を言ふ。孔子曰く「性は相近し」と。善悪はその中に在り。朱熹は気質変化を謂ひ、茂卿（徂徠のこと）は気質不変を謂ふ。孔子曰く「習は相遠し」と。変と不変はその中に在り。余を以て之を観れば、孔子の言は含蓄余り有り。諸子何の不足ありてか之に苦しみ、詭言紛拏するや（原漢文、『論語語由』、『全集』一、一七四頁）

また昭陽も、『読弁道』において、気質変化説にも気質不変化説にも疑問を呈した後、「尚いかな、聖人の憲言。『性相近也、習相遠也、唯上知與下愚不移』と。天経一貫して、万年易はらず。孟・荀・朱・物、紛々たる史巫は、都てその中に苞在す。性の説は、古今に唯だ是の十六字のみ」（『読弁道』第一四則、『日本儒林叢書』四、一二頁）という。すなわち、人性についての説は『論語』の孔子の述べた十六字にすべてが尽くされている。それをことさらに説を立てる孟・荀・朱・物は「任を知らざるの過」（前掲『論語語由』一七四頁）といわざるを得ぬ、というのである。南冥はこれ以上の人性についての考察を停止する（こうした姿勢のもつ意味は、次節に説く）。

人性説を立てることを否定した南冥は、自らの人材教育のよりどころを、どこに設定したか。性説が孔子の十六字に尽くされているとしたことからしても、それが『論語』以外にないことは、もはや見易い道理であろう。たとえば顔淵篇「子曰く、君子は人の美を成し、人の悪を成さず。小人は是に反す」に注して、次のようにいう。

維禎（伊藤仁斎）曰く「君子の心は、善を善とするは長くして、悪を悪とするは短し。故に人の美名有るや、褒称揄揚して、以てその事を成全せんと欲す。その悪名有るや、分疏恕宥して、それをして悪人為るに終へざらしむ」と。（中略）夫子は七十二弟子をして、その才徳を達せしむ。諸を陽和の物を育するに辟へば、日に進み月に増し、その化せらるることを知らず。故に一善を見て百非を忘る者、独り能く之を為さん。（中略）余、斯の語を事とすること、今に数十年。造士の道に於いて、少しく得ること有るを覚ゆ（原漢文、『論語語由』、『全集』一、一二六頁）[11]

かく、南冥の教育の重点は、人間各個の長所を尊重し伸張するにあった。多少の短所は問題にしない。人材について、たとえば「（今の人材登用は）兎角器量才智ハ差置候而柔和ニ而疵のなき人をのミ撰ミ出され候ニ相聞申候。柔和ハ成程人の美徳ニ御座候へ共柔和なる人ハ必弱き者ニ御座候へハ、賄賂私謁等入安く御座候条不覚私曲に落申候。疵なきハ勿論可貴事ニ御座候得共、疵なき人と申ハ多くハ守る所なくてとちら向てもよき加減にあしらふ者にて夫こそ大疵なれと、目に立ぬ故疵なしと成行たる物にて御座候。（中略）此事徂徠先生の政談の内に人を活して仕ふ死なして仕ふといふわけを委しく説置被申候」（「半夜話」、『全集』一、四六三頁）という。これはすでに明らかなように、第一章でみた「疵物にならでは人才はなき物」（『徂徠先生答問書』中）とする徂徠の人材論を全面的にふまえて、それを敷衍・展開しての論である。

「造士の道に於いて、少しく得ること有るを覚ゆ」というように、南冥は、実際に自らが行ってきた武士への教育に、並々ならぬ自信を示していた。この自信が、自らの教育法のよりどころを、『論語』孔子の言に見いだしたことにあるのはもちろんとしても、「今に数十年」という自らの学問にもとづいて営々と積み上げてきた自らの教育実践そのものの体験を通じて、確信されたものであることは、疑いない。その教育ぶりについては、南冥と昭陽のもとで親しく薫陶を受けた若き門人広瀬淡窓の証言が如実に物語るところである。

南溟（ママ）先生ノ名ハ。海内ニ遍クシテ。固ヨリ称述ヲ待タス。今唯予カ在塾中。マノアタリ所レ見ヲ一二記スル者ナリ。先生極メテ教育ニ長セリ。蓋其人才ヲ愛スルコト。天性ニ出テタリ。人一善アリト雖モ。敢テ捨テス。中行ノ士モ。亦之ヲ愛ス。狂簡ノ士亦之ヲ愛ス。人ニ於テ。唯其長ヲ見テ。其短ヲ見ス。予カ如キモノ。極テ嬾惰ノ性質ニテ。自ラ奮フコト能ハス。然ルニ先生術ヲ以テ之ヲ鼓舞シ。止メント欲スレトモ。能ハサラシム。其教導ノ術。抑揚測リ難シ。要スルニ。其ノ人ヲシテ。憤発踴躍。自ラ止ムコト能ハザラシムルニ在リ。（中略）予今日微名ヲ偸ム者ハ。皆ニ先生ノ賜ナリ。教ヲ受クルノ日浅シト雖モ。其恩遇ハ。終身随従スル者ヨリモ勝レリ（「懐旧楼筆記」八、『増補　淡窓全集』上、九四・五頁）

なお、その私塾蜚英館が、「夫れ塾生、国を去り親を離れて来りて、斯の業に従事する者は、率ね皆な世を輔け民に長となるの事」（原漢文、「南冥堂規式三事」[12]）というように、武士「官僚」育成をめざすという明確な目的意識をもって営まれていたことにも、注意せられたい。

第五節　孔子一尊主義

南冥の学問と実践の基本的立場が、前引の「義を述べ道を伝ふるは聖明の偉行、才を成し義を行ふは吾人の能事」（「南遊紀行」、『全集』一、四八二頁）ということにあったことは、すでに述べた。これに関連して、昭陽が父の説を要約して示した「家学小言」にいう。

伝述は、聖人の任なり。仲尼（孔子）に始終して、万世通行す。辟（たと）へば天地の如し。その副ふる者有らんや。人の孟子を躋（のぼ）せて論語に配する者（伊藤仁斎を指す）は、未だ仲尼の宇宙に一人為るを知らざる者なり。況んや簧鼓して以て前聖の未発を発せりと為す者（朱子を指す）は、聖人に不遜なること焉（これ）より甚だしきはなし。仲尼は既に伝述を以て自ら任ず。言ふことを言ひ語ることを語りて、尽くせり。何の未発か之れ有らん。

その将に言はんとするが如くして未だ言はざるは、固より言ひて不可なる者有るが故なり。「人皆以て堯舜と為るべし」（『孟子』告子篇下）の如きは、仲尼何ぞ嘗て此の言有らんや。『中庸』に殆ど将に之を言はんとするが如きも、未だ敢えて言はざるは、猶ほ古のごときかな。「人皆以て聖人と為るべからず」（徂徠の説）の如きも、また仲尼固より言はざるなり（原漢文、『日本儒林叢書』六、一頁）

右に明らかなように、「述義伝道」の任は一人孔子のみに認められ、孔子および『論語』が、「天地の如」き絶対の位置をしめる。『論語』は、必要なことはすべてを含み、それ自体で十分に充足した完璧の書なのである。伊藤仁斎や朱子がいう如き、『孟子』の記述にもとづいてなされる『論語』の注釈や解説など、全く無用なのである。これが、南冥の『論語』観である。

南冥の孔子絶対化は、他方で同時に、孟子以降の学者の相対化への道を開く。たとえば「孟・荀・朱・物は、我が同門の先輩なる者なり。相与に偕に揖譲進退して、命を先聖先師に承くる者なり」（原漢文、『読弁道』一四、『日本儒林叢書』四、一二頁）のように、孔子の前には、孟子以下はすべて自らと同列と見なされる。この立場から、諸学説に対する批判が可能となり、批判の論理も常に、孔子の言はざることをいい、その絶対性を侵した、という構成をとる。

ここにみられるのは、「伝述は聖人の任」というのに規定された、徹底したいわば『論語』規範主義、あるいは孔子一尊主義とでもいうべき立場である。南冥の主著が『論語語由』という『論語』注釈書であり、それが以後の亀門学のバックボーンとなったのは、その『論語』規範主義の当然の帰結であった。

南冥の『論語』注釈の基本は、「無慮数十百家」（『論語語由』凡例、『全集』一、一七頁）あるとされる後世の注にとらわれることなく、孔子の言葉によってのみ孔子を語らせ、孔子の原意を復原するにあった。[13]「仲尼の言ふ所にして之を言ひ、慎んでその言はざる所を言はず。知るべからざるは則ち闕き、敢えて強いて知ることを求めず」（原漢文、「家学小言」、前掲『儒林叢書』六、二頁）というような態度をひたすら貫く。

「余の仲尼を信ずるは、愚にして罕なり」（『読弁道』一三）というようなかかる立場は、「学問の道は聖人を信ずるを以て先と為す」（『弁名』下、学）という徂徠のいわゆる「聖人信仰」と通底する思考形態と、またもやいうことができる。しかし、徂徠の諸先王に対する「聖人信仰」は、朱子学との思想的対決を通して、その理気論を解体し、先王作為説を提示するという、一連の思想形成の過程をもち、一定の理論体系をもっていた。これに対して南冥は、この徂徠の理論さえも拒否する。その上で、ひたすら伝述者孔子の権威に依拠する立場を、かたくななまでに貫く。

亀門学の徂徠学批判は、昭陽の『読弁道』にまとまって展開されている(14)。その一、二をみよう。徂徠の「先王の道は、先王の造る所なり。天地自然の道に非ざるなり」というかの聖人制作説に対して、

> 又た物子の家言にして、その言譲ならず。仲尼もし在さば、将に必ず之を哂はんとせん。夫れ仲尼の道を語るは、かくの若く皦皦たらず。「天叙天秩」（『書経』虞書、皐陶謨）、「衷を下民に降す」（『書経』商書、湯誥）とは、之を天地自然に非ずと謂ふこと、我豈に敢えてせんや。聖人有りてより、道の名立つ、之を天地自然と謂ふこと、また我豈に敢えてせんや（第四則）

と、道が天地自然であるか否か、いわば判断を停止する。この立場から、徂徠の聖人制作説は、「経に払るの妄、先儒より浮ぐ。大率仲尼の未だ言はざる所」と、先にみた孔子の言を基準においた批判の論理で、排される。人性に関する南冥の議論は、先にみた。すなわち、性善・性悪、気質変化・気質不変化のいずれの説も、やはり孔子の「言はざる所」であるとして、斥けられていた。また、宋学の理を否定して徂徠が「理は形無し、故に準無し」というのに対しても、「物子、理学を觥撻（罰杯を飲ませ鞭打つこと）すること、允に臧し。然れども物子また聖言の外に於いて微を揣り隠を射る」（同前第一九則）と、批判の論法は変わるところがない。

かかる徂徠学理論の拒否は、あるいは徂徠学の解体期という一般的な思想状況の反映とみることもできるかもしれない。しかし、拒否するのは、徂徠学理論のみに限られるのでは、もとよりない。朱子学の理気論などについては、徂徠学以上に強く排されている。たとえば「家学小言」などを瞥見されるがよい。「本然・気質の性は、猶ほ仁義内外の弁のごとく、孔門の無き所」（前掲書四頁）といった類の朱子学理論の拒否が、ほとんど全編に満ちている。とすれば、ここで重要なのは、諸学説の否定というのではなく、あくまで学説そのものの拒否という点にあること、つまり一定の学説や理論に対して、自説を開陳し、論駁して、内容的にその非を指摘したり論証したりするのではなく、孔子の権威の前にすべての判断を停止する立場である。その意味では、それは、きわめて非思想的でかつ厳格なる規範主義的な態度であるかにみえる。

では、かく一切の判断基準をおいた孔子の言（『論語』）を、南冥はいかなるものと見、そこにいかなる思い入れを託しているのであろうか。そこにこそ、南冥の学の基本的性格を解くカギがあると思われる。

顔淵は邦を為むることを問ひ、閔子・仲弓は費の宰と為る。これ徳行は、政事に外ならざるなり。子貢は魯・衛に歴相し、游・夏は莒父・武城に宰たり。言語・文学の、以て政事に資すること、以て見るべきのみ。故に論語を誦して事業を問はず、唯だ理義をのみこれ講ずる者は、人は之を孔門の学と謂へども、吾は信ぜざるなり（原漢文、『論語語由』凡例、『全集』一、一七頁）

「道」を政治の道と規定した南冥が、『論語』をかく「事業」や「政事」のための書と見なすのも、いわば当然というべきかもしれない。また、「論語の微言は精義の府、之を大にして外無く、之を小にして内無し。その言や、富腴婉約にして、縄墨を引きて論ずべからざる者有り」（原漢文、「南遊紀行」上、『全集』一、四八三頁）ともいうように、『論語』は小事から大事にいたるまで対応せざることのない完璧の書である。また、「縄墨を引」くが如き画一的理解をするには、あまりにも「富腴婉約」でありすぎる。

実は、こうした考え方の根本には、『論語』は理論の書ではないということがあった。

凡そ夫子　弟子の問いに対ふるや、大氐率ね以て問ふ者の乏しき所を救ひて、独りその問ふ所の義を明らむるのみに非ず。問ふ者もまたその対へし所の如何を観て、以て自らその学の未だ逮ばざる所を知らんと欲す。しからずんば則ち、孝は是れ父母に事ふるの道、游・夏何ぞその義を知らずして之を問はんや。顔子は仁人なり。何ぞ未だ知らざる所にして仁を問はんや。故に能く問ふ者の才学の如何を知りて、而る後に夫子の対ふる所の義、得て之を言ふべし。是れ此の経（『論語』を指す）を読むの第一義為りて、識らざるべからず（原漢文、『論語語由』凡例、『全集』一、一六・七頁）

南冥によれば、孔子は抽象的な概念や一定の理論体系を、ただ漠然と述べているのでは決してない。必ず特定の具体的なる状況、たとえばそれを語る相手の性格や才学や社会的地位やあるいは語る場や時などといったきわめて個別的な状況において、それぞれの状況に即する形で語っているのである。この点、昭陽も、「時事は恒に変じ、而も人心同じからず。故に仲尼の　人と語るや、また固毋く必毋く、語語皆な活動す。故にその由るを知らざれば、即ち活物を見て以て死物と為す」（原漢文、「家学小言」、前掲『儒林叢書』六、二頁）といい、南冥の『論語語由』はそれぞれの「聖語の由りて出づる所」（同前）を具体的に明らかにした書である、と説明される。

とすれば、『論語』の随所に現れる「仁」や「孝」などといった孔子の多くの言葉は、一定の概念でもって解釈したり、安易に他の言葉に置き換えるなどということはできないし、またやってはならない。にもかかわらず、何と多くの儒者たちが、これまでこの誤りをおかし、『論語』に恣意的解釈を加え続けてきたことか。「先考（南冥を指す）曰く、孔子は未だ嘗て仁を詁して以て人に教へず。蓋し教への術なりと」（同前、四頁）と、孔子は、自ら「仁」について解説や注釈はしなかったと明言する。かくして、南冥は、『論語』についての解釈や学説を拒むのである。

『論語』が解釈の対象でなければ、一体何であるのか。いうまでもなく、「徳を成し、道を行ふ」という実践のよりどころなのである。南冥は、たとえば「孔門は、人物の府なり。人宜しくその自ら比する所の人を定めて、その聖訓を以て己の訓と為すべし」(同前、三頁)という。つまり多くの様々な孔子の弟子に、いわば人間のあるべきあらゆる類型が完備して、明示されているというのである。したがって、我々は、孔子がその門弟たちに対して与えた各々の教えのうちから、自らにふさわしいものを適宜選び出して、自らの規範とすればよいというのである。

結局、『論語』は、この世のあらゆる物事や状況の原型を包含した書、したがって「孔子の言は含蓄余り有り」(「南遊紀行」上、および『論語語由』、『全集』一、四七五頁および一七四頁)ということになる。複雑微妙な政治上の問題を解決するヒントも、「徳」を涵養する方法などもすべて完備している。「含蓄」や「富腴婉約」などは、『論語』のもつそうした汲めども尽きぬ内容上の豊饒さを意味する言葉と解して誤りないであろう。

第六節　古医方の立場と南冥における「主体」

以上、南冥の孔子一尊主義にこめられた、理論や解釈の拒否の立場を見てきた。これに関連してここで指摘しておきたいことの一つは、理論や解釈を拒否する如上の立場は、経世家南冥のものであるとともに、古医方家南冥のものでもあったということである。亀井家の家業は、本来医業にあったこと、しかも親試実験を何よりも重んずる古医方を奉じていたことを、想起されたい。南冥の医学についての論は、いろは四十八首の戯作に託して説いた医学論に、門人後藤逸が注解を附した「古今斎以呂波歌」と、暴瀉(小児の急性下痢)の治療法を論じた「南冥問答」にうかがえる。[15]

古医方とは、要するに、宋学的自然哲学の影響を受けた観念的な李朱医学を排して、理論よりも病気の事実や実際の治療における様々な経験を重んずる新漢方医学の立場である。それが徂徠学の思想的影響下に成立したことについては、すでに定説になっている。[16] 南冥は、部分的に古医方を批判することはあるものの、それは、以下に明らかになるように、むしろ古医方の方法論を徹底化する立場からなされる批判であった。南冥が古医方家であったことは、疑いない。

南冥の医学の基本的立場は、「論説ヲヤメテ病者ヲ師トタノミ夜ヲ日ニ継デ工夫鍛錬」(「古今斎以呂波歌」、『全集』一、四一六頁。以下「以呂波歌」はすべて同書の頁数)というのにほぼ集約されている。「夫れ歴代医を言ふ者は、大抵皆論説を以て学と為し、務めて一家の言を立」てる。しかし、「論説は空言のみ」でしかない(原漢文、同前「以呂波歌」後藤逸の注解、四一六頁)。ところが、「変化アル病ニイカテ材木ヲ切ツモルテフ規矩ヤアルベキ」(同前、四一七頁)というように、病という「事実」は変化無窮で、材木を定型に切るように「規矩」通りにゆくはずがない。この点、「南冥問答」においても、「近来京都ニ傷寒家トテ一科ヲ立ショシ聞ユ其著述ノ書ヲ見ルニ事実ハセヌ人ト見ヘテ徒ラニ療治ノ規矩ヲ論セシモノナリ事実ヲ会得セシ上ニコソ相応ノカネ合モ辨セラルベキニ兼テ規矩ヲ拵ヘヲキ変化無窮ノ病気ヲ療センハ諺ニイヘル畠水練ナルモノ」(『全集』一、四〇四頁)と、本来古医方に立つはずの傷寒家さえも、一種の教条主義に陥っていると批判している。さらにこれに続けて、「世ハ段々委クナルヤウニテ却テツマラヌコト多ト見ヘタリ」という。それはちょうど、細工の上手な近ごろの京・坂で製作される「諸道具」(家具調度品の類)のようなもので、見栄えは立派だが「用達ハ却テ昔ノ不重宝ナル細工ニカナハヌ」ものである(同前、四〇四頁)。すなわち、多弁なる説明や理論は、実際の具体的な場では、かえって有害であるというのが、南冥の主張であった。南冥は、病気の変化無窮に対して自在に対応できる主体の確立こそ、医師としてめざす立場であると考えていること、明らかであろう。

かくて、「吾が門の学は、一切の論説を仮らず、挙げて諸を事実に寘く」（「以呂波歌」注解、四一六頁）、理論ではなく、具体的な現実相（「事実」）にのみ依拠するという立場が表明される。この立場においてこそ、自らの力で工夫と鍛錬の経験を積むことができる。そもそも、「医ハ意ナリ意ト云者ヲ会得セヨ手ニモ取レズ画ニモカヽレズ」（同前、四一六頁）というように、医術は、誰かから伝授され得るものではなく、自らの力で主体的に体得するしかないのである。「得手勝手ドウナリトシテ大病ヲイカイナヲスガヨキ流義ナリ」（同前、四二三頁）というとおり、要は病を治せばよいのだから。ここでのいわば自力体得主義は、たんに医術のみに限られるものではない。

書物ハヨミヤスクテ我モノニナシカタキモノナリ凡学問ハ大抵角力ヲトルト同シコトニテ第一自力カ入タルコトナリ自力ハナクテ様々ノ手ヲナラヒ上手バカリニテ角力ヲトルハ大怪我ノ本ナリ学問者ノ自力ト云ハ自分ノ識量ナリ識トハ万事ノ見ワタシ出来ルコトナリ量トハ万事ヲシメクヽリハカラフコトナリ此識量ノ自力ナクテハ何程書ヲヨミ理義ヲキヽテモ用達ハナキモノナリ（中略）某当時ノ弊風俗ニ見ワタシ出来スキノ書物ニヲボレズ大事ノ小児ヲ田舎流ニソダテルハ藪医者相応ノ識量ト自賛ニ存ズルナリ（「南冥問答」、『全集』一、四〇一頁）

かく、自力体得主義は、そのまま「学問」についても妥当する立場であった。ともかくここにみられるのは、「是非トモニ此カ道理ト云ヒハセヌ兎角一途ニヨラヌノガ道」（「以呂波歌」、四二四頁）ともいうような、教条主義的理論の徹底した拒否と、事実に即した経験主義である。しかも根本的には、「自力」「自得」という強烈な主体的立場の確立をこそ求めているのである。すなわち、いかなる現実的諸課題にも、自在に対応し得る主体の創出である。

以上の古医方の立場が、そのまま彼の政治と学問の立場であることは、もはや贅言を要しまい。

ただここで注意すべきは、南冥の自力自得主義にみられる主体の特質である。南冥は、たしかに諸学や理論などの既成の権威を徹底して拒否してゆき、何ものにも規制されない自己を定立していった。それは、複雑多様な現実の諸問題に自在に対応し得る主体といい換えてもよい。彼が唯一身を寄せる孔子（『論語』）の権威にしても、実にその『論語』自体が体系的な理論や思想の展開の書ではなく、具体的個別的「事実」の集積であるととらえられた点にこそ、最大の意味が認められていたのであった。

とすれば、南冥の「自力」という主体を支える根拠は、一体どこに求められることになるのであろうか。この点、徂徠学では、すでにみたように「天」―先王（聖人）―六経（「物」）の権威であった。いわゆる「聖人信仰」の立場である（もっとも、それ自体のもつ構造上の危うさは、すでに指摘しておいた。第一章第一節）。徂徠はまれにみる強靱な思想的人格でもって、この危うい体系を構成していた。しかし、徂徠の没後においては、徂徠学は急速に分化を遂げ、やがて後退を示していった。その一要因に、思想構成上のもつ危うさということがあったといってよい。

この点に関連して、昭陽の次の一文は、大いに注目されなければならない。徂徠が『弁道』（第十八章）に、「我が心を以て我が心を治むるは、譬へば狂者の自らその狂を治むるが如し」といい、また「後世、礼を外にして心を治むるの道を語るは、皆な私智妄作也」といったのにたいして、昭陽は、

物子（徂徠を指す）の教へ、豈に韙（「是」の意）ならずと曰はんや。抑々邦人の虎を撃つを学ぶが如し。甚だ巧なりと雖も、竟に何ぞ用ひんや。礼の善物、亡んで、後世以て心を制す可き者なし。心を以て心を治めざるを得ざるなり。誠意正心は、『大学』に於いてこれあり。是の言や唯だに用なきのみならず、大いに人の心術を圯つ。吾が党の小子、それ心を以て心を治め、痛く自ら刻責し、これを縮しこれを繳し、その心を放つなくんば、百善の源、諒にこれに外ならず（『読弁道』第一八則）(17)

という。つまり、朱子学の存養説（「誠意正心」）を明確に否定する一方で、「礼を以て心を治む」という徂徠説を、原則論としては、否定しない。ところが、わが国の今日、心を制すべきその「礼」が亡失している。[18] したがって今や、「心を以て心を治め」ざるをえない。しかも、それがほかならぬ亀井家学の方法であると表明されているのである。「家学小言」でも、同じ趣旨を述べた後、「学者、宜しく自戒すべきは、其れ唯だ心術のみか」（前掲『儒林叢書』六頁）と結んでいる。かく、「礼」の規範を得ぬまま、我が「心」（主体）を我が責任においていかに治めるか、これが大問題と意識されているのである。ところが、南冥にも昭陽にも、肝腎のその「心」「心術」自体に関するこれ以上の理論の展開は見られない。

かくみてくれば、事実に直接向き合うところに強調された南冥の自在な主体は、徂徠学の論理を徹底していったところに見いだされた主体であったといえよう。ところが、徂徠学―聖人権威が後退し低下していった十八世紀後半の時代にあって、孔子一尊主義によるこの主体の頼るところは、結局、自己の心のうちにしか見いだせなくなっているのである。ところが、再び拠りどころとされたその自己の心は、もはや朱子学的な天や自然の秩序によって定位された自己ではない。つまり、自己を内面から支える一定の世界観や形而上学的な体系は、南冥や昭陽には、存在しない。彼らが認める権威は、孔子（より直接的には『論語』）のみであった。そして『論語』は、「事実の書」であった。したがって、事実上ほとんどいずれの外的な拘束からも自由な自己、ということになる。とすれば、この自己は直感や感性という極めて主観的で不安定なものに頼らざるを得ない。極めて脆弱な主体といわねばなるまい。後に述べるとおり、南冥が朱子学の有用性を容認し、学派使い分けを唱えたのは、かかる論理の必然であったと見られる（第四章第三節）。

もしそこから、孔子という「看板」（権威）をはずしてしまえば、おそらくもはや儒学とはいえない所まで来ている。徂徠学を徹底した結果のかかる自在な主体（自己）は、儒学の解体に行き着くこととなろう。[19]

かかる主体で、なおかつ儒者たらんとすれば、それはいかなる方向をとることになるか。おそらく、昭陽が実際に進んでいった考証学とならざるを得まい。つまり、規範とされた『論語』の義訓の正確な把握、そしてそのためには、厳密な古文辞による経書類の研究が必要となり、文献考証の学へとつながってゆくという方向である。「昭陽ノ学風ハ。専ラ父ノ説ヲ主張セリ。其経術文章ハ。父ノ上ニ出ツルコト遠シ。然レトモ名誉ハ父ノ半ニ及ブコト能ハズ」、また「昭陽ハ著述極メテ多シ。壮年ヨリ戸ヲ閉ヂテ閑居シ。力ヲ著述ニ用フルコト数十年。一日ノ如シ。世儒ト交ヲ通ゼズ。亦俗人ヲ見ルコトヲ喜ビズ。是其名誉少キ故ナリ」(「儒林評」、前掲『増補　淡窓全集』中巻、一五頁)とは、南冥・昭陽父子に親しく師事した広瀬淡窓の評である。昭陽の著作は、(その多くを火災で焼失したものの)『周易僭考』『毛詩考』『古序翼』『左伝纘考』『礼記抄説』『語由述志』『孟子考』『大学考』『中庸考』『孝経考』などが、残されている。経書に対する着実な注釈にその本領があったといってよい。なお、広瀬淡窓の証言に見る限り、昭陽の考証学への没頭ぶりは、世俗から隔絶した(遁世的とでもいうべき)ところで、おそらく自己のすべてをかけた営みであった。また、昭陽の文章が難解な古文辞であり、そこに、南冥や昭陽の著作が世にあまり通行しなかった一因があったといわれるのも[20]、思えば示唆的である。

ところで、南冥その人に冠せられた形容は、「儒俠」であった。「時に魯(南冥の諱、自称)血気方に剛なりて、四方に放浪し、儒俠をもて自ら喜ぶ」(原漢文、南冥著「先考千秋翁行状」[21]、『全集』一、五五八頁)と自らがいう通り、南冥自ら「儒俠」をもって任じていたふしがある。また彼は、「僕の狂狷は足下の知る所」[22]と竹田定良に書き送っていることからして、自らを「狂狷」とも形容していたようである。

南冥の人となりを淡窓の証言に求めると、

容貌奇偉非常ナリ(『懐旧楼筆記』六、前掲『淡窓全集』上、七一頁)

南冥ハ気象英邁ニシテ。眼光人ヲ射ル人ナリ。尊貴ノ人ニ屈セズ。直言シテ媚ブルコトナシ。是ヲ以テ人ニ

忌マレ。罪ヲ得テ蟄居スルコト二十余年ニシテ終レリ（「儒林評」、前掲『全集』中、一四頁）

（京都の蘭方医の小石元俊の言として）道載（南冥の字）ヲ当時ノ京師ノ儒者ナドト同様ニ思フ可カラズ。実ニ猛虎ノ如クナル者ナリ（同前）

南冥ノ人トナリ。細行ヲ検セズ（同前）

先生ノ人トナリ。伸フルコトヲ能クスレトモ。屈スルコトヲ能クセス。物ニ克ツニ勇ニシテ己ニ克ツニ怯（『懐旧楼筆記』八、前掲『全集』上、九六頁）

などが、随所に散見される。ただ、淡窓が師事した時期の南冥は、すでに失脚後の失意に沈んでいた晩年であったことも、念頭においておく必要がある。おそらくかなり屈折し、しかも極端な形で、その性行が現れていたであろう。その点、南冥に深く兄事していた徳山藩の儒僧役藍泉の南冥評は、「蓋し南冥の人と為り、魁岸俊偉颯として長風波浪の如く、屹として巘崖の水に臨むが如し。其の人に接するや専ら忠実を以てし、一点の内に挾む無し」（「南冥贈詩軸記」）と記している。(23)

いずれにせよ、ここで窺えるのは、朱子学で重んじられるごとき道徳の枠から自由で、自らに対して外から加えられる一切の規制や権威を強く拒む体の奔放不羈な人物像であろう。まさに実践的侠人の面目躍如である。

こうした南冥の性行が、理論を拒否して、「自力」による工夫・鍛錬する主体のあり方を強調した先の思想構成と、内的に密接に関連していることは、いうまでもない。上述の通り、そこで自己を規制するものは自己の心の自律性でしかなかった。ところが、「物ニ克ツニ勇ニシテ己ニ克ツニ怯」というごとき南冥の主体が、自己の強靱な自律的内省を怠るならば、たちまち直情径行にはしる危険性をはらんでいた。否、むしろ先にみたように、南冥の思想には、心の自律性確立に至る論理の展開は、欠如していたのである。広瀬淡窓の南冥関連記事には、晩年の南冥の姿は、目を覆うばかりの無頼人のそれであったことを、語っている。(24)

ちなみに、徂徠は、直情径行は排した。徂徠はいう、「古者は道之れを文と謂ふ。礼楽の謂ひなり（中略）古は『儒者の道は、博くして要寡し』（『史記』太子公自序）と謂ふ。道の本体、然りと為す。後世は簡を貴ぶ。夫れ直情径行は戎狄の道なり。先王の道は然らず」（『弁道』一七）と。かく、直情径行は、徂徠が重んずる「風雅文采」の対極的なあり方であった。徂徠の「風雅文采」尊重（詩文の尊重）には、直情径行への暴走のいわば歯止めの意味があったわけである。廃黜後の南冥の鬱屈は、「風雅文采」にのみ自己を託すには、あまりに強烈でありすぎた。逆にいえば、南冥が、それだけ実際の経世への志向が強かったことを物語っていよう。かつて密接に藩政に関与し、自己の学と識見とを存分に発揮した輝かしい過去をもっただけに（しかもその学が経世論―実践論を本領としただけに）、経世への断ちがたい執着が倍加されたであろうことは、想像に難くない。

なお、南冥廃黜の一因は、南冥の学問や思想自体のうちにはらむ「主体」的立場の一種の脆弱性（自在な主体を自律的に統御し得る論理の欠如）と無関係ではなかったであろう。「南冥ノ人トナリ。細行ヲ検セズ。門下モ亦跅跎ノ士多ク。其末流ニ至リテハ。益々放逸無頼ニシテ。身ヲ亡ボシ家ヲ覆スノ徒モ少ナカラズ。是ヲ以テ毀リヲ当世ニ得。人其学ヲ言フコトヲ忌ムニ至ル」（「儒林評」、前掲『全集』中、一四頁）との淡窓の指摘は、少なくともこの推定の傍証の一となろう（なお、南冥廃黜に関しては、次章を参照）。

南冥の内から噴出する奔放な自我は、廃黜後内に鬱積し、やがて自己崩壊していった。昭陽の場合は、経書の考証注釈の学問的世界に自らを駆り立てることで、辛うじて自己を儒学的世界に羈束することができた。先の引用にみたように、昭陽は遁世的とでもいうべき姿勢で、文献考証の学へ没頭した。それは、自我に随って奔放に生き、そして幕藩保守勢力の前に挫折を余儀なくされ、最後は自己崩壊していった失意の父の姿を眼前にして、それをいわば反面教師として択び取った、学者としての生き方であったとみることもできよう。

右の推定は、徂徠学解体以後ににわかに盛行してきた考証学を内面から支える意識の有り方をさぐる手掛かりを与える。考証学は、一見無味乾燥なまでの厳密な文献考証の客観主義の世界である。そこには、自己は埋没し表現すべき自己の意識など放棄しているかのごとくにみえる。しかし、昭陽にみたごとく、それは学問主体の強い自己意識を内に秘めての営為であったと想定することができよう。客観主義的な学問のうちに、むしろ強烈な表現すべき自己の意識が込められているという考えは、現代の学問の世界に身をおく者には理解しやすいはずである。

十八世紀後半は、あたかも、噴出してくる自我を文学の世界に遊ばせ、文学的創作の営為に自己の定着をはかる都市文人の世界が成熟した時期であった。考証学盛行の時期がこれと軌を一にしていることは、決して偶然ではなかったというべきであろう。そして、武士世界に教育的諸事象が一般化してゆくのも、またこの時期であったことも、忘れてはならない。

第七節　南冥学の意義

『論語』の解釈を拒否し、その「含蓄」をこそ重んずる南冥の思想的立場には、果たしていかなる意味が想定できるであろうか。

南冥学の根本の動機には、政治を学問（儒学理念）に基礎づける政治の体制をつくることへの志向があった。こうした意味において、徂徠学をはじめとした既成諸学のあり方は、いかにみられていたか。

足下（行藍泉を指す）大才、中々不佞等勿論所及ニ而無之候。乍然今日本之政柄を御取候はゞ、どふで儒道贔屓可被成と被存候。夫ニ而ハ日本ハ治リ不申候。世治り不申候而ハ聖人孔子之道ニ而ハ無之候。是所ハ一大係関細節小義ニ而ハ無之候間、又々申述候。兎角宋儒（朱子学）ニ僻しても明儒（陽明学）ニ僻しても徂徠に僻しても僻すると申処少も御座候而ハ皆同前之迷ニ御座候。惟孔子のミハ如何様に僻しても害ハ無之候。孔子ニ辟して害を生し候ハ孔子之見様ニ間違有之故に御座候（行藍泉宛南冥書簡、天明四年二月二十一日付、『全集』八〔上〕、五八一頁）

右にいうのに明らかなように、かの徂徠学をも含めて、宋・明学（朱子学・陽明学）などの既成の儒学は、いずれも世を治める「聖人孔子之道」に十分な有効性をもち得ていない。こうした既成の儒学が、「日本」すなわち幕藩制社会の現実に対応できないのは、「孔子の見様に間違」いがあるからにほかならない。いうまでもなく、『論語』を一定の理念の提示と見、解釈の対象と考えるという間違いである。ここには、先の医学論にみられたのと同じく、複雑な社会の現実は、一定の理論や概念で対応できるほど単純ではない、という認識が前提とされている。結局、「事実」の集積たる『論語』の豊饒なるその「含蓄」へこそ思いを致す立場によってのみ、この変化無窮の「日本」の社会を治めることが可能となると考えられていたのである。

この、孔子の権威による諸学の相対化と、先に検討したその主体的立場の確立は、ついに南冥に、儒学の枠をも超えさせる方向性を与えている。すなわち、「儒道贔屓」では「日本は治り不申」状況であるとするなら、「儒道」を超えて対応するしかない。それこそ、「聖人孔子之道」にかなうものであるというのだから。「昭代の政は、神・儒・仏を以て之を紀む。賤しみて自らを専らにするは、罪也」という南冥の「遺訓」に関して、昭陽は、博士家が「職を失」って以降「数百年」、「文学」（学問）は「釈氏」（仏教）の力によって維持され、また「古言の学」は僧侶の契沖におこった、そして我が南冥は僧大潮に詩文の学を受けたではないか。「夫れ三教の祖、誰か霊聖に非ざらん」と敷衍して、神・仏への親近性を積極的に明言する（以上、「題家学小言後」、原漢文、『日本儒林叢書』六、一二頁）。[25] 根本に儒学の無力化があったにせよ、孔子の権威に依拠することによって獲得された自由な主体的立場の確立が、諸学を取り込む積極性を可能にしたのである。こうした学問の立場が、第二章にて考察した平洲の折衷学の立場とさほど隔たっていない位置にあることは、容易に理解されよう。

要するに、南冥の孔子絶対化は、無力なる既成諸学を相対化し、自由で主体的な自らの立場を確立するにあったとみなすことができる。孔子の権威をよりどころに、既成の学の呪縛から自由な立場で現実（政治的諸課題）に立ち向かうのである。そのために、既成の理論や理念を拒否し、それによって、幕藩制の社会を、曇りなき目で事実のままに直視する視点を獲得せんとするのである。

十八世紀後半は、政治や社会の体制的諸矛盾の噴出期であった。あたかもこの時に生きた南冥は、この現実をリアルに認識し適確に対応できる立場の確立を、「学問」の名のもとに、藩当局および武士層に、強く求めたのである。自らは、そのための人材（藩官僚）の育成に実践の領域を設定した。かくて、儒学理念にもとづく政治の改革的体制の創出と、その改革的主体の育成に、南冥の学の意義を見いだすことができよう。現に、南冥は、改革を志向する藩家老久野外記に見いだされ、藩主黒田治之によって抜擢された。次章に詳論するように、福岡藩の藩学設立も、南冥の主導によって行われたことは、ほぼ間違いない。

さて、南冥の思想と徂徠学との著しい親近性は、すでにいくつかみてきた。いみじくも広瀬淡窓が、「其（南冥の）学問ハ徂徠ヨリ出デテ一家ヲナセリ。大略徂徠ノ説ノ已甚シキモノヲ削リテ。中道ニ適シタルモノナリ。其自ラ称スルハ。朱物ノ域ヲ超エテ。直ニ古道ニ泝ルト云フ。然レドモ世人ハ之ヲ称シテ徂徠学ト云ヘリ」（「儒林評」、前掲『全集』中、一四頁）と論評するごとく、たとえ徂徠学を批判しようとも、その論理自体は、徂徠学のそれであった。その孔子規範化や「義訓」「事業」の論も、各々徂徠の先王論や「物」「名」の論のいわば衣装替えといわざるをえない。彼の理論の拒否も徂徠の不可知論の拡大といえる。また南冥の「義訓」の学の推す所は、孔子の「語由」の解明という方法に規定されて、文献考証の学に行きつかざるをえぬ。南冥学にもとづく昭陽の学問の本領が、経書に対する注釈の面において発揮されたことは、先に指摘した通りである。

かく、南冥の学は、折衷学と見るよりも、徂徠学の方法の徹底と考えることができた。そしてその結果、道徳的規範にとらわれぬ、その意味で自由な、しかし一面極めて不安定な主体の創出にむかった。それは、平洲ら折衷学に見られた折衷する主体の立場と通底するところがみられる。むしろ南冥の場合、平洲以上に主体性の契機を徹底したところに展開された主体性であったといえよう。それが、現実的諸課題に自在に対応し得る主体であったという点で、明らかに南冥学は、武士「官僚」層の教育に十分な有効性を発揮し得たはずである。この点において、「天」に類推された君主権威の絶対性を前提に、まず何よりも君主の在り方（「名君」）にこそ政治の根本をおいた平洲の学と、きわだった相違を認めることができるであろう。

　また、平洲の「名君」像が、民衆教化と不可分に一体化したものとして構想されていたのに対し、南冥には、民衆教化論（民心への道徳教化）の思想的契機を欠いていた。すなわち、宝暦以降の体制的矛盾の進行してゆく農村や都市の民衆層の新たな動向という現実の課題に直面するとき、こうした民心への統合論の欠如は、やはり経世論としての限界を露呈しているといわざるを得ない。やがて亀井家学が、「朱氏の風は、士庶に宜し」、あるいは「朱学は静を主として、治世に宜し」（原漢文、「家学小言」、前掲『儒林叢書』六、九頁）と、朱子学の一定の有効性を承認せざるをえなかったのは、南冥自身もそうした自らの学の限界を自覚し、柔軟に現実に対応せんとしたものであったとみられる（次章参照）。

　なお、一つ付け加えるべきは、南冥学が想定する「主体」のもつ不安定さもしくは脆弱性に関してである。十八世紀後半の徂徠学や折衷学において、強烈な実践主体形成の思想的営為があったことは、本稿において明らかにしてきた。しかし、南冥学においてみた通り、そうした「主体」は、それを内面からささえる形而上学や世界観を欠落させており、この点に、徂徠学成立以後ほぼ通有の脆弱性をもっていた（平洲の場合においても、不可知なる「天」のア・プリオリな権威によっていた以上、問題の本質は、大きくは変わらない）。すなわち、徂徠学や折衷学のこうした実践主体は、その脆弱性の故に、やがて、天人合一の世界観のもとに、世界に対する責任主体として自己を鍛えあげていった朱子学や陽明学の実践的な倫理主体に克服されてゆくことになる。[26] ただし、それは、徂徠学や折衷学のもつ経世学としての有用性までを否定するものではなかった。この点は、第五章において検討する。

（1）たとえば、笠井助治『近世藩校に於ける学統学派の研究』下（吉川弘文館、一九七〇年）一五四九頁以下および二〇八四頁以下、和島芳男『昌平校と藩学』（至文堂、一九六六年）一六六〜七頁、井上忠「福岡藩における洋学の性格」（『日本洋学史の研究』創元社、一九六八年）八頁以下、など。

（2）六藩とその藩校名は以下の通り。土佐藩教授館（宝暦十四年）、新発田藩道学堂（安永元年）、鹿児島藩造士館（安永二年）、小浜藩順造館（安永三年）、佐賀藩弘道館（天明元年）、広島藩学問所（天明五年）。ただし、笠井助治前掲書（注1）上・下による。

（3）南冥に関する伝記的事実は、ほぼ高野江鼎湖『儒侠亀井南冥』（南冥先生百回忌紀念出版、一九一三年）にもとづく。なお、以下『儒侠』と略記する。

（4）広瀬淡窓は、南冥への入門を希望したが、有罪中のこととて、その子昭陽の弟子として入塾。南冥父子のもとで親しく修学した。南冥焼死の報により、日田から福岡へ駆け付けた淡窓は、親しく聞いた火災の状況を記した後、次のようにいう。「火ノオコリシ所以。知リカタシ。自ラ火ヲ放タレシヤ。自然ニ起リシヤ。自ラ火ニ投セラレシヤ。将タ出テントシテ。及ハサリシヤ。其説得難シ。其宅ハ四面皆空地ニシテ。火ニトリコメラルヘキ様ナシ。然レハ。自ラナセルニ近シト。人云ヘリ」（「懐旧楼筆記」巻一五、『増補　淡窓全集』上、一九一頁、日田郡教育会、一九二五・六年、のち思文閣出版復刻、一九七一年）。

（5）『亀井南冥・昭陽全集』第一巻、三七九頁。なお同全集は、全八巻（計九冊）、葦書房、一九七八〜八〇年。以下『全集』一と略記する。また「原漢文」は、筆者の責任において書き下し文に改めた。

（6）また「南遊紀行」に、薩摩の重臣相良氏の「儒生は時務に裨（おぎな）ひ無し」という儒学無用論に対して、南冥は儒学がいかに「時務」に有益であるかを力説して、相手を感服させたという記事が見える（『全集』一、四七八頁）。「学問は国政の基」というのは、南冥が徂徠学から学び取った、ゆずることのできない信念だったのである。

（7）『日本教育史資料』第三冊、二頁（一八八〇―八二年、なお一九六九年復刻、臨川書店）。

（8）『日本名家四書註釈全書』第一巻、学庸部一（一九二二年初版、一九七三年復刻、鳳出版）一六頁。

(9)「徳慧術知」は、『孟子』に「人の、徳慧術知有る者は、恒に疢疾（ちんしつ）に存す」（尽心、下）というのに典拠があり、趙岐の註によれば、徳行・知恵・道術・才知のこととされる。
(10)『日本儒林叢書』第六巻解説部(2)九頁。
(11)徂徠の『論語徴』も、この箇所で、伊藤仁斎の同じこの文章（『論語古義』）を引用して、それに全面的に共鳴する注釈になっている。
(12)前掲『儒侠』二八六頁所載。なお、甤英館はじめ南冥堂と称されていた。その改称時期は不明だが、この「規式三事」が南冥の手になるとは、同書（高野江鼎湖）の推定である。
(13)荒木見悟「『論語語由』および『語由補遺』解説」（『全集』一、九頁）参照。
(14)昭陽の手になる著作でもって南冥の思想を語るのは、厳密にいえば正しい方法ではない。しかし、昭陽は、儒学説に関しては自覚的に南冥の説を忠実に祖述することに徹しており、しかもまた、通常亀井家学（亀門の学）と一括される。ここでの意図は、亀門学の徂徠学拒否の論法をみるにあるので、両者の厳密な意味での相異は問題としない。
(15)両書とも、『亀井南冥・昭陽全集』第一巻に影印版（刊本）にて、収載されている。
(16)たとえば、前田一良「経験科学の誕生」（旧版『岩波講座日本歴史』近世3、一九六三年）など参照。
(17)『日本儒林叢書』第四巻、一四頁。日本思想大系37『徂徠学派』（岩波書店、一九七二年）四〇七～八頁にも所収。
(18)「礼楽」の崩壊については、次のようにもいう。徂徠が「道とは、統名なり。礼楽刑政を離れて別に所謂道なるものあるに非ず」というのに対して、「また物子の家言。夫れ道の統名たる、固より然り。然れども礼楽刑政を外にして道なしとは、駟も舌に及ばず（『論語』顔淵篇の語）と謂ふ可し。三代の後、礼楽崩れ、刑政変ず。所謂道なるもの、果たして焉（いづく）にか適（ゆ）かん」（「読弁道」三、同前、三頁）と。
(19)ただし、そこに、自律した自己と他者とを相互に連結する契機が明確に見いだせない以上、それが近代的人間となる保証は何もない。なお、蘐園詩文派に見られる自由な伸びやかさは、こうした自由な主体（自己）の、文学への表現や定着のいとなみであると見なすことができよう。
(20)頼惟勤「藪孤山と亀井昭陽父子」（前掲『徂徠学派』解説）五六九頁。
(21)南冥の手になるその父聴因の行状の記録。
(22)「復竹梅廬」（『南冥先生文集』、『全集』一、五二五頁）。

（23）荒木見悟『亀井南冥と行藍泉』徳山市立図書館双書第十集（徳山市立図書館、一九六三年）五頁所引。
（24）たとえば「懐旧楼筆記」第八（前掲『全集』九五〜六頁）など参照。
（25）この点、南冥自身、次のようにいう。「儒者ハ儒道を主張し仏者ハ仏道を主張し神者ハ神道を主張して各他道を非問するハ、三道をあつかふ人皆々了簡違なり、東照宮聖人治国之主意を得と御呑込ニ而仏者に君臣父子の道をましへ、儒者も死すれハ僧より葬祭致し何居士何信女などになし皆仏になる様ニ被成、さて儒家仏家も天照大神之御祓ハ請候様ニ能々治安之道を御取計被成置候ニ付、人情各おちつき居申候故、二百年之安楽を致候」（行藍泉宛南冥書簡、天明四年二月二十一日付、『全集』〔八〕上、五八〇頁）。
（26）寛政以降の朱子学や陽明学に、幕末思想史の新たな地平を切り開く可能性や独自の近代思想への接近を見て取ったのは、宮城公子氏である。氏によれば、徂徠学系の経世思想や重商主義思想（たとえば本多利明や海保青陵など）に見られる「近代的」思惟は、内面的人格性を欠落させているため、自らを世界の責任主体として措定できず、功利的主体にとどまる。それらはせいぜい現状批判と封建改革論に帰着する。これに対して、自己の内面的価値と政治的価値の一体化を志向する朱子学や陽明学の倫理的主体は、世界に対する責任主体として自己を自覚させ、やがて幕末変革期には、強靱な変革主体に自己を鍛え上げる思想性をもっていたという。この責任主体の創出を可能にしたのが、自己を天と一体化したところに本来的自己を措定する天人合一の世界観であったという。以上、宮城公子「変革期の思想」（『講座日本史』四、東大出版会、一九七〇年）、同「幕末儒学史の視点」（『日本史研究』二三二、一九八一年）、同『誠意』のゆくえ」（『日本史研究』二八五、一九八六年）、同「山田方谷の世界」（『日本政治社会史研究』下、塙書房、一九八四年）など参照。

第四章　亀井南冥の学校論と福岡藩校

前章において、亀井南冥の思想の性格とその歴史的意義の考察をこころみた。本章では、前章での考察をふまえて、以下の点を検討課題とする。

第一に、南冥の学校論と人材論を分析する。第二に、福岡藩で天明期に取り組まれた藩校設立とその事情とを明らかにし、南冥との関わりを、考察する。次いで第三に、寛政期、南冥の廃黜からその後の西学（甘棠館）廃止にいたる福岡藩の異学排斥の経緯を探る。従来、福岡藩におけるこうした異学排斥は、幕府による寛政異学の禁政策の、福岡藩への直接的な影響の顕著な事例とされてきた。この点を、南冥の思想と福岡藩の事情をふまえて、あらためて検討する。

以上の諸課題の考察は、また同時に、藩校設立をめぐる一つの思想史的考察につながることを意味する。すなわち、天明・寛政期は、近世藩校設立の急増期で、「藩校設立の画期」[1]といわれるが、いうまでもなくそれらはほとんどすべて儒学的理念にもとづくものであった。福岡藩での藩校設立は、天明四年（一七八四）、あたかもこの急増期。ここで福岡藩校設立の経緯およびそれへの南冥の関与を探ることは、この時期の藩校に儒学的理念がいかなる論理を提供し、いかなる役割を果たしていたのかを知るための、一事例研究としての意味をもつ。これまで、思想史の側からする藩校研究は、きわめて手薄であった。この空白を埋める意味もある。また、儒学思想史の研究の側からすれば、儒学思想が幕藩制社会の現実に対してもつ実践性や社会的機能の一面を考える素材ともなるはずである。

第一節　南冥の学校論と人材登用論

南冥の学問観は、前章（第二・三節）にて明らかにした。すなわち、徂徠学の論理にもとづく政治実践を志向するもの、それは、経世の学といい換えてもよかった。彼が福岡藩校（甘棠館）開講時に強調してやまなかった「政事即学問、学問即政事」という言葉が、学問は政治実践の根本である（たとえば「孝を勧候も忠を進メ候も皆々政事之根元」）[2]という立場を端的に物語っている。結局、「孔子之学」（儒学的理念）にもとづく（藩の）政治体制を実現するところに、経世の学としての南冥学のめざすところがあった。

南冥の学校論は、そのためのいわば方法論としての意味をもっていた。

さて儒道ハ治国之道なれは大夫已下已上政事に預ル人之道ニ而、主水（南冥の字、自称）なとか抱きかゝへている物と被思召間敷候。卑々たる主水が儒道をかゝへて居て何ノ用ニ立申哉。兎角政事をとり扱人之仕事なれは其世其人之よく治りて一人之怨悪する人無之様ニ御治メ候へハ即古聖人孔子之道ニ而御座候ニ付、当世御制度之大要を呑込申され候処第一専要なり（行藍泉宛南冥書簡、天明四年二月二十一日付、『全集』八〔上〕、五八〇頁）

学問が政治実践の根源である以上、右にいうように、学問を本当に必要とするのは、直接政治に携わる為政者以下の武士（藩「官僚」）たちなのである。したがって、いかに南冥が学問に通暁していようとも、彼が直接の政治実践を任としていない専門儒者である限り、それ自体無益でしかない。ここから、儒者南冥の任が、政治実践の主体たる武士（藩「官僚」）諸層を、儒学的理念にもとづいて教導することにあることは、みやすい道理であろう（前章参照）。学校（藩校）がそのための場になることは、あらためていうまでもない。つまり、学校での武士教育を通じて、自己の抱懐する儒学的理念にもとづく政治体制づくりをめざすのである。南冥にとって、ここにこそ自らの思想実践の場と方法とがあった。先に、学校論が南冥にとっての方法論である、といったのは、この意味にほかならない。

いかなる武士（藩「官僚」）を育成すべきか、という武士教育論については、すでに前章第四節にて分析した。ここでは彼の学校論を、その経世論との関わりのうちにみてゆく。なお、彼の学校論は、いうまでもなく、その経世論の一環としてあったことを忘れてはならない。

南冥の経世論は、その著「肥後物語」および「半夜話」にうかがえる。南冥は、前後三度肥後熊本を訪れ、名君の令名高い細川重賢を中心としたいわゆる宝暦の改革ぶりを、つぶさに見聞してきた。彼がそこに見いだしたものは、自らの抱懐していた経世論の、ほぼ理想的に実現した姿であった。「肥後物語」は、自藩の「万機の一助」（「肥後物語」自序、『全集』一、四三三頁）たらんことを願って、肥後での見聞に南冥自身の評論も付して、君恩ただならぬ治之に献呈すべく、天明元年（一七八一）に著されたものであった（ただし治之逝去のため、その霊前に捧げられた）。また「半夜話」は、南冥の福岡藩藩政改革論の展開である。それは、南冥の変わらぬ庇護者であった藩の家老久野外記に建策したものと推定される（「半夜話」の上書先およびその成立年代については、本章第三節にて検討する）。

まず「肥後物語」に即して検討する。「肥後物語」凡例において、南冥は、肥後の改革政治の根本を五点に要約して高く評価する。なかでもとくに、「第一は学校にて、人才を仕立ることを政の基としたまひしこと、第二には執政を大奉行と名づけ、禄二〇〇石以上の士は才徳次第昇進なるやうにしたまひしこと」の二点をまず指摘している（『全集』一、四三四頁、なお第三以降は、行政機構の整備、武備の整備、刑法の明確化に関すること）。すなわち、学校における「人才」（藩の武士「官僚」）の育成を改革政治の基礎に位置づけ、しかもその人材を、世襲原理ではなく「才徳」原理によって登用する体制に着目していることに留意すべきであろう。ここには、「人サヘヨケレバ、仕方（法）ハ悪ク定タリトモ、人ニ器量有故、能取扱テ国ハ治ル也。（中略）故ニ国ヲ治ル道ハ人ヲ知ル事ヲ第一肝要ナルコトトスルコト、古ヨリ聖人ノ道如此」(3)（『政談』三）と、政治制度以上に人材のあり方を重視する徂徠の経世論と同様の基本的立場が認められる。つまり南冥の経世論の根本には、儒学にもとづく人材育成と、その有効性を保証する人材登用制度の構想とが、みてとれる。かく、「肥後物語」では、まず学校論と人材登用論とを経世論の根本に位置づけたのち、具体的な事例に即して論を進めてゆく。

学問を政治の基礎ととらえる南冥は、何よりもまず学問の一般的普及や浸透が必要であると考える。彼は、肥後では学者が特別に優遇されている具体的事例を紹介して、「侯（熊本藩主細川重賢をさす）学問は国政の基と云ことを得と御呑込あるゆへ能々学芸を尊崇なされ、用達の学者世に稀なるものと云ことをしりて、同じ臣下の中にも学者をば格別にあひしらひ給ひしことなり」（「肥後侯学者を優待したまふ事」、『全集』一、四三六頁）と分析してみせる。(4) 彼のここでの主眼は、「上下を限らず学問流行」のためには、上からのこうした学者優遇と学問尊重の姿勢が必要である、というにある。

しかし一方、学者のあり方自体にも問題はあるという。右の引用文に続けて、肥後が儒役世襲の制度を廃したことを高く評価して、南冥は、自らの考えを次のように吐露する。

学問は人の生質（ママ）にて用達もあり、用達せぬもあるものなり。儒役を家芸に申付る程無理なることはあるまじきぞ。軍学武芸馬術なども家芸は無理なれど、是等は乱世の用意なれば当時にては用達不用達の所さだかに知れがたければ其通りなれど、儒者は当用のことにて、用達なき所明白なり。然る處学問の尊きことを知らぬ上からは、儒役を家芸に申付け、少々書をよみ講釈にてもすれば、夫を儒者なり学者なりと心得られ、内心には風儀をかしく思ひながら、丁寧にて謙退するをとりえにしてよきやうに取持るれば、儒者も自然と気象ひきく（ママ）、世間にては猿楽師茶道など同様にあしらはれても恥辱と存ぜぬ分際なれば、平士（一般藩士）よりは永沈地獄に陥るやうに思ほど賤しきものに成はてしは、学問は用達なきものと触流すやうなるものなり。されば心実に学問する人のなきは、畢竟上の仕向悪しきゆへと知るべし（同前、四三七頁）

かく、儒役世襲の不当性を言葉を極めて痛烈に批判し、その是正責任を「上」（政治当局者）に求める。なお、ここでの儒役世襲批判の痛烈さやその具体的記述は、あきらかに、自藩における自己の観察にもとづくもの、すなわち、元来市井の一儒者であった南冥が、福岡藩の世襲の朱子学者竹田家学の当時のあり方を念頭においてのもの、と考えざるをえない。そう考えれば感情的なまでに言葉を極めて儒役世襲制を排撃するここでの南冥の激しさが、理解できよう。肥後に仮託して自藩のあり方を説くこと、ここに南冥の意図があったことが、容易に想像される。

かくてここでは、藩において学問を盛んにするためには、学問の尊重と儒役世襲制の廃止が、「上」（藩政当局者）の責任において必要である、との論点が確認できた。

「肥後物語」では、続いて肥後の学校に関連して、[5]「只今にては文学武芸算術天文手習仕付方まで皆々学校にて仕立るゆへ、一家中の人学校にて稽古せざる者は一人もなし」と、肥後の家中皆学の教育の体制が紹介され、学校を「諸士の仕立所」と位置づける（「学校にて人才を仕立る事」、『全集』一、四三七頁）。

なお、学校での藩士教育に関しては、甘棠館開校時（天明四年二月）の南冥の講義[6]では、次のように述べられる。四民のうち、農は耕作、工は諸道具類等の製作、商は財宝交易の役があるのに対し、「（士は）何が役目と定りたる事ハ無之様子なるに、即上に所謂義理忠義を行ふ事、是士の役目也」と、武士の固有の役割を「上」に対する

「義理忠義」の実践におく。それは具体的には、「勤仕の人は役義の上にて義理を行ふといふハ、役義と申ハ即上の御政事の御手伝を仕ると申もの也」と、藩政へ参画することを意味する。そうして、「学問所御取建の御趣意は諸士上下に限らず、学問稽古をして忠孝の道礼義廉耻の旨を能々呑込み、先々相応に御用に相立候様に少年者を可相導旨にて、此壁書被仰付候」と、学校にて、各人相応に藩政に有用な人材たるべく「学問稽古」をすることを期待しているのである（以上、「学問稽古所御壁書第一条」、『全集』一、三七三〜五頁）。結局「政事即学問、学問即政事」とは、具体的には、たとえばこうしたことに帰着するものであった。

かく、学校（藩校）での藩士教育が、藩「官僚」としての人材育成のためのものであるとするならば、その人材をいかに合理的に登用していくかが、学校での教育を生かすか否かの分かれ目をなす。ここに、先の肥後改制の第二のポイント、すなわち「才徳」原理にもとづく人材登用制度の重要性がある。

南冥は、肥後の「学校役人」の制、すなわち学校行政のあり方に、大いに注目している。「学校を諸士の仕立所に致したるものゆへ、至て重き法をたて物頭を家老の職にし、役名を総教と云」というなど、総教以下、学監・学頭（教授）・助教・訓導・句読師・算学師・天学師・習書師・故実師・音楽師・その他の諸武芸師、さらに雑務の役人や手伝荒仕子にいたる迄の肥後の学校役人とその職務や人数を詳しく紹介し、「総計百人程」にもおよぶ「学校役人」の充実ぶりに目を見張っている。南冥がこうした学校運営のあり方に着目するのは、

稽古人吟味の仕法は、諸師日々に稽古人の精不精才不才を考へおき、歳の終に封印をもって文学は学頭、武芸は学監に申達す。学頭学監封印を開き得と考へ定め、其書付を総教に達す。総教又考定めて来年正月開講の次、出精の者には賞美をたまふ。抜群の者あれば君聴に達して章服金銀などを賜はる。不精の者は軽は叱り、重は稽古を指留らる。

と、学業成果や各学生の才芸などが、為政当局者につぶさに掌握される体制になっているからである(7)（「学校にて

人才を仕立る事」および「学校役人の事」、『全集』一、四三七～八頁)。つまり「学校役人」が、教育(学問)と政治との緊密な連繋役をはたしているからにほかならない。換言すれば、「政事即学問、学問即政事」の南冥の立場を、制度に具体化した一つの典型的な姿を示しているといえよう。

こうした「学校役人」の制度が人材登用に活用されること、いうまでもない。「役人選挙の仕形委き事」(同前、四五一～二頁)の項で、肥後の人材登用のやり方が詳論される。「先仕官たるものは上下に限らず、皆々学校にかよひ稽古せぬ者は無き事」と、藩士皆学が前提である。そして先の「学校役人」の手によって「学校稽古筋の事、出精するも不精なるも」すべて文書で藩の「選挙方の役所」(いわば現代の人事担当部局にでも相当するか)に報告される。したがってそこでは、上下に限らず、「何某はいかなる人物器量、何事を稽古なしたるもの、何某はヶ様、何某はかう」と、人物才学などの一切が徹底的に掌握されることになる。したがって、「されば役儀を申付るとき直に詮議出来る」のである。さらに役職に就いた後でも、勤務評価がなされる。「其勤方出精不精より功績の出来、不出来、且は過失仕落等の事までも常に吟味」する「考績の役人」によって、その評定が当局に報告される。しかもまた、藩の職務を勤めるかたわら、学校での学問の継続が要求されていたから、常に学校の「学監学頭よりも吟味して役頭に達」せられることになる。つまり藩士たちの人物は、学問修学上の「学校役人」と、藩政の職務上の「考績の役人」とによって、常に二重に評価され、掌握(監視)される体制下におかれることになるわけである。かくして「いかに小き役儀にても大役の人にても、考績の役所と学校の詮議とにて、器量も功績も又過失仕落等まで、少も隠れ家なく知るゝなり」と、人材掌握の徹底化と合理化のシステムが、「古聖人の仕置」に合致するものとして、熱心かつ詳細に述べられる。しかも、「右につき選挙の総頭、学校の総頭、考績の総頭、皆家老職にて至りて重き事」というように、人材掌握のための学校と選挙と考績の三局は、事実上の行政最高職たる家老の手に最終的には掌握される機構となっている。学校での藩士教育は、かく、徹底して政治権力に掌握される体制の一環に組み込まれて構想されていたわけである。

南冥は、この機構のメリットを、(一)他藩で常に必ずみられる選挙(人事)の際の「贔屓偏頗は決してならぬ」こと(人事上の公正さの確保)、(二)役人による「吟味」が徹底している故、「その役々に得手なる人を見立る事自由に出来」ること(適材適所の合理性確保)、(三)したがって「其人のはまり次第心一盃に」、つまり上から「押へ控への指図」を一々与えることなしに、全面的に「申付た」その「役義」を当人に任せきり、その結果当人の才能が最大限に発揮され得ること(人材を信頼・信任することにより、能動性や主体性を誘出)、の三点に見いだす(同前、四五二頁)。

いうまでもなく、肥後に仮託して説かれたこうした人材の育成や登用法は、前章第四節にてくわしくみた南冥のいうすぐれた人材――一見柔和で円満な人より、いわば圭角のある「疵物」的な人物のうちにこそすぐれた人材がある、という徂徠の人材論にもとづく考え――を見いだし活用するための方法、ということになろう(この点、「半夜話」の「選挙之仕方不宜故、役人柔和の風と相成候事」の項も参照されたい。『全集』一、四六三頁)。この意味で、徂徠が重視した君主の「智」(人を知る「大智」、第一章第二節の(4)参照)を、いわば制度に具体化した体制であったともいえよう。結局、「古今政事の善悪は専ら役人の正邪より生ずる」(「役人選挙の仕形委き事」、同前四五二頁)ものであってみれば、こうした人材の育成と登用の一貫性こそが、「政事即学問、学問即政事」の「古聖人の仕置」にかなうことであり、政治の根本にならざるをえない、ということになる。

付言すれば、南冥の上の議論は、ほとんど徂徠の論理のひきうつしである。すでに第一章(第一節)で明らかにしたように、徂徠は、人材の無限なる多様性を積極的に肯定し、その上でそれらを、絶対的権威をもった統治の責任主体である君主が十分に掌握して、社会統治のために登用し適所に配置すべきこと、このことこそ、政治の方法の根本であると説いた。南冥は、「凡役儀を勤むるには、其人々の人物得手不得手これあるもの」(同前)

との認識のうえに、各人物の家老（藩当局）による徹底掌握と活用を説き、それを学校での教育に結び付けた。徂徠学の体系が解体したといわれる時期に、徂徠学のどの部分がなお有効性を保持していたか、をうかがわせるものがある。(8)

さて、南冥の「才徳」原理での人材登用の論が、世襲原理にもとづいた藩政の現実を批判するものとしての意味をもっていたであろうことは、みやすい道理であろう。儒役の世襲が、いかに学問を衰微させナンセンスなことであるかということは、先に見た。考え方の基本原則は、他の一般職でも変わらないはずであるが、その点、どうであろうか。

当世は世官世録（ママ）之風にて以後ハ皆々御職分を御勤被成候。禄ハ先祖勲功ニよりて可被下置ニ御座候へハ是ハ世々被成候事可然奉存候。官ハ其生付候器量にて被仰付事ニ御座候条、世々に被成候筈ニてハ無御座候へ共、もはや以前より定格之様に成行居申候得ハ今更夫を御替被成候事難相成儀ニ御座候（以下略）（「半夜話」「御用勤衆学問御出精被成度事」、『全集』一、四六四頁）

「禄」は「先祖（の）勲功」という過去の事実にもとづき世襲的に継承されるのは当然だとしても、「官」は現在の政治を任とする以上、個人が実際にもつ資質こそが問われなければならない。したがって、「官」は、本来世襲となじむべき性質のものではないという世襲否定が、南冥の考え方の原則である。ところが右に引用したように、彼はこれ以上現実の「禄」と「官」の矛盾を深く掘り下げて考察することを、しない。そもそも、「官」と「禄」の世襲の原則は、近世武士の封建的主従制や幕藩制の政治機構の根幹を構成する基本的な原理であり、本来、両者を別々に切り離して論じて論じきれる性質のものではない。したがって、幕藩制や封建制自体の否定にまでいたるのでなければ、「禄」と「官」の矛盾を根源的に追求することはできまい。南冥が世禄世官の現状に「以前より定格」という非論理的理由で、結局、消極的容認を与えるのは、明らかに現実との一種の妥協である。近世武士の政治的世界に、藩主の特別な恩遇によって辛うじて上昇し、参画しえた南冥としては、近世幕藩制の武士社会の基本的秩序は自明の前提として問題を立てざるを得なかった、というべきであろうか。

しかし、世官による弊害の大きさは（つとに明敏にも徂徠が危機意識を伴って『政談』に論じているところであるが）、元来門閥と無縁の「市井の狂生」（「肥後物語」序）にすぎなかった南冥には、ひときわ痛切に実感されたはずである。たとえば、南冥の目にはほとんど救い難いとうつった当時の学問の衰微自体、主要には儒役世襲制に起因したものであった。また、賄賂政治の横行や事なかれ主義の役人の無能さなども、いずれも「撰挙之仕方不宜故」など、「役人の撰ひ様」の問題（つまり世官世禄原理での人材の登用の問題）として把握されているのである（「半夜話」）。

かくして、原則的にはともかく、実際には世禄世官の現実を否定しきれない南冥の経世論の課題は、藩制（封建制）の危機をも惹起している世禄世官の現行の制度のなかで、その弊害を是正しながら、いかに現行の政治体制を再建して行くか、というところにあったといわねばならない。だとすれば、先に見た学校での人材育成の教育と「才徳」原理での人材登用論の主張は、その弊害の是正策としてうち出されたものにほかならなかったことが理解されよう。なぜなら、現行の世官の制の故に、禄高の大小を無視した自由な人材の登用はできず、人材選択の余地はごく少数に限られてくる。とすれば、その彼らの人材としての質の向上をはかるほかないということになる。つまり、現実の武士社会が世禄世官であるが故にこそ、より一層学校や武士教育の必要性を切実に強調せざるを得なかったわけである。しかもその必要性は、藩政への影響力の強い上層武士ほど高くならざるを得ないのは、見やすい。「半夜話」の先の引用に続いて、

今の御用勤衆ハ則後の御職分（家老職）[9]にて御座候間、一国の安危存亡ハ我身に有之と被思召上、随分深切ニ学問被成、古来より政事の仕方時勢にしたかひ沿革有之事杯能々御呑込不被成候而ハ相済不申候（「半夜

話」、『全集』一、四六四頁)

と、とりわけ家老層やその子弟の学問の不可欠性を強調している。とすれば、「才徳」原理での人材の登用といっても、必ずしも現実の世禄世官と大きくは抵触する性格のものとはなり得ない。それと大きくは抵触しない範囲での人材選択領域のせいぜいの拡大や流動化を求める程度に止まらざるをえない。そういえば、肥後の改制でも、執政への「才徳次第昇進」の対象が、「二百石以上の士」に限られていたことも想起される。

結局、ここで南冥が構想した学校(藩校)教育の役割は、世官に伴う弊害を緩和し、そうすることで封建制の維持や補強をはかるところにあった。一般に、封建制下における教育の発達は、次第に封建制や身分制の枠を弛緩あるいは解体させ、近代社会を準備するものであるという、一種の楽天的な考え方がかなり広く見られるようである。しかし少なくとも、近世藩校の発達ということに関しては、それが必ずしも妥当しない性格のものであることは、ここで明らかになったといえよう。教育という営為(とりわけ為政者層の主導下になされる教育的営為)は、歴史的には、政治や社会の諸矛盾の根源的解決の方向に向かうよりも、むしろそうした諸矛盾への対症療法的な対応、ひいては諸矛盾の隠蔽の方向へと機能することが多いといわざるを得ないことを、ここで指摘しておかなければならない。

第二節　福岡藩における藩校の設立とその背景

天明四年(一七八四)二月、福岡藩において二つの藩校が同時に開校した。貝原益軒の学統をひき、代々藩儒の地位を襲いできた竹田定良を中心に朱子学を奉じる東学問所(後の修猷館)と、先々代藩主黒田治之に抜擢された亀井南冥を総受持とする西学問所(一名甘棠館)がそれである。藩士たちがいずれの学問所で学ぶかは、各自の自由な選択に任されていた。同じ城下に、全く学派を異にした藩校が、二つ同時に開設されたのは、他に類例をみない特異な実験であった。本節では右の藩校設立・併立の事情や背景等をみる。藩校設立への南冥の関わりを探る前提を明らかにしておくためである。

天明三年（一七八三）九月、藩政をあずかる「家老中」の名で、学問所設立に関して、次のような諭告が発せられた。

今程御幼君様久々御滞府被遊候に付、御家中一統相励み御奉公筋心得の儀は、此節相達候通りに候。然るに諸士中間に耻を不弁、心得違出来候根元は、多くは稽古事をも不心掛、自由に相暮候故、文盲懦弱にて道筋不存より事起り申儀に候。就右御先々代様（第七代藩主治之）以来、稽古所御取立被成御家中の風儀御励し被遊候思召に被成御座候処、被打続御大変に付、其儀無之候。依之此節、右の御遺意を受、学問稽古所に被相達、有限面々を初め末々迄致指南候様に、儒者役の面々へ被仰付置候条、高下共に存寄次第両所間え罷出、学問修行仕、身持御奉公の道筋を稽古可仕候事（『日本教育史資料』第三冊、二頁。なお便宜上、句読点は筆者が付した）

この前後、福岡藩主黒田家は、相次ぐ不幸にみまわれていた。六代藩主継高の世子が早世した後の養子（徳川家一橋宗尹の子）第七代治之（明和六年、一七六九、襲封）が天明元年（一七八一）三〇歳で病死、その養子（末期養子、丸亀藩京極高慶の子）となった第八代治高も天明二年（一七八二）二月に襲封したが、その後わずか半年で同年の八月に逝去（二九歳）、そして同年（天明二年）十二月に第九代斉隆が養子（徳川家一橋治斉の子）となって襲封したものの、当時わずか六歳の幼君、したがって成人に達するまでの当分の間は江戸在住のまま（実際に初めて入国したのは、十年先の寛政五年・一七九三）。つまり天明三年（一七八三）のこの時点で、藩にとっては事実上藩主不在という事態にあった。諭告の右の引用文中の「被打続御大変」とは、主家のこうした一連の不幸な事態のことを意味している。こうした中にあって、藩政の一切と、藩が佐賀藩と交代にて代々勤めてきた長崎警備という幕命による重大任務とは、「家老中」が藩主の「御名代」という形で執行すること（つまり、家老たちの合議による集団執政の体制）がようやく幕府から認められ、その旨が幕府老中より藩の「家老中」に申し渡された（諭告文後段、右の引用文には省略）。

いうまでもなく、近世における藩主は家中の忠誠の中核であり、藩政は藩主独裁が建前であった。その藩主が、相次ぐ不幸により目まぐるしく交代し、そのあげく、他家から迎えたその幼君さえ事実上不在であること（当分、江戸在府のため、藩士のほとんどはその顔さえ見ることもない全く名目上の藩主といってよい）、それはたしかに異常な事態であるに違いない。しかし、諭告文中の「打続御大変」から発する危機意識の意味は、実は「藩主不在」ということの異常事態だけにとどまるものでないことに、気づかねばならない。真の問題は、藩主の不幸や不在は、まかり間違えば主家改易の事態をも迎えかねない、というところにあったのである。かかる藩主急逝・藩主不在が相続く状態は、幕府さえその気になれば、幕藩封建制の原則からして、容易に処分の対象になりえたはずである。養嗣子を、とりわけ一橋徳川家という名門中の名門から相次いで迎えたのも（第七代治之および第九代斉隆は、いずれも一橋家よりの養嗣子）(10)、こうした幕府への配慮がはたらいたためであろうことは、想像に難くない。「家老中」執政という変則の体制でとりあえずは当面の危機は脱し得た。しかし、以後のわずかの失政や過失が、やはり藩としての命取りになる危険性無しとしない。やはり深刻な状況が、依然として続いていることに変わりはないのである。右の諭告文引用中にもかかる危機感を見て取ることはできるが、その後に続く長文の諭告文後段の中に、家老達のこうした責任の重大さと、重苦しいまでの精神的緊張の様子が、具体的に表明されている。

たとえば、「家老中心力を尽し御政事厳密可執行覚悟に候得共、何も才学乏しく不束なる事に候得ハ、御大国の御政事宜敷行届可申儀、甚以無覚束、誠に危み恐候次第に候」、また、「上下和合」は当然平時にも必要であるが、「別て此御時節、家老中已下御家中の朋輩高下心を合せ、一統の励にて無之候ては、御政事曽て難行届候」

などと、家老たち自らの覚悟と決意のさまを披瀝しながら、事態の困難さと自らの責任の重大さに、不安と懸念を隠そうとしない。否、むしろ危機感（不安や懸念）をことさらに強調することによって、全藩士の協力と「和合」（結束）の必要性を、驚くほどの率直さでもって訴えているのである。もし「風俗懦弱に相成」れば、「諸士銘々御奉公の本意を失ふのみならす、隣国の聞へ、天下の御沙汰甚以恐入事」と、他藩への悪評や「天下の御沙汰」すなわち幕府による処分の事態をも、覚悟せねばならない。だから、「右に付、有限面々を初御家中一統、急度覚悟を引〆（ひきしめ）、忠節をみかき、風儀正敷、学問武道を朝夕心掛け、御用に相達候様覚悟仕、御上（藩主斉隆を指す）目出度御入部被遊候（藩主斉隆が成人して無事に領国である福岡に入国すること）を、共々に可奉待儀に候」と、藩士の精神的緊張をことさらに喚起して、あくまでその自覚と忠節を求めようとしたのである（以上、前掲『日本教育史資料』第三冊、三頁、句読点は筆者）。

また、長崎警備に関しても、「殊更長崎表重き御場所御受持の儀に付、武備の儀、尤ゆるかせにすへからさる事に候」と、武備の怠るべからざることが、以下に懇々と説かれる（同前）。長崎警備は、公儀（幕府）への軍役的意味をもち、ただでさえ、それでの失態は、藩の命運を左右しかねない重いものであった。[12] 家老たちがことさらに神経質になり、武備の充実と武芸の錬磨に意を用いるのも、いわば当然であった。

以上要するに、当面藩政の全責任をになわねばならなかった家老たちは、藩のおかれている危機的な状況を藩士家中に率直に訴え、その危機感をテコにして、全藩士の精神的緊張や自覚を喚起し、藩政のひきしめをはかろうとしたのである。それはさらに、「御家中一統心を合せ」とか、「上下和合」などと述べられるように、家中（藩士）全体の人心の結束をはかるとともに、「家老中」による執政に協力（「御奉公」）して、この危機を乗り切ることに貢献できるすぐれた藩「官僚」となることを期待してのことであった。

藩校は、そのため（家中全体の結束と藩「官僚」育成のため）の最上の機関であり、またそこでの教育こそそのためのもっとも有効な方法である、と考えられていた。少なくとも、家老たちはそう認識している。「家老中」の藩校に対する右の期待は、天明四年二月藩校開校時に、東西両学館に掲示された次の三カ条に明瞭にみてとれる。

一、忠孝の道を宗とし、礼義廉耻を弁へ、身持覚悟宜、先々相応に御用に相立候様、弟子の輩相導き可申事

一、師役の面々、聖賢の教法を相守り、学問所作法正く、指南方懈怠無之様可相心得事

一、稽古人貴賤に限らす、つとめおこたりを相調へ、歳の終に可申出事

右の条々、師範役の輩、堅可相守者也

（前掲『日本教育史資料』三〜四頁）

第一条は、忠孝道徳を基軸に据えて、藩士の精神的緊張と結束を促し、藩政遂行上「相応に御用に相立」つ藩「官僚」（人材）育成を期すこと。第二条は、そうした精神の引き締めと藩「官僚」の育成は、「聖賢の教法」すなわち儒学的理念にもとづいて「学問所」（藩校）における一定の学問・教育の課程を通じて行わるべきこと。第三条、学生の学業ぶりを藩当局が掌握するシステムの確保、それは、藩の人材育成の教育を藩の政治組織への登用に結び付ける体制をつくるとともに、他方で学生への勉励効果をねらったもの[13]、と理解されよう。

なお、この壁書が「師範役」（教師＝儒者）に向けて書かれていることに注意されたい。つまり学生の学習上の基準としてよりも、教師が指導する上での基準としての性格を有するものであり、そこに、教育する者としての固有の立場の自覚につながる方向性がみてとれるからである[14]。

ともかくここに、藩学が、藩政の危機に臨んだ家老たちが、藩政刷新によりその危機をのりきり自らの重責を果たすための重要な手段として設立されたことが明らかになったであろう。

第三節　福岡藩の藩校設立と南冥

本節での課題は、右の福岡藩校の設立に南冥がいかに関わっていたかを明らかにするにある。結論を先取りす

れば、相当密接に、むしろ南冥の構想にもとづいて事が運んだ、というのが、ここでの推定である。その論拠を以下に示す。

(1) 史料的確定

藩校開校直後に記された天明四年二月二十一日付の行藍泉宛の南冥の書簡に、藩校開設にいたるまでの経緯に言及して、南冥は次のように記している。

被仰聞候通打続国変、誠ニ無聊世界と存居申候処、浮世ハ尽せぬものとやらん、去年已来（藩主斉隆が）幼主ニ而藩邸ニ待年申され候ヘハ諸大夫国政を衆議ニ而とり計賞罰致候躰ニ而、大ニ恐懼仕候ニ付、士を導民を訓候教方段々朝議仕候而、不佞等も参其議候ヘハ、兎角興学之義第一（ママ）ニ申候処其通ニ成行、余程造作なる学問所東西ニ建立致し東ハ七八人之儒者請持、西ハ不佞一人ニ而請持申候（『全集』八〔上〕、五七九頁）

すなわち、「家老中」の執政において、藩の教学政策形成の議に南冥も参画の機を得て（ただ南冥がどのような形でその議に参画したのかは、明らかではない）、「興学之義第一」と建策したこと、そして今回の学問所設立がその建策の通りになったものであること、このことを明言している。

また、西学甘棠館落成時の南冥による祭文という公的な文書にも、「国相参政　日夜之を輔導し、且つ其の士民を教育する所以の者を思ふ。遂に相ひ与（とも）に商議して、黌舎を府の東西に刱（はじ）め、師儒を置き生徒を稟け、諸大夫国人をして矜式せしめんことを冀ふ。魯（南冥の諱、自称）不肖にして乏しきに学職を承けて叨（かたじけな）くも其の議に参ず」[15]（原漢文）と、ほぼ同じような内容が明示されている。このことから、福岡藩藩校設立には、その計画段階から南冥が少なからず関与していたことは、確実であるといってよい。なお、南冥の最大の理解者でかつ保護者であった家老久野外記は、この時期なお健在で、かなりの発言力を有していたことは、ほぼ間違いない（なお外記と南冥との関わりについては、第四節に述べる)。

(2)　南冥と家老中諭告文および藩学掲示三ヵ条

先に示した南冥の学校論や人材登用論と、先に引用した藩校開設に関する天明三年の「家老中」諭告文および藩学掲示三ヵ条との間に、論理的な相違は認められない。とりわけ、掲示の第三条に示された、藩当局が学生の学業等を掌握する制度に注意せられたい。確証を示すことはできないが、南冥の主張の反映とみなしてよいと思われる。なおちなみに、甘棠館開校初日にあたり、南冥が行ったいわば記念の講義が、右の藩学掲示三ヵ条のうちの第一条の解説と敷衍であった(注6参照)。いささかの飛躍を承知でいえば、藩学掲示三ヵ条は、南冥の起草にかかるものであった可能性が高いと思われる。

なお、「半夜話」第一章では、『論語』を引きながら、「教を立」てることの必要性を述べている。「教」というのは、実際には「御家中上下ニ通し候法令、たとえハ長政公(福岡藩祖黒田長政)三ヶ条の御法なとの様に至而肝要なる事を三十ヶ条又は五十ヶ条に拵へ立」てるという「読法之制」に具体化されて、それをたとえば宗門改などの機会を通じて、藩士と藩民に徹底的に浸透させる。それは、藩の独自の基本的綱領を示すもの、したがって藩士と藩民が共に「目当」として遵守すべき一種の法的な規準であり、しかも「当時は教と云事絶て無御座、只世間見合ニ而相勤候事ニ御座候間其心得面々格々にて一統不仕候」という状況を是正するためのものであった。とすれば、南冥は、藩士藩民を統合するための藩固有の基軸を、「教」の名で求めているにほかならない(以上、「半夜話」の「読法之制御立被遊候事」、『全集』一、四六〇〜一頁)。「半夜話」では、(藩民を含めての故か)「読法之制」と藩校との関係は直接には言及されていないが、家老たちの意図する藩統合のための、南冥なりの方法論といってよい。藩全体の統合や結束の一種の綱領的基準の明示という点で、家老中諭告文や藩校掲示三ヵ条と通底する考え方であるといえよう。

(3) 南冥建議説と「半夜話」をめぐって

藩校設立は、諭告文にもいうように、「御先々代様」すなわち第七代藩主治之によって企図されていたものの実現であった。この点は、東学問所の竹田定良撰「学規之序」においても、確認できる(『日本教育史資料』第三冊、一四頁)。

ここでの問題は、治之の藩校設立計画というのが、南冥の建議によるもの、といわれていることである。管見では、(a)『日本教育史資料』第三冊の「旧福岡藩学校」の「沿革要略」(七~八頁)、(b)小野寿人「亀井南冥の最後(上)(下)」(『歴史地理』七三巻二・三号、一九三九年)、(c)藤井甚太郎「福岡藩の藩校」(『藩学史談』、一九四三年)、(d)笠井助治『近世藩校に於ける学統学派の研究』下(一五五〇頁、吉川弘文館、一九七〇年)などにその指摘がみえる。しかし、(b)以下は明らかに(a)に拠るもの、それ以外の典拠の明示はない。(a)はいうまでもなく、明治十年代末の福岡県取り調べによる文部省への報告であり、実はその報告自体に何等典拠が示されているものではない。とすれば、治之の建学の議が南冥の建議にもとづくというのは、必ずしも明確な根拠あってのものというわけにはいかない。しかしそれにもかかわらず、南冥の政治意見書「半夜話」の存在によって、その可能性の確度は極めて高いというのが、ここでの筆者の考えである。同書(「半夜話」)全体の趣旨がそうであるが、とりわけ「御稽古所御取立被遊度候事」の一章が、まさにそれに近い性格のものと思われるからである。以下、この点を検討する。

まず、「半夜話」の上書先について。高野江鼎湖『儒侠亀井南冥』では、「藩主又は藩老に呈したるものの如し」(七九頁)とされているが、井上忠氏の「家老久野外記あたりに献策する形」(『全集』解説、四五〇頁)という指摘が正しい。というのは、「半夜話」序文で「先年布衣之時毎度間燕に侍り粗忽咄仕候」(『全集』一、四六〇頁）とある。「布衣」とは、この場合、無官の庶民の意。したがって、安永七年（一七七八）彼が士籍に入る以前から親交があり、直接「毎度間燕に侍る」相手としては、家老久野外記以外に考えられない。しかも、「半夜話」が相当に激越な調子での藩政批判を含み、南冥もそれを意識して「たとひ御咎を蒙り候とも其段は少も顧ミ不申候」（同前）などと壮語している。しかしそれもその実裏を返せば、決して咎められるはずがない、という確信を前提とする。その意味で、相手に対する一種の親愛感のなせる論述である、との印象が強い。

また、同書の成立時期についても、これまで正確に確定できていない。井上忠氏は、「肥後物語」の記事と重複するところが多いことを理由に、「肥後物語」著述（天明元年、一七八一年冬）の後と推定された（「半夜話」解説、前掲）。しかしこれは疑問である。南冥の三度の肥後行きは、いずれも彼が藩に登用される前の、宝暦十一年（一七六一）・同十二年（一七六二）・安永六年（一七七七）のことであった。とすれば、肥後に関する情報は、すでにその時点で十分に得ていた。したがって、「肥後物語」の内容記事との重複が、井上氏の推定の根拠として何の意味ももたないことは明らかである。そして「肥後物語」は、先述のように治之が病没した天明元年に成立し、その霊前に供えられたものであった。これに対して、「半夜話」は、その本文の記事からして、治之存命中に著されたものと断定してよい。なぜなら、「御当君様誠に御聡明に被遊御座、万端事年々弥増御調被遊末々万民まて難有安輯仕恐悦至極奉存候」（同前、四六六頁）というこの「御当君様」とは、治之以外では有り得ないからである。明和六年（一七六九）治之襲封（一八歳）、天明元年（一七八一）八月死去（三〇歳）、同十一月治高養嗣子として入り翌天明二年二月襲封、だがその半年後の同年八月病死（在位半年、二九歳）、同年十月斉隆襲封（六歳、江戸長期在府のまま）とたどってゆけば、このことは明らかであろう。なお、治之が聡明で政績を挙げたことは、『福岡県史』第二巻上冊（一三四頁）などにも、うかがわれる。また、恩寵一方ならなかった治之の「徳量聡明さ」への南冥の称揚の語は、「肥後物語」序文や「君侯字説」（『南冥先生文集』、『全集』八〔上〕五二六頁）などに満ちている（ただし、南冥にとっては治之は、主君であるのみでなく、大恩人でもあった。多少の誇張はあったろう。この点、多少割り引く必要はあるが）。

さて、「半夜話」の成立時期についてである。それは、同書序文に「（藩政に）不案内之事ニ而恐多奉存候得共、不才之私格別之御意を蒙り御不足もなき儒者役江御指加被仰付候儀ニ御座候へハ、古今書物前之事且ハ承り伝候事なと書集め奉進覧候。少ニ而も御国政之御便りニ相成候筋も有之候ハヽせめて御恩之万々一を可奉報候」（『全集』一、四六〇頁）とあるところから、南冥が登用された安永七年（一七七八）五月の後のあまり遅くない時期と推測して、誤りないと考える。

ここにおいて注目すべきは、九月朔日付（年欠）の、久野外記宛の南冥の書簡である（『全集』八〔上〕、五九三頁所収）。同書簡には、外記が主君の参勤の「御供」で近日江戸へ発駕するに際し、「先頃已来少々書付置候草本」を、「此節御道中御徒然之砌御一覧」されることを願って呈上する、との趣旨が記されている。これを校注された井上忠氏は、この「草本」を、「藩政改革を説いた『半夜話』であろう」（同前、五九三頁）と推定されている。筆者も、この推定を正しいと思う（「半夜話」が外記に上書されたものであると考えてよいことは、すでに述べた）。というのは、「先頃已来少々書付置候草本」というのに、多少なりともまとまった著作であることを予想させるが、さらに重要なのは、その文面が「半夜話」序文と近似した論旨と表現になっているからである。繁冗をいとわず、引用する。

先頃已来少々書付置候草本御座候。不案内之儀、勿論間違のミニ可有御座候得共、年来御懇被仰付候ニあまへ草本之まゝニて奉供（原文改行（敬意の表現））電覧候。只今ニて別而御暇不被成御座候ニ付毎度当　御目候儀も相成不申候。されはとて私疎忽之生質得と御存被下候人も無之候へハ心底ニ有之候事可申述合手も無之（ママ）、言度（たき）事いハぬハはらふくるゝわざなりと古人之申せし事なと存出し居申候ニ付、此節御道中御徒然之砌御一覧被仰付候而例之疎忽咄と万一御笑を御催し被下候半哉と乍憚進覧仕候。（原文改行）閣下（中略）御苦労被遊候儀ハ（原文改行）社稷之ために御座候得者恐悦仕居申候へ共、疎忽咄以前之通り不申上候事ハ平日残念ニ奉存居申候間、誠ニ御暇乞ニ参上仕候而一座之御咄仕候と被思召上、御笑被下候而道ニ御火中可被仰付候（同前）

この「草本」が「半夜話」であるとの推定が正しいとすれば、問題は、この書簡の記された年である。井上氏の推定は天明初年であるが（同前）、私見では、安永七年九月（南冥は、同年五月出仕）でなければならない。というのは、「今般又々御供被為蒙（原文改行）仰、已ニ近日御発駕被遊候旨目出度奉存候。毎度御苦労之御儀ニハ御座候得共（原文改行）御寵遇之段却而御満悦可被思召奉存上候」（同前）という。つまり、今回の外記の江戸随行は、藩主のことのほかの「御寵遇」によるために命ぜられた「御供」であること、しかも「今般又々御供」ということから、今回が初めてなのではなく、過去「毎度」のようにあったことがわかる。とすれば、そういう主君というのは、上に見たこの前後の藩主の交代に照らせば、やはり治之であるとしか考えようがない。その治之は、翌安永八年（一七七九）七月発病、[16] 約二年の病臥の後、天明元年（一七八一）八月に没。かくたどってくれば、この江戸への出府が安永七年のこと以外に考えられないことは、明らかであろう。

以上、「半夜話」が、南冥が出仕して約二ヵ月後の安永七年八月末までに著され、九月当初に久野外記に上呈されたものであったことが、ほぼ実証されたといってよい。ただ、「半夜話」が直接には久野宛に書かれたとしても、直接もしくは間接に藩主治之に取り次がれることを期待してのものであったことは、想像に難くない。おそらく、そうなったであろう。[17] そして治之が藩校設立の意向を、何等かの形で生前明らかにしたであろう。ところが実際は、治之がほどなく病の床に就いたため、具体化する以前に沙汰止みとなった。その後、先に見た「打続御大変」のゆえに、それどころではなくなった、と考えられる。そして「家老中」執政という形で一応藩政の当面の体制が定まった段階で、前節にみた意図をもって、藩校設立に踏みきったと考えて、ほぼ誤りないと思われる。

(4) 藩校東西併立の背景に関連して

藩校の東西同時併立は、いかに考えるべきであろうか。

まず、端的には、藩校設立における南冥の存在の重みを考えざるを得ない。いうまでもなく、福岡藩には、代々藩儒官の職を継承して来た朱子学の竹田家があった。竹田家は、福岡藩にとっては学問上絶対的な権威をもつ大儒貝原益軒の学統の直系を自負する名門の家である。とすれば、藩教学の正統として藩内にしめる位置と格式の高さなど、元来が一介の町医者にすぎない南冥とは、到底比較にならない。にもかかわらず、竹田家と対等な形で、しかも自宅に隣接して、「甚御造作なる」学問所が建立された。[18] このことは南冥の藩校設立に果たした重みを抜きにしては考えられない。なお、藩内における南冥の重みは、重職久野外記らの厚い信任と、そして「関西無双と称せられ」た(行藍泉「藍泉文集」初編巻二)[19] 大学者としての学問的名声とを背景としていたろう。

しかし何よりも、徂徠学の亀井家学と朱子学の竹田家学との学派的対立が学館併立の根本要因であったことは、疑えない。藩校史上、学派を異にした複数の儒者の併用は必ずしも珍しくはない。しかしその場合(家塾的形態は別として)、同一藩校内での併用が一般的であって、学派ごとに全く独立した藩校を設けた例は、他に見られないことからも、[20] 両派の学派的対立の深さが予想される。

たしかに、藩儒者のあり方の現状に対する南冥の批判は痛烈をきわめていた。儒役世襲への批判(それは結局竹田家批判)の過激ぶりは、先に見た通り。この点、「半夜話」でも「(現在は)四書五経なとをよミ理屈のミの吟味を学問と覚へし儒風なれは、其講説を御聞被成候御面々様、孔子ハ理屈はるのミにて政事の用達ハ左のミ無之様に御心得被遊候も御尤之御儀」（『全集』一、四六六頁）と、当行の藩の儒風批判にゆるみはみられない。[21]竹田家の側では、かかる南冥の言動が快かろうはずがない。たとえば、藩に抜擢された南冥に対し、竹田定良（梅廬）はその直後に、「必ず道学を以て子弟を訓導せよ」という忠告の書簡を遣したようである。それに対して南冥は、ただちに「復竹梅廬」を草し、「其の道学は則ち世家の師儒に備さに存せり。（中略）嗚呼（ああ）此れ僕の為さざる所にして、足下焉（これ）を勉めよ」（原漢文）、つまり「道学」はあなた方の任で、自分が藩に挙げられた所以は、「文章の業」とそれをささえる「狂狷」の精神にこそあるのだ、と彼我の学の違いを強調した上で、竹田側からの忠告を明確に撥ねつけた。[22]

そもそも南冥を登用すること自体に、強く反対する「衆議」が、当初から藩内にあったようである。そのことは、南冥自身が、「臣元来市井の狂生なりしを、神変不思儀（ママ）の明断にて衆議をも顧み玉はず、破格の寵にて儒職に召出され（以下略）」（「肥後物語」序、『全集』一、四三二頁）というのに明らかである。この反対勢力が竹田家勢力につながっていたことは、ほぼ間違いないであろう。そして、南冥は「程なく諸儒を超て侍読に召され」（同前）たうえに、藩政上でも藩主の篤い信任を得た。これらのことが、さらに両派の対立を激化させたであろうことは、推測に難くない。この学派的対立が、やがて南冥廃黜、そして西学廃止への伏線となると思われる。この点について、南冥廃黜後に入門した広瀬淡窓は、「二家（竹田と亀井）ノ学風同シカラス。其弟子タカヒニ相譏リテ洛蜀ノ党ヲナセリ、ココニ於テ西学亡ヒテ朱学ニ一統セリ」（「懐旧楼筆記」七、『増補　淡窓全集』上巻、八四頁）と明確に証言している。

かかる激しい学派的反目のもとでは、やはり同一施設での併用は、難しかったというべきであろう。しかし一方、藩校併立の状態は、結果的にはより一層増幅された形での対立を継続することになるであろうことも、容易に推測できる。

なおひとつ。宝暦を中心に取り組まれた福岡藩の藩政改革が効果を収め、藩財政に生じた余裕が、藩校併立を可能にした一つの条件であった。[23] 南冥も、「先年以来財貨之通行届不申候ニ付御職分以下の役人御勘定之法追々御詮儀（ママ）委く相成御費も少く、其上年穀もよく成熟仕候ニ付只今ニ而ハ御勝手向甚富厚ニ」なったから、「此上は教を立、御国政之しまりを御執行」うべきだといっている（「半夜話」四六〇頁）。かく、藩校設立（「立教」の確立）が、藩財政の余裕を前提に構想されていたことも、その傍証にはなろう。

(5) 思想的考察

最後に、東西両藩校の設立を、南冥の思想的立場から考察しておきたい。南冥は、確かに「宋学ノ人ヲ悪ムコト幾ント讐ノ如シ」[24]といわれるほどに、朱子学に嫌悪感を示していた。しかし他方で、朱子学のもつ経世上の有用性は否定しなかった。この点に、注意したい。南冥の学派観をみておく。

「家学小言」においては、「学者の相掎齕（きこつ）（一々あげつらい批判すること）するや、朱・物は怨敵深仇と為す。然れども互いに得失有り」とした上で、朱子学の気質変化説にもとづく道学性と、徂徠学の気質不変化説にもとづく「放逸不検」の傾向とを指摘して、さらに次のように分析する。

> 夫れ物子の規模は大なり。その学は子路を睎（した）ひ、志す所は君子の儒に在り。君大夫之を用ふれば、則ち国子その性の近き所に従ひて各々自ら一人物と為ることを成すを得ん。その、人を使ふや、亦たその官を物にしてその方を類にし、国家は以て強富になるべし。近世東肥の霊感公（肥後熊本藩主細川重賢）は則ちその人なり（原漢文、「家学小言」、前掲『儒林叢書』六、八〜九頁）

ここで「君子の儒」（『論語』雍也篇）というのは、儒者により解釈を異にするところである。南冥は、徂徠が『論語徴』に、「謀を出だし慮りを発しその国治まり民安んぜしむるを謂ふ」といって、「治国安民」に有用な儒者のことであると解釈するのを引用して、「尽せりと謂ふべし」とその徂徠の説を全面的に採用している（原漢文、『論語語由』、『全集』一、六六頁）。つまり、徂徠学は治国安民の経世のための学であること、そして「その学（徂徠学）人を牿せざる」（前掲「家学小言」、九頁）ゆえに、多様な藩「官僚」の育成や登用に有用であること、などを南冥は説くのである。

　これに対して「朱氏の学」は、人を「方正にして敦厚」に導くものの、「好んで人をしてその気質を牿して、謹愨（謹厳実直なこと）なること一なるが如からしめ」、つまり道学的かつ厳格主義で画一的人間を求めるために、結局「庶官雷同瓦合して、国家の衰へざる者はあらず」という。つまり、朱子学にみられる主体性や活力の欠落が、国家衰退を来すことになるなどと、朱子学のもつ弊害を指摘する（原漢文、前掲「家学小言」、九頁）。

　かく、朱・物には各々得失がある。とすれば、朱子学のみによるのはもちろん、徂徠学だけでも十分でない。そこで、「朱氏の風は、士庶に宜し、その過ち寡きを以て也。以て之を君大夫に施さんには、取捨すること無くんばあらず。物氏の風は、君大夫に宜し、その人才を器用するを以て也。之を青衿（学生のこと）に施さんには、取捨すること無くんばあらず」と、為政の責任主体たる「君大夫」（君主や家老重臣層）の学と「士庶」の学を区別した上で、両学の使い分けを提唱する（以上、同前「家学小言」九頁）。この点、「甘棠館学規」においては、「官人・君子は、先づ経礼事業、庶人・幼学は、先づ義訓徳行。蓋し大学には、官は事を先にし、士は志を先にするの意なり」（原漢文、『全集』一、三八五頁）という。すなわち「官人・君子」（顕官にある重臣層や君主[25]、すなわち先の「君大夫」とほぼ同意）は為政の実際（「事」）にあたるから「経礼事業」を主とする学（すなわち徂徠学）を、「庶人・幼学」（直接為政の実際に携わらない庶民や初学の武士の子弟など）は、まず心のもち方が重要だから道徳を主とする学（すなわち朱子学）を学ぶべし、というわけである。

　学派の使い分けは、これにとどまらない。朱子学は「静を主と」して秩序の保守化に機能するから「治世に宜し」。一方「乱世の如きは、君を守りて泣き、城を枕にして死すこと、固より多し。謀を好んで成すに至りては、必ず物氏の徒に在り」というように、生死をかけた非常な行動を必要とする乱世には、それに自在に対応し権謀にも富む徂徠学がふさわしいという。このように、治・乱による朱・物両学の使い分けさえ想定していたのである(原漢文、前掲「家学小言」、九頁。なお「読弁道」第一〇則にもほぼ同じ指摘が見える)。(26)

いずれにせよ、経世への志向とそのもとでの人材の育成および活用において、またそれを為政の責任主体に必要としていると説く点において、南冥は徂徠学の妥当性を高唱する。ただ、自らはその立場に身を寄せつつも、為政の実際においては、朱子学のそれなりの有用性を容認して、徂徠学の限界の補強をはかる、というわけである。(27)

すでに述べた通り、享保期以後十八世紀後半にかけての時期は、徂徠学の解体期。徂徠学批判と朱子学への回帰の現象が広く見られた。こうした中にあって、南冥は、藩政の一角に身を置き、藩政の実際の場を直視する立場にあった。とすれば、「達識にして度量有る者に非ざれば、物氏を知ること能はず。其の言、疎暴多ければ也」(「家学小言」、『日本儒林叢書』、九頁)といった徂徠学のもつ一種の危険性を、政治的現実における一定の限界性として認識せざるをえなかった。故に、「物子の言、最も少年学者を賊ふ」(同前)とか、「茂卿(徂徠のこと)好んで激辞を為し、一世を傲弄す。吾が党、其の顰に効ふを戒むる者は、其の、道に害有るを悪めばなり」(原漢文、『論語語由』先進篇、『全集』一、一一二頁)などと徂徠学の有害ささえ説かざるをえなかった。前章でみたように、徂徠学批判や儒学以外の諸学(仏教や神道など)の積極的導入を容認する主張も、徂徠学のかかる限界性に根ざしていた。右の、朱子学に対するそれなりの評価(したがって朱・物両派の使い分け)も、こうした考え方の上にあることは、もはやいうまでもあるまい。ただ、徂徠学の限界性の認識というのは、それを裏返していえば、徂徠学が政治的現実に対して相対的に大きな有効性を保持するための、いわば部分的妥協であった。その意味では、徂徠学衰退期における徂徠学の側からする防衛の論理であった、といってよい。ともかく南冥は、「学問は国政の基」とする基本的立場から、学問の政治的現実における機能に即して、学問の有効性をはかり、その活用を考えたのであった。

かく考えきたれば、徂徠学的な「事業」の学を奉ずる南冥の立場からすれば、「道学を以て師弟を訓導する」竹田家の東学（朱子学）も、自らの学（西学、徂徠学）の学問や教育の活動を補完するものとして、むしろ積極的な意義をになって登場してくることになる。南冥が竹田定良に対して、「其の道学は則ち世家の師儒に備さに存せり。（中略）嗚呼此れ僕の為さざる所にして、足下焉を勉めよ」（「復竹梅廬」、前引）といったのも、必ずしも竹田家学の道学性を、軽侮の念をこめて皮肉ったものと見る必要はない。文字通り、竹田家学と自己の学との役割分担を明確に主張したものと見なすべきものであろう。かくて、南冥にとって、学派を異にする両学館の併立は、むしろ積極的な意味が認められたのである。

以上、他に類例をみない福岡藩での東西二藩校の同時設立は、南冥の思想に即したものであったとみなして、誤りあるまい。思えば、藩士たちが東西いずれの学問所で学ぶかを、学生各自の自由選択に任せるという発想自体、まぎれもなく、南冥的発想に合致するものであろう。少なくとも朱子学では、決して有り得ないところである。

第四節　福岡藩寛政異学の禁について

福岡藩の藩校設立に南冥が密接にかかわっていたことが、前節の考察で、ほぼ裏付けられた。すなわち、治之に抜擢された安永七年の後のあまり遅くない時期から治之の建学の議に主要にかかわり、以後の「打続御大変」のためにその実現は延引されたものの、「家老中」執政という藩政の変則的事態に直面したのを機に、その容易ならざる状況に対応する手段として、再び藩校設立の企てが実現に向かい、その結果、東西併立の、南冥の構想する形での藩校設立となった。藩当局の側からすれば、藩の命運のかかった緊張感のみなぎった中で、南冥の説く学問（学校）の効果に大いに期待したわけである。実際、開校後、南冥の西学の勢いは、東学を圧したといわれているが、[28]まさにそれは、教学上の南冥の学の影響力の大きさと有効性を裏書きするものといえよう。この点をさらに一般化していえば、徂徠学的経世論にもとづく南冥の学校論は、十八世紀後半期に急増する藩校設立の基盤にある儒学理念の一面を物語るものとも見ることができる。

しからば、その南冥が、八年後の寛政四年になぜ排斥の難に遭い、さらに寛政一〇年には、多くの学生を抱えていた西学が、なぜ廃止されなければならなかったのか。この点をあらためて検討しておかなければならない。

まず確認しておくべきは、寛政四年（一七九二）秋の南冥の廃黜を、福岡藩における異学の禁とみるのは、必ずしもあたらないということである。この時、南冥は、廃黜・蟄居の命とともに、門弟への教授も、また他国人を家に留めることも禁じられ、「四方ヨリ来遊ノ門人皆離散」（広瀬淡窓「懐旧楼筆記」巻三、前掲『淡窓全集』三一頁）という状態となった。しかし、藩校甘棠館自体は、依然継続していた。助教であった亀門随一の高弟の江上苓州[29]が後任の教授に上り、南冥長子の昭陽（二十歳）が藩儒官として家督を襲ぎ（十五人扶持）、やはり南冥の高弟の山口白賁・後藤主税とともに、西学での教育活動を助けた。廃黜後一年余後、藍泉宛の南冥書簡（寛政五年十二月十七日付）に、「甘棠も学生もさのミ変も不申やはり旧観ニ而御座候」（『全集』八〔上〕、五八九頁）と記されている。南冥廃黜後も、甘棠館の学生の動向に大きな変動はみられなかったようである。

また、以後の西学に対する藩当局の扱いも、表面上に見える限りは、東学と相違した形跡を認めることはできない（たとえば、寛政六年の藩主斉隆の臨校や諭告文の文面など。『日本教育史資料』第三冊参照）。したがって、寛政四年の段階で、藩が朱子学を正学化したり、異学（亀門学）を禁圧した事実は認められない。現象する事実を見る限り、南冥の学を異学視しての禁圧ではなく、あくまでも、南冥個人に対する処分として行われたと考えざるをえない。

なお、先に南冥とともに、黒田家菩提寺崇福寺住持に擢られていた弟の曇栄も、やはりこの時同時にその住持解任の処分があった。とすれば、何か特定の理由にもとづいて行われた、南冥兄弟に対する処分といわざるを得ない。

ところが、その六年後、寛政十年（一七九八）二月、甘棠館が災火のために全焼（類焼）した。しかるに藩からその再建ついに許されず、しかも加えて江上苓州や昭陽らの西学の儒官は、すべて藩儒官を免ぜられ、平士となる措置が下されるに至った。同時に、西学甘棠館に学ぶ学生達は、すべて東学竹田家の門に入ることが命ぜられた。それまで亀門の学を学び、事ごとに東学と反目してきた学生たちが、学派を全く異にする東学方へ入学するには、かなりの抵抗があった。しかし、それは藩命として強行された(30)。ここに亀門派の学は、公の藩の学から排除され、藩士も亀門への従学が許されず、藩の学問は竹田家系の朱子学に統一せられた。寛政十年のこの一連の措置こそ、福岡藩における異学の禁（異学を排し、正学＝朱子学に統一）とみなければならない。

さて、南冥廃黜の理由について。その決定的な真相は、必ずしも明確であるとはいえない。先にふれた通り、幕府による異学の禁（二年前の寛政二年五月）の直接の影響とされるのが、これまでのいわば通説である。しかし、右に示したように、南冥廃黜自体は異学の禁ではなかった。また、幕府の異学の禁は、あくまで昌平黌に限ったもので、藩が独自にそれを利用した場合はともかくとして、一般には諸藩に直ちに影響力を発揮する性格のものではなかった。少なくとも幕政当局者（松平定信）には、全国諸藩にも強要する考えはもっていなかった。（この点、次章参照）。とすれば、この通説は、具体的根拠に乏しく、何ら説得力をもつものではない。

高野江鼎湖『儒侠亀井南冥』は、南冥廃黜の近因（直接的理由）として、白嶋の碑文および大宰府旧址碑文に関する二つの事件（南冥筆禍事件）をあげ、その根拠として、南冥の、久野外記宛の「口上之覚」（寛政二年十月十六日付）[31]の記事内容を示している（同書に長いその全文が掲載されている。一二七〜三四頁）。

それによれば、この前後、南冥とその弟の曇栄に対する加藤虞山らの圧力が、日ごとに強まっている事情がうかがえる。その不当性を激しく訴えたのが、この陳情書であった。「大宰府旧址碑文」の事件とは、南冥の発企により、わが国古代の大宰府を追慕し記念する文を南冥が執筆し、それを石に刻んで、富商平山鼎のほか二名の私財によって建碑するべく、寛政元年冬にその許可申請を藩当局に願い出た。これに対して、藩の回答は、年を越えて翌年春にまで遅れた上に、「意は嘉すべきも建碑は必ずしも要しない」という、理由不明の、予期に反した不許可の回答であった。[32]「一向筋道相分らず、御内々之様にも有之、表向之様にも有之、相障る次第有之様にも相聞候へども、其旨はきとも不被仰付」と南冥は全く理解に苦しんでいた。南冥には不快なこと甚だしかったもののようである。

一方「岡縣白嶋記」事件について。天明六年、山鹿浦の大庄屋秋枝広成の依頼によって、二百年程前に漁民に功労のあったグワイという賤民を顕彰するために、南冥が「白嶋記」の撰文を執筆し、弟曇栄の書でそれを石碑に彫刻した。しかし藩がその建碑を許可しなかったので、その後それは秋枝方にて保管されていた。ところが、加藤虞山が「郡廻の節」にその石碑の「すりつふし」を命じ、それを実行させた。さらにその後も「白嶋の碑御詮議殊の外手厳く」、その（「すりつふし」）確認のために「土中五尺余埋め置候を掘出し、みぢんに砕」いた、というほどの念の入れようであったという。しかも、それを執筆した南冥兄弟には、何等関知せぬところで、ひそかに行われていた。南冥は、その筋の通らぬ不当性に激しい怒りを示している。陳情書（「口上之覚」）には、加藤虞山のその処断の理由にも詳細にふれ、それへ南冥は論難を加えているが、要するに（南冥によれば）、南冥が碑文中に徂徠の「臨江亭記」を引用して唐船への攻撃に本藩（福岡藩）のほかに豊前・長門が協力した事実を明記したことが、ことさら「御国之功名を薄くなし」たということにあるという。南冥にいわせれば、これは「鋸屑（言葉や文章などが、まるでおがくずのようによどみなく出るたとえ）もいへばいはるゝと申す者にて、どうなりとして、あしく申成度より、申し出したる僻言」つまり、為にする言い掛かりにほかならないというのである。また、陳情書には、弟曇栄に対しても別件の理不尽な仕打ちがあったことも記されている（ただしその内容にまではふれていないが）。

こうした一連の「不当な」圧力について、南冥は、「此等之事（前記二件）も皆々虞山内々にて取計候儀と世間一統風説承及申候、虞山事私兄弟に何之恨み御座候哉、何事によらず相妨げ申し候」、あるいは「私兄弟にかかり候御詮議事は、十に七八迄は、虞山より内々申込、伊織様御取上被成候儀、明白に御座候」と、「伊織様」につながる加藤虞山の策謀であることを、再三明言している。

虞山は地理学に通じていたもののごとく、貝原益軒が元禄期に編んだ『筑前国続風土記』の遺漏を補い、寛政五年に藩主へ献じている。[33] 南冥の虞山評は「虞山人物元来事之理筋、善悪、是非などの見へ分り候眼にては無御座候得共、風土記之書続など被仰付候へば、自然と貝原益軒にもつゞき候学者の様に、自身にも自慢し、世間よりも存入候哉に御座候」という（以上「口上之覚」、前掲『儒侠亀井南冥』一三二〜三頁）。彼は、貝原益軒の学統をひくということからして、竹田家の学派につながる朱子学系の人物であろう。また、「伊織様」なる人物は、『日本教育史資料』第三冊「旧福岡藩学校沿革要略」（八頁）にも名の見える「家老中」の一人大音伊織厚通（四〇一四石余、『福岡県史』第二巻上冊）のこと。前後の文脈からみて、久野外記とは、政治的立場を異にしていたろうか。また東学の竹田定良は、藩の「異説」すなわち亀門学一派を排撃するのに、陰で暗躍した人物であるという。[34] とすれば、ここに、大音伊織—竹田定良—加藤虞山の密接な反南冥派ラインの結び付きを想定することができよう。

「口上之覚」を草した寛政二年秋のこの段階において、南冥は、その陳情書に「当時は私抔は一口も口出しならざる時節と相考居申候へば、御同席様（執政を担当している「家老中」のことか）何方へも不申上候条、尊公様（久野外記）え此段卒度申上置候」と、藩内における自らの発言力の低下と、藩政権内の庇護者の不在を自覚し、おそらく病中にあったと思われる久野外記（この一ヵ月余の後、外記は病没した）に頼ろうとしていた。ただし、「老母病衰仕り、月日を相待ち居り」老母の死期が今間近に迫っている。だから今は「何事も堪忍仕、身持等慎しみに慎しみを重ね」てひたすら耐え忍ぶ。しかし「老母身まかり候上にては」、断固たる反撃を開始し、「鳳陽院様（治之）並に尊公様（外記）御目金違にて無之処」、つまり自分を抜擢・厚遇してくれた亡き藩主治之公と久野外記とが、自分にしめしてくれたその判断が、決して間違っていなかったこと（つまり自分の正当性）を、明白に示してみせる「覚悟仕居」と、陳情書は結ばれている（同前）。いわば、反対勢力に対する全面的な反撃の決意表明とでもいえるほどの勇ましい口ぶりなのである。

老母は、その十六日後の十月二十二日に、安らかに息をひきとった（寛政二年十二月十九日付小石元俊宛南冥書簡に、老母の死去の有様が、詳しく語られている。『全集』八〔上〕、五五五頁）。ところが南冥にとっての不運は、それからほどなく、頼みの久野外記も亡くなったことである（十一月十五日）。もっとも、外記がなお生存していたとしても、その当時、外記にどれだけの発言力が残っていたか、疑問ではあるが。南冥がこの後、いかなる反撃の行動に出たか、あるいは沈黙していたか、今のところそれを知るに足る史料は、管見にして見ることができない。全く門地に無縁の南冥が、頼るべき庇護者も失って、幕藩制社会の中にあって、果たしてどれだけの反撃が可能であったろうか。それでももし、何らかの反撃行動に起ち上がったとすれば、それはいわば自殺的行為にもひとしかったろう。そしてそれから二年とたたない寛政四年秋、南冥に廃黜の命が下された(35)。

以上により、私見では、南冥・曇栄兄弟廃黜の直接の理由は、「大宰府旧址碑」建立や「岡県白嶋記」事件自体にあるとは考えにくい（「大宰府碑」は、南冥の文に見る限りは、理由にもならない。「白嶋記碑」の一件は南冥の関知せぬところで行われた。もしその罪を問うなら、南冥の関知せぬところで行なう必要はなく、また南冥への処分を寛政四年まで待つ必要はなかったはず。ただしこの二件が彼らの廃黜とまったく無関係であったというのではない。直接的関係がはっきりしないということである）。それより、そうした南冥兄弟への圧迫に対する南冥兄弟自身の政治的対応（それが反撃といった強いものではなかったとしても）の仕方にあったのではないかと推定する。そして南冥兄弟圧迫、廃黜に朱子学竹田家の勢力がかかわっていたことは、確実であったと思われる。

すでに繰り返したように、南冥の藩出仕は、家老久野外記の篤い信任を機縁としていた。外記は、継高・治之・治高・斉隆の四藩主に仕えた。「その容貌の魁偉にして儀表の威厳」をそなえ、「大人の風有り」、「亦た社稷の臣たるに背かず」などと形容される人物であった。外記が、治之の信任ことのほか厚かったことは、先にふれた。また、幼君斉隆襲封に際し、長崎警備役を解こうとする幕府に対し、外記が一命を賭して働きかけ、ついに「家老中」代行が認められたという。この功績は、特筆に値することであったようである。(36)

久野外記と南冥との親交は、外記の著「崎陽紀行」（天明三年）に寄せた南冥の序文に、「魯（南冥）夫子（外記）の知を辱けなくすること、業に已に十有余年」（原漢文、前掲「旧福岡藩久野外記伝」）とあることから、南冥の二十歳代の明和年間のころから始まったと思われる。(37) 南冥は「関西無双」の蘐門の領袖として国の内外から門弟を多数集める学問的名声(38)と、そして外記の絶大なる信任を得て、南冥の出仕・登用が、これに反対する「衆議」を抑えて実現したわけである。(39)

先に見た通り、南冥の出仕は、藩内に学派上の対立をひきおこした。南冥は、門地のない中、藩主および一部重臣の信任を頼み、藩政上の識見を示すとともに、藩校設立をはじめとした一藩の教学上の主導権をにぎるまでに信任・厚遇された。そうした破格の登用と、それを実現させて有無をいわせぬだけの学問上の実力とは、いずれも裏を返せば、竹田家の学の無能ぶりを際立たせることになったに違いない。しかも南冥は、先に見たごとく、事あるごとに竹田家の学を鋭角的に批判、追撃し、その無能さをあげつらうことに、いささかも斟酌する人物ではなかった。南冥と対照的に、学統上の名門と、父祖以来の実績を誇る竹田家学一門にとって、南冥の登場以後、耐え難き屈辱の連続であったろうことは、想像に難くない。竹田側が、何かと物議をかもす異端の学者南冥の排斥の機をうかがっていたとしても、不思議ではない。南冥排斥の策動が竹田定良にあったであろうことは、すでに(注34)の小野寿人論文に指摘されている。

竹田家の学は、貝原益軒のいわば助手的役割を果たして門下の筆頭にあげられていた竹田定直(春庵)が、益軒の推挙により福岡藩の儒官に登用されたのに始まる。定直の学風は、益軒の幅広い実学的・経験主義的側面を継承した痕跡は見られず、純然たる朱子学者として終始したといわれている。(40) 当時の竹田家の当主定良(梅廬)は、その定直の外孫(ただし本家に養子として入り定直から数えて第四代目当主で、藩主侍講)。竹田家の出自が京都の公卿であった関係からか、竹田家は代々京都に遊学したもののようである。定良も二度の京都遊学が知られる(41)(なお、定良の功としては「筑前孝子良民伝続篇」の編纂・刊行が見られる)。また定良の子定矩(復斎)も「長崎・京都ニ遊学シ、西依周行・若槻敬等ノ門ニ講学ス」(『日本教育史資料』第五冊、二九二頁)とあるように、崎門学の私塾望楠軒書院の西依成斎や若槻幾斎の門で学んだことが知られる(望楠軒書院は、崎門の三傑浅見絅斎の高足若林強斎に始まる京都の崎門学の、したがって闇斎の直系の、中核的位置を占める私塾である)。また、竹田門の高弟で東学に訓導として教えた井上周徳(南山)、井上学圃や月形質らも、望楠軒に学んだことが窺える。(42) 以上、竹田家学は、系譜的に貝原益軒の学風よりもむしろ、とりわけ異端排撃の急先鋒として知られる京都の望楠軒書院系の崎門学の学風につながっていたことが推測される。(43)

以上、南冥廃黜の背景となる事情をみてきた。藩内における激しい学派的対立の存在は、疑いようがなく、そしてそれは藩内の政治路線上の対立にまでかかわっていた可能性も十分にある。(44) そうした学派上の対立は、藩校内に異学の存在を許そうとしない朱子学の側にも、確かに一つの原因はあるであろう。しかし、南冥の学の批判的な学風のよって来るところも、少なくなかったといえよう。この点、南冥の思想的特質に即していえば、前章第六節にみたように、徂徠学を徹底した先の、自律規範をもたない不安定な主体に関わる問題であろう。あるいは、徂徠学の脆弱性につながるといってもよい。とすれば、昭陽のように、自らを儒学中に羈束して、経書の「義訓」の正確な把握を目指し、考証学の世界にひたすら沈潜するか、もしくは都市文人のように自らの自由な精神を詩文などの文雅の世界に遊ばせ、そこでの表現に自己を定着させるのでなければ、南冥自らが生きた「儒俠」的な生き方につながらざるを得なかったといえようか。

それも、有能でかつ強力な為政者の信任のもとでは、強力な改革政治に大きな力を発揮することも可能であったろう。現に、徂徠が展開した人材論が、そうした強力な超越的君主を前提にもっていた(45)。久野外記と藩主治之が南冥に期待したところは、そうした強力な改革の論理であった。また南冥からすれば、治之や外記といった強力な政治的主体の厚い信任をまって、はじめて自己の学を発揮し得たのである。「朱氏の風は士庶に宜し」「物氏の風は君大夫に宜し」というのは、南冥自身の言であったが、皮肉なことに、寛政期の福岡藩は、次第に「君大夫」が「朱氏の風」になっていった(46)。

あくまで師家と仰ぎ、亀井家学に好意的であった淡窓でさえ、「南冥ノ人トナリ。細行ヲ検セズ。門下モ亦跅跑ノ士多ク。其末流ニ至リテハ。益々放逸無頼ニシテ。身ヲ亡ボシ家ヲ覆スノ徒モ少ナカラズ。是ヲ以テ毀リヲ当世ニ得。人其学ヲ言フコトヲ忌ムニ至ル。惜イカナ」（「儒林評」、前掲『淡窓全集』中巻、一四頁）といわざるをえなかった。こうした南冥学の一派のあり方は、敵対する朱子学派の目からみれば、風俗衰微の元凶、学問の堕落の極と映ったとしても、異とするにはあたるまい。南冥排斥を、たんに竹田側からの醜い報復と見なすだけでは、一面的であろう。そこからは、十八世紀後半期の徂徠学の後退や異学の禁の意味をとらえる視点はでてこない。

折しも久野外記の亡くなった寛政二年のその年は、皮肉にも、幕府による異学の禁が断行された年（五月）であった。それに代表される全国的な反徂徠学―朱子学復活の動向は、反南冥派にとって、絶好のよりどころとなり、ゆるぎない確信につながったに違いない。

かく見てくれば、南冥廃黜自体は確かに異学の禁ではなかったが、さりとて異学排斥の動向と無関係でもなかった。(47)南冥が外記に陳情せざるをえなかったほどの寛政二年（とくに八月から）に活発さを加えた反南冥派からの圧迫が、幕府の異学の禁の直後に当たるのも、たんに偶然ではなかったとみなければなるまい。とすれば、南冥兄弟の廃黜は、やはり福岡藩における異学の禁への第一歩であったといわざるをえない。寛政十年（一七九八）、西学が火災で焼失してしまえば、多少の経世上の有用性が西学にあったとしても（現にある程度それはあった。しかしそれは一部上層の者が個人的に学べば事足りた）、幕府の異学の禁以後の全国的動向を背景において考えれば、西学を再建しなければならない積極的理由は、当時の藩当局には、見いだされなかったに違いない。

では、寛政前後に全国的に朱子学が復活してくるのは、いったいなぜであろうか。以上みてきた福岡藩での考察から、一つには、南冥にみた徂徠学のもつ限界（あるいは脆弱性）が想定されよう。しかしいうまでもなく、それは朱子学復活の積極的理由にはなりえない。徂徠学の弊害の排除ということであれば、折衷学でも十分に事足りたはずである。なぜなら、第二章で考察した通り、折衷学は、徂徠学の限界を認識した上で朱子学的な道徳主義や自然的秩序論をとりこみ、徂徠学のもつ弊害を補正し、なおかつ徂徠学のメリットをも生かそうとして生まれてきたはずであったのだから。徂徠没後の（十八世紀後半の）徂徠学の後退にかわって、折衷学が隆盛をみ、全国諸藩の政治へ浸透し、そしてそれが藩学急増・武士教育普及の思想的背景であった事実は、明らかに、折衷学のもつ有効性を十分裏書きするところである。

ところが、異学の禁は、徂徠学や仁斎学のみならず（もっとも実際には、純粋な徂徠学などなかったというべきだが）、そうした折衷学や陽明学までをも排除の対象としていた。なぜ折衷学は排除されねばならなかったのか。この問題は、これまでのように排斥された徂徠学や折衷学の思想に即した考察だけでは、解くことはできない。排斥した側の正学派朱子学の思想論理に即した考察が必要である。なぜなら、朱子学にとって、「異学」を排斥すること自体に積極的意味があったはずだし、そこに寛政期の歴史的状況に対応するだけの新たな理論が内包されていたと予想されるからである。

次章の課題は、これを解き明かすにある。

（1）笠井助治『近世藩校の綜合的研究』（吉川弘文館、一九六〇年）三頁。
（2）行藍泉宛南冥書簡、天明四年二月二十一日付。『亀井南冥・昭陽全集』八〔上〕、五八〇頁。傍点は筆者、以下同。なお、同全集は、以下『全集』八〔上〕のごとく略記する。
（3）日本思想大系36『荻生徂徠』三七二頁。
（4）いうまでもないが、ここでは、肥後侯細川重賢が実際にそのように認識していたか否かということよりも、南冥がこのように観察したその分析の仕方が、南冥の思想の反映にほかならないということの方に、意味がある。
（5）南冥は、「肥後物語」に、肥後の学校（藩校）の図面を挿入するのみでなく、「学校役人」や学校運営のシステムなどについても、実に詳細に記述している（後述）。彼が政治改革上、いかに学校を重視していたか、これがその考え方の反映であるのはもちろんであるが、またそれのみに止どまらず、自藩において自己の構想が採用され実現されることをめざして、藩当局へアピールすることをも意図していたと思われる。
（6）南冥が甘棠館（西学）開校時に行った初の講義は、天明四年二月のその時、藩が「家老中」の名で東西の両学館に掲示した「学問稽古所御壁書」三カ条のうちの第一条「忠孝の道を宗とし、礼義廉恥を弁へ身持覚悟宜しく、先々相応に御用に相立候様弟子の輩を相導可申事」を解説・敷衍したものであった。なお、『全集』一、三七一頁以下にその講義録「学問稽古所御壁書第一条」が収載されている。

（7）その他、「日々の勤惰を記す」すなわち日常の学習状況や評価を記録する「奉公附」の制や「稽古人（学生）の芸業を試むる」「試業」（いわゆる試験）の制が行われていることも紹介している。

（8）徂徠が、「学問は畢竟内証事」といって、学問の私事性を強調したいわゆる「私教育」論は、南冥においては影をひそめている。しかしその一方で、政治権力によって学校教育が徹底的に掌握される制度的システムが、格段に詳細に展開されている。それは南冥が、徂徠の「私教育」論を継承しなかったことを意味するのでは、必ずしもない。先に指摘した通り、徂徠の「私教育」論なるものは、本質的には、教育の理念や制度上の問題ではなく、学問や教育の技術や方法論上の問題であった（第一章第三節の(4)）。とすれば、第三章で分析した南冥の、個性重視の武士教育論（第四節）や、自力自得主義（第六節）の教育論の展開の中に、徂徠の「私教育」論の意味が継承され、十分に展開されているとみて誤りない。同時代における南冥の世間での評価を上げた要因が、南冥のこうした精彩を放った（徂徠の蕿園を彷髴とさせるような）門弟への教育方法にあったことは、たとえばそこに学んだ広瀬淡窓が称賛をこめて再三強調するところなどに明らかである。

なおちなみに、淡窓の咸宜園での有名な教育指導上の様々な工夫は、南冥の塾におけるそれをもとに、さらに淡窓なりの工夫を加えて発展させたものとみて、大きな誤りはないと思う。両者の指導上の工夫を比較・対比してみれば、このことは、相当程度、論証可能のはずである。

（9）「御用勤衆」とは、大名近侍の御用人のことかと思われる。『福岡県史』第二巻（上）の「御役人名元写」（二〇一頁）などによれば、御用人はほとんど家老の家柄でしめられていることがわかる。

（10）第七代藩主治之は、将軍吉宗の孫、松平定信の従兄弟という関係にあった。また治之没後、第八代藩主治高（丸亀藩の京極家出身）を養嗣子に迎える際にも、京極家との縁組内定の後だったにもかかわらず、幕府への思惑から、一橋徳川家よりの養嗣子迎え入れを画策する動きが一部家老たちの間にあった。しかし信義を重視する立場から、家老久野外記らの反対で実現しなかったという（郡葆淙「旧福岡藩久野外記伝」、『筑紫史談』第一四・一五集）。

なお従来の研究は、論告文に見える危機意識が根本的には改易の危機に根差すという点を見落としている。たとえば井上義巳「九州における藩校成立事情の一考察」（『九州大学教育学部紀要』七、一九六〇年、のち『日本教育思想史の研究』所収、勁草書房、一九七八年）など。

（11）「隣国への聞へ」つまり他藩への悪い評判は、それ自体も藩としての恥辱であるに違いない。しかしそれに尽きるのではなく、そうした情報が流布することが、幕府からの処分に容易につながる可能性をはらんでいると意識されていたのである。

(12) 現に、福岡藩と交代でその任に当っていた佐賀藩は、文化五年（一八〇七）八月に突如起こった英船フェートン号の長崎蘭館侵入事件のために、藩の直接の責任者の切腹に止どまらず、藩主鍋島斉直は老中から責任を詰問され、逼塞命令の処分をこうむった。なお、井上義巳前掲(注10)論文参照。

(13) 学問所での学業状況の藩当局への報告は、かなり継続してこのとおりに実行された模様である。少なくとも寛政九年の諭告文には、それが確認出来る（前掲『日本教育史資料』第三冊、四頁）。また、同『日本教育史資料』によれば、諸士の子弟一一歳になれば（嫡子であると否とを問わず、次男以下も含めたすべての子弟の）就学の義務があった旨が明示されている。確かに寛政九年の諭告でそれは確認出来るが、天明四年の開校当初からそうであったか否か安易に速断できないものの、その可能性は高いと推定される。

(14) 儒学においては、学問と教育とを区別してもあまり意味があるとはいえないということを、すでに序章において論じておいた。しかしここには、両者を区別し、教育に固有の立場を自覚する方向で、両者を分化してとらえる意識の成立が、萌芽的ながら前提にあるといってよいであろう。
　この提示が南冥の起草にかかるものである可能性が高いということは、次の第三節(2)において推定しておいた。もしそうであるとすれば、これは南冥の教育観の反映と考えられる。なかんづく、広瀬淡窓に発展的に継承される南冥のすぐれた教育法を思えば、その可能性は極めて高いといえよう。なお、本章(注8)も参照。

(15) 高野江鼎湖『儒侠亀井南冥』（一九一三年）六五頁所載。

(16) 安永八年十月七日付の行藍泉宛の南冥書簡に、治之が七月から病気であること、医者である南冥もそれ以来詰めていること、そしてその病気に回復の期待の薄いことなどが記されている。（なお、前掲の『儒侠亀井南冥』によれば、治之の病は「今の所謂脚気衝心」だという。五四頁）。行藍泉宛南冥書簡の該当部を引いておく。「寡君病気ニて七月以来ひたと詰方ニて今以相勤居申候。其上病気弥不相勝いつれ難治と相見申候ヘハ、小生畢生之趣向も是きりと被相考、無聊之胸中御遠察被成可被下候」（『全集』八〔上〕、五七五頁）。また、治之の病に南冥が治療に懸命にあたったことは、「肥後物語」序文にも、記されている。

(17) ただし、たとえば「(藩主治之の侍読として) 或は瞽説杜撰の言など献じ奉りし」（「肥後物語」序、『全集』一、四三二頁）というように、南冥が直接治之に建策するといった機会もあったようであるから、「半夜話」とは別個に、直接治之に建学の建議をした可能性も十分考え得るであろう。しかしその場合でも、この推論自体を妨げるほどの矛盾は生じない。

(18) 天明三年十月九日付の星野陽秋（南冥高弟の一人で、筑前国上座郡の村医者）宛の書簡に、「小生居宅近辺郷校思召立之儀ハ去ル六月廿四日本殿ニて被仰付、本志之段御察之通、亡父存命ならて夫のミ今更残念此事ニ御座候。東隣合壁葛貞作・山岡文左衛門右二屋敷上より御買上ニて其迹ニ御建立有之策ニ御坐候。講堂・六間四面、寮ハ三間ニ十間、其他供込馬寮等甚御造作なる事ニて以後繁昌せん哉否其事のミ恐入申事ニ御坐候」と、西学甘棠館の概要が記されている（『全集』八〔上〕、五九三頁）。

(19) 荒木見悟『亀井南冥と行藍泉』（徳山市立図書館双書第十集、一九六三年）八頁所引。

(20) 石川謙『日本学校史の研究』（小学館、一九六〇年）四四〇頁参照。

(21) こうした激越な批判には、「猛虎ノ如シ」とか「伸フルコトヲ能クスレトモ屈スルコトヲ能クセス」（広瀬淡窓「懐旧楼筆記」巻八、『増補　淡窓全集』上、九六頁）などと評された南冥の性格（前章第六節参照）によるものであることもさりながら、門地なき彼が、既成の権威を手厳しく批判することで、自己の学の有効性のいわば喧伝効果を期待したという一面も、おそらく否定できまい。ただ、かかる鋭角的批判の言動が、結局は自らを窮地に追い込む要因となったことも、また疑いない（前章第六節、本章第四節参照）。

(22) 「復竹梅廬」は、『南冥先生文集』（『全集』八〔上〕、五二五頁）所収。なお、荒木見悟前掲書（注19）一〇頁以下参照。

(23) 井上義巳前掲論文（注10）参照。

(24) 広瀬淡窓「儒林評」（前掲『淡窓全集』中巻、一〇頁）。ただし、この淡窓の南冥評は、廃黜以後（しかもおそらく朱子学派勢力の策動による廃黜）の南冥についてであったから、その朱子学嫌悪感には、かなり感情的な面も交じっていたと思われる。

(25) 南冥は徂徠と同じく、「君子」を第一義的には「君主」と同義に解する。

(26) 「夫れ朱子の学は、治世ならば則ち可なり。人才を束縛して、人をして沈黙して治め易からしむるが故也。今の諸侯、盛んに朱子の書を行ふこと、見有りと謂ふべし。然れども天下の生ずるや久し。後世少しく蠢すれば、その人必ず痼せん、その国必ず弱ならん。何となれば則ち宋儒なる者は、能く静にして動くこと能はず。人を害せずと雖も、将に人の害する所とならんとす。不義を行はずと雖も、将に不義の者の斃す所とならんとすればなり」（原漢文、「読弁道」第一〇則、『日本儒林叢書』四、八頁）。

（27）学派の使い分けや朱子学の有用性の一定の肯定などのこの立場は、折衷学と見るべきではあるまい。南冥に見られるのは学派学説の折衷ではなく、対象や状況に応じた使い分けなのであるから。ただその場合、使い分けが可能な学問とは、学問それ自体が至高の目的というよりも、別の特定の目的実現のための方法や手段（つまり政治のための方法）としての性格を有することとなろう。

（28）たとえば、笠井助治『近世藩校に於ける学統学派の研究』下（吉川弘文館、一九七〇年）一五五〇頁など参照。

（29）江上苓州、名は源、字は伯華、通称は源蔵、苓州は号。肥後熊本天草の人。南冥が藩に登用された安永七年、二一歳にして来りて南冥に入門、天明四年甘棠館開設と同時に福岡藩儒者（十人扶持）として召し出され、師南冥を助けた。寛政四年、南冥廃黜の後をうけて、師に代わって甘棠館教授に就き、西学の学政をつかさどった。しかし、寛政十年、甘棠館廃止とともに平士となったが、以後も、福岡藩に仕えた。なお、南冥よりも少きこと、一五歳、文政三年（一八二〇）、六三歳で没した。南冥は、彼を門下の顔回と称したという。以上、前掲、高野江鼎湖『儒侠亀井南冥』二三〇頁以下参照。

（30）南冥がかつて永富独嘯庵のもとで共に古医方を学んだ京都の医師小石元俊（元俊は、周知のように、後に蘭方医学を修め、京都蘭方医学の嚆矢となった）に宛てた昭陽の書簡には（寛政十年八月二十四日付）、この間の事情を次のように記している。「扨今般之火烈ニて甘棠館類焼仕候処、六月十六日儒員輩政府ニ被呼出、西学再建無之、儒員平士ニ被加候旨申達有之候。宋儒方熾時ゆへと奉察候。就右十年絃誦（学校での学習のこと）之地を去り姪浜（昭陽夫人の実家および南冥の父聴因の旧家があった）之方ニ皆々引移居申候。世変万化御憐察被成可被下候。敝邑も学問ハ衰候勢ニ相見申候。西学門人東学へ入門有之候様ニ命御座候へとも、人情心服不仕候」（『全集』八（下）、六一三頁）。

（31）この久野外記宛の陳情書（「口上之覚」）は、「十月六日」付とあるのみで、年欠である。前掲の高野江の『儒侠』中にも、年欠のままで、年代考証もされていない。しかし、これが寛政二年であることは、以下により明らかである。記事中、「太宰府碑銘の一件」が記されており、南冥の同碑銘執筆が寛政元年仲冬（十一月）であること、また、久野外記の病没が翌寛政二年十一月十五日である（前掲注10の郡葆淙「旧福岡藩久野外記伝」三六頁参照、『筑紫史談』第十五集。

なお、同稿に「仲冬十五日」を「十月十五日」とするのは誤り)。このことから、この陳情書が、外記生存中の寛政二年十月六日でなければならない(外記はその一ヵ月余りの後に病没)。なお後述のように、この書が、南冥の老母が死期を間近に迎えている中で記されていた。老母の死去が、寛政二年十月二十二日であることは、寛政二年十二月十九日付の小石元俊宛の書簡に、その死去の有り様を詳細に記しているのに明らかである。この点からも、年代確定が確認できる(『全集』八〔上〕、五五五頁)。

なお、この「口上之覚」は、『亀井南冥・昭陽全集』(全八巻九冊)には、収められていない。原文の確認が得られなかったのであろうか。

(32) 『儒俠亀井南冥』一二一〜五頁、および井上忠「『太宰府碑』解説」(『全集』一、四九九頁)参照。なお井上「解説」によれば、同碑は、大正三年(一九一四)に、亀井門下生子孫らによる有志の拠金で建碑されたという。

(33) 『福岡県史資料』第九輯(一九三八年)。

(34) 小野寿人「亀井南冥の最後(上)(下)」(『歴史地理』第七三巻第二・三号、一九三九年)は、「梅廬先生行状」の記述をもとに、竹田定良が亀門学排撃をひそかに、しかし断固として実行するのに大きく関与していたであろうことを、明確に論証している。

(35) 藩の家老職の家は八家あったが、そのうち、南冥廃黜の翌年の寛政五年に、家老大音伊織(四〇一四石余)と浦上数馬(四八五六石余)とが各々五〇〇石ずつ加増された(『福岡県史』第二巻上冊、二四五頁、「安永分限帳」)。この加増は、この年の藩主斉隆の初めての就国を契機として行われたものと推測される。それはそれまで(藩主在府中)の藩政への功労に対する褒賞的意味をもっていたものであろう。とすれば、当時における大音伊織らの勢力の政局上の主導権を十分に推測させる事実である。

(36) 以上、久野外記については、郡葆淙「旧福岡藩久野外記伝」(前掲注10論文)参照。同論文には、外記の人物や藩政への尽力を示す挿話がいくつか記されている。端的にいえば、筋を通す豪胆な人物像が描かれている。その限りでは南冥に一脈通じるところがあったといえよう。

たとえば、治之逝去後の養嗣子選定をめぐってである。治之の生前、丸亀藩京極家との間でその件に関してすでに約束があったにもかかわらず、幕府への思惑を優先して一橋徳川家からの養嗣子に触手を伸ばそうとする一部家老達の動きがあった。これに対して、外記は、信義を重んじる立場から強くこれに反対し、結局約束通り京極家から治高を迎えるにいたったという。

またその後の幼君斉隆襲封に際し、幕府は、幼君であることを理由に、佐賀藩とともに福岡藩に代々任せてきた長崎警備という重大任務を解こうとした。これを藩としての恥辱、面目失墜と受け止めた外記は、直ちに江戸へ馳せ参じ、一命を賭して幕府に周旋した。その努力によって、ようやく幕府説得に成功したという。このことは、その翌年の天明三年（一七八三）、外記の長崎への紀行文「崎陽紀行」に寄せた南冥の序文にも特筆されている。

これらはいずれも、幼君在府中の「家老中」執政において、外記の発言力の上昇につながる事がらであったといえよう。なお「家老中」執政の首座は、黒田美作であったが、外記はこの黒田に信任されていたことが、同「外記伝」に示唆されている。

(37)　仮に、序文中の「十有余年」というのを「十五年」とすれば、明和五年（一七六八）。南冥二六歳。南冥は、二二歳の頃から私塾蜚英館で講学を始めていた。なお外記は南冥に長ずること一二歳、ちょうど一回りの違いであった。

(38)　南冥の私塾の盛時を偲ばせる記述を広瀬淡窓の「懐旧楼筆記」（巻七、前掲『淡窓全集』上、七五頁）にみれば、「亀井ノ居宅極メテ広シ。書塾数所アリ。嵩文館。千秋館。潜龍舎。幽蘭舎。虚白亭。九華堂等ノ号アリ。往時盛ナリシ時ハ。六十余ノ生徒有リテ。諸塾ニ満チシ由。予カ行キシ時ハ。塾生十人ニスギズ。諸塾多ク空虚ナリシナリ」とある。なお、淡窓が初めて南冥および昭陽を訪問したのは、寛政八年（一七九六）秋八月、正式入門は翌九年春正月のこと。また、藩校甘棠館はこの南冥の私宅に隣接して、それに倍する規模を誇っていた。（「師家ノ隣。即府学ニシテ。甘棠館ナリ」「甘棠館ハ其結構極テ斉整美麗ナリ」、同前）。

(39)　南冥と外記との親交を示す事例は、他にも知られる。外記の「崎陽紀行」に南冥が序文を寄せたことは、すでにふれた。また、外記の死後、南冥の弟曇栄による法語が残されており（郡前掲論文「旧福岡藩久野外記伝」に所載）、また寛政五年の南冥による「国相久野子像賛」が書かれている（『全集』八〔上〕、一七二頁所載）。淡窓の「懐旧楼筆記」巻六によると寛政九年頃南冥廃黜後にもかかわらず、門下生（昭陽門）に「才気」抜群で（ただし「放逸無頼」の蛮行が多い）舎長をつとめる久野善次という外記の縁者（「別家」）の名と、外記の従兄弟の家老野村東馬の子の名とが見えている。久野一族は、学問の上では終始南冥・昭陽に師事していたものと思われる。

(40)　井上忠『貝原益軒』（吉川弘文館人物叢書、一九六三年）三二九頁参照。

(41)　『福岡県碑誌』筑前之部、三一九頁（大道学館、一九二九年）。

(42) 『日本教育史資料』第五冊、「旧福岡藩学士小伝」二九四～五頁、前掲笠井助治『近世藩校に於ける学統学派の研究』下、一五六一～二頁。

(43) 望楠軒書院の崎門学は、異学（ことに徂徠学）の排撃の急先鋒として知られており、その学統をひく朱子学者たちが、幕府の異学の禁以前に既にいくつかの藩において異学禁止、朱子学正学化を断行している。たとえば高知土佐藩では、宝暦十四年（一七六四）藩主の名で藩校教授館に異学の禁を命じ（『学統学派の研究』下、一四九三頁）、後に望楠軒の牙城の観を示した若狭小浜藩の順造館では、安永三年（一七七四）異学を禁じた（同前、上、五五二頁）。また天明元年（一七八一）佐賀藩校弘道館において異学の禁を推進した古賀精里も、一時は望楠軒の西依成斎に学び（同前、一六〇四頁）、また尾藤二洲も一時的に望楠軒にかかわったことがあるという。（なお、精里と二洲とは、やがて大坂で、頼春水らとともに、独自の同志的活動を行い、必ずしも崎門学と見ることは、できない。次章参照）。

もし竹田家学が、学統に厳格な望楠軒につながるとすれば、定良が「必ず道学を以て子弟を訓導せよ」と南冥に忠告したのも、当然であったろうし、また異学排斥に執念を燃やすことも、あり得たろう。崎門学にとって、自らと対等な形での異学との平和的共存などありえなかったのだから。なお、崎門学については、丸山真男「闇斎学と闇斎学派」、阿部隆一「崎門学諸家の略伝と学風」（いずれも、日本思想大系31『山崎闇斎学派』解説論文、岩波書店、一九八〇年）参照。

(44) 亀門学派も正学派朱子学も、いずれも政治に関わらぬ単なる学説上の問題ではなく、政治の体制やあり方と一体のものであった。したがって、藩内の学派的な対立は、当然政治路線の対立と無関係ではなかったはずである。しかしここでは、その点を具体的に明らかにすることはできないので、問題点の示唆にとどめる。

(45) 第一章第二節参照。

(46) 廃黜中の南冥は、自己の赦免を、やはり「伶利」な藩主の登場に期待せざるを得なかった。「旦那（久しく在府中であった藩主斉隆を指す）入部以前ハ様々改削も有之、面白事も可有之哉と相待居申候得共、兎角美政ハ世ニ少ものニ而不面白事のミ承申候。旦那ハ随分伶利と相聞申候得共、政道ハ一向家老まかせと申事ニ御座候間、左右之壅蔽阿党ニ而事行ハれ候様子、中々近年ニハ善政ハ有之間敷と被存候。右ニ付小生身分なといかゝ凶悪者之様に成行居可申も難計、倅（昭陽）か学業文章も誰称し候者も無之、一人之異能挙り候事も不聞、さりとは伊鬱之仕合ニ御座候。乍然旦那伶利御座候へハ其内ニハ醒覚之期も可有之候」（寛政五年十二月十七日付行藍泉宛南冥書簡、『全集』八〔上〕、五八九頁）と、同年の斉隆の初入部にいかに期待していたか、そしてその期待を裏切られながらもなお「伶利」といわれる斉隆の「醒覚之期」にはかない望みを託するほかない南冥のいじましいまでの心情が窺える。

有能で強力な為政者の信任こそが自らの実践の前提であった彼の（もしくは徂徠学の）学問的性格が、こうしたところにも明らかであろう。

なお右に引いた行藍泉宛書簡を、『全集』（井上忠校注）では「寛政四年の頃」としているが、斉隆の国元への入部が寛政五年であることから、この年でなければならない。

(47)　南冥自身、「論語々由一通り成就仕、清書も仕置候得共、誰尋くれ候者も無之候。いつれ古学不向ニ付而之事と慨嘆仕候。此所ニ而ハ白河公（松平定信のこと）も余程徠翁（徂徠のこと）之邪魔を被成候と、乍慮外うらめしく御座候」（寛政五年十二月十七日付行藍泉宛南冥書簡、『全集』八〔上〕、五八九頁）と、自らの廃黜が幕府の異学の禁と無関係でないことを強く意識していた。

《付記》

本書二校後、井上忠氏の論文「亀井南冥と竹田定良——藩校成立前後における——」（『福岡県史　近世研究編　福岡藩㈣』抜刷）を、同氏より恵贈された。福岡県立図書館の黒田文庫と竹田文庫の史料を中心に、いくつかの事実を示されている。そのうち、両学の出席者数は、確実な実数比較ではないが、東学の方が多かったこと、また距離的には不便であった西学の方が高禄の士とその子弟の通学が多かったこと、という指摘は、私には新知見であった。しかし本書の論旨に合致する。以上、本文中に言及できなかったので、とくに付記しておく。

第五章　寛政異学の禁をめぐる思想と教育

——正学派朱子学と異学の禁——

第一節　天明・寛政期の画期性と異学の禁研究をめぐって

まず、本章の課題設定と研究史の整理、および本章の研究視角を明示しておく。

すでに述べたように、十八世紀後半、とりわけ天明・寛政期（一七八一〜一八〇一）は、近世教育史の一大画期をなす。量的にはもちろん、質的にも教育的諸現象の急激な高揚がみられた。武士のみならず、民衆層にも、広く社会的に教育や学習への熱意と需要が高まってきたのである。この時期、「儒学の大衆化」と称されるのも、[1] かかる状況とかかわっていよう。

実は、さらに重要なことは、天明・寛政期を画期とするこの教育的諸事象の高揚自体、量的拡大をともないつつ、基本的には、以後幕末にかけてほぼ一貫した動向として、継続・推移していったということである。とすれば、近世教育史上、天明・寛政期の画期性をどう理解するかという課題は、幕末教育史を全体としていかに把握するかという問題、ひいては教育史における近世と近代という問題にもかかわってこざるをえない。

寛政改革期における幕府の異学の禁と一連の積極的な教学政策が、上記のような十八世紀後半の全国的な教育史的動向の一つの顕著な事例としてあることは、いうまでもない。この前提の上で、本章は、寛政異学の禁をめぐる思想を素材にして、右の課題の解明をめざす。

ところで、思想史（儒学史）的にみた場合[2]、十八世紀後半期は、前代に一世を風靡する勢いであった徂徠学が後退し、それに伴って折衷学の盛行がみられたが、やがてそれらを厳しく批判・排斥した朱子学が復活してくるという趨勢にあった。この点を教学政策の面とのかかわりでみれば、幕府の寛政二年の異学の禁に先立って、少なくとも六藩で、異学禁止（もしくは朱子学正学化）が実行されていることが注目される[3]。これもかかる思想的動向と無関係ではあるまい。そして朱子学復活の動向は、基本的には、以後もほぼ一貫しているとしてよい。

十八世紀後半は、また、全国的な諸藩の藩政改革の時期であった点も、忘れるわけにはいかない。その際、改革の一環として、藩校の設立をはじめとして何らかの形で学問や教育に関する政策的取り組みがみられた。それがまさにこの時期の改革の顕著な特質の一つに挙げることができる[4]。

上章において折衷学や徂徠学の思想的特質や藩校の意義についてみてきたように、教育的諸現象の高まりや朱子学思想の復活および幕藩政治改革の展開といった諸動向は、それぞれ別個の現象ではなく、互いに内的にかつ不可分に関わっていた。けだし寛政異学の禁は、いわばかかる政治と思想と教育とが交錯したところに取り組まれた政策であったと考えることが出来よう。この意味で、異学の禁（ひいては十八世紀後半期の画期性）の評価は、この時期の政治と思想と教育の三者の関わりを視野にいれて考えなければ、一面的になることを免れない。

異学の禁に関する先行研究は必ずしも少なくない。当然ながらその多くは、封建制再建を目指す寛政改革の一環としての考察である。論者により論点が多岐におよんでいるためそれらの単純な整理はむずかしいが、あえておおざっぱにいえば、

(A)　異学の禁を封建イデオロギーの再編をめざした思想統制とみる立場[5]、

(B)　改革政治遂行のための実践的人材の育成や登用の面に力点をおいてとらえる立場、[6]

(C)　異学排除や思想統制としてよりも、むしろ一連の教学政策とリンクした武士教育の振興ないしは教育への政治的統制や支配などといった教育や教化の面にこそ異学の禁の意義があるとする立場、[7]

などに分類できると思われる。

幕府の寛政改革の原型は、宝暦・天明期の藩政改革に見いだすことができるといわれる。異学の禁も広島藩や佐賀藩など藩レベルで先行し、準備されていた。とすれば、異学の禁は、藩政改革の文脈においても実証的に考察される必要があろう。[8]少なくともそこでの学問や思想の、政治や社会に対する実践的なかかわり方やあり方が、まさに異学の禁の底に共に流れるものであるはずのものだから。

ところで、異学の禁を、禁圧された異学や禁圧した正学派朱子学の思想に即して理解しようとする研究は、これまで意外にも手薄であった。とりわけ正学派朱子学は、理論的創造性や思想的生命力を失ない、したがってそれゆえにこそ、封建教学再編に狂奔する封建為政者によって、強権的に（つまり朱子学のもつ思想的・学問的な力によるのではなく政治的権力によって）朱子学が復活させられる必要性があった、とながらく説明されてきた。まさにこの期の朱子学復活こそ、儒学思想の「停滞」現象そのものにほかならなかった、というのである。[9]

こうした見方に対して、まず最初に疑問を示したのが、衣笠安喜氏であった。氏は、徂徠学解体後の儒学思想の展開を思想史的に考察し、折衷学の意味に注目されたが、さらにそこから正学派朱子学が形成されてくる論理的必然性を明らかにされた。異学の禁を、こうした思想史的視点からとらえた研究としては、まさに先駆的な業績であった。[10]

さらに宮城公子氏は、尾藤二洲の思想分析によって、朱子学思想復活の意味と必然性とを論証してみせ、それによって、異学の禁をとりわけ幕末思想とのかかわりにおいてとらえる視点を提示された。[11]また、頼祺一氏は、明和・安永期の大坂において、正学派朱子学が形成されていった過程と事情とを実証的に明らかにすると共に、頼春水・尾藤二洲・古賀精里・頼杏坪らの思想とその活動を検討された。[12]

本稿が近年のこうした研究の視点（衣笠・宮城・頼氏ら）を、継承するものであること、いうまでもない。[13] たしかに、正学派朱子学の教説自体は、定型の倫理道徳の域を出ないかにみえる。「道学先生」というにふさわしく、陳腐でさえあるかのごとくである。しかし、陳腐なはずのこの朱子学の論理と倫理が、事実としては、以後幕末にいたる学問と教育に、中心的役割をはたし続けた。藩校での武士教育は儒学にもとづいて行われ、その中で道学風朱子学が主流であり続けた。かかる歴史的事実をどう考えるのか、本章は、こうした陳腐な朱子学の意味を改めて考察するとともに、それによって、寛政異学の禁の意味を思想史的に検討することをめざしている。

第二節　異学派の学問観

すでに上章までにおいて徂徠学や折衷学の学問観に言及してきた。ここでは、寛政異学の禁をめぐる論争に見える異学派（おもに折衷学派）の学問観を改めて確認し、その特質を整理しておく。

寛政二年（一七九〇）、いわゆる寛政異学の禁が出されるや、冢田大峰[14]（折衷学、尾張藩儒）は直ちに老中首座松平定信に上書して、これにはげしく反対した。大峰は、「夫れ道は天下国家を治むるの道なり。天下国家を治むるの道は先聖後聖その揆は一なり。何の流派かこれあらん」（『冢註論語』自序）[15]という。つまり「道」は政治の方法であり、学問は政治を目的とする。したがってその目的のもとにおいて、学派の区別は意味をなさない。こうした基本的立場から、異学の禁に反対したのである。

大峰はその上書[16]において、「文道は詩書礼楽之教法を以て、天下之人に孝悌忠信を勧るに過べからず。武道は弓馬剣鎗の器械を以て天下之不孝不忠者を懲すに過べからざる道」と、まず「文道」（学問）と「武道」とを、各々政治上の方法と役割において位置づける。その前提で「武道」に多くの流派の別があっても「何れの流儀にても、上手名人だに御座候はゞ、皆御用に可二相立一」である。学問も同じこと、「剣鎗之流派の如くに、学問にも種々之名目付候得共、何れにも聖賢之教に因而、天下之人を孝悌忠信仁義之道に誘引仕候者に御座候はゞ、何流に而も世上に大勢有レ之候程、大平之御政務之万分之一之御益にも可二相成一事」と主張する。さらに医学にも同じ趣旨で言及している（「人之疾病をだに能く療治」するなら、後世方でも古医方でもその流派は問う必要がない）。要するに、武道や医学がまさに技術そのものであるように、大峰においては、学問も政治のための方法や技術にほかならなかった。学問がかく技術の一種であるとするなら、武術や医学と同じく、学問も多様であればあるだけ、政治の一助に貢献し得るわけである。ここでは、具体的な問題解決の方法としてどれだけ有効であるか否かこそが問題とされるのである。また大峰はいう、人間はその生来の気質に応じて多様である。だから「学問も必ず程朱之流に無御座候共、人々の好みに任」せなければならない、として、この面からも学問の多様性の積極的意義を説き、異学の禁反対の一論拠となしていた（以上「大峰意見書第二」[17]）。

こうした学問観は、一人大峰のみに限らない。同じく柴野栗山（幕府儒官）に異学の禁反対の意見書を呈した赤松滄洲[18]はもちろん（「与柴野栗山書」）、一世代上の折衷学者の細井平洲（第二章参照）とも、何ら選ぶところがない。折衷学に通有の学問観といってよい。そしてすでに明らかな通り、政治のための方法としての学問という点において、徂徠学の学問観とも乖離するところはない。大峰は自己の学問的動機に関して、「私学風は、古註、集註、其外古今の諸説を皆解釈仕候而、其上に而何れの註解に不レ限、只日用に迂遠の説をば差置、切近の説を取候而忠孝仁義の行を心得候而、早く治安の一助に相成候処を専一に仕候」[19]といっている。まさに彼の学問的性格が明瞭に表現されているといえよう。

以上の大峰の学問観の特質を、以下に整理して示す。[20]

(1)学問の目的は、学問それ自体のうちにではなく、「治国安民」にこそあった。この目的の前に、既成の諸学の権威は相対化され、折衷される。そこにおいては、学問の学派学説如何が問題なのではない。「治国安民」への有用性こそが問題であった。ここには学問の当否を、それ自身に内在する価値で評価する視点は生じようがない。しかしその反面、日常の実践の側から諸学のもつ意味をとらえ返し、多様な他の諸学への寛容な姿勢を示すとともに、すでに喪失していた社会的実践性や政治的実用性を回復させる方向で、既成の諸学の意味をあらためて蘇生させんとするものであった(第二章第四節参照)。

(2)異学の禁への反対は、決して朱子学そのものへの反対ではなく、学問を朱子学にのみ限定することへの反対であった。これを裏返せば、自己の学が「治国安民」の一端において有用であるという点での、自己の学の存在意義を主張するものであった。あるいは言葉を換えていえば、「治安の一助」として、自己の学を限定したことにほかならない。それはまさに、選択および代替可能な技術や方法の次元で学問をとらえたことを意味しているといえよう。

ただし念のために付け加えるなら、ここで技術や方法というのは、学問が道徳性を排除したという意味ではない。たとえば大峰は、

凡そ士の、道に志す者は、身先づ徳に拠らざるべからざるなり(中略)徳とは、得なり。道を身に得るなり。其の以て身に得べき所の者は、乃ち衆徳有りといへども、孝弟を以て至徳要道と為すなり(「聖道得門」、日本思想大系47『近世後期儒家集』一三五〜六頁)

といい、あるいは、

蓋し唐虞三代の隆替は、その帰、己を修むると修めざるとに在りて、その天下国家を治むるの得失に在らざるなり。(中略)この故に聖人の人を取るや、その智能材性は、乃ち秀出すること有りといへども、苟しく

も徳に拠らざる者は、則ち敢へて取らず（同前、一三七〜八頁）

というように、学問および政治における「修身」や「徳」の確立の重要性を強調してやまない。したがって、大峰において、「孝弟の徳に拠」って、身に「徳」を得るために有効な学ならば、学派の如何を問わず、いずれも「先王聖人の道」に合致するというのである。

(3)かかる学問は、技術や方法としての一定の専門性（ないしは部分性）を有する以上、政治の責任主体としての為政者（君主＝藩主もしくは家老重臣層）が学ぶ学問であるよりは、それに使われる家臣（「官僚」層）に学ばせるにふさわしい学としての性格をもつことは、見やすい。つまり一般の武士たちが学び、各々の才能を伸長させるにふさわしい学、ということになる。逆にいえば、朱子学のみに学問を限定してしまえば、学問の重要な役割であるはずの人材育成が困難になり、必ず学問衰微につながると考えられていた。大峰ら折衷学派にとって、多様な学問が存在することこそ、政治に有用不可欠な多様な人材の育成や武士の教育の可能性を保証すると考えられていたのである。こうした論点は、寛政四年十月付の松平定信への大峰上書（前掲『冢田大峰』一〇二〜四頁）に明らかである。(21)

(4)別の視点からいえば、この立場においては、少なくとも学問それ自身のうちから政治や社会の全体をおおう論理や理念を展開することは出来ない。なぜなら、全体的な社会観（もしくは自然をも包みこんだ世界観）を持ち合わせていないからであり、たんに政治を構成する条件や要素あるいは部分でしかないからである。

(5)こうした折衷学は、すでに第二章の細井平洲にみてきたように、宝暦以降の諸藩の藩政改革の中で積極的な意義をもち、一定の役割を果たしていた。その意味で、すでにいわば歴史的実績をあげていたのである。大峰らの折衷学派の儒者が、幕府（松平定信）に対して、敢然と異学の禁反対の論陣を張った背景には、かかる〝実績〟に裏付けられた自己の学への確信があったからにほかならなかった。現に大峰は、「五六十年以来（享保期、すなわち徂徠学盛行以後）は古書往々多く世上に流布仕候故。諸侯方以下学問仕候輩。程朱の教の外。古書に随ひ学問仕候者も多く有レ之候得ば。自分夫れぞれの人材を成し候而。文道盛成御代に罷成。難レ有御事に奉レ存候」（寛政二年六月尾張藩主徳川宗睦宛上書、「寛政異学禁関係文書」二三頁）と、享保以降、古学の盛行にともなう諸学の普及・発展と、その人材養成上の有用性を誇示しているのも、こうした事情を裏書きしていよう。

しかし、徂徠学の功利主義を批判し、折衷学に欠けていた全体的世界観と統合の論理を掲げて登場したのが、次に見る正学派朱子学であった。

第三節　正学派朱子学の思想と論理

(1)　学問の実践的性格

柴野栗山に異学の禁を建議したとされる西山拙斎[22]は、赤松滄洲の異学の禁反対論（「与赤松滄洲論学書」）して、「夫れ学の正邪有るは、猶ほ物の真贋有り、事の可否有るがごとし。世道の升降、民俗の美悪は、将に必ず之に由らんとす。（中略）学記に曰く『君子如し民を化し俗を成さんと欲すれば、其れ必ず学に由らんか』と。設令教学方を失ひ、正邪弁ぜずんば、何ぞ能く民を化し俗を成すことをこれ為さんや」（原漢文、「寛政異学禁関係文書」五頁）という。また、広島藩儒者で異学の禁政策推進の急先鋒であった頼春水[23]は、「学事ハ上下相貫キ貴賤之差別無之義（中略）政事之根本風俗之由来此所ニ御座候」（「春水遺響」二、「口上之覚」、『広島県史、近世資料編Ⅵ』六六一頁[24]）という。両者のいうところは、学問の役割は「化民成俗」つまり民衆教化による美しい「風俗」の確立にある。それこそ政治のめざすところである故、「学事」は「政事の根本」にほかならないというにある[25]。要するに「御政事ハ学問より出不申候てハ、相済不申候事」（同前、六六三頁）である。かかる主張は、「道は天下国家を治むるの道」とする大峰らと一見変わるところがないかに見える。

たしかに頼春水は、「学事と今日と別ニ成」ったいわば学問のための学問や、「古今の事迹のミを咄し覚」える博識のみを誇る体の学問は、明確に排した。その上で、実践を第一義とした「今日実事取行申候学問」こそ、あるべき学問であると繰り返し説いて止まない（同前一、六三一頁「傅役の心得に付書付」）。現実の諸問題に主体的に取り組み、解決してゆくための拠りどころとしての学問、この意味での学問の実践的性格は、正学・異学を問わず、異なるところはない。上章に、平洲や南冥の学問観をみてきたことからしても、この点はすでに明らかである。とりわけ徂徠学を奉じた南冥においてさえも、政治の具体的な場における強烈な実践主体の確立を目指していたことを想起されたい。それは結局、徂徠学を経た後の、十八世紀後半に政治に関わった（もしくは関わろうとした）諸学に通有の学問観であったというべきであろう。(26)

(2) 「学統」論

では両者の違いはどこにあるのであろうか。

享保期徂徠学出現以降、儒学が盛行するに至ったという大峰の認識は先にみた。かかる見方は、赤松滄洲も、「享保以降、文学漸く開け、治道益々備はれり。大は則ち廷論、小は則ち疏達、上下相資け、公私互に得」（原漢文、『先哲叢談続篇』巻十一の、赤松滄洲の「与二柴野栗山一書」の前書部分所引。「寛政異学禁関係文書」一頁、および『漢学者伝記集成』八一一頁）と述べたように、当時の徂徠学や折衷学の学者には、一般的な見方であったと思われる。ところが一方、西山拙斎は「甚だしきかな、夫れ仁斎・徂徠の、毒を後昆に遺すや。蓋し二氏の説、人の耳目を眩してより今に七、八十年。本邦の学風大いに変じ、異端競いて起こる。皆な実学を遺てて空文に騖せ、功利に趨りて道徳を舍つ」（「題下与二赤松国鸞一論レ学書後上」、「寛政異学禁関係文書」一二頁）という。つまり、古学の登場以後の学問の状況に対する評価は、異学（大峰や滄洲）と正学（拙斎）とでは、全く逆になっている。このことのもつ意味は、示唆的である。

すでに明らかなように、異学派と正学派の対立点は、学の多様化こそが積極的価値であるとする異学派に対して、正学派は学の（朱子学への）一統化こそがすべての前提である、とするところにある。異学の一定の有用性自体はむしろ自明であったにもかかわらず（実は正学派とて、異学の有用性を全否定しているわけではない。この点後述）、正学派が学の一統化にあくまで固執した意図は、一体どこにあったのか。この点を、以下頼春水の思想によって考察を加えよう。

まず、天明六年（一七八六）一月に著された「学統論」からみてゆく。(27)

（前略）武事には固より数家あり。其の、旅を整へ師を行る（「旅・師」はともに軍隊を意味する）に及んでや、之が将帥為るは一人のみ。則ち鼓すべくして鼓し金すべくして金す（太鼓は進軍、鉦は退却の合図）。惟だ其の進退する所、苟し数将帥有りて、我は鼓すも彼は金すべく、彼は金すも我は鼓すべく、金鼓所を失い、彼我相乖らば、豈に能く其の師を成さん哉。学に数家有りて、数家並び行はる、吾れ未だ其の可なることを知らざる也。彼は我が末と為す所以を以て本と為し、以て天下を易へんと思ひ、我は彼が本と為す所以を以て末と為し、以て天下を易へんと思はば、則ち多門の政なるや、吾は誰に適従せん。夫れ師の、必ず将帥を一にするは、則ち人誰か然らずと謂はんか、学の必ず一家を主とするに至りては、則ち以て暁り難しと為す、亦た異ならず乎。若し之を武事に数家有るに比すれば、則ち民を理め兵を理むるは、水利・算数・詞章・訓詁に其れ或は比すべし。是れ小数にして、何ぞ与に其の統と言ふに足らん哉。（中略）能く其の正に由りて、異学の訌する所を為さざれば、則ち済々の士、蚩々の民、趨向差はずして、皆な醇正に之れ帰して自ら知らざる也。いわゆる「道徳を一にして以て俗を同じくする」者、是においてか見るべし（原漢文、「寛政異学禁関係文書」一七〜八頁。なお元『春水遺稿』巻一〇所収）

以上、正学派朱子学の論点はここにほぼ集約されているといってよい。なお、ここでの論点が、前引の大峰の寛政二年の松平定信宛上書に対抗する形になっていることに注意されたい。当時の学禁論争の争点が奈辺にあったかを物語っていよう。

上引のごとく、春水にとって「学問」とは、何よりも軍隊において指揮命令にあたる唯一最高の権威たる「将帥」に比定さるべきものであった。この場合、多様な武術は、その指揮下に動員される技術の類にすぎない。つまり「理民理兵」（軍隊では兵をおさめ、政治では民をおさめる）に任ずる学問は、政治の基本的な理念や方向を示す根本にしてかつ最高の原理なのであって、「水利・算数・詞章・訓詁」といったたんなる「小数」（区々たる瑣末のわざ）とは、本質的に次元を異にしている。しかも政治の目的が、「一道徳以同俗」（『礼記』王制篇）、単一の道徳原理でもって「風俗」を統一することに設定されている。(28) こうした道徳的な社会秩序規範を確立する根本原理を提示するのが学問にほかならぬというのである。この意味で、政治は学問に全面的に依拠することが求められることになる。いわば、学政一致論の展開にほかならない。

ところで正学派朱子学は、「学統」に執拗にこだわる。「学統」の確立こそが学問の絶対の前提であることを繰り返し強調する。まさにここに正学派朱子学独自の特質があるといってもよいが、これも以上の文脈に即して理解しなければならない。

君子の学は、統を知るを先と為す。学んで統無きは、学ばざるに如かざるなり。統なる者は聖賢の伝ふる所にして、古今に亘り、天地を貫き、礼法以て立ち、倫常以て明らかなること、是れなり。統は一のみ。各々其の統とする所を統とするの謂に非ざる也。世の学を論ずるや、各々意見を張皇して、帰する所を知らず。其の説は卑近ならざれば則ち懸空にして、何をか学に取る所ぞ。その務めて経済を談ずる者（徂徠学もしくは徂徠学系の折衷学や経世学）、其の弊は功利の陋と為りて、君子の学に非ざる也。其の専ら心性を論ずる者（陽明学）は、その弊は道・釈（道教と仏教）の妄と為りて、君子の学に非ざる也。此より出でて必ず彼に入り、紛々焉として天下に適従するを知るもの莫きは、是れ其の統の明らかなるざるに由りて、以て此に至るのみ。然らば則ち学を今日に論ずるは、統を舎てて其れ曷を以てせん耶。（中略）其の統の在る所、昭かなること白日の如くんば、君相之を奉じ、其の化源を端し、学士之を稟け其の徳の意を宣ぶ。政術、上に一なれば、風俗豈に下に二三ならん哉。学統明白にして而る後に治教は得て言ふべき也（原漢文、頼春水「学統説送赤崎彦礼」天明五年春正月、「寛政異学禁関係文書」一八〜九頁。なお元『春水遺稿』巻一〇所収）

朱子学において「統」といえば、朱子が韓愈の「原道」を承けて、『中庸章句』序文において定式化した、上古の聖神・堯・舜以来の諸聖の系譜、いわゆる「道統の伝」を想起せざるをえない。春水のいう「学統」も、「聖賢の伝ふる所」といい、また『孟子』の「能く言ひて楊墨を距ぐ者は聖人の徒也」（滕文公、下）および漢の董仲舒の「諸々の、六芸の科、孔子の術に在らざる者は、皆な其の道を絶ちて並び進ましむる勿れ」（『漢書』董仲舒伝）の言をあげ、次いで程・朱への学統の連続を説いていることからしても、当然この「道統の伝」を踏まえた概念であるとみるべきであろう。それが、「正学」としての正統性の根拠をなしているのも、いうまでもあるまい。なお、朱子の「道統の伝」自体が、価値や学問の混乱（諸子百家、そして老荘や仏教の盛行など）の状況に対して、正統主義の確立をめざして主張されたものであったことも、示唆的であるといわねばならない。(29)

しかしここで正学派朱子学の強調する「(学)統」が含意する内容は、たんに朱子の定式化による「道」の正統の師伝の系譜という意味での「道統の伝」にのみとどまらないものがある。もちろんその内容が、「古今に亘り、天地を貫き、礼法以て立ち、倫常以て明らか」な（諸聖によって伝えられた）普遍的真理には違いない。しかし朱子は、「道統」の内容（「允に厥の中を執れ」）を「人心」「道心」の緊張関係という宋学の理気説によって、すぐれて人間の内面の問題として、敷衍・展開した。(30)

これに対して、春水の説く「学統」は、直ちに「風俗」を成す「化源」として、「政術」や「治教」に直接して説かれている。つまり「学統」の確立が要請される契機は、何よりも「風俗」の統一や「治教」という目的(端的にいえば政治的目的)にこそあった。「其の統を明らかにして、以て天下を一にする」(同前、一九頁)という通り、まさに「学統」の明確化は、「天下を一にする」という政治目的の一点をめざしていた、といって誤りない。何よりもまず「礼法」とか「倫常」などといったいわば社会の秩序規範が「統」の具体的内容として語られるのも、まさにこれに対応した方向である。先引の「学統論」で、「統」が、区々たる技術の類を意味する「小数」の反対概念として規定されていたこと、および「学統」が政治の根本原理を示すものであったこと、この二点を想起されたい。かかるものとしての「統」とは、朱子学本来の「道統」(道の正統の相伝系譜)の意味よりも、むしろ「統一」とか「統合」の「統」、すなわち全体を秩序づけまとめるという意に近い。とすれば「学統」が、「天下を一にする」といった社会全体のもとづくべき包括的な統一原理を指し示していることは、もはや明白であるといわざるを得ない。この意味で、「学統」はとりもなおさず政治の「統」そのもの、いわば「政統」とでも称すべきものといってよい。現に春水は、赤崎彦礼(号海門、薩摩藩校造士館教授、幕府の聖堂学問所にも講学)が薩摩藩世子の侍講であることに言及して、「世子の学は、善く其の統を明らかにするに在り。世子は乃ち学統の絶続の係はる所にして社稷の安危、生民の利病は焉に従る」(原漢文、同前)という。すなわち、一国の君主の学ぶ学が、結局一国の「安危」や民衆の運命までをも左右する、だからいずれ藩主となる世子の学は、何よりもまず正統なる「学統」を明確に確立することこそが根本とならねばならない、という考え方である。まぎれもなく、「学統」即「政統」観の展開ではないか。

なおちなみに、春水は広島藩世子浅野斉賢の伴読として、江戸に在府することが多かった(天明三年より寛政五年までのほぼ十一年間)。彼は世子の教育方針について、寛政二年四月「口上之覚」を提出した。

学事ハ上下相貫キ貴賤之差別無之義勿論ニ候得とも、（世子は）別て御任し被遊候所不軽御身ニてハ一入御大切之御義奉存候、政事之根本風俗之由来此所ニ御座候義奉存候（「春水遺響」二、六六一頁）

右にいうように、朱子学正学による世子教育は、まさに広島藩「学統」（「政統」）の絶続に関わる重大な仕事であった。この意味からして、世子への異学派の接近は、極度に警戒せられねばならなかった。[31]

如上の頼春水の学問認識は、もちろん朱子学の論理を逸脱したものではない。ただ朱子学は、本来「治人」（『大学』の「斉家・治国・平天下」）の前提に、何よりもまず自己を内面から律し確立してゆく「修己」をおき、「治人」は「修己」の帰結ないし結果ととらえていた。したがってそこでの第一義的目的は、何といっても「修己」（『大学』の「格物・致知・誠意・正心・修身」）にこそおかれていた。春水も確かに「学事と申候事多く治国以外之事のみを吟味仕候て、斉家以内万事之本根と相成候所ハ小事之様ニ取なし候ハ以之外之事ニ御座候」と述べ、「斉家以内」を学問の「本源」「本根」と重視している。こうした重視こそ朱子学としての本領であるには違いない。しかしそれにもかかわらずそれは、「学事」の「本末先後之所御会得」[32]のために強調されることであって（以上、同前「口上之覚」、「春水遺稿」二、六六一頁）、すでにみた通り、春水では「治人」こそ第一義目的であり、「修己」はそのための不可欠の前提と位置づけられていたのである。なお後述するように、春水の論においては、君主の道徳的完成は必ずしも君主の不可欠の前提とされていなかった。かく、一見朱子学に忠実な論理の展開であっても、春水の「学統」論の意図の所在を考える限り、かくいわざるを得ない。

ここで、荻生徂徠が「道」は「天下を安んずるの道」即ち「天下」（社会）を全体として統合する秩序規準としての「定準」（但しそれは道徳的規範ではない）とみなし、学問はそのための方法であると考えた徂徠学を想起されたい（第一章第一節）。ちなみに「道なる者は統名」とは、徂徠の愛用句であった。とすれば、春水の学問認識それ自体は、その主観的意図とは別に、徂徠学のそれに触発されて形成された面があったのではなかったか。

ここで再び想起されるのが、正学派朱子学を唱え始めた「同志」たちの多くは、かつて徂徠学もしくは徂徠学系の折衷学を経験しているという事実である。

まず春水である。彼が初めて学んだ儒学は古文辞学（安芸国豊田郡の平賀晋民という徂徠学系折衷学者）であり、また大坂に出て師事したのが、やはり徂徠学系の折衷学者として高名な片山北海（宇野明霞門）であった。北海の主宰する詩社混沌社にも、当然古文辞学を奉ずる者が多かった。春水が朱子学へ転向するのは、この混沌社在社中の明和年間であった。(33)

尾藤二洲（一七四五～一八一三）(34)の場合も徂徠学から始まった。しかし、二〇歳の頃、徂徠学の非を悟り、陽明学へ傾斜。その数年間の時期を経て、春水の強い影響とそして程明道の「定性書」（『明道文集』第三、なお『近思録』為学篇にも所収）に深く感ずる所があって、安永初年頃朱子学への確信を強めていった。(35)

先にあげた備中鴨方の西山拙斎（一七三五～一七九八）や、備後神辺に黄葉夕陽村社（廉塾）を営み、郷村の人々に講学を続けた菅茶山（一七四八～一八二七）の場合も、やはり事情は似ている。両者は、相前後して京都の那波魯堂に学んだ。魯堂は元々徂徠学を奉じたが、明和元年（一七六四）朝鮮通信使一行の朝鮮学士と接するや、一転朱子学信奉者になった。拙斎も師のそれに完全に同調して、朱子学に転じるに至ったのである。菅茶山も、青年期に徂徠学を学んだけれども、やがてそれを捨て、魯堂の朱子学に就いた。春水は、在坂中に拙斎や茶山と知己となり、学問上において大いに共鳴することとなった。彼ら正学派は一種同志的な「道誼の交」を終生続け、終始互いに連絡しあっていた。(36)

以上のように、彼らは当初徂徠学（古文辞学）に親しみ、それを理解した。そして徂徠学を理解したからこそ、自らの抱える諸課題を考える中で、やがてその非を悟り、自覚的に反徂徠学を掲げて朱子学へ転じたのであった。とすれば、当然彼らの徂徠学批判の論点が注目されなければならない。

古学と申関東の諸歴々近来新説を説出し、道ハ聖人のこしらへ、その天下を手ニ入新ニ事を作り立てさへ候ハ、それを聖人と可申とて、（中略）学といひ教といひ皆々天下の治るが学とてそれを学ぶ事よと呼バリ候、何様それゆへ今日之用ニ立候事をのミ心得、今日功の見へ候所を考へなく候様ニ御座候へ共、これを学者ことばニてよく申候へハ、用ありて体なきと申方ニ候、これニわりを入相考申候ハ、、すへて学ハ今日之用ニ立可申事ニと存じながら、その根元をたゝし置不申候てハ、今日時ニ取用立候所ニ不覚不知学の本意をうしなひ申、根元ハしらず根元ハゆかみ申候ても今日之用ニさへ立候へハよしと申候へ共、根元ゆかみ候てハ今日之用立不申（以下略）（「春水遺響」五、七二七頁）

右の春水の徂徠学批判は、尾藤二洲が、「其学（古文辞学）ノ主トスル所ハ功利ニアリテ、聖人ノ言ヲ仮ハ縁飾マデナリ。道ハ先王ノ作リ玉ヘル者ニテ、自然ノ理ニアラズ、安天下ノ具ニテ、当行ノ路ニ非ズトイフコト、其綱要ノ処ニテ、皆功利ニ本ヅキタリ。（中略）左レバ其学タヾ理民ノ術ノミニテ、自己ノ身心ハ置テ問ハザルナリ」（「正学指掌、附録」、前掲『徂徠学派』三四四～五頁）というように、端的には徂徠学が「功利」のみの学（「理民ノ術ノミ」）、逆にいえば「自己ノ身心」（修身＝自己の確立）を前提としないこと（「体」＝「根元」の欠落、「用」のみの学）につきる。二洲にいわせれば、「彼ハ聖門ノ学者ニアラズ」（同前、三四六頁）徂徠は本質的には儒者ではないと断じられる。なぜなら「其学ノ主トスル所ハ功利ニアリテ、聖人ノ言ヲ仮ハ縁飾マデ」（前引）というように、「聖人ノ言」は単に「縁飾」のためにかりているにすぎず、その本質が「功利」にある以上、「其志ハ蘇張ニ過ギズ」つまり戦国期の蘇秦や張儀などの縦横家か、もしくは「嵇阮（けいげん）が放蕩」つまり世俗から離れて清談にふけった嵇康や阮籍などの徒にほかならず、結局儒学からの逸脱者であるというわけである。なお前者（「蘇張」）が、道徳のあり方を問わない経世論者を、後者（「嵇阮」）が詩文の世界に耽った都市文人層をそれぞれ念頭においていること、勿論である。いずれも徂徠学の欠陥のよってきたものと考えられていた。

ただここで注意すべきは、徂徠学が、その「功利の学」「理民ノ術」としての当否が判断された上で否定されているのではなく、学問の「体」である「自己ノ身心」を問うことを欠落させていることによって排されていることである。したがって、徂徠学排撃にきわめて激越であった二洲においてさえ、徂徠学を「聖門ノ学者ニアラズ」と認識した上で、「学者聖賢ノ書ニ通ジタル上ハ、ソノ（徂徠の）書ヲモ一覧スベシ」（同前、三四六頁）と、徂徠学の「功利ノ学」としての一定の有用性自体まで全否定したわけではなかった（この点後述）。

以上、正学派朱子学は、徂徠学を否定的媒介として形成されたとみるのが、本稿の主張である。そこに、徂徠学的な学問観——人間の世界を全体として統合するための原理の定式化を、「道」の学問（儒学）にもとめるという学問観——が、よそおいを改めながらも（つまり人心を対象とした統合こそ真の統合）基底的なところで、依然続いていたとみることができよう。

この点に関して、次に引く「答問愚言」に注意せられたい。尾藤二洲の門人岡井赤城（岡定太郎）によって、先引の冢田大峰の異学の禁反対の上書に逐一反論する形で著された論争文である（その欄外に師二洲の朱書論評あり）。

道は天地之規矩にて。一人の法に無二御座一。教は天下の権衡にて。一人の則に無二御座一。もとより道は天地の自然に出。〈子思子曰。天命之謂レ性。循レ性之謂レ道。修レ道之謂レ教〉学は天下の人と共被レ行候。然らは天人一体一道理に而御座候へは。天下一枚一流に無レ之ては。不二相叶一候わけの上。此教は天下の人を療し候大医薬に而。此学は天下の人を天地と一体一枚になすへきの大権衡に而御座候得は。医学の一人を療し。弓劔の一人に敵する具とは。天地懸隔雲泥の違ひに而御座候（「答問愚言」、「寛政異学禁関係文書」三二頁）

「道は天地之規矩」「教は天下の権衡」であるから、「一人の法」や「一人の則」ではない。「道」とは、「天下の人」が、いわば全体として依拠すべき「天下の道」たる「大権衡」もしくは「億万の標準」、すなわち社会の包括的規範にほかならない。ここでは「道」は、一人一人の人間が拠るべきわが心に内在する規範原理としてよりも（もとより彼らの論理でそれが否定されるわけでは決してないが）、第一義的には、社会を全体として統合してゆく包括的原理（したがってそれは政治の原理でもある）として説かれている。あえていえば、「道」は、第一義的には、社会を全体として律する秩序規範であり、それを前提にすることではじめて個人をも律する道徳規範でありえた。その意味ではむしろ人心を外側から律し拘束する規範に傾斜する可能性さえ含んでいるともいえよう。この「道」と学問の認識が、徂徠学のそれに親近性をもつことは、もはや繰り返すまでもあるまい。徂徠学は「儒教を政治化（ポリテイシーレン）」[37]したといわれるが、徂徠学を経た後の正学派朱子学もまた「政治化」された儒学の浸透下にあったといってよい。

なお、頼春水は「知」の重要性を説く。たとえば陽明学的な「力行」偏重主義を批判して、「致知力行トモ云テ知ト行フト筋ヲ分ケテ心得ヘキコトナリ、タトヘコレヨリ東ニ当リ何某カ所ニ行ント思ヘハ、先ソノ路筋ヲシリテ行クベシ、人ハ只篤実謹行トノミ心得テ、偏ニ謹行〳〵ト云テモヨキコトヲシラズシテハ善コトハナラズ、又知ヲ磨カズシテハ行ヒモ只骨折バカリ」（「春水遺響」三、六七九頁、「水野侯ヘ上ル節ノ草稿」）というように、「行」の前提として、それとは明確に弁別された「知」の確立を重視する。まさに春水が自覚的に陸王学と袂を分かつところであるが、これも「道」を、個人の実践倫理としてとらえる以上に、まず社会規範においてとらえ、それを「知」の対象においたことと密接に関わっていたとみることができよう。「一事一物の理」つまり社会や政治の具体的な現場において、それぞれのあるべきあり方を、全体的秩序の中で「知る」（認識する）ということの重要性といいかえてもよい[38]。

(3) 朱子学正学論

上述のように、正学派朱子学の学問観には、徂徠学の影（というより、むしろ徂徠学を経た後に一般化した学問観というべきかもしれない）が、少なからず見いだされた。しからばなぜ「正学」の名において、徂徠学をはじめとした異学諸派が峻拒されねばならなかったのか。

頼春水によれば、「専ら心性を論ずる」陽明学は「体有りて用無く」、結局「其の弊は道釈の妄と為」り、行きつく先は人倫的秩序の否定となる（原漢文、前引「学統説送赤崎彦礼」）。これを先の文脈に即していえば、わが心にのみ関心を集中するだけでは、主体としての自己一個の規範（主観的規範）とはなりえても、社会万人の規範原理とはなり得ないということになる。他方、徂徠学については既に見た通り、「今日之用ニ立候事のミ心得」る徹底した功利の学で、「用ありて体なき」学であった（前引「春水遺響」五、七二七頁）。かかる功利の学は、目的達成のための手段や方法の学である限り、そもそもいかなる規範でも有り得ない。

その点朱子学はどうか。春水はいう。

朱子学と申候ハ聖賢正統之学にて、古今大成過之候学ハ無之候、其義ハ朱子学と争ひ或ハ馬夫舵工之雑言中かけ候学者にても、ミな朱子学之模範を出不申候、元来朱子学と一ト流義之様に名目立候義にハ無之候、尤稽古筋にハ書物取扱等不得止朱子学と申立候得とも、実ハ一流ケ間敷唱へ候義にハ無之候（「春水遺響」三、六七五頁「政術之心得」）

右に引くところの意味は、朱子学は、世界すべての規範を示すいわば普遍的な妥当性をもつ学であるから、本来それ（朱子学）と名付けて、他の諸学と同列に並べて称するべき学では決してない。つまりいかなる相対化の余地もない絶対の学だというのである。具体的には、たとえば「天道に本づき人倫を主とし、本末兼備之を伝えて弊無き」学（原漢文、前掲「学統論」）、あるいは「外をつとむるハ内を正しふせんため、内をおさむるハ外を正しふせんとなり、内外一致ニさして本意ハ立可申、是そ体有用あり体用全備」（「春水遺響」五、七二七頁）の全き学である。

尾藤二洲でみると、「天地鬼神ニ質シテモ。道理チガヒナキトミヘ。又教ヘテモ末弊ノナキトミユル」とか、「天地陰陽ヨリ日用孝悌忠信灑掃応対マデ。ヒトツラヌキニシタル程朱ノ学」（「答問愚言」欄外朱書、「寛政異学禁関係文書」三四・六頁）、また、西山拙斎では、「之を身心に体し、之を事業に措き、居敬窮理以て修己治人の道を尽くす」（原漢文、「題下与二赤松国鸞一論レ学書後上」、同前一二頁）などと説かれる。

以上要するに、人間の心から人間の社会や世界の全体、そして天地自然にいたるまでを、一貫した普遍的な道徳的秩序の体系として説明するのが朱子学であるというのである。あるいは、小は一人一人の日常生活の些事から大は天下国家全体のことまで、いずれも同一の規範原理で一貫しているのである。かかる主張の前提には、人の心から人間の社会、そして天地の自然的世界にいたるまでが、整然と一貫した秩序原理でもって存在しているという認識があること、いうまでもない。つまり正学派朱子学は、徂徠学によってひとたび崩壊せしめられた合理主義的な全体的世界観を、朱子学によってあらためて再認識し、その再構築を目指したといってよい。

しからば、いささか新味に乏しい朱子学の全体的世界観を、安永・天明期のこの時期にいまさらなぜに復活させる必要があったのか。端的にいえば、それは社会の全体を統一的に覆う統合の原理を求めたからにほかならない。この意味においては、選択肢は朱子学以外にはなく、朱子学はまさに唯一無二の「学統」と意識された。これは多少の誇張をもっていえば、社会の全体的統合という政治的視点からの（その意味では徂徠学的な視点からの）〝朱子学再発見〟とでも呼ぶべき思想史的事件であった。しかも、徂徠学のような法や制度による強制や術策的な方法によるのではなく、人心に働き掛け、民心に内面化された形での統合をめざして〝発見〟された朱子学であった。

行論上すでに言及したように、正学派朱子学が、大坂で互いに切磋琢磨していた春水・二洲・精里ら（さらには、拙斎や栗山あるいは菅茶山らにも同志的意識は広がっていた）のグループによって、明和・安永期に形成されたことは、つとに先学の指摘するところである。[39] この点について春水は、二洲の『正学指掌』に寄せた序文中に、「余（春水）嘗て志尹（二洲）と大坂に寓す。文道既に広く、倶に時学の為むるに足らざるを悟り、奮然として志を立て、力めて正学を講じ、毎に輒ち風俗の醇ならざるは学を為むるの不正に係ることを論説し、これに継ぐに忼慨を以てす」[40]（天明五年稿）と述懐する。「風俗之不醇」が「為学之不正」の帰結であるというのが、正学派たる所以なのである。

かかる主張の真意をさぐるには、彼らの学問的動機が考慮されねばならない。

春水・二洲・拙斎のいずれもがそうであるように、正学派の多くは西国の郷村の出身で、学問に志した。彼らが学問に託した期待は何であったのか。本来は個々の事例に即して検証することが必要であろう。しかし、ここではそのための十分な準備がないので、おおざっぱな推測を示すにとどめる。彼らが学問に期待したもの、それは結論的にいえば、宝暦以降崩壊の危機にさらされはじめた地方郷村の在来的社会秩序の混乱に対応し、その危機を打開し得る方途ではなかったか。[41] 彼らは学問を求めて、ほぼ明和期を前後する時期に、大坂や京都に上った。ところが当時の京・坂の学問世界は、まさに都市文人たちが自由を謳歌する世界であった。サロン的詩文や文辞と考証の学、あるいは職業として売文売講を事とする学者や、また書画芸文を事とする学など、当時の中央都市の学問状況は、いずれもおそらく彼らの問題意識と、はるかに隔絶していたに違いない。[42] たしかに、実際政治の世界から疎外された所に身をおいていた当時の大多数の都市文人たちの念頭には、「風俗」の問題はほとんど欠けていたろう。「風俗」は何よりも政治の問題であった。「風俗」を「醇」にする学を求めていた彼らが、「時学の為むるに足らず」と悟ったとしても、異とするにあたらない。[43] 大坂で同志的に結ばれた彼ら正学派朱子学グループの思想形成の契機には、かかる京・坂の都市文人層の学問の在り方に対する鋭い反撥があったとみて誤りない。

京・坂を軸に、西国各地に散って各々が社会的に活動を始めた天明期以降も、彼らはなお緊密な連絡のもと、精力的に朱子学正学化にむけての運動や教育的な諸活動を続けて、学者や為政者層に働き掛けていった。[44] こうした動きは、儒者間もさることながら、何よりも各藩の為政者層に徐々に支持を広げていった。その典型例が広島藩と佐賀藩であった。広島藩は町人儒者の春水を藩儒官に登用（後にその弟の杏坪も登用）、やがて彼の主張を容れて藩学の正学化にふみきった。古賀精里のいる佐賀藩でも、天明元年に設立をみた藩校弘道館は、精里が学柄を握るや、藩校は朱子学でもって統一された。こうした広がりがやがて松平定信の注目するところとなり、春水も早くに定信に接触し、天明四年（一七八四）には「奉送白河城主源君序」を草して、白河藩主定信の識見と手腕に熱い期待（しかも幕政登場への期待）を表明していた。[45] 寛政二年定信の幕政下で断行された異学の禁は、こうして安永・天明期から準備されていたのである。

以上、春水ら正学派朱子学が、朱子学を奉じた朱子学者であったこと、これはまぎれもない。しかしたんなる朱子学の復古というのみでは済ましえないものがあったことは、行論において明らかとなったであろう。朱子学は、宝暦以降の社会の現実に直面して、内発的かつ自覚的に択びとられた思想であった。この点にこそ、注目すべきである。またそれは、徂徠学的な学問観にもとづくことで可能であった。朱子学は、こうした修正を経ることによって、はじめて以後のイデオロギーの主流となりえたのであるともいえよう。次にみる彼らの教化論も、かかる正学派朱子学における具体的な方法論の柱としてあった。

(4) 「学統」と教化

すでにみた通り、正学派朱子学は、『礼記』学記篇にいう「化民成俗」に、学問の目的を設定していた。ここに「化民」すなわち民衆教化が重要な位置をしめてくる。次に引くような理想の政治は、正しき「教導」（教化）

の徹底によって、はじめて実現しうるものとされていた。とすれば、教化はまさに政治の主要な方法論に違いなかった。

御教導之筋品能立行ハれ候へハ、火急に其効見へかたく候ても惣て人之心事風俗にかゝり候へハ、人物取立軽きもの迄も風習正敷廉恥之風立行ハれ、眼前之栄辱に目をかけ不申、諂諛賄賂之風自然とやミ剛健確実相貫き、又文盲にも無く候得ハ神道者・僧徒・修験・卜筮者等不正之祈念祈禱又ハ説法勧化封体等之言説にまどひ候様之義も自然とやミ、忠孝之道理心根より行込厚く、親類縁者よりして郷党之礼睦敷、公事訴訟等も無之、重き旅人之往来行儀正敷、軽き旅人に憐愍を加へ、他所他国之入津売買取引聊無理非道之事無之、人民御撫育之功よりして土地之繁昌風俗之醇正、惣て御教導之御基本成立によりて花咲実のり候道理と奉祝候

（「春水遺響」三、六七四〜五頁「政術之心得」）。

春水においては、学校論も、この教化論の文脈に即して展開される。広島藩で併立状態化してきた藩校の統合を主張した文において、「愚考仕候処ニてハ一国ニ学館二ヶ所両様ニ立わかれ御備へ被為置候儀、何とやらん如何敷奉存候。（中略）其訳者学校之義者第一御上之御徳義を広め、教化を厚く仕候て人々之心を一にし、家々の風俗を均しく仕候義（中略）（学流を）一流ニ御立被成候事即御政事と可申儀と奉存候」（「春水遺響」五、七三七頁、「学問所と修業堂統合につき意見書」寛政九年）と、「学校」を何よりも民衆教化との関わりで考えていた。この点、さらに次のようにもいう。

君上之御計にハ、武芸之流義数々御座候て、勝手次第に修行仕候様之御仕向にてハ下方之心得いつ迄も一統不仕、たとへ学館（藩校）等御座候ていか様に被成候ても、根本学筋之入り無之候へハ教化ハ糊立不申候、爰に一俗論御座候て、人君ハ勿論之事諸士之学ハ今日御奉公筋に用立可申事学問之主意に候へハ、何流にても不苦候、却て一流に相約め是ハ偏屈手狭之事也と申義、別て事を弁へ候俗吏輩之常言に御座候得とも、此

論甚以不可然之事共に御座候、一体教導に被為備置候学ハ何れにも君上之被遊候学筋を大本とし、素読指南仕候者、手習師匠に仕候者迄も教導一致に相成り、たとへハ一国一領内ハ一ッ之学館之内に居申候様に相成可申候（「春水遺響」三、六七四頁、「政術之心得」）

引用に明らかなように、「君上」（藩主）の学は一藩教化の「大本」である。だから何よりもまずこれを藩の〝公〟の学として、正学に一統化せねばならない（「学統」の確定）。実際にはそれは「君上」（藩主）が藩校の学を朱子学に統一することによって示される。藩学一統の上で、藩校の教員はもとより、藩士子弟たちへの「素読」教授（漢学初歩）、さらには民衆の寺子屋の手習教育の場に至るまで、この「君上」の正学にもとづいて行う。かく、一国領民にあまねく藩の正学によって教化してゆけば、あたかも「一国一領内は一ッ之学館之内」であるかのごとくに、一国の「風俗」が一つの原理でもって統一される。それは、「人々之心を一にし」という通り、一藩の人心を、藩主を中核とした藩の秩序の中に、整然と統合してゆくことをめざした構想にほかならなかった。

ここで是非注目しておくべきは、こうした春水の構想においては、君主の役割や朱子学的徳治主義が大きく変質してこざるをえないということである。

徂徠学においては、第一章でみた通り、君主は、超越的な「天」の権威に重なる形で、その強力な超越性が保証されていた。しかし春水の教化の構想において君主が一藩教化の中核でありうるのは、「学統」を君主が確定したというその一点にあった。逆にいえば、君主個人の人格的有徳性の問題ではなかった。というより、君主が「正学」（朱子学）を一国の「学統」として確定したというその「事実」こそ、君主の「有徳」性を何よりも明白に証明していると想定されている、といった方が、より正確であるかもしれない。

いうまでもなく、それは朱子学的徳治主義の前提たる君主の人格的有徳性の原則とは異質な論理である。確かに幕藩制の現実は世襲君主制が原則であり、その限りでは易姓革命を肯定する条件は全くなかった。春水ら儒者にとって、少なくともその現実を前提とする限り、有徳君主による朱子学の徳治主義はそのままでは現実的ではなかった。[46] そこで正学派は、「学統」論によって、教化における君主の役割や責任を理論的に基礎づけ直したのである。

正学派朱子学においては、君主の名による学統の確立がすべてに優先する絶対の政策でなければならなかった。君主の責任は何よりもここに見いだされた。この論理によれば、仮に君主が人格的に有徳でなかったとしても、学統が正学に一統化されかつ「学校」（藩校・郷学・寺子屋など）を通じて行われる教化が十分に機能している限りは、仁政は十分可能であると想定されていた。結局、教化の源は君主の人格（徳性）ではなく、藩校の学問であるということ、換言すれば、政治によって組織された一連の「学校」教育が、君主の徳治に代わる新たな教化の方法として登場してきたわけである。

ここでは、「明明徳」や「修己」などの語にこめられた朱子学的徳治主義の空洞化はすでに明白であろう。しかしそれよりさらに重要なことは、先に徂徠学が想定していた超越的君主や、あるいは細井平洲らの折衷学者たちが期待した「名君」や「賢宰」といった特定の強力な政治主体――独裁的な政治権力者――を前提にしなくとも（第一章第二節、第二章第三節参照）、儒学的な「仁政」が十分に可能となる論理となっているということである。それは逆にいえば、藩士たちが一体となって政治に参画してゆく政治の体制、いわば合理的に組織化された一種の「官僚」的機構による政治のあり方を想定した経世学の構想とみることができよう。そしてそれが、寛政期以降の政治改革に有効な論理であったと思われる（後述）。

とすれば、この立場においては、政治に主体的に参画する武士を形成する藩士教育が重視されるのは、みやすい道理であろう。春水はいう。

儒家ならぬ人（つまり一般武士）ニてハ、重き上につかふまつるより下を治め、或ハ人民之取扱より金穀之取捌き、或ハ常あり変あり皆々容易ならぬ事（中略）儒家ならぬ人勿論今日大事小事如湧取まかなひ、四方八方切さばき臨機応変変化百出有事学問之土台在之候て、その立働キ候事迄自由自在なるは、もとその行込容易成事ニてハ其地位ニハ被至間敷候（「春水遺響」十三、七八四〜五頁、「間ものかたり」）。

つまり藩士は、主君に仕えることはもちろん、民政はじめ行政百般の政治にあたらなければならない。そうした仕事は実に様々、かつ「変化百出」。いかなる事態にも、「臨機応変」「自由自在」に対応し適切に処理できるためには、「学問之土台」が必要である。だから、藩士たちは「儒業之人よりハ一際相励ミ、今日直様御用ニ立候学問可有之」と、儒者以上に学問への切実な勉励による実践のための学の修得が求められる。しかもその場合、「あくまでも学び何事も臍落候迄熟知候事第一之事」（同前、七八七頁）といった、心の底から納得のいくような主体的な学問が第一だといわれる。

右に明らかなように、藩政に実践的に関わるすぐれた政治的「官僚」をめざした武士のあり方が前面におし出されて説かれている。そして、学問によってこそその「土台」ができるという。こうした意味で、藩校で行われる武士教育は、ほとんど義務というに近いほど重視されて構想されることになった。

かく、「学統」論は、藩を挙げての政治の体制づくりをもともなって説きだされたものとみて、誤りない。

(5)　教化論と学校論

頼春水は、先述の藩校を中核にした「学統」の論理と教化論を前提として、以下に示すような組織的な民衆教化の構想を具体的に展開した。それは公的組織になる「学校」の教化機能に着目したものである。

(a)　藩校での民衆の聴講の奨励

今度学問所御取立之上ハ弥（いよいよ）以懈惰不可有之候、農工商たりとも家業之暇於有之者、分限ニ応し罷出候て孝

弟之道理可承之候（「春水遺響」四、七〇八頁、「学制草稿」天明二年）

講書之主意ハ五常五倫之道理ニ候得者、陪臣農工商たりとも罷出聴聞仕可申候事。但し、書物持参不仕候とも不苦候事（同前、七一四頁）

講席ハ十五歳以上士農工商勝手次第ニ罷出可申、書物ハよめかね候ても、道理を主ニ講し承り可申儀ニ候へハ、たとひ書物ハ持参不仕候儀不苦候事（同前、五、七二三頁、「学問所勤方次第」）

かく春水は、「農工商」の民衆一般が藩校へ出席することを奨励した。そしてそれは実際に実行された形跡がある。(47) ただしこれを、藩校の学問や教育を民衆に向けて開放したものと見なすことは、明らかに性急に過ぎよう。上引文中にも「分限ニ応じ」とか「五常五倫之道理ニ候得者」などとあるように、上からの民衆教化の一環としての方法であった点、看過すべきではない。

(b) 町方教化のための「学校」の構想

教ハ一ニ道徳一以同レ俗と申候事を根本と仕候事ニ候。（中略）只今（寛政九年）学館（藩校）御座候へハ御城下郡中ともに是へ罷出可申事ニ候へとも、御城内其上士君子と共におしならび候儀も如何敷、左候へハ町方一統風化之ため一ト御場所御構へハ学館之出店と申心得候外有御座間敷候。然る上ハ学館之教へかたを以て町方へ及し上下一貫の教へと可申候（「春水遺響」三、六八四頁、「教導之事につき町奉行への答書」寛政九年）

引用文の意味は、町方・郡中（町や村）の庶民たちも本来は藩校で学べばよいのだが、実際には、藩校が城内にあり、しかも身分ある「士君子」と並んでは受講しがたいということがあろう。そこで、彼らのために「学館之出店」いわば藩校の分校とでもいうべき施設（一応郷学の範疇で考えてよいであろう）を町中に設け、藩校と一体化した教えでもって「町方一統風化」の実をあげ、「上下一貫の教へ」にしようとの構想である。そこでは、「講書ハ孝経・小学・論語様之外ハ有之間敷」と、ごく基本的な経書類に限定した基礎的な講書を予定しており、

「格別ニ耳遠ニ無之、字面之通り取捨無之説キきけ候位之事ニて可然候」(同前) という。五倫五常を中心とした道徳教化を念頭においてのことである。また実際問題、「迚も今日下々小借屋住迄一々教諭候事」は困難である故、「大年寄より町々年寄組頭迄ト中位」の町役人層(上層町人層)を出席させ、彼ら町役人たちに「下方風義」のための日常的な教化を担わせようと考えている(同前)。藩校を民衆教化の中核に据えての、実に綿密な配慮と構想であるといえよう。

(c)寺子屋の教化機能への着目

次に注目すべきは、直接民衆の子どもたちの教育にあたっている寺子屋のもつ機能に着目していることである。

賤民ハミナ寺子屋ト云モノニテ筆算ヲ学フコトナリ、コノ師ト云モノニ上ヨリ扶助ヲ玉ハリ、ソノ所役人ノ並ニ奉行ニ式日佳日ノ礼ヲツトメシムルノ格ヲ玉ヒナハ、其身モ自カラ持重シテ子弟ヲ教ルモ丁寧ナルヘシ、其師ノ善悪ニヨリテ民庶ノ風俗ニかゝリテ土地ノ盛衰ニモアツカル所アラン(「春水遺響」三、六七七〜八頁、「水野侯へ上ル節ノ草稿」)

民衆の子どもたちの日々の教師たる寺子屋師匠の善悪は、その「土地ノ盛衰」をも左右するほどに、「風俗」教化に彼らの果たす役割は絶大であると指摘する。そこで彼らに「ソノ所役人ノ並」の格式を与える(要するに役人扱いにして公的権威を付与する)とともに、経済的にも、寺子からの束脩などに頼らなくてすむように、藩から積極的に助成すべきであると説いている。(48) その意図は、要するに寺子屋師匠の社会的地位と権威を引き上げて、藩のねらう民衆教化の末端をになわせることにある。しかも、子ども段階からの教化を考えることで、道徳的教化の徹底をはかろうとしているといえよう。寺子屋師匠への扶助給与に関して、「今ノ塾師」が寺子から「少シツヽノ礼物ヲ受」けるのは、「実ハ幼児女ヨリ扶持セラレテ妻子ヲ養育セラルヽヤウ」であるから、「自然ト教督モトヽカズ」、それのみならず、「親ニ媚ヒテ世渡リヲ為ス」ようになり、その結果教える師匠が弱い立場におかれるため、おのずと教化・教育の効果が期待できないという（同前）。扶持給与が、師の地位や権威の引き上げをねらってのことであることがわかろう。ほとんど寺子屋公営論というに近い。

右が教化のための公営論であるとすれば、寺子屋が、藩の「学統」の所在を示す藩校と密接に関連づけられねばならないことは、見やすい道理である。

町師匠之宅ニて一ケ月両三度宛手習子なとニ道しるべ様之事ともよみきけ又ときさけ候事ハ随分可然事ニて、その町師匠たるもの□（マヽ）（「講」カ、辻本注）席へ列坐候事も可然候（同前、三、六八六頁、「教導の事につき町奉行への答書」）[49]

すなわち、寺子屋に民衆教化の機能をもたせる以上、寺子屋で「道しるべ」などといった（これが具体的に何を指すか不明だが）おそらく平易な道徳書などを教えさせるなど、寺子屋教育の内容にまで一定の介入をする。否、それのみならずさらに、町師匠を藩校の講席に出席させることまで考えている。これは一種の教師研修に類するものであろう。明らかに、民衆教化を目指して、藩校と寺子屋の教育を直結する構想である。

以上、民衆の生活の中に自然な形で根づいていた寺子屋にまで、藩権力による保護と統制を加えて、上からの民心教化の一環に組み込んで政治的に動員していこうとする意図が明瞭に見て取れる。しかも、民衆の子どもの段階からの道徳教化を意図している。これは、教育史的に大いに注目されるべき構想であるといってよい。

(d)孝子表彰および孝義伝の編纂と出版

頼春水は、「孝子奇特者御賞し被下候義、一つニハ下方風義御引立難有御義」で、「山野小百姓式之事ニても御国政ハかかりそめニも臣民ニかゝり候へハ小事も大事ニ候。別て賞罰ハ御大切之御事」と、教化の一端としての孝子表彰が、国政上いかに大きな意味をもつかを強調している（「春水遺響」三、六八九頁、「人材取立の事につき申上る書付」）。広島藩では、「芸備孝義伝」が藩命により、春水の弟である頼杏坪（天明五年広島藩儒官として出仕）が中心に、春水がそれに協力して、編纂、出版され、享和三年（一八〇三）の第二編には、春水が序文を草した[50]。「風化之源」たる「君上」が孝子奇特者を顕彰することが、ほかならぬ「君上」の教化の浸透ぶりを実証することとなって「君上」の徳をさらに高め、また民衆にモデルと励みを与えて、結局「風化」の向上につながるというわけである。

以上、四点にわたって見て来た通り、春水の学問論と学校論の底には、民衆教化論がぬきがたくあった。そのために構想した体系が、「君上」―「学館」（藩校）―「学館之出店」（藩校の分校＝郷学）―（公営的）寺子屋、という学校的組織の系統化であった。「君上」（君主・藩主）は教化の「化源」および「学統」の所在を示す最高にしてシンボリックな存在（それ自身が実際に道徳的体現者であることを絶対の条件とはしない）、「学館」は「君上」の権威を承け、「君上」に淵源する「学統」を奉ずる形で規範的体系を具体的に展開して明示する。その意味でそれは教化活動の拠点の位置にある。この拠点たる「学館」（藩校）に有機的に連繫した「学館之出店」や寺子屋の教育活動を通じて、「学館」が明示した統一的な規範原理（朱子学的原理）でもって、領内の領民教化が徹底して遂行されるという構想である。それは、藩校―郷学―寺子屋の、公権力にもとづく統合化の構想といってもよいであろう。

かかる意味において、藩校の果たす役割は、非常に大きなものと期待されることになった。それは、細井平洲にみた折衷学（第二章）や南冥にみた徂徠学（第四章）において構想された学校論が、主に多様な政治的人材の育成に重心をおいていたのとは、著しく意味合いを異にしている点に注意せられたい。朱子学正学論出現以後における藩校急増の一側面が、ここに窺えよう。ともかくここでは、学校という公的に組織化された教育の機能が、本格的には初めて政策のうちに取り込まれた点を、あらためて確認しておきたい。

(5) 異学摂取の論理と人材論

冢田大峰らの異学の禁反対意見の根拠の一つに、朱子学への一流化は、多様なすぐれた人材の育成や登用に支障をきたし、かえって「学問衰微の基」となるという点があった。たとえば聖堂で行われる学問吟味が集註[51]（朱子学）に限られるなら、「人々の器量だけの処は御吟味無二御座一、唯集註の趣を弁書仕候所計を御吟味御座候而は、惣而学才の高下短長、相分り申間敷御義歟と奉レ存候」（寛政五年十二月付、松平定信宛大峰上書[52]）、すなわち集註（朱子学）の修得度は検定できるとしても、「人々」（旗本・御家人などの幕臣たち）の「器量」、人材としての有能度は判定できない。とすれば、有為有能の士を見いだすはずの学問吟味が、その本来の機能や役割を果たし得ないではないか、というのである。大峰によれば、「五六十年以来」すなわち享保期以後、輩出してきた多様な学問は、それぞれ、「治国安民」に有用な「自分夫れぞれの人材を成」してくるのに貢献してきたはずであった（前掲、寛政二年六月尾州公宛上書）。大峰からすれば、異学の禁は、こうした学問の歴史的動向に逆行する時代錯誤とみえたのである。

異学派からのかかる批判に対して、正学派からはいかに切り返してゆくのであろうか。春水はいう。

> 御場所（藩校のこと）ハ一流之学ニ御備へ被為在、又御場所へ出不被申輩ハ夫々諸家被建置候御儀故、其向々ニて引受稽古御座候、何学ニても御用立候人才出来仕候へハ、銘々本意之筋貫き可申候、抑御場所一流と申候て者偏屈成様ニも相聞可申歟ニ御座候へ共、教化之根原ハ一筋ニて立行、又諸家ハ夫々御用立参り申候儀即偏屈ニ無之、御手広之御備へと申候ものかと奉存候（「春水遺響」六、七四三頁、「学館学筋一統のことにつき意見書」）

先にも述べたが、「教化之根源」たる藩校の学は「一流」でなければならず、異学は藩校から排除されねばならなかった。しかしそれは異学の存在まで否定したわけではない。つまり、異学者に正学への転向を強制するものでは、決してなかった。あくまで官学たる藩校からの排除にとどまり、「諸家」の自宅での、自己の学にもとづく藩士教育まで禁止するものではなかった。否、むしろ多様な学問の存在することに、積極的な意味を認めていたといえる。そこから、多様な「御用立候人才」の輩出を期待しているのであるから。したがって彼にいわせれば、こういう体制こそむしろ「御手広之御備」であり、偏狭な学政という批判は全く当たらない、ということになる。

広島藩では、天明五年（一七八五）末、学問所は「程朱学一統」となり、次いで寛政元年（一七八九）十一月に、藩校の儒者であった古学系の香川南浜・梅園太嶺・駒井白水の三名は、「此以後学問所江之出勤一円御止め被成候間、弟子中教導筋之義者銘々勝手次第宅江引受教導有之、毎月諸生人名書付学問所江被差出候事」（同前、五、七三二頁、「寛政元年十一月十七日学問所被仰出うつし」）との命を受けた。つまり藩校から排除され、講学は自らの私邸で行っている家塾にのみ限られたのである。ただし、香川南浜の家塾の修業堂は、藩から与えられたものであり、しかも経済的な面まで含めて、彼らへの藩からの庇護は継続されていた。学問所（藩校）備え付けの図書の類の借りだしや利用も、異学者らに対しても従来どおり自由に認められることが上記「被仰出書」に明記されている（同前）。異学者に対するこうした一連の措置は、先にみた春水の主張の方向とほぼひとしい（ただし家塾が藩校に準ずる扱いを受けることに対しては、春水は反対した。この点、後述）。

かくて春水は、いわば三つの条件さえ前提にすれば、異学の多様な存在意義をむしろ積極的に評価する。その条件とは、まず第一に、いうまでもなく朱子学による官学の一統化が大前提であること、第二に、異学はあくまで私的な営為として、官学（藩校）以外の場で行われること、第三に、異学は「水利・算数・詞章・訓詁」といった「小数」と同列の、いわば専門的ないし技術的な学であって、断じて「学統」としての「正学」と並列するものでないこと、以上三点である。

ちなみに、寛政元年学問所から異学が排除された際、同時にそれまで学問所にて教授されていた「数学」と「筆道稽古」の二科も、異学と同じく各々の自宅での家塾教育に切り替えられた。しかも、門弟名書き付け（名簿）を毎月学問所へ提出する義務まで、異学と全く同じ扱いであった（同前、七三二頁）。かくて、香川・梅園・駒井らの異学派は、数学や筆道と同列に扱われ、藩の「公」の学（「学統」「正学」）とは峻別して位置づけられたわけである。

ただし、ここで家塾＝「私的」教育といっても、その門弟名は常時学問所および藩当局に掌握されるシステムになっている。したがって、この家塾教育も、「公」から無縁の、あるいは「公」から独立した意味での、本来の私的性格は、全くもちあわせていない。たんに藩主の正統教学（正学）の所在を明示するために、公的な場である藩校から排除された結果として生じた「私的」な一面にすぎなかった、と考えるべきであろう。

この点、徂徠が構想した「公」に収斂していく方向性をもった形での「私教育」論と極めて類似した構成をもつ（第一章第三節の(4)参照）。徂徠においては、多様な「私」を、天の権威と重なる超越的な君主が「安天下」のために強力に統合すると考えられていた。これに対して春水の場合、君主により確定された「学統」（藩校の「正学」）こそ、政治の全体的秩序を統合する原理として位置づけられていた。したがってその場合、多様な「私」的諸学を統合するものは君主ではなく、「正学」にほかならなかった。君主も「正学」の確定によって自己の権威を安定させることになるわけである。

如上の春水の異学許容の論理が、藩政の実際にあたる多様な人材育成に関わった問題として意味づけられていたことは、みやすい道理であろう。その限りにおいて、春水にとっても異学のもつ有用性は、決して軽視してよいものではなかった。かかる意味から、春水の人材論を瞥見しておく。

春水は、「アマタノ臣下ニテ其人ヲ択ヒ官ニツカシムルニ才徳全備ナルモノハ少シ、ソノ内ニハ才ノ勝タルト徳ハカチタルノ分リアリ」と、人材を「才」と「徳」の二つの基準で評価する。その上で「賢者在位」「能者在職」論（『孟子』公孫丑・上に典拠がある）を開陳する。この場合、「賢者」とは「徳ノカチタル」人材、「能者」とは「才ノ勝タル」人材に各々対応していることは、見易い。彼によれば、「君ノ左右ニアル官」（近臣）は「君徳ヲ輔ケ将順匡救ヨリシテ責難格非ノ実行ヲ主ト」する役、つまり君主の悪を是正し君主の有徳性をたすけ保ってゆかなければならないから、有徳者すなわち「賢者」を推す（「賢者在位」）。一方「奉行代官ノ類」（いわば一般行政職）は「其才能ノ得手不得手アリテ上ヨリ其官ヲ授ケテ委任スル」職であるから、「其官ノ職掌ヲ受ルノ才能ア」る「能者」がふさわしい（「能者在職」）というのである。なお、「冢宰之職」（家老・執政職の類）には「才徳全備ニテ得手不得手ナドイヘル所ニアラ」ざる人物が想定されている（以上「春水遺響」三、六七八頁「水野侯へ上ル節ノ草稿」）。

藩士たちには、「賢者」の徳もさることながら、実際にはその大多数は「能者」としての才能が必要とされよう。なぜなら、君主の近臣は多くは不要だが、一般行政職は多く要る上に、何よりも「重き上につかふまつるより下を治め、或ハ人民之取扱より金穀之取捌き、或ハ常あり変あり皆々容易ならぬ事」を「四方八方切さばき臨機応変」（同前、十三、七八四〜五頁「間ものかたり」）に処理してゆかねばならないからである。それは、個々各々の「才」にもとづく以上、異学などの「小数」の学に関わる領域であり、各個人の資質や長所に応じた多様性と専門性とをその本来の特質として有していた。

尚、彼が唐津藩主水野和泉守のために記した文に、有用な「近世経済之書」を列挙しているが、その中に『温知秘録』（尾張藩主徳川宗春）、『集義外書』（熊沢蕃山）、『政談』『太平策』（徂徠）、『経済録』（太宰春台）、『柳子新論』（山県大弐）、『肥後物語』（亀井南冥）などの異学派の典型と目される儒者の書も見えている。これも結局、右に述べたのと同じ立場であるといってよい(53)（同前、三、六七六〜七頁、「政術之心得につき申上る覚」)。

先にふれた岡井赤城の「答問愚言」は、大峰の上書への反論であっただけに、こうした春水の議論をより直截に展開している。

左候はゝ(学術一定となれば)、人を用ひ候上にも、同学の人斗(ばかり)取出し候様に成行可レ申事にも聞え可レ申哉に候得共、是は又少しわけの違ひ候事ニ而、すへて人には得方と申もの御座候得は、今日国家の上に立候て、人を取用ひ候時、左様之片落なる事は不レ可レ有レ之事に而、只此時に臨ては人物の善悪邪正を吟味可レ仕事に而、先は学術にかゝはり可レ申事に無二御座一候。(中略)人を用ひ候時は、先学術の論は差置不レ申候而は不レ叶候いきほひに御座候事、是道理の活用所に御座候。よって孝悌忠信の人はもとより、弓馬、鎗剣、医術百工、名人上手に候はゞ、随分々々取用ひ申事に而御座候(「答問愚言」、「寛政異学禁関係文書」三五〜六頁)

岡井によれば、正学への一統化と人材登用とは、全く次元の異なる別個の問題である。しかるに大峰は、「いかさま人を用ひ候訳と、学術の論を一所に」混同して議論するところに、そもそもの誤りがある、というのである。岡井においても、「学は博渉を貴ひ候へは、天下の権衡学術の権度定り候上は、いつれもよみし候て吾道の助に致し可レ申事」というように(同前、三六・三九頁)、やはり多様な人材(「能者」)の育成・登用と学術の一統とは、決して矛盾するものとは考えられていなかったのである。つまりすでにみたのと同じく、「学統」の確立のうえで、諸学の有用性を「吾道の助」として活用せんとする論理である。この意味で、正学派にとっても、異学は「邪学」ではなく、やはり「異学」でなければならなかった。(54) ここにも正学派朱子学が準備した異学の禁の論理は明白であるといわざるを得ない。

結局、正学と異学の対立は、二律背反の学説上の対決ではなかった。もしそうであったとすれば、おそらく自己の学の存在を賭しての、激しい学問的闘争が繰り広げられたであろう。むしろ正学派は、天明・寛政期の政治的課題に応えつつ、異学諸派の有用性を自らのうちに包摂する論理をそなえていた。さらにいえば、それは徂徠学や折衷学あるいは経世学などを自らの論理（全体的世界観）のうちに組み込み、政治の上に積極的に活用せんとする構造をそなえていたのである。とすれば、正学派朱子学の思想の随所に、それとは異質にみえる徂徠学の論理が生かされていたのは、むしろ当然であったといってよい。

《補説》

すでに述べたように、正学派朱子学は理論的創造力に乏しく、思想的には陳腐な封建教学の域を出ない、とするのがおおむねこれまでの通説的評価であった。(55) しかし以上の叙述で、正学派朱子学がたんに定型の封建教学の政治強権的復活の視点からのみではとらえきれない所のあることが、明らかになったであろう。この点にかかわって、以下に若干補足しておく。

正学派朱子学においては、教化は民衆を啓発し、道徳的にはもとより、知的にも向上させ得るものと考えられていた。たとえば先引（本節(4)の頭首部）の教化による理想政治を説いた文（「春水遺響」三、「政術之心得」）を見られたい。教化が正しく行われるなら「人物取立軽きもの迄も風習正敷廉恥之風立行ハれ」たり、さらには「文盲にも無く候得ハ神道者・僧徒・修験・ト筮者等不正之祈念祈禱又ハ説法勧化卦体等之言説にまどひ候様之義も自然とやミ」と、迷妄なものに惑わされることがなくなるという。ここにみられる民衆観は、すでに従前の愚民観ではあるまい。民衆は、道徳的にも知的にも啓蒙されなければならない対象、したがって十分啓蒙可能な存在としてとらえられている。もはや民衆は本来的に愚民ではない。

ただもちろん、道徳的啓蒙と知的啓蒙とが別個の事であるという発想は、ここでは認められまい。儒学の論理である限り、両者が截然と分離されることはない。この点は、たとえば幕末に西洋の自然科学の原理をもっとも高く評価したといわれる佐久間象山でさえ、両者の截然たる分離が認められないことにもそのことは暗示されている。

ともかく愚民観を脱却したかかる民衆観は、当時の多くの封建為政者（たとえば松平定信）にも明瞭に見いだせる。定信の「国本論」や「燈前漫筆」などの著作には、こうした民衆観の展開の上に、いわば「民衆的君主」像とでもいうべき君主の理想が説かれている。林基氏は、松平定信のこうした民衆観は、享保以降の民衆蜂起を経験したことの反映であろうと指摘しておられる（「宝暦—天明期の社会情勢」、前掲注41論文）。

ところで、前記引用文中にみられる民衆的「迷妄」への啓蒙的合理主義的批判は、もとより、主知主義をかかげる朱子学本来の合理主義の立場の表れと見なすことも可能であろう。勿論そうであろうが、しかし、たとえば西山拙斎が観相術（人相によって「人の夭寿禍福」を予見する術）の信用できないことを明解に論じた「論二相術一」（「拙斎遺文鈔」、『日本儒林叢書』三、史伝書簡部）などをみると、合理主義的思考がいかに徹底しているか十分窺える。もとより道徳と知識の分離が明確には意識されていない以上、明治期の西欧の論理にもとづく啓蒙思想と同日に論じることはできないが、しかし少なくとも彼ら正学派朱子学の合理主義が、西欧的合理主義を排斥するものとはならないに違いない。むしろ朱子学的な合理主義が、西洋近代思想の受容に一定の積極的な役割を果たした場合もあったと思われる。たとえば佐久間象山や横井小楠の西洋理解などは、その事例と考えてよいであろう。

第四節　異学の禁政策と松平定信

(1)　異学の禁政策をめぐる正学派と為政当局の立場

以上、異学派と正学派の学問観や教育論・教化論をみてきたが、実際に異学の禁政策にふみきった松平定信ら為政当局の立場はどうであったのか。これまで、為政当局の立場は、当然正学派朱子学の主張と一致するとする先入観的な思い込みが強かったように思われる。これに対して、ここでは両者が必ずしも終始一致したものであるとはいえないということを、明らかにしてゆきたい。

正学派朱子学の儒者たちは、異学の禁を、幕府の権威を背景に全国諸藩にまで拡大したい意向を抱いていたようである。たとえば、異学の禁の翌年寛政三年一月、異学派（折衷学）の古屋昔陽を招聘しようとしていた会津藩に対して、幕府の聖堂付儒者の岡田寒泉は、前年の幕府の異学の禁を根拠に、執拗に干渉を加えて異学者の採用を阻止しようとした。一方松平定信自身は、必ずしもそれを阻止するのに積極的な姿勢は示さなかった。そのため会津藩が古屋を迎えて異学に転じたことを、定信は結果として黙認した。[56]

西山拙斎にいたっては、世の異学派の書の禁絶、いわば「焚書」を望む強硬論を主張した。異学の禁の翌月の六月二十六日付の柴野栗山宛書簡において、異学の禁により「而今而後、異学邪説は竦然屏息」することの期待を表明した上で、「加賀人所レ著君道大学要解」という異学派の書に言及していう。「先年書懐鄙詩結末に。東方安籍ニ秦皇手一。焚ニ盡後儒非聖書一と申候。対ニ這等編一而も。亦復唱ニ此句一候。加様之類は何とぞ印板御禁絶被レ成度事に御座候」（「拙斎遺文鈔」、『日本儒林叢書』三、史伝書簡部、五頁）と、異学の書への権力的統制の必要性を唱えていた。

また先引の岡井赤城の「答問愚言」には、「よろしく上には林家御定御座候事にも。道理に而押候時は。天下中にも可レ被ニ仰付一事の様に。凡下なる身分は奉レ存候へ共。是寛仁の御政道故にや。左様には無レ之事と恐察仕候」（「寛政異学禁関係文書」三九頁）と、異学の禁の全国的拡大を主張するとともに、それを行おうとする意向のない幕府（松平定信）への不満を示している。

以上、正学派が異学の禁の全国化を期待したこと、しかし定信ら為政当局は必ずしもそれに同調しなかったことが、理解されよう。周知の通り、幕府は寛政改革において、『海国兵談』を著した林子平を弾圧し、山東京伝はじめ多くの戯作や文芸の活動・出版も厳しく取り締まり、風俗統制に意を用いた。こうした幕府の改革の厳しい姿勢に比べれば、学禁政策へ強い反対を表明した異学派への対応は、明らかに寛容であった。異学の禁令は、あくまで聖堂学問所内に限られ、それ以上の統制の姿勢はない。大峰など、四度びにおよぶ直接の上書によって異学の禁政策の非をならしたにもかかわらず、何らの権力的対応や圧迫をしめした形跡は認められない。ただ黙殺するのみであったようである。

広島藩でも、似た事情が認められる。すなわち、藩の学問所から排除された徂徠学派の香川南浜の家塾修業堂への藩の保護が継続したことは、先に述べた。寛政四年香川が亡くなると、その門弟の駒井白水を教授として修業堂は存続した。しかも藩の保護は次第に強まり、むしろ修業堂も藩校の一つとして扱うような傾向さえ見られるようになってきたようで、春水はこうした動きに強く反対して、寛政九年に意見書を提出するにいたっている（「学問所と修業堂統合につき意見書」、「春水遺響」五、七三六〜四〇頁）。広島藩当局も、春水と同じ立場で終始したとみることは必ずしも正しくないことは、明らかであろう。

(2) 松平定信の学問観と学校論

しからば為政当局の考え方はどうであったか。ここでは松平定信の思想をみる。老中就任の翌天明八年に成る「政語」において、定信は次のようにいう。

人の行ふべき、之を道と謂ひ、人を道に道(みちび)く、之を政と謂ふ。道なる者は先王の自ら行ふ所以也。教なる者は先王の人を教ゆる所以也。後王に至りて政と教と岐(わか)る。是に於いて先王の教へ、降りて儒者の任と為り、先王の道汚る（原漢文、「政語」序文、『楽翁公遺書』(57)上巻、一頁、なお同書は、以下『遺書』上と略す）。

すなわち「政」とは、人を「道」（人の行為規範）にみちびき教えることであるとして、「政教一致」の考え方の原則を示している。それは、「風俗のくづれながるゝを維持し引とゞむるこそ、治国の要」（「花月亭筆記」、『遺書』下、一七頁）というように、政治の目的が「風俗」の維持におかれていたことを意味している。その場合、「風俗のもとは人主の躬行の一つにある事」（同前）あるいは「風俗の本は君と政をとる大夫とにあり」（「政語」第十二則、『遺書』上、四七頁）というように、「風俗」を対象とする政治の根本に「君」「大夫」（為政者）の「躬行」（道徳的完成）をおいていた（この点では、第二章にみた平洲の名君・賢宰論と同じ方向にある）。また、

学問といふは、人の人たる道を学ぶ事なり、（中略）人たる道といふは、五常五倫の道なり、この道は天地の道にて、自ら定りたる道なり、人は此天地の道、皆われにそなはり受得たるなり、其受得たるを教なくしては行く足あれども道しらぬ者の如くなれば、其道を知るへきが学問なり、故に諸芸とくらべていふべき者にはあらず、人と生るれば是非まなび習ふ道なり（「責善集」一、『遺書』中、三頁）

というのが、定信の学問論の基本的立場であった。つまり「人の人たる道」、具体的には五倫五常という生まれ得たる人の自然を学ぶこと、これが学問にほかならない、ということである。

以上を通じていえば、まず人君をはじめとする為政者が、学問によって「人の人たる道」を学び、それを基本にして一般民衆に人として正しい道を教導して、良き「風俗」を社会的に実現してゆく政治を行うということになる。こうした政教一致（学政一致）の学問と政治の考え方自体は、朱子学的徳治政治はもちろんのこと、平洲や大峰らの折衷学とも、必ずしも相違するものではない。

また定信は、博学多識の重要性を説いて、次のようにいう。

博識の文字又とふとむべし、ひろくことにいたり侍れば、自ら事に処し侍るも、変に処するも、みなその宜を得侍るなり、まゐて国の政にもあづかり侍らんものは更なり、大となく小となく、尊となく賤となく、士は其分にしたがひて、君よりその職もあたふれば、いづれか国の政にあづかり侍らじとはいはじ、されば文

どもひろくみて、代々の盛衰興廃風俗、その外制度文物のことまで、あまねくしり侍れば、才を長ずるなり、その書籍見侍るも、わが所長をよくしりて、我好む所をつとむべし、歴史の事このまば、そのかたをつとむべし、天文兵学なんどいふものも、そのゐてしかたをこそつとむべし、経学日用彝倫の事は、所長などいふものにはあらず、人々うけゐし道なれば、たれ人とてもつとめ行ふべし、その余は所長にしたがふべきなり（「立志の文」、『日本教育文庫』訓誡篇・上、七〇三頁）[58]

すなわち、武士は何らかの形でいずれも国政にかかわる。だから実践的倫理（「経学日用彝倫の事」）を確立した上で、自らの長所や好みに応じて多様な専門的学問の自由な修得が、博学多識の奨励という形で説かれているのである。

松平定信の学問観は、さらにつぎのようにも展開されている。天明二年（定信二五歳）に著された「修身録」の「学問の事」の項である。

学文の流義は何にてもよく候、何の流義もよき事あり、又あしき事あり候、たゞその人により候事故、流義せんさくはすべからざることなり、朱子の流をくむものは偏屈におちいり理が過申候、安斎（山崎闇斎）の流をくむもののつひえは、今の朱学より甚しく陋僻多く候、徂徠の学は文過て惰弱に、志かもせまく候、もと学文は聖人をまなぶ事にて、何の流と申事は決して決して無之事なり、それを文字せんぎ、音義せんぎに、流義を立候は、馬鹿のせんさくに候、何の流義にても、その学者行ひ第一に候、（中略）又家中は何の流義にてもいろいろあるがよき事、（中略）多き人の中には、（学文が）そろはぬがかへってよく候（「修身録」、『遺書』上、五～六頁）

あるいは、幕府執政中の著と推定されている[59]「燈前漫筆」にも、

（『論語』『孟子』を本とすれば）書を読む事の多きほど其益大なり、凡そ天下に全く是なる書稀にして、全く

非なる書もなし、（中略）其短き所を捨て長き所をとらば、天下の書皆我師にあらずといふ事なし（「燈前漫筆」、『遺書』上、一〜二頁）

以上、要するに「人の人たる道」（人倫）を学ぶことが学問である。だからそれをふまえておけば、学派的区別はナンセンスであり、要は「人倫」や「政事」に有用であるか否かが問題であり、そのためには幅広い読書・学問が必要である、というのである。ここに見られる限りでの学問観が、先に見た折衷学のそれと全く同じ立場にあることは、明白といわねばならない。

ところが退隠後（文化〜文政初年頃）[60]に著された「花月草紙」においては、次のような朱子学正学論が展開されている。

（折衷学の立場から、朱子学正学化の不当性を批判する説にたいして）甲の説を乙はそしり、東の論をば西にてやぶりて、かの升（ます）にはかり車につむべきやから、さま〴〵の説をいひのゝしり、湯の沸がごとく、いとの乱れたるごとくになりたらば、たれかこの学を維持すべき。（中略）（家康が道春（羅山）を登用したのも、それを心配しての配慮であり、そのため）藤樹・蕃山・伊物の徒出たれども、おほやけの学の道はかはる事なし。もしひとの心のまに〳〵、をのがさま〴〵論説を経文に加へなば、代々の（改行）大君の御説よりして、諸侯・大夫をはじめ、おもひよることいひたらば、何をもて後のよを救ひなん（岩波文庫版、五九〜六一頁）

ここにいう定信の論点は、（1）ここでの学問は、自分が自己形成のために学ぶ学問というのではなく、「おほやけ（公）の学」としての問題であること、（2）この「おほやけの学」は、「よ（世）を救ふ」ため、というすぐれて政治に密着した学（政治の根本理念）であること、（3）したがってそれは一つでなければならないこと、（4）しからばそれがなぜ朱子学なのかという点については、大国中国において宋・元・明・清の大儒たちが尊信してきたこと（同前）、あるいは「（自分が程朱学を尊信するのは）見識ありてしかあるにはあらず、唯うたがふ事もなければかふべき念もなし」、また「只年月多く此流派に一定したると、よき人の多く尊信したると尊信したる人の多きをもって考えぬれば、程朱の説を信ずるは、あやまり少しといふべけんか」(「退閑雑記」巻一、『日本随筆全集』第十四巻、一七七～八頁)というのに明らかなように、決して朱子学の内在的理解による思想的確信によるものとはいえなかった。

以上の点をふまえて、「修身録」にみられる折衷主義論と「花月草紙」に明らかな朱子学正学論の矛盾をいかに理解するか、この点が、定信の異学の禁政策を考える上に、重要な問題となってこよう。

天明期、定信が春水らの正学派朱子学にふれることによって、学問観が転換したと想定することも、十分可能であろう。定信自身の主観においては、あるいはそのように意識されていたかもしれない。しかし結論的にいえば、定信の二つの学問観を両立し得ない矛盾と見る必要は、必ずしもない。すなわち「修身録」の折衷主義は、武士として一人一人が学ぶ立場からとらえる学問のとらえ方であった。したがって学問をとらえる基準が、自己をいかに形成し、それをいかに政治実践の中に生かしてゆくか、といった点にある。一人の政治主体形成の問題といい換えてもよい。他方、「花月草紙」の正学主義は、「世の乱れをいかに救うか」が学問にもとめる問題であった。政治が全体として依拠する理念を学問に設定する先の「学統」の考え方と同じ次元の課題である。「おほやけの学」というのは、まさにこの意味にほかならない。

とすれば、すでに見たように、異学派と正学派とが二律背反の矛盾ではなかったのと同じく、定信の折衷主義と正学主義とは理論的には十分両立し共存し得るであろう。両者の違いは、学問を問題とする視点の違い、あるいは学問の社会的な機能のさせ方における相異、と見ることができよう。

異学派は朱子学への一統化に反対したのであって、朱子学の存在自体を否定したのでは、もとよりない。一方、正学派も異学摂取の論理を内在させていた。また定信においても、右に見た通りである。かく、いずれにおいても学派共存の論理をもっていた（亀井南冥における共存の論理は、第四章第三節参照）。ただその共存のあり方においてそれらは鋭く対立していたのである。

定信の学派共存の論理の構成は、学校論を展開した次の引用に明らかである。

とかく学校はもとより小学をかね候場所の事故、尤も其心得可レ然候、とかくにいふまでもなけれども、孝悌忠臣（ママ）より外に教方はなし、豪気も英気も、篤実より出されは害をなすと可ニ心得一（中略）才あるものは迂遠に思ひて信ずましけれども、左にはあらず、小学などいふ所より下地をくみ立候が永々の為なり、下地まんろく（「満足」カ）（ママ）に出来る上は、其得手にしたがひそれぐ心得、可レ然書物を勧めて助くべし、（中略）かの政事には冉有・季路、文学には子游・子夏とか（『論語』に）いふ如きが聖人の御流義なり、学校は只篤実より出たる才を養ふ事第一也、（中略）博学尤も物の用に立事なり、博雑なるは好まざれども、それも得手次第の事、多勢の人、色々なるがよろし、さて又好嗜の事は別段の者なり、尤も害ある事は禁し、益なくとも、害なき事は不レ可レ禁、害もなく益もなき事は心にまかすべし、（中略）只風俗は質実なるをよしとす、一統の風競ふ時はせんかたなけれども、此薫陶に心をつくせば、少しくは其流風をも維持すべし、されば学校は稽古所とのみはいふべからず、大切の場所なり（「陶化之記」、『遺書』下、一四～六頁、この著作は文政十一年定信七一歳最晩年の稿）

引用にいうところは、「小学」は人間としての「下地」形成の課程、したがってだれもが学ぶべき共通の基礎課程である。しかも「小学」で学ぶ内容は「孝悌忠信」の道徳学（人倫の学）で、それが「篤実の風俗」を成す根源だという。彼はこれを「学問」といっているが、むしろ今日でいう「教育」、しかも画一的な道徳教育というにふさわしい。「小学」のこの「篤実」なる道徳を「下地」（土台あるいは共通の基礎）として、各々（ただし武士）が自らの「得手」に応じて銘々の学を成し、自らの才能を涵養して、国家有用の材を成してゆく。

定信は、ここで二つの意味において「学校」のもつ機能を説いていることが分かろう。一はすべての武士に共通の道徳（「下地」）形成の機能（「小学」）、二は多様な政治的人材を育成する機能である。「学校」が「稽古所」（「得手次第」に各個の才を育成する場）のみではないと定信がいうのは、それが「篤実」を養うことを通じて、結局「質実」なる「風俗」を実現する（教化の）源にほかならない、ということを意味しているのである。

こうした定信の「学校」観は、寛政五年九月の聖堂学問所（昌平黌）改革の際に制定された「学規」（原漢文）にも、ほぼ同様の構造で認め得る。すなわち第二則「行儀」の項に「学校は是れ材を育て善を首とするの地にして、教化の由りて出づる所なり。宜しく篤実・退譲なるべし」、つまり「学校」は人材育成の場であるとともに、「教化」の「由りて出づる所」淵源もしくは教化理念を明示する所であるという。やはり「学校」の意義を二点においていることがわかる。また第三則「修業」の項に「経史・作文は各々その材に因り、而して造就は亦た須く四書・小学に由るべし」と、「造就」（人間形成）は朱子学によらなければならないが、経史（経学・史書）や作文（漢文学など）においては各自の「材」（才や性）に応じて多様であってよい、との原則が認められている（以上『昌平志』巻二、『日本教育文庫』学校篇、八五頁）。

また文化六年（一八〇九）、定信自ら定めた白河藩藩校の学規「立教館令条」にも「学校は人倫を明らかにし風俗を正しくし、人材を長育するの主意」と「学校」の意義を示し、「経義に於いては自己の見をなすべからず、弥永々程朱の説を可守事、よむ所の書は聖経を主とし、其餘歴史諸子の類、広く講究し国家の用に立可中事簡要に候、詩文和歌等に至るまで心がけ候事、則一助に候」（『遺書』中、一〜二頁）という。同じ論旨で一貫していることは言をまたない。

以上のごとく見て来れば、定信にとって異学の禁とは、まず何よりも「世を救ふ」ための「公の学」として朱子学を採用することの明示であり、宣言であった。しかもそれは、頼春水にみられたような、幕藩制秩序再編の規範原理を提示し、かつ民心教化を視野にふくんだものとしてあった。[61] 一方これを教学政策として見れば、幕臣すべてに共通した普通教育を、朱子学の道徳教育で行うことを明らかにしたものとしての意味をもつ。その上で、異学も含めた多様な実用の学を、専門学ないしは技術の学として各々が個別に修め、それぞれに国家有用の人材を成してゆくという二重構造をもった教育の体制を構想したものであった。[62]

ここでは一々論証に立ち入ることはできないが、聖堂の大改革以下の寛政期幕府の一連の教学政策は、いずれもかかる構想の一環として見ることが出来る。こうした定信の異学の禁政策は、すでに分析した正学派朱子学の論理の有用性に着目して、それを自らの教学政策として生かしていったものであるといって誤りない。

(3)　異学の禁における定信の立場

定信は、人材育成を「学校」教育の目的の一としていた。ではいかなる人材を彼は想定していたのか。定信の人材論を見ておく。

結論的にいえば、定信の人材論は徂徠学の人材論の継承といってよい。「主人第一の心かけはまづこの人をしるの一事」（「修身録」、『遺書』上、二九頁）と、政治における君主の「知人」（すぐれた人材を見いだすこと）の重要性を強調する。これはすでに、「国ヲ治ル道ハ人ヲ知ル事ヲ第一肝要ナルコトヽスル」（『政談』巻之三）あるいは「人君ノ職分、タヾ人ヲ知ル一ツニ帰シテ、是ヲ人君ノ智ノ徳ト定メ、外ノ智恵ハイラヌコトナリ」（『太平策』）という徂徠の語を想起させる（第一章第二節参照）が、定信はさらにこの人材の見分け方や使い方についても次のようにいう。

主人の人をみるに、我趣向にあひ候をばよき人、趣向あはぬをあしき人と存候もの有之候、人面かはれば人心もまたかはる道理にして、おなじ心はなきものなり、その外我好む事をば、家中一同にさするの類、大なるひが事なり、すべて後世末世の風俗は、物こと一統して人にちがはぬ様にと心がけ候を第一に致し候柔弱者ども故（画一的な事勿れ主義の武士のみとなった）、（中略）すこしことやうなものをば、目くせよき様にして育てあぐべし、（中略）うけえし性にたがひ申さざる様にとりたて候事、長育の本に候事（同前、二七～八頁）

ここに見られるのは、多様な人間（個性的人間のあり方）こそ積極的価値であるとし、画一的人間に類型化された風俗こそ、社会的危機であるとする徂徠の人間観（第一章第二節参照）がそっくり見いだされる。しかも「うけえし性」の「長育」を説くのは「気質不変化」論、「ことやう（異様）なもの」というのは「疵物」的人材論そのものに違いない。また「人」を任用した場合、上から一々指図しないで、その人に任せきってやらせてみるのでなければ、「器量一ぱい」に「才」をあらわすことはできない（同前、三〇頁「人に任する事」）といい、また「（一人ですべてを具備した人はいないから）只その人の得たる所を用ゐるべし、いかやうの人も一方二方は、得たる事あるものなり、其得たる所を用ゐれば、天下にすたる人なし」（「燈前漫筆」、『遺書』上、七六頁）と、明白に徂徠の「棄物棄才なし」を踏まえて論じている。その他、定信の人材論は「政語第十一則」（新田開発の事および賢才に任ずるの法を論ず）（同前、四五頁）、「陶化之記」（同前、下、一三頁以下）、「花月亭筆記」（任賢の事、同前、下、一一頁以下）などに見えているが、いずれも論旨に変わるところはない。

また定信の思想を分析された田原嗣郎氏は、定信が、徂徠学的な先王制作説の立場に立つとともに、気質不変化の人性論が見いだせることを明らかにしておられる。(63)

定信の右のごとき徂徠学への親近性は、晩年の著作にも随所に認め得ることから、生涯一貫していたことは、疑いない。朱子学正学化にしても、自らの朱子学理解にもとづいた学問的確信があってのことではなかったのは、先に見た。とすれば、定信が異学（徂徠学・折衷学など）の一定の有効性自体を否定していなかったのは、明らかである。つまり問題としたいのは、異学の禁に踏み切った定信の立場は、果たして正学派朱子学と同じと考えてよいのか、という点なのである。結論的にいえば、定信はむしろ先に見た徂徠学系の亀井南冥の論理に近い、と推論する。以下、この点を示したい。

南冥は、「学問は国政の基」とする立場から、学問の政治的現実における機能に即して、学問の有効性をはかりその活用を考えていた。すなわち朱子学は「徳行の学」、徂徠学は「経世事業の学」と両学を規定した上で、徂徠学は「君・大夫」もしくは「官人君子」の学ぶべき学、朱子学は「士庶」もしくは「庶人幼学」の学ぶべき学とし、また徂徠学は「乱世」に、朱子学は「治世」にそれぞれふさわしいと説いた。かく、学問・学派を学ぶ主体や時代（社会）の状況に応じて使い分ける考え方を示していたが、それは、徂徠学のもつ政治的限界の認識の上で、朱子学の一定の有用性にも着目した論理であった。但しその使い分けが可能である主体の立場は、（政治という「事業」の問題である限り）「君・大夫」（為政者）の学の立場であった（第四章参照）。

寛政期は、宝暦〜天明期の全構造的危機[64]（農村や都市、流通市場などでの在来的秩序の解体の危機）に対応して、幕藩制的秩序の再編を目指し、そのために、武士から民衆にいたるまでの統合と教化の論理を必要としていた。そうした寛政期の政治が直面する課題に直接応え得る論理は、南冥の立場からしても、徂徠学であるよりも朱子学であるといわざるを得ない。なぜなら、社会の秩序化に有効に機能するのは朱子学であると想定されており、また藩校という組織化された学校で、一般の武士がすべて学ぶにふさわしいのは、朱子学と考えられていたからである。徂徠学自体は、きわめて政治政策（術策）論をその本領としていたから、南冥においても、徂徠学を必要とする武士は実際のところごく少数の為政者層にすぎなかった。かかる一部上層武士は、藩校で一般藩士と同一に学ぶ必要性は必ずしもなかった。

また徂徠学は確かに多様な人材育成と実務的知識や技術の修得の必要性を説いてやまなかった。そして寛政期はそれ（人材や知識や技術）を必要としていた。しかしそうした人材や知識や技術は徂徠学自体の修学によって得られる性質のものでは、決してなかった。この点を誤解してはならない。徂徠学で展開されているのは、多様な人材や技術を活かす政治の論理や構造についてなのである。

とすれば、幕府（もしくは藩）としての全体的な統合的秩序化を政治の課題としてきた寛政期、藩校での一般の武士の教育と民衆への教化の理念が朱子学で行われること（つまり異学の禁・朱子学正学化）自体を、皮肉なことに、南冥の論理からは否定できないといわざるをえない。否、論理的にはむしろ自己の学の藩校での正統性を自ら否定した上で、朱子学の正学たることを積極的に容認せざるを得なかったとせざるを得ない。とすれば、ここでの徂徠学の役割は、為政者の政策立案に参画する経世論（為政者のブレーン）と、多様な人材のあり方を武士たちに説くこと（人材教育）に見いだされることになろう。

正学派朱子学は寛政期の上記の政治課題に応えるだけの論理と方法論を掲げて、定信ら改革派の為政者の前に登場した。それが先の「学統」の論理と、教育と教化の構想とであった。定信が基本的には徂徠学もしくは折衷学的な学問観にあったとしても、南冥の論理にみた通り、正学派の論理でもって異学の禁に踏み切ることに何の矛盾もなかった。それが寛政期の課題に十分応え、しかも他方で一定の有用性をもつ異学をも十分包摂し、活用し得る論理を備えていたのであれば、なおさらである。かくて、朱子学を正学として確定し、その理念と権威でもって、社会統合論や教化論および武士教育論を寛政改革のうちに組み込み、一定の成果をあげえたのである。そしてそれは、これまでになかった新たな教学政策の始まりであった。

《補説》

先に指摘したように、正学派朱子学においては、①君主の名による「学統」の確定が、すべてに優先する君主の絶対の責任であった。②それは、君主の有徳性が必ずしも絶対の前提であることを必要とするものではないことを意味していた。③したがってここでは、平洲が想定したような「名君」の存在を必ずしも必要としていなかった。④それにかわって、武士が一体となった政治の体制づくりをめざす論理が見られた。⑤そのためには、武士教育の強化をはかるべく、藩校を必要としていた。

第二章に見たように、平洲の説く「名君」の仁政にはすでに限界があったが、ことに天明の大飢饉を経過するなかでそれが破綻してゆくのは必然であった。つまり天明期に明確に露呈してきた幕藩制の全構造的危機への対応を課題とする寛政期の改革は、ある特定の「名君」「賢宰」の独裁的政治ではなかった。それでは対応できないほどに、社会は複雑さを示していたといえようか。体系的に組織化された政治の体制（組織的に統合された「官僚」的政治の体制）が必要であったといい換えてもよい。

幕府の寛政改革は周知のように、定信の独裁ではなかった。天明期、「刎頸の交」をなし、互いに政治や道徳のあり方について切磋琢磨しあった同志たちを適材適所に配置しての、幕閣合議制であった。そうした同志は、危機の進行してきた天明期に藩政改革に苦しんだ中・小の譜代大名たちのグループであった。松平信道（丹波亀山藩）、本多忠籌（陸奥泉藩）、本多忠可（播磨山崎藩）、戸田氏教（美濃大垣藩）、松平信明（三河吉田藩）、堀田正穀（近江宮川藩）、加納久周（伊勢八田藩）、牧野忠精（越後長岡藩）、松平康致（美作津山藩）、奥平昌男（豊前中津藩）らである。従来からの月番交代による老中の個人的な指導制も改められ、常時合議による集団指導の原則となった。また、不正役人の大量粛正と、前例のないような思い切った人材登用を行い、大幅な人事の刷新をはかった。それは、幕閣層や要職に止どまらず、旗本・御家人を含めたすべての幕臣にまでおよんでいた。[65]代官・手代の更迭については、先に見た（注61）。天明七年七月の「芸術見分」の令（文武などに出精の者の調査）や、同年九月の人材登用令、および寛政四年に始められた学問吟味なども、いずれもこうした人材の登用、幕府「官僚」一体となっての改革体制づくりの重要な一環であった。朱子学正学派の先に確認した論理が、寛政改革のかかる方向に合致するものであったこと、もちろんである。とすれば寛政異学の禁は、こうした幕政改革の理念と方向性を集約的に示すものとしてあった。以後の聖堂学問所の一連の抜本的な改革と武士教育の強化が、その具体化であったことは、いうまでもない。

幕政改革のこうした基調は、以後の全国諸藩に強い影響をもたらさずにはおかない。ただその場合、異学の禁（朱子学正学化）という現象的部分のみを取り出して、幕府の異学の禁の影響を論じても、あまり意味があるとは思えない。異学の禁政策が全体としてもつ政策的基調がいかなる形をとり、いかに影響を与えたのかこそ、問われるべきであろう。

第五節　正学派朱子学の教育史上の意味

最後に、正学派朱子学およびそれを採用した寛政異学の禁政策が、教育史上においてもつ意味をまとめて、若干の展望を示す。

(1)異学の禁政策をみちびきだした正学派朱子学の特質は、何よりもまず、「学統」の論理の創出にあった。それは、「君上」(君主・藩主)を中心にしたいわば(藩)国家的な統合の理念として、朱子学のもつイデオロギーを〝発見〟したことである。しかもそれが民心教化論という明確な実践論によって裏付けられていたところに、たんに陳腐な定型の道徳学の復活としてはとらえきれないだけの、新たな経世論としての意味と可能性があった。

(2)その場合、民衆教化の手段として、政治によって組織された「教育」の機能への着目があった。すなわち「君上の学」(「学統」)に根拠づけられた〝(藩)国家〟的イデオロギーを、藩校および藩校に連結された官営もしくは半官営の「学校」組織を通じて、民心に浸透させてゆこうとする構想である。これは、従来ほぼ武士教育のみを想定していた藩校を、民衆教化の中枢としても機能させようとする構想であるとともに、公権力による組織化を意図した点で、一種の「公」教育としての方向性をもっていた。正学派朱子学は「公的」な民衆学校への方向性を示していたといえる。定信の幕政においても（春水の構想が必ずしも十分に具体化したとはいえないまでも）、あらゆる方法で民衆教化を考えており、それが早川正紀の典学館などをはじめとした名代官群の民衆学校や民衆教化を生むことにつながったと考えられる。

（3）ただしそれは、民衆の生活能力の基礎的陶冶や、身分を超えての民衆の成長を促すような、民衆自身の要求に応える方向での公教育の構想ではなかった。むしろ民衆層のそうした下からの要求に対抗するといった政治目的に貫かれた教育の政治的支配の方向であったといえる。その意味では、系譜的には、近代日本の国家主義的公教育につながる特質をそなえていた。とはいえ、彼らにおいて、民衆の生活能力の基礎的陶冶が否定されているのではもとよりない。この点は、十分留意されてよい。正学派はもちろん、定信ら天明期に苦しんだ為政者の多くの民衆観は、愚民観ではなかった。民衆を知的にも啓蒙し、生活能力をつけること、それを通じて崩壊に瀕した秩序を回復することをめざしていたことは、疑いない（本章第三節(5)の末尾《補説》参照）。ただ、それが社会秩序回復にかかわる以上、第一義的には、政治的意図の先行するイデオロギー性の強いものとならざるをえなかった。それと矛盾しない限りでの知的陶冶である。この点でも、また近代日本につながる特質といえようか。

（4）武士教育については、就学の義務化といぅに近いほどに、教育の積極的振興があげられる。幕（藩）政に積極的に参画して、現場での行政百般を、君主を頂点にした全体の秩序や方向を十分にふまえたなかで、適確に処理できる主体的で有能な武士「官僚」（人材）の育成が目指される。それが、学問によって可能であるという確信をもっての、教育の営みである。この点では、徂徠学を奉じた亀井南冥でも、あるいは他の折衷学（平洲や大峰など）でも変わるところがなかったが、正学派朱子学の場合は、次にいぅ教育の二重構造の論理をそなえているところに、独自性があった。

(5)すなわちこの武士教育が、朱子学的道徳を内包した「小学」の基礎のもと、専門的諸学摂取という二重構造をなす論理に拠っていたのである。ここでは、一つには「小学」的教育が政策として初めてとりあげられたこと、二つには、ここでの専門的諸学がさらに洋学・医学・砲術の学・兵学・数学・天文地理の学・測量の学、等々といった実用学摂取論への発展性を内包していたこと、この二点に注目しておきたい。おおむね寛政以降、諸藩の藩校において、儒学を中心にしつつも、その周辺に多彩な学科目の併置が進められていったのは、かかる論理と無関係ではなかったはずである。

(6)正学派朱子学や寛政期教学政策のこうした二重構造の論理は、そのうちに盛り込む学問や教育の内容を変えつつも、基本的には以後幕末・維新期にまで生き続けたと考えられる。この意味で寛政期は、幕末から近代へ続く日本の、政治と学問と教育の関わり方の基本的特質を形成した時期であった。まさに寛政期は、教育史における幕末の起点をなした時期であるといってよい。

寛政期の政治課題は、幕藩制の構造的危機にあったが、幕末から維新期にかけての最大の課題が西洋近代諸国家による外圧の危機にあったことは、言をまたない。寛政期以来の内政上の課題をふまえつつも、それを外圧の危機の問題に結びつけて、すぐれて国家的統合の論理を構築することによって、内憂外患の危機解決の方向を示してみせたのが、後期水戸学であった。

西洋諸国家の外圧が、日本のそれまで経験したことのない質をもった民族的・国家的危機と意識された以上、これに対応するに、個別領主（藩）を超えた形での民族的国家的統合の論理がもとめられるのは、けだし当然であった。かく、民族的統合を課題とする限り、もはやそれまでの朱子学の普遍的原理のみでは、十分でない。文政年間、会沢安が定式化してみせた国体論こそ、朱子学的普遍主義に代わる論理であった[66]。

誤解をおそれずにあえていえば、後期水戸学の思考の論理は、正学派朱子学ときわめて近いと考える。両者の親和性は、次章を通じて明らかとなるが、たとえば君主権威にもとづく春水の「学統」の論理は、天皇権威の絶対性を想定した後期水戸学の「皇統」論に姿を変え、実践論（道徳論）は国体論によって新たに意味づけられた忠孝道徳論として説かれた。しかもその国体論は、すべての武士と民衆の人心に踏み込んだところで説かれた統合と実践の規範であった。これは次章で会沢について見るように、単一の道徳原理によって説かれた民族国家的統合をめざしていた。また、二洲・春水らの正学派朱子学者が、易姓革命否認―皇統一姓の尊王論であったこと、さらに定信が尊王の立場を明らかにし、そこから「大政委任論」を展開していたことも、思い起こされる。[67]

思えば、藤田幽谷はすでに寛政期に思想活動を開始していた。奇しくも後期水戸学の出発点にも擬せられている幽谷の「正名論」が、寛政異学の禁の翌年の寛政三年（一七九一）十月、老中松平定信のもとめに応じて執筆された。それは名分論を定式化した論文であった（時に幽谷一八歳）。偶然とはいえ、異学の禁（正学派朱子学）から後期水戸学への連続性を想定する本稿にとって、まさに暗示的事実ではある。

（1）　宮城公子「幕末儒学史の視点」（『日本史研究』一二三二号、一九八一年）。

（2）　この時期は、儒学という従来の学問の大きな枠を超えて、経世学や国学、蘭学、その他で、多彩な「創造的」な思想や学問が開花した時期であったことも、十分念頭においておく必要がある。幕藩制の動揺ないし変質期といわれるこの時期、それに対応するように、学問・思想においては、豊かな可能性を孕んでいたといえよう。なお衣笠安喜「折衷学派と教学統制」（旧版『岩波講座日本歴史』近世4、一九六三年）参照。

（3）　この六藩は、本書第三章注2参照。

（4）　吉永昭「国産奨励と藩政改革」（『岩波講座日本歴史』近世3、一九七六年）四三頁以下参照。

（5）　たとえば諸橋轍次「寛政異学の禁」（斯文会編『近世日本の儒学』、岩波書店、一九三九年）、丸山真男『日本政治思想史研究』第二章第六節（東京大学出版会、一九五二年）、津田秀夫「教育の普及と心学」（『岩波講座日本歴史』近世4、一九七六年）など。

(6) たとえば、田原嗣郎「寛政改革の一考察——異学の禁と官僚制化の問題から——」(『歴史学研究』一七八号、一九五四年)、鈴木博雄「寛政期の学政改革と臣僚養成」(『横浜国大教育紀要』第三輯、一九六三年)、熊倉功夫「化政文化の前提——寛政改革をめぐって——」(林屋辰三郎編『化政文化の研究』、岩波書店、一九七六年)など。なお熊倉論文は、寛政改革の理念や学問の実践化の面からも論じている。

(7) たとえば、石川謙『近世日本社会教育史の研究』第一編第五章(東洋図書、一九三八年、一九七六年改訂新版・青史社)、和島芳男『日本宋学史の研究』第三編第三章(吉川弘文館、一九六二年)、同『昌平校と藩学』第四章(至文堂、一九六六年)、森川輝紀「寛政異学の禁に関する一考察——松平定信における「学問」と「教育」をめぐって——」(『東京教育大学大学院教育学研究集録』第十二集、一九七三年)、奥田晴樹「寛政異学の禁と聖堂領」(『日本史研究』二四三号、一九八二年)、頼祺一「固有文化の成熟」(『講座日本歴史』六・近世2、東京大学出版会、一九八五年)など。

(8) 異学の禁に対する会津藩の独自の対応を明らかにした論文に、長倉保「寛政改革をめぐる教学統制の問題——会津藩の異学の禁への対応から——」(『歴史評論』第五〇号、一九五三年)があるが、結局幕府の教学統制の破綻を指摘するにとどまっている。また広島藩の頼春水を中心に進められた天明期の異学の禁を紹介したものに頼祺一「広島藩天明異学の禁について」(『芸備地方史研究』第五五号、一九六五年)および同『近世後期朱子学派の研究』第二編第二章(渓水社、一九八六年)がある。

(9) こうしたとらえ方は、丸山真男前掲書(前掲注5、二七六頁以下)以来、ほぼ定説化している。この点、正学派朱子学の社会的機能における一定の有効性を高く評価する衣笠氏(実践倫理における有効性)や頼氏(武士教育や道徳教化における有効性)においても、それが発展性のない思想であるとする評価自体は、この定説に転換を迫るものではない。

(10) 衣笠安喜「折衷学派と教学統制」(前掲注2)、同「儒学における化政——寛政異学の禁との関連——」(林屋辰三郎編『化政文化の研究』前掲)、同『近世儒学思想史の研究』(法政大学出版局、一九七六年)。

(11) 宮城公子「幕末朱子学の性格」(『四天王寺女子大学紀要』第一二号、一九七九年)、同「幕末儒学史の視点」(前掲注1)など。

(12) 頼祺一『近世後期朱子学派の研究』(前掲注8)。

(13) 本書第二・三・四章は、禁圧された異学派の思想に即してその特質を見、しかも第四章は、藩内レベルに即して異学の禁の具体的事例を検討し、研究史上の欠落を埋める意味をもつ。

(14) 冢田大峰、延享二〜天保三年(一七四五〜一八三二)、信濃の医師塚田旭嶺の子。名は虎、字叔貔、通称多門。一六歳で江戸に出、苦学力行、常師なく、独学にて一家の学を成す。なお後に細井平洲門に列し、平洲の塾の助講も勤めた。天明元年、平洲の推挙により、尾張藩主徳川宗睦の侍読に挙げられ、のち尾張藩儒官、藩校明倫堂督学として尾張藩の学政を掌握して学問・教育の制度の整備確立に尽くした。その論は明解、その学は朱子学・陽明学・仁斎学・徂徠学などいずれの学にも偏せず、古註を主としたいわゆる冢田学の立場を確立した。すなわち経書の本文の用例による分析理解を重ねる厳密な「科学的」な文献考証と、十三経注疏の精密な研究にもとづく学問の方法を基本としていた。そうした学問的方法による独自の経書注解の著書すこぶる多く(いわゆる冢註本)、その量は等身に及ぶといわれる。『解慍』『聖道得門』『聖道合語』『聖道弁物』『冢註論語』『随意録』等々。なお寛政異学の禁に際しては、学禁反対派の急先鋒として、その直後の六月に定信に上書したほか、翌年には定信の政治を批判した『滑川談』を著し献ずるなど、再三にわたって定信に上書した。

なお大峰については、高瀬代次郎『冢田大峰』(光風館書店、一九一九年)が詳しい。また日本思想大系47『近世後期儒家集』中村幸彦解説解題(五三一頁以下)、一九七二年、参照。

(15) 高瀬前掲書(注14)四二頁所引。

(16) 大峰の定信への上書は、高瀬前掲書によれば、『滑川談』を除けば、(1)寛政二年六月、次いで、(2)翌年七月(「上相君白川侯書」と題する漢文)、(3)寛政四年十月(朱子学の昌平黌に対するに、古学を主とする古学学問所を新たに設立することを請願)、(4)寛政五年十二月(朱子学=集註のみによる旗本・御家人にたいする学問吟味の不当性の主張)の四通が知られる(いずれも高瀬前掲書所収)。このうち、(1)および(2)が「寛政異学禁関係文書」(『日本儒林叢書』第三巻、史伝書簡部)所収。

(17) 「寛政異学禁関係文書」(前掲『日本儒林叢書』第三巻)、二三〜八頁。なお「大峰意見書第二」というのは、注16に挙げた(1)(寛政二年六月付)の上書のこと(同「第一」というのは、寛政二年六月尾張藩主徳川宗睦宛の伺書)。

「異学禁関係文書」は『日本儒林叢書』本による。煩雑さを避けるため、以下一々注記しないで、頁数のみ示す。

(18) 赤松滄洲、享保六〜享和元年(一七二一〜一八〇一)、名は鴻、字は国鸞、通称良平。播磨の人。儒学を宇野明霞に学んだ折衷学者。赤穂藩儒者として出仕、後に抜擢せられて国政を担当。晩年、老を告げて京都に出、儒学を講じた。柴野栗山とは京都にて結んだ三白社という詩社の同人であった。前掲『近世後期儒家集』中村幸彦解題など参照。なお「与柴野栗山書」は「異学禁関係文書」所収。

(19) 寛政五年十二月付、松平定信宛大峰上書（注16にあげた(4)）、高瀬前掲書(注14)一〇六頁所載。

(20) 折衷学の学問観や学問的性格については、細井平洲の思想を素材として、すでに第二章第四節において検討した。本書で以下に整理する大峰の学問観の特質は、ほぼそのまま平洲のそれにも妥当することがらである。

(21) 注6・7に示したごとく、寛政異学の禁を、人材（武士「官僚」）の育成や登用、あるいは武士教育の振興を主要な目的とした政策としてみるとらえかたが、これまでの異学の禁研究においては主流をしめている。しかしここに見る大峰の主張（朱子学への一統化は人材育成・武士教育を阻害する、故に多様な学の存在こそ人材育成に有効であるという主張）や、すでに本書上章に見た徂徠や南冥の武士教育・人材育成論等には、かなり明確な武士教育論が展開され主張されていた。それのみならず、実際の政治改革の場においても一定の有効性をもって機能していた。こうした異学派の主張やその実際上の〝実績〟への検討や位置づけをぬきにし、異学の禁を、武士教育や人材育成・登用を目的とした政策であるとしても、その政策の特質を明らかにしたことにはならないであろう。なぜなら、異学の禁は、こうした〝実績〟を有する異学を「学校」から排除しようとする政策なのであるから。

(22) 西山拙斎、享保二十～寛政十年（一七三五～一七九八）、名は正、字は士雅、拙斎は号。備中鴨方村の医家の出。儒学を京都の那波魯堂に学ぶ。魯堂はもと徂徠学を奉じていたが、明和元年、朝鮮通信使一行の学士と接するや、朱子学に転じた。拙斎も師に同調、以後確信をもって朱子学で一貫した。聖護院宮の侍講に懇請されたが固辞して、安永二年、郷里鴨方に開塾した。諸藩の多くの招きにも応じず、民衆への教育・教化の活動に終始して生涯を送った。拙斎は、時学の賤行を憂慮して、習俗の浮靡におもむくのをとどめんために、幕府の儒者柴野栗山に異学の禁の断行を建議したといわれている。また異学の禁を批判する赤松滄洲の栗山宛の書（「与柴野栗山書」）に応えなかった栗山に代わって、拙斎が「与赤松滄洲論学書」を草して応えた（「寛政異学禁関係文書」所収）。以上、中村幸彦前掲書(注14)解題（五三六頁）、竹林貫一編『漢学者伝記集成』（一九二八年、一九七八年、名著刊行会再版）八三二頁以下参照。

(23) 頼春水、延享三～文化十三年（一七四六～一八一六）、名は惟完（寛）、字は伯栗または千秋、通称弥太郎、春水は号。安芸竹原の紺屋の出。大坂に遊学し、片山北海（徂徠学系の宇野明霞門）を中心とする詩社混沌社に交わったが、それにあきたらず、同門の尾藤二洲に古賀精里も加えて朱子学講究の同志的活動を行い、また西山拙斎や備後神辺の菅茶山らとも相通じて、朱子学正学化への道を準備していた。天明元年広島藩儒官として出仕、天明五年には広島藩学における異学の禁に成功した。広島藩世子伴読としての重責をにない、江戸に詰めることが多く、招かれて幕府昌平坂学問所にも講じた。藩儒官として出仕した実弟の杏坪とともに「芸備孝義伝」を編んだ。頼山陽は頼春水の長子である。前掲『漢学者伝記集成』(注22)八九一頁以下、頼祺一前掲書『近世後期朱子学派の研究』、中村幸彦前掲書五三七頁など参照。

(24)「春水遺響」は春水の玄孫頼古棋が春水関係の文書を中心に集め、筆録集成したもの。全二十六巻のうち、輔導篇(一・二)、献言応問篇(三)、藩学篇上中下(四・五・六)、著述篇乾(十三)が、頼祺一氏の校訂によって『広島県史、近世資料篇Ⅵ(思想と教育)』(一九七六年)第三部に収められている。「春水遺響」の所引はすべて本書による。以下一々注記しない。なお同資料の入手については、頼祺一氏の便宜をたまわった。記して謝意を表したい。

(25)「化民成俗」とは、拙斎のいうように『礼記』学記篇の冒頭の一節に見える。なお学記篇は、大学篇と並ぶ儒学の学問論の基礎を説いたものとして、伝統的に大いに重んぜられてきた。そこでの「化民成俗」は、よき為政者がめざす政治の理想としての文脈において説かれている。なお朱子学で絶対的に重んじられてきた朱子の『大学章句』序文の結びの部分に「学者修己治人の方」と並べて「国家化民成俗の意」の語が引かれていることに注意されたい。朱子学者にとって「修己治人」が「学者」(学に志す者)の目標であったように、「化民成俗」は「国家」(朝廷すなわち政治)の目標とする所であると意識されていたわけである。

(26)頼祺一氏は、「後期朱子学」(本稿にいう正学派朱子学)の意味を、「実社会における学問の有用性と学者の社会的存在意義についての深刻な反省」にもとづき、「学問の意義を道徳実践による社会風俗の教化＝秩序維持にもとめ、『学問と人物トヲ二ツにして行』なうような当時の学者を批判した」という点に見いだされ、儒者としては、自己の任務を武士教育に限定した、と論じられている(「固有文化の成熟」前掲注7論文、一七八・一八三頁、および前掲『近世後期朱子学派の研究』三四頁ほかなど)。しかしこうした点はすでに見て来た通り、朱子学にのみ限られることではない。折衷学などの学問観と判然と一線を画して区別することは難しい。とすれば、朱子学正学論の意味は、朱子学がそういした折衷学までも「異学」として排したことの意味のうちにあると考えなければならない。それが「学統」論の展開にあることを、次節で明らかにする(なお注21も参照)。

(27)頼春水の「学統論」(当初は「学統辨」)は、その成稿の日付はないが、本文中に広島藩の異学の禁が「去歳乙巳」(天明五年)とある。また「学統論」が、広島藩の異学の禁の直後に草された事情については、頼祺一「広島藩天明異学の禁について」(前掲注8論文)、および同氏の前掲書第二編第二章第一節参照。

(28) 『礼記』王制篇(同篇は、儒教における理想とされる政治制度のあらましが記されている)に、「司徒(民衆の教育をつかさどる官)六礼を脩めて以て民の性を節し、七教を明らかにして以て民の徳を興し、八政を斉へて以て淫を防ぎ、道徳を一にして以て俗を同じくせしむ」とある(新釈漢文大系『礼記』上、二〇六頁、明治書院、一九七一年)。なおここで「風俗」とは、かなりの多義性を含みつつ、近世において頻用される語である。ここではさしあたり、人々の道徳性にねざした社会の秩序規範を意味する語と考えておいて大きな誤りはないであろう。近世では通常、この「風俗」こそ政治の対象と意識されていたといってよい。

(29) 頼春水、尾藤二洲、古賀精里ら、安永期の大坂で結ばれた正学派朱子学の講究グループが、「中庸首章図解」の作成に熱心に取り組み、安永八年自信をもって完成させたことを、頼祺一氏が、春水書簡などにより明らかにしている。(頼前掲書一三二頁など)。朱子が力をこめて書き、一つの朱子学概論とさえいわれる『中庸章句』序文は、「中庸は何の為にして作れるや。子思子、道学のその伝を失はんことを憂へて作れる也」と書き起こされ、以下「道統の伝」の定式化が行われた(島田虔次『大学・中庸』新訂中国古典選第四巻、一四三頁以下参照)。これを思えば春水らが「中庸首章図解」作成に精魂をかたむけたのも、彼らの「学統」論と不可分に関わっていたと推定される。

(30) 朱子は彼の『中庸章句』序文において、「蓋し上古に聖神、天を継ぎ極を立ててより、道統の伝、自りて来ること有り。其の経に見ゆるものは、則ち『允に厥の中を執れ』(『論語』堯曰篇)とは、堯の舜に授けし所以也、『人心惟れ危うし。道心惟れ微かなり、惟れ精惟れ一、允に厥の中を執れ』(『書経』大禹謨篇)とは、舜の禹に授けし所以なり」という。つまり朱子は「道統」の内容を、『書経』大禹謨に見える堯から舜へ授けた四句(「人心惟危、道心惟微、惟精惟一、允執厥中」、最も要約していえば第四句)に明示したのである。なお島田前掲書(注29)一四四~六頁参照。

(31) 世子浅野斉賢に対して、江戸詰の「左右大臣」のなかに、異学派の冢田大峰の著作を読ませようとするなど、異学派の接近を画策する動きがあったという。頼祺一前掲書一九四頁参照。なお同書第二篇第二章に、春水による世子教育の実態が詳しく紹介され、その教育観に考察が加えられている。

(32) 「本末・先後」というのは、『大学』経の「物に本末有り、事に終始有り。先後する所を知れば、則ち道に近し」というのにもとづくこと、いうまでもない。朱子学がことに重んずる段階や順序をふむことの重要性(逆にいえば「躐等を忌む」)の根拠ともなる概念である。

(33) 頼祺一前掲書、二一一頁以下。

(34) 尾藤二洲、延享二〜文化十年(一七四五〜一八一三)、名は良佐または孝肇、字は志尹、二洲と号す。伊予川之江の人。回船業の家の出。大坂で正学攻究につとめた三人(他に春水、精里)のうちではもっとも学が深かったという。寛政三年聖堂付儒者として幕府に抜擢され、寛政期の幕府の教学改革に参画した。著書『素餐録』『正学指掌』『静寄軒集』『称謂私言』など。

(35) 頼祺一前掲書「尾藤二洲の思想」(第一編第二章)、宮城公子「幕末朱子学の性格」(前掲注11論文)など参照。

(36) 衣笠安喜「儒学における化政——寛政異学の禁との関連」(前掲注10論文)、頼前掲書三六頁以下など参照。

(37) 丸山真男『日本政治思想史研究』(前掲注5)七六頁。

(38) 宮城公子氏は、尾藤二洲の思想的特質を、「所当然の則」(一事一物の理)を「所以然の故」(太極＝天理)の深みにおいてとらえようとした点に見いだしておられる(「幕末朱子学の性格」前掲注11)。この点を本稿の文脈でいえば、おそらく春水の「致知」の重視と同じ方向にある問題であろう。すなわち具体的な現実の諸場面におけるあるべきあり方(「所当然の則」)を、社会の全体的秩序(「所以然の故」「統」)の中においてとらえる、ということである。

(39) 衣笠安喜「儒学における化政」(前掲注10論文)、頼祺一「後期朱子学派の形成とその活動」(前掲書第一編)。なお衣笠論文では、正学派朱子学グループがいずれも西国・上方が地盤であることに注目し、正学思想形成の契機に、宝暦以降の農村の在来的秩序解体の危機を想定している。傾聴すべき見解であろう。また頼氏は、正学が大坂で形成されて行く過程を初めて詳細に実証された点で、画期的である。

(40) 日本思想大系37『徂徠学派』(一九七二年)三一九頁。なお漢文読み下しは、頼惟勤、磯安代による同書に従った。

(41) 注39の衣笠論文参照。なお宝暦期を在来の幕藩制的秩序の解体の始まりの時期ととらえる見方は、林基「宝暦—天明期の社会情勢」(旧版『岩波講座日本歴史』近世4、一九六三年)以来、広く認められている。

(42) 都市文化の実態については、『平安人物志』などを分析した宗政五十緒「京都の文化社会」(前掲注6『化政文化の研究』)など参照。

(43) 頼祺一氏によれば、春水らは京都の学者を「京学」「京儒」という言葉で批判的に言及していた。当初京都で修学した古賀精里にいたっては、「古賀右様京儒等ノ事ハ学者ノ歯牙ノ間ニオクベキ事ニあらず」(安永八年五月十五日付春水書簡)と、「京儒」が学問として問題とするに足りないとまで酷評し、詩文に傾斜した学問のあり方に批判の目を向けていたという。頼前掲書一一七頁、および四八〇頁。

(44) こうした動向は、頼祺一氏の紹介になる尾藤二洲の頼兄弟宛の書簡にかなり明瞭に窺える。「尾藤二洲の書簡(その一)(『尾道短大研究紀要』第十八集)、「同(その二)」(『広島大学文学部紀要』第二九巻一号、一九七〇年)。

(45) 春水が定信に接触して学政を論じていることは、「奉送白河城主源君序」に、「惟完(春水)曩に延招を蒙り、座を賜はりて、学を論ぜり。且つ君(定信をさす)の、吾が学の異学を弁晰するの源委を敦く尚びしことを聞くを獲たり」(原漢文)というのに明らかであり、しかも定信が、(この文に見る限り)すでに正学派朱子学の学問観に同調していることが知られる(春水が江戸に出府したのが天明三年九月、この文が書かれたのが同四年六月、定信との会見はこの間であった)。また、定信の白河藩での美政をふまえた後、「庶幾ふべきは、則ち豈に惟だ白川一藩の民をして其の沢を被らしむるのみならんや、天下志学の人をして、心に誠に風俗の淳疵は、其の学の純駁に由ることを知らしめんことを」(原漢文)というのに、幕政への定信登場の期待が窺える(以上、『春水遺稿』巻九、十八丁オ)。

(46) 春水が易姓革命にいかなる見解をもっていたか、今のところそれを直接に示す資料を確認できていない。しかし彼は、(広島藩に登用される以前に)自らが中心となって筆写した水戸藩の『大日本史』二四三巻(伝・論賛も完備した懐徳堂所蔵本を底本としている)を、広島藩に献上することに大いに熱意を示し、関係各方面に周旋している。それが実現したのは、彼が広島藩に登用される前年の安永九年(一七八〇)のことであった。また彼は、『大日本史』が大部な紀伝体であるので、それとは別に自ら『監古録』と仮称する編年体漢文の歴史書の執筆に取り掛かっていた(公務多忙で完成せず。なお子の頼山陽の『日本外史』などの歴史書の執筆は、父のこうした志とおそらく無縁ではなかったであろう)。かく、春水が『大日本史』などの歴史書に並々ならぬ関心を示していたことからして、易姓革命否定論に立っていたことは間違いないと思われる。なお『大日本史』筆写と献上、『監古録』執筆等などの事情については、頼祺一前掲書第一編第一章参照。

この点、尾藤二洲は明確に易姓革命否定論であったことが確認出来る。たとえば「宋の太宗、嘗て皇朝の姓を易へずして、文武諸臣の官を世々にするを歎称す。固より然り。然り而してその中に復た黜陟の典あり。賓興の儀、大学および諸院の設けあり。備はれりと謂ふべし」(「素餐録」、日本思想大系37『徂徠学派』三一〇頁)といっている。

(47) 『日本教育史資料』旧広島藩学制には、平民子弟は「藩士学校へ入学ヲ許サス」(第二分冊六五三頁)とあるものの、「春水遺響」五には、藩校での「講釈・講習・素読・会読の節の図面」(七三四頁)のうち三つの図面(「講習之節」の図面を除く)には、「農工商」が着すべき席が明示されている。また本文に引用した「学問所勤方次第」の文は、実際に民衆たちが聴講していたことを推測させる史料といえよう。もっとも農工商たちがはたして実際にどれだけ聴講したか否かは、また別の問題であり、今のところ確認できていない。

(48) 「教導の事につき町奉行への答書」(「春水遺響」三)にも、「町師匠ハ人柄等をえらひ候て小扶持被下候様之事」(六八六頁)と、町奉行に提案している。

(49) 引用文の前条に「(藩校の)講席列坐云々」とあり、また引用文に続けて「□(ママ)師道之取扱ひ方可有□(ママ)一助ならんか」とあるのに明らかなように、いわば寺子屋師匠の藩校での〝研修〟を示す文脈となっている。

(50) 『春水遺稿』巻九(二三丁オ～二四丁オ)。頼祺一「朱子学者の政治思想とその実践——頼杏坪の場合——」(前掲書第二編第四章)参照。

(51) 学問吟味は、一五歳以上の幕臣を対象に、小学・四書・五経・歴史・論策に関しての試験で、寛政四年に第一回目が実施され、以後三年毎に幕末まで継続された。その試験は、聖堂学問所の儒者があたり、もちろん朱子学(集註)によって行われた。成績優秀者は褒賞されたが、それが直ちに幕府内での以後の昇進を保証する制度ではなかった。ただ人材選考にあたり、かなりの程度は考慮されていた事実も認められるようである。なお橋本昭彦「江戸幕府の学問吟味——武士階級の功利的学問観の形成に及ぼした試験制度の影響——」(『教育学研究』第五一巻第一号、一九八四年)、および熊倉功夫「化政文化の前提——寛政改革をめぐって——」(『化政文化の研究』前掲注6)参照。

(52) 高瀬代次郎前掲書『冢田大峰』(注14)一〇八頁。なお注16も参照。

(53) ただし「純駁不一候事心に権度(「権度」カ、辻本注)立不申候てハ無益なるのミならす、却て害を生し候事可恐奉存候」という注釈つきである。

(54) 赤松滄洲がかつての友人の柴野栗山に異学の禁を批判する書を認め送った(寛政六年「与柴野栗山書」)ことは、すでに述べたが、その文中において、彼らが「正学」を標榜することの不当性を難じて次のように論じている。「足下(栗山を指す)程朱を謂ひて正学と為し、諸家を以て異学と為す。夫れ異とは、固より同じからざるの謂ひなり。諸家を程朱に異なりと謂ふは可なり。而るに正とは、邪の反対なり。苟くも程朱を学ばざる者は、皆な之を邪と言ふか」(「寛政異学禁関係文書」四頁)。奇しくも滄洲が、正学派が「正学」を標榜することの不当性を論理的に非難しているけれども、正学派は「異学」を「邪学」とはいわなかった。そうであるとすれば、「異学」という呼称は、もちろん正統・異端の語にもとづくとはいえ、実に含みのある言葉であるといわねばならない。

(55) 例外は宮城公子氏であろう。同氏は、寛政以降の朱子学をたんなる「封建的思惟」と概括することに疑問を呈し、むしろ近代につながる思想性をはらんでいることを示唆するとともに、その階層的基盤を地方の豪農商層および下級武士に見いだす見解を示しておられる。「幕末朱子学の性格」(前掲注11論文)、および「幕末儒学史の視点」(前掲注1論文)参照。

(56) 会津藩の改革派を強力に主導していた家老田中玄宰は、藩の学制改革にあたる中心人物として、古屋隔(号昔陽、通称重次郎)の招聘をはかろうとしていた。古屋は熊本の人。秋山玉山に学んだ徂徠学系の折衷学者(なお秋山玉山は、熊本藩の「名君」細川重賢による宝暦藩政改革の際、藩校時習館を設立し、学政を掌握していた。亀井南冥の『肥後物語』にその学政のあり方が詳しい)。会津藩へは、細井平洲の推挙によるという。古屋の会津下向に対して、寛政三年一月、幕府の儒官岡田寒泉が執拗な干渉を行い、会津下向を阻止する動きを示した。その根拠は、幕府による前年の異学の禁の方針に反することであり、古屋の招聘が「御改政(幕府の寛政改革)之御障」になるというのである。

いうまでもなく、会津藩祖の保科正之(三代将軍家光の異母弟で、家光の遺言により四代将軍家綱の幕政を補佐)は、朱子学者山崎闇斎を招聘し、また熊沢蕃山や山鹿素行らを異端として排斥し、いわゆる寛文異学の禁の主導者にほかならなかった。会津藩の教学は、それ以来闇斎派朱子学の牙城としての伝統を誇ってきた。寒泉らにとって会津藩は、異学の禁の先駆を示した「天下の模範にも被成」るべき藩と見なされていたのである。しかるに、こともあろうに幕府の異学の禁の直後ともいうべき時に、その朱子学を捨てて異学に転向することは、やはり見過ごすことができなかったわけである。

是非とも古屋を必要としていた田中玄宰は、直接松平定信その人に意向を打診した。これに対して定信は、必ずしも強い反対の姿勢を示さなかった。そこで会津藩は寒泉の干渉をふりきって、予定通り古屋を下向させ、寛政の藩政改革を継続した。以上、長倉保「寛政改革をめぐる教学統制の問題――会津藩の「異学の禁」への対応から――」(前掲注8)参照。

これは徂徠学や折衷学がなお一定程度藩政改革に有効であることを示す事実である。

(57) 江間政発編『楽翁公遺書』(上・中・下巻)(八尾書店、一八九三年)。

(58) 黒川真道編『日本教育文庫』(全十二巻)(同文館、一九一〇・一九一一年、一九七七年日本図書センター復刻)。

(59) 『楽翁公遺書』緒言解題、一〇頁参照。

(60)　西尾実・松平定光校訂『花月草紙』(岩波文庫、一九三九年)解題八頁。

(61)　定信の「学校」教育論は、さしあたり武士層に限られた構想であり、春水が民衆教化を「学校」教育論の一環に組み込んだのとは相違を示している。しかしそれは定信が民心教化を政策的視野に入れなかったことを意味するものでは決してない。(おそらく藩校と連携した春水の寺子屋「公営」構想は、それを実現させる具体的な可能的条件はなかったであろう)。定信は春水とは別の形で、儒学理念にもとづく民衆教化に留意していたのである。ここでその詳細を論ずることはできないが、以下、その政策のいくつかを列挙しておく。

(一)江戸昌平黌における仰高門日講の復活とその強化(仰高門日講は、江戸の武士も含めた一般民衆を対象とした公開講釈で、元禄期に始められ、享保期に日講制となっていたが、その後久しく中断していた)。

(二)『孝義録』の編纂と出版、および孝行者や奇特者の積極的表彰。

(三)代官の大量粛正と更迭、および名代官の輩出。

(四)石門心学への関心。定信を含む寛政改革のブレーンとなった大名たちが、天明期より中沢道二らの心学者を招いて再三講釈を聴いていたが、それを契機に自藩に心学者を招いて講釈させた大名も多かった。定信も白河藩領民のために心学者を招いている。また寛政二年に設けた江戸無宿人たちの授産・教化施設であった人足寄場に、中沢道二らの心学者による教諭を採用した。以上、石川謙『石門心学史の研究』(岩波書店、一九三八年)ほか参照。

(五)京都学問所設立構想(実現せず)。全国から「京学」修学のために学生の集まって来る京都に、定信は柴野栗山とはかって東(江戸)の聖堂学問所に呼応する学問所設立計画をもち、調査を進めていたが、定信が辞任したため中絶した。学問のために全国から上洛した遊学生が、いずれ帰郷して後、全国各地の私塾等の教師や知識人となることを考えれば、幕府官立の朱子学による京都学問所設立の構想は、(江戸の聖堂学問所に定信が寄せた期待と相俟って)、教化の構想と関連していると推測することができる。以上、衣笠安喜編著『京都府の教育史』第四章(辻本分担執筆、思文閣出版、一九八三年)参照。

なお、右の(二)および(三)についてさらに補足しておく。

寛政元年、栗山の勧めにより定信は、「公料私領は更にも云はず。市井田里を論ぜず。前々より孝行また奇特なるもの褒賞もありしは。記録あるかぎりは。国郡。姓名。言行にいたりて。写し取りていだすべしとなり」と命ずるとともに、筑摩郡下西條村の六右衛門・徳左衛門兄弟に「よく親につかへ業をつとむる」との理由によって、褒賞と銀子の下賜を行った（以上、「文恭院殿御実紀」巻六、『続徳川実紀』第一篇九一～二頁、吉川弘文館、一九七六年）。この命にもとづいて全国より膨大な報告が書き上げられた。それはほかならぬ昌平坂学問所で整理と編纂が進められ、寛政十二年『孝義録』五十巻として完成、官板として出版されて広く市販された。記載人数は合計八六一〇人、そのうち八九四人は略伝が載せられ、褒賞の理由まで記載された。なおちなみに、その伝文作成には、学問吟味に首席合格したかの大田南畝が動員されて健筆をふるった。行状・徳目の分類は「孝行者・忠義者・忠孝者・貞節者・奇特者・風俗宜者・兄弟睦者・家内睦者・一族睦者・農業出精・潔白者」とされた。大掛りなこの事業が学問所が中心になって取り組まれたことにも示唆されるように、民衆教化政策の一環であることは、疑問の余地がない。以上、山下武『江戸時代庶民教化政策の研究』（校倉書房、一九六九年）、竹内誠「寛政改革」（『岩波講座日本歴史』近世4、一九七六年）参照。

（三）について。定信は不正代官の大粛正と新代官の大量登用（全代官の三分の一以上の異動）や代官手代人事への介入を行った。農民に直接する役人のあり方への留意ぶりがわかる。そうした中から、いわゆる寛政名代官グループが登場してくる。たとえば早川八郎左衛門正紀、岸本弥三郎一成、竹垣三右衛門直温、寺西重次郎封元、山口鉄五郎高品、羽倉権九郎秘救、岡田清助寒泉らである。彼らの登場がたんなる偶然でないのはもちろんで、定信らによる改革政治の基調の反映にほかならない。彼らに共通する特徴は、要するに儒学的仁政の理念にもとづく農民教化の姿勢であった。早川正紀は、美作久世において「久世条教」を著し示すとともに、典学館という教諭所を設置した他（後の転任地の備中笠岡でも敬業館という教諭所を設置）、積極的に農民教化策を実行していった。寺西封元は「寺西八カ条」をあらわし、農民の生活倫理にもとづく教化の理念を展開し、民衆の生活上の規範としての定着をはかった。聖堂儒者であった朱子学者岡田寒泉も、常陸代官として赴任し、文字どおり自己の学を実践の場に生かすべく民政に努めた。そして寒泉の民政は特筆に値する善政であったようである。現地の農民たちによって、功徳碑・寒泉塔・岡田大明神等の建立があり、幕末期の農民の嘆願書にまで寒泉の民政への感謝の文言が記されたという。これら名代官群は、まさに定信が期待する民政・農政の忠実な体現者・実践者に違いなかった。寛政異学の禁政策がこうした政治的改革や実践と一体のものとしてあった、ということを忘れてはならない。以上、熊倉功夫「化政文化の前提」（前掲注6論文）、石川謙『近世日本社会教育史の研究』（前掲注7）、永山卯三郎『早川代官』（巌南堂書店、一九二九年）、村上直『江戸幕府の代官』（国書刊行会、一九七〇年）、重田定一『岡田寒泉伝』（有成館、一九一六年）など参照。

（62）この二重構造は、朱子学の「大学」「小学」論——「灑掃応対進退の節、礼楽射御書数の文」といった日常実践の学を学習する八歳〜一五歳の子弟を対象とする「小学」と、その基礎の上に「修己治人」の「真の意味の政治学」を修める一五歳以上のための「大学」（前掲島田著『大学・中庸』五頁参照）――をふまえつつ、それをいわば換骨奪胎したものといってよいであろう。

(63) 田原「寛政改革の一考察」（前掲注6論文）。本稿の論旨からも、十分首肯できる。

(64) 竹内誠「寛政改革」（前掲注61の(二)の論文）第一章。

(65) 以上、竹内同右論文、熊倉功夫前掲論文、津田秀夫「寛政改革」（『岩波講座日本歴史』近世4、一九六三年）など参照。

(66) 平田篤胤や佐藤信淵らの国学的教化論もそうした時代の課題に応えるものとして形成された思想とみてよいと思われる。

(67) 注46および衣笠安喜「幕藩制下の天皇と幕府」（後藤靖編『天皇制と民衆』東京大学出版会、一九七六年）など参照。頼祺一氏も「後期朱子学」の延長線上に後期水戸学を想定しておられる。氏によれば要するに、両者がともに「危機に対処するための思想」であったこと、また後期水戸学は「武士支配のあり方をたんに意識面のみでなく、現実に変革していこうとする」思想であるとされ、後期水戸学の方が、内憂外患の支配の危機に対して「より強力な思想として展開」していったとされる（前掲書『近世後期朱子学派の研究』二八九〜九一頁）。ここでは、朱子学から後期水戸学への内在的な思想の論理がほとんど展開されないまま、両者の関連性が示唆されるにとどまっている。したがって両者の関連性についての氏の構想は必ずしも明らかでない。氏の後期水戸学に関する論考を待ちたい。

第六章　国家主義的教育思想の源流

——後期水戸学の国家意識と統合論——

第一節　後期水戸学における二つの側面

会沢正志斎（天明二〜文久三年、一七八二〜一八六三）、名は安、字伯民、通称恒蔵、号は正志斎・欣賞斎あるいは憩斎。彼は、その著「新論」において、はじめて理論的に国体論を展開してみせ、後期水戸学の思想的構築者といわれる。本章では、この会沢の思想を中心に、後期水戸学の思想とその特質をさぐる。

周知のように、寛政—天保期に形成された後期水戸学がになうべき課題は、大きくいって二つあった。一は、国内の幕藩制社会の全構造的危機の進行の問題であり、二は、接近してきた西洋諸国の外圧（侵略的危機）への対抗である。こうしたいわゆる「内憂外患」に向き合うなかで形成された後期水戸学は、やがて天保以後の幕末の尊王攘夷の思想と運動に、理論的基礎を提供するにいたった。

後期水戸学には、右の二つの課題に対応して、二つの側面を認めることができる。一は、幕藩制の構造的危機に対する幕藩制改革論の展開であり、二は、領土への侵略的危機に対応する民族国家的意識の昂進である。(1)

前者についていえば、それは、幕藩領主の側からする政治改革論の展開であった。後期水戸学の本来の意図が、あくまで現存の幕藩政治体制を前提とした上で、それを、国体論にもとづいて、再建し強化することをめざすところにあったのは、疑いを容れない。したがってどこまでも尊王敬幕が、後期水戸学の政治的立場の基本であった。そうである限り、幕府と朝廷が紛糾を重ねることになった開国以後の政治過程のなかで、水戸学のもつ政治的主導力が急速に後退し、政治勢力としての水戸学自身が分裂を重ね、やがて倒幕勢力にのりこえられていくのは、いわば当然であった。こうした幕末の政治史の過程に即して見る限り、後期水戸学のもつ歴史的意味は、封建補強ないしは封建反動の思想とみなされることになる。(2)

一方、後者の側面（民族国家的意識の昂進）についていえば、西洋近代国家による侵略の危機を衝撃的に眼前にし、そこから、国内の動揺をも念頭において自覚化されていった国家や民族や武士および民衆の在り方に関する意識であった。そしてそれは、幕末の政治過程の実際や、水戸学勢力の分裂という事実を超えて、明治以降の日本の国家の在り方に、色濃く影を落としているといってよい。いわゆる天皇制国家主義の源流として、後期水戸学をとらえる立場である。(3)

天皇制国家主義のイデオロギーの一面は、いわゆる教育勅語に簡潔に定式化がはかられた。そして教育勅語にもられた国家意識は、一言に約すれば「忠君愛国」であった。

いうまでもなく、「忠君愛国」の国家意識は、日本近代の学校教育（公教育）や学校儀式を通じて、国民の間に広く浸透がはかられた。もとよりそれは、近代日本における国家的動員と統合の重要な一環であった。かかる意味からすれば、後期水戸学の国家意識と国家的統合の構想をさぐろうとする本章は、国家主義的教育思想の源流を考察するこころみとしての意味をもっているといってよい。

第二節　危機認識の特質

(1) 常陸大津浜事件と水戸学

文政七年（一八二四）五月、常陸国北辺の大津浜に、突然、英国人十二人が上陸、薪水食糧を求めてきた。常陸沖での異国船の出没は、その一、二年前から見られていた。とくに前年六月の那珂湊沖合への再三の出没は、水戸藩士民に不安と動揺を与えた。その時藤田幽谷は、直ちに江戸の藩主のもとに、危機感に満ちた上書を提出していた（「癸未封事稿」）。[4] 今回の大津浜事件は、幽谷が前年その上書で懸念していた「異賊上陸」が、ついに現実のものとなったのである。この事件の水戸藩に与えた衝撃の大きさはいうまでもないが、ことに後期水戸学の形成にとって、その意味は大きかった。

この事件に際し、幽谷は、一九歳の一子東湖に、大津決死の行を命じた。すなわち、英人取り調べにあたった幕吏が「必ずや亦た無事を以て処せん」という事勿れの穏便策をとるとの風聞が伝わるや、東湖に対して「万一苟且偸安、（幕吏が英人を）放還の策に出づれば、則ち是れ赫赫たる　神州、一男児無き也。吾深く愧づ。汝疾馳して大津に至り、其の夷俘を放還することを聞かば、則ち虜舎に至り膂力を尽くして、以て夷奴を斬り、然る後に従容として自首し、以て官裁を請はば、豈に壮ならず哉」（原漢文、東湖著「先考次郎左衛門藤田君行状」[5]）と命じた。英国人殺害という攘夷断行の命である。実際には、東湖が現地に急行する途次、すでに英船出港となった。大津決死行は未遂に終わったのである。しかし、藤田父子の攘夷意識の強烈さを示すには、余りある。

また幽谷の高弟会沢正志斎（当時四三歳）は、この事件の筆談役として、藩から大津浜に派遣された。会沢のこの筆談の記録が「諳夷問答」である。会沢は同書で、上陸異人が当初予想したロシア人でなく英国人であったことに衝撃を受けたこと、また彼らの当面の目的が彼らのいうとおり捕鯨であるとしても、その真の狙いは侵略に

あるに違いない、といったことなどを記している。(6)

会沢が、尊王攘夷論を体系的に展開した「新論」を著したのが、この翌年の文政八年、幕府がいわゆる異国船打払令を出した直後のことであった。大津浜事件こそ幕府の打払令発令の直接のきっかけであり、また会沢の「新論」も、この事件での経験に触発されての執筆であったことは、疑いない。この意味において、大津浜事件は、水戸学にとっての画期であった。

(2)　西洋観と神国観

大津浜事件にみられた藤田父子や会沢のこうした攘夷意識は、いかなる西洋認識にもとづくものであろうか。幽谷は、先の「癸未封事稿」（文政六年）において、「異国船之事、実に天地の一大変」「開闢以来神州安危の機」という。その危機とは、鎌倉期の蒙古来寇が「（領土侵略の意図をもたず）たゞ我国を朝貢せしめ候と申名を求め候而不レ獲候より起り候一旦の禍」であったのに対し、今日の異国船は「彼が志、始終は我土地人民を専にして我風俗を変じて彼十字教を奉ぜしめ候様に至り不申候而は止み不申候事」（以上『幽谷全集』、七一八〜七二〇頁）というように、宗教的強制を伴った西洋諸国の、日本に対する領土侵略の危機と理解していた。

たとえば、西洋の貿易や宗教などの活動も、かかる視点から説き明かされる。「交易船と申候も異人の謀二百戦百勝一よりは不レ戦而取二人之国一候を第一と仕候故まづ交易より取入候事西洋黠虜皆々此術を用ひ来候」、現にかつての「伊斯把尼亜（イスパニア）」や「和蘭（オランダ）」がそうであった。また「異船捕鯨之事」も「万里の滄溟をわたり捕魚の役にのみ此に至る筈無之（中略）遠大の謀慮も有之一旦に事をいそぎ不申候間捕鯨の役は即ち屯田の意味と推察仕候」（同前、七一九頁）と、やはり侵略戦争のための兵糧確保の手段であると理解される。そして、「殊更妖夷の教法耶蘇の宗門を以て人心を誘惑し貪愚の民を引入候事甚妙術御座候」というように、宗教も同様に外国侵略のための巧妙な手段であるとみなされる（同前）。

ここでは、西洋諸国―耶蘇教国―侵略国と、西洋諸国が宗教と侵略との一体化したイメージでとらえられている。しかし幽谷のこうした西洋（夷狄）観は、幽谷に特有のものではない。キリスト教それ自身のうちに領土侵略の意図を見て取る形での排耶論は、遠く鎖国以前の豊臣秀吉や徳川家康以来のものであったことに注意されたい。秀吉によるキリシタン禁令（伴天連追放令）や家康の禁教令の根拠の一つに、右の意味での排耶論があったことは、周知のことに属する。

ここでは一例として、金地院崇伝によって起草された「伴天連追放之文」（「排吉利支丹文」ともいい、慶長十八年（一六一三）幕府による全国禁教令として起草された）の一節を示す。

それ日本はもとこれ神国なり。（中略）ここに吉利支丹の徒党、たまたま日本に来る。ただに商船を渡して資財を通ずるにあらず、みだりに邪法を弘め、正宗を惑はし、以て域中の政号を改め、おのが有となさんと欲す。これ大禍の萌しなり。(7)

近世初頭のこうしたキリスト教邪教観形成の前提には、それに先立って、織豊武士団が血みどろの戦いによってようやく屈服させた一向一揆勢力との闘争の歴史があった。キリシタン禁令にふみきった秀吉には、キリシタンが一向一揆と二重写しとなっていたのである。(8)近世の集権的統一権力のイデオロギーは、一向一揆という中世末の宗教勢力と対抗する中から形成され、それが西洋キリスト教諸国へ対応してゆくなかで、幕藩制を支える国家の観念の自覚につながっていったのである。「キリシタン禁圧過程は、同時に、幕藩制国家観念形成へのイデオロギー過程でもある」(9)といわれるゆえんである。

周知のように、秀吉は、キリシタン禁令第一条「日本ハ神国たる処きりしたん国より邪法を授之儀太(はなは)(ダ)以(テ)不可然候事」において、「きりしたん国」に対置して日本を「神国」と規定した。それは、いわば西洋キリシタン国に対置させることによって強く自覚された日本の国家としてのイデオロギー的な自己規定である。それ以来、排耶論の根拠の一つに、常に日本神国観が定置されることになった。[10]

この神国観が国際秩序に適用されたとき、朝尾直弘氏のいう「日本型華夷意識」を支える国家意識となるわけで、それはキリシタンという「異敵」の危険性のことさらなる強調を通じて、神国国家としての日本を意識させる構造をもっていた。要するに、耶蘇邪教観とその反射としての日本神国観が、鎖国下における「観念的で排他的な島国的国家意識」の基盤だったのである。[11]

日本神国観が、近世幕藩制国家を支える国家観念となった時、近世における天皇に一定の意味が付与されることになった。なぜなら、天皇こそ記紀神話上、建国の神である天照大神の血胤として、唯一正統なる君主であり、天皇が皇統一姓のもとに存在すること自体が、日本が神国たるための最大の拠り所にほかならなかったからである。したがって、天皇権力がいかに幕府によって政治的・権力的に規制されようとも、秩序形式における天皇権威の最高性は、維持される必要があった。それは、日本神国観の論理的必然であった。とすれば、鎖国によって最終的に確立をみた幕藩制国家を構成する国家観念自体のなかに、すでにその成立の当初から、尊王論および攘夷論（耶蘇邪教観＝西洋侵略国家観）の論理が、すでに組み込まれていたといってよい。

後期水戸学の理念を集約したとされる「弘道館記」において、「我が東照宮、撥乱反正、尊王攘夷、允に武、允に文、以て太平の基を開きたまふ」[12]というように、家康を尊王攘夷の先駆者とみるのも、こうした論理をふまえていたといえよう。ただし、近世成立期の神国観は、幕末のように、西洋の軍事侵略的危機に対応したものというのではない。キリシタン問題が一向一揆と二重写しでとらえられた事情が暗示する通り、それは、成立期の統一権力の確立という国内権力編成上の問題こそを、その主要な契機として成立していた。この意味で、後期水戸学の右のような家康の位置づけ方は、明らかに、天保期における自らの尊王攘夷の立場を家康に投影させて論じたものであった。

かく考え来たれば、儒者をはじめ多くの近世知識人たちが、鎖国体制下、さかんに神国論や尊王論や排外論を説いていたとしても、何ら異とするにはあたらない。この点、すでに尾藤正英氏に、尊王および攘夷の思想を中心にした近世における国家意識の変遷を思想史的に考察した論考がある（「尊王攘夷思想」、『岩波講座日本歴史』近世5）。いま、それに付け加うべき新たな知見の準備があるわけではない。ただそうした中でも、徳川光圀を中心とした前期水戸学が、朱子学の道徳的普遍主義にもとづきつつ、神国観と尊王論によって自覚された近世的な国家意識を強くもち、それが『大日本史』編纂という大事業を支える思想的契機であった点は、後期水戸学について考える際にも、忘れることのできない事実である。(13)

以上、幽谷や会沢の西洋認識や攘夷論が、十九世紀に入って突如独自に表明されたものではなく、幕藩制国家のうちにもともと内包されていた意識、とりわけ水戸藩において色濃く継承されていた伝統的意識の上に表明されたものであった。したがってそれは、祖法にもとづく頑迷な保守的相貌をとってあらわれてくるのも、当然であった。しかし、後期水戸学が、単なる保守主義の枠にのみおさまる思想ではなかったことは、その後の後期水戸学の思想動向が示すところである。

寛政期以後、ヨーロッパ船は、日本側が独自に維持しつづけてきた鎖国外交秩序を乱す形で現れて来た。領土侵略の危機の客観的条件がほとんどなかったそれ以前においては、耶蘇脅威論は、ほとんど観念的世界の問題といってよかった。しかし寛政以降、とりわけ長崎以外の地における英国人の上陸が現実のものとなった文政期には、西洋脅威感は、具体性をもって一挙に昂進せざるを得なかった。それは、文字どおり国家の危機と意識されただけに、それまで自己規定してきた国家の意識が、改めて根底から問い直される必要に迫られたのである。東湖の大津決死行は、いわばその焦躁感の直情径行にすぎなかったが、会沢の「新論」は、まさに右の問題に正面から取り組んだ理論的にして実際的な著作であった。そこで論じられた国家の意識の体系化が、いわゆる国体論であった。

(3) 会沢の危機認識の特質——宗教の発見——

会沢の「新論」では、西洋諸国の動向に対して、それまでの幽谷に比べ、格段に詳しい情報と比較的的確な認識が示されている。[14]

会沢の西洋観を貫くのは、西洋諸国のあくなき侵略的本質と、東洋へ侵略を進めてきている事実の指摘である。たとえば「西荒の戎虜に至っては、則ち各国、耶蘇の法を奉じて、以て諸国を呑併し、至る所に祠宇を焚燬し、人民を誣罔して、以て其の国土を侵奪す。其の志は、ことごとく人の君を臣とし人の民を役するにあらざれば、則ち慊らざるなり」(「国体」上)[15]という。すなわち西洋は、強烈な侵略の意志をもち、それにみあう強力な軍事力と巧妙な方法とを備えて、世界各地でそれを実行している、というのが、会沢の西洋観の基本である。

かかる前提で、会沢の現状認識の特質を、以下三点にわたって考えてみる。

第一は、世界的視野。「新論」の形勢篇で言及される国は、清や鄂羅斯はもちろん、度爾・百児西・莫臥児の他、仏郎察・伊斯把・雪際亜(スウェーデンのこと)・諳厄利・熱馬(ドイツのこと)等の西洋諸国、さらには亜毘心域(エチオピアのこと)・馬邏古・暹羅・瓜哇・瑪苔郎などにもおよび、各々の勢力や動向が記されている。そして「古者は、一区の中に就きて、分かれて戦国と為りしが、今は則ち各区に並立して、交々戦国と為れり」(「形勢」九〇頁)、すなわちかつては一国内もしくは一地域内において互いに覇を競って戦っていた、しかるに今や世界的規模で国と国とが戦う戦国状況にある、とみなされる。ある種の国際的世界の成立の認識といってよい。こうした中で西洋諸国は、互いに「合従」や「連衡」を繰り返して、「各国皆既に南海の諸島を併せ、海東の地(アメリカを指す)を呑みて、大地の勢、日に侵削に就けば、則ち神州の其の間に介居するは、譬へば独り孤城を保ち、隣敵、境を築き、日に将に偪らんとするの勢の如き也。（中略）若し夫れ未だ嘗て回回（回教のこと）・邏馬の法（カトリック）に沾染せざる者は、則ち神州の外、独り満清有るのみ」（同、九三〜四頁）と、ほぼ敵（西洋諸国）に包囲された「孤城」のごとき日本のおかれた姿を描き出してみせる。

先の幽谷の西洋観が、必ずしも確かな海外情報にもとづいたものではなく、むしろ伝統的な定型の観念的認識に近いものであった。これに比べ、会沢の場合、一応は「国際的世界」の大勢の中から日本の位置をとらえようとしている点に、地理的視野の拡大が見て取れよう。多くの海外情報や知識にもとづいて、日本を、世界の国際関係の中におかれている国家として「客観的」に認識しようとする視座（いうまでもなく、それが真に客観的認識たりえたか否かは全く別の問題である）、こうした眼が、日本の危機の現状を鮮明に浮かび上がらせることになったのである。

第二に、水戸史学の伝統にふさわしく、歴史的認識に関してである。会沢は、我が国の外患を、遠く熊襲や隼人の時代から順に歴史的にたどってくることで、今日的状況の意味を、歴史客観的に説き明かそうとする。先引の、世界的「戦国」というのも、歴史的に新たな状況の出現として語られていた。また、

神州は四面皆海にして、号して天険と為せり。今、西夷は巨艦大舶に駕し、電奔すること数万里、駛すること風飇の如く、大洋を視て坦路と為し、数万里の外も直ちに隣境と為す。四面皆海なれば、即ち備へざる所無し。向に所謂天険なりし者は、乃ち今の所謂賊衝也。而るに疆を保ち辺を安んずる者、豈に疇昔の跡を執りて、以て今日の勢を論ずるを得んや（「形勢」九〇〜一頁）

という。つまり、四面の海はかつては外寇に対する天然最良の要害であった。ところが巨艦大船が縦横に往来する今日では、逆に外寇を招く要路にほかならない。だから「今日の如きは則ち虜は至るべからざる所無くして、海内を挙げて皆長崎たり」（「守禦」一一四頁）という。今日直面している危機は、かつて経験したことのない、歴

史的に全く新しい段階に至っており、従来の知識や方法では通用しない。鎖国成立期以来とられてきた旧策や祖法などの無能さの指摘といってよい。しかるに幕藩当局は、旧来の体制の意識のまま、大津浜事件に露呈したごときその場しのぎを重ねている。会沢は、これをきびしく批判するとともに、進んで、今日的状況に対応し得る国家的体制の構築を唱えたのである。

太平洋に面し、かつ北方への監視をもって任じていた水戸藩は、伝統的に対外問題への関心は高かった。会沢も、二〇歳の時、ロシア進出の風聞や古代以来の海外経略史をまとめた「千島異聞」一巻を著している。その他に、先述の「諳夷問答」（付録弁妄）、排耶論の「豈好弁」「両眼考」「三眼余考」「禦侮策」「息邪漫録」等、対外問題や排耶関係の著述が目立って多い。かかる関心の在り方や知識の蓄積が、「新論」での対外認識の基本にあったことは、いうまでもない。

しかし、右にみたような会沢の対外的視野の広さは、会沢独自のものというにはあたらない。たとえば林子平や本多利明ら、寛政期前後の経世論者や海防論者において、すでにかなり十分な展開をみせているからである。彼らにない会沢に独自の捉え方、それは対外危機を、すぐれてイデオロギーの問題としてとらえるところに見いだせる。特質の第三がこれである。

「新論」の虜情篇冒頭に、西夷の強盛さの根本を説いていう。西洋が強盛なのは、「智勇」「仁恩」「礼楽刑政」「神造鬼設」などが卓越しているからではない。「彼其の恃みて以て伎倆を逞しくする所の者は、独り一耶蘇教有るのみ」（九四頁）と断言する。耶蘇教自体は、いかに「邪僻浅陋」に過ぎないとしても、「愚民を誑誘し易く」、「巧言繁辞」「小恵」などによって、「士大夫と雖も（中略）心蠱（まど）ひ志溺れ、頑乎として其れ解くべからざるに至る」。他国への侵略は、「先づ通市に因りて其の虚実を窺ひ」、乗ずべきを見れば一挙に襲撃、不可ならば「夷教を唱へて、以て民心を煽惑す。民心一たび移れば（民は西洋を）簞壺（たんこ）（大歓迎して）相迎へ、之を得て禁ずる莫し」と、宗教の力で民心を掌握してしまえば、国の併呑はおのずから成ると考えられていた（以上、「虜情」九四〜五頁）。つまり西洋脅威の根本は、むきだしの軍事力である以上に、民心を収攬しうる宗教の力にある、というのが、会沢の主張なのである。

軍事より民心こそが根本であるとすれば、いかに民心をつかむかこそが、問題となる。西洋はその重要さを十分承知している、と会沢は見る。「虜は犬羊の性（中略）其の俗は残忍にして、日に干戈を尋ぎ、勢その民を愚弱にしては、以て自から国を立つるを得ず」、故に西洋は民衆愚弱化政策をとらない。徴兵制をしき、海外の占領地からも兵を徴用し、その上で「妖教を用ゐて以て其の民を誘ひ、民心皆一なれば、以て戦ふに足る」という。キリスト教によって民心を一元的に収攬した上での徴兵である。故に、それが戦争での強力さにつながるというのである（「国体」中、七七頁）。このように、民心の収攬は、軍事の問題と一体としてとらえられている点に注意されたい。

西洋の宗教による民心収攬というこの方法、それは会沢によれば、「（西洋は）神聖の夷俗を変ぜし所以の方を倒用し、反って以て中国（日本のこと）を変ぜんと欲す」（「長計」一四三頁）というように、実に「太祖」（神武天皇）以来、わが国古代にとられていた方法にほかならなかった。「太祖征戦したまふや、毎に神威に仗りて以て武功を成」し、征討すれば必ず「天社・国社」を祭り、その祭祀・典礼を明らかにし、それを通じて「天下の民心、繋属する所有りて、以て同じく朝廷を奉じ」、あるいは「征討すれば則ち功宗を記して、以てその地を鎮し（割注略）以て民心を純らにして、夷狄を斥け、獷俗を変ず。是を以て徳化日に洽く、黎民これ雍ぐ」というのが、神武天皇以来のわが国古来の政策であった、というのである（同前、一四〇〜三）。

会沢にとってキリスト教はたしかに容認の余地のない「妖教」ではあった。しかし、民心掌握という点においては、ほかならぬわが「神聖の教え」に類縁性が見いだせた。会沢には、それはやはり一種の「政教一致」の理想の体制をそなえていると見えた。だからこそ、「夷虜」は「未だ侮りて以て弱と為すべからざる也」（「国体」中、七七頁）、油断できないおそるべき相手と認識されて来たわけである。

これに対し、今の日本はどうであるか。「中国（日本）未だ不易の基を立てず、衆庶の心は、離合聚散し、架漏牽補して、以て一日の計を為すに過ぎず」（「長計」一四三頁）、古代に行われた祭政一致・政教一致の体制とは程遠く、民心離反の現状は、おおうべくもない。「民心主無し」とは、民心統合の基軸の欠落を嘆く会沢の、繰り返される常套句であった。

なぜこうなったのか。直接には祭祀体系の形骸化にあったが、その由来は、「時勢の変」の弊と「邪説の害」（仏法・陋儒・俗学・耶蘇教・国学など）、制度の問題としては、兵制の変遷に関わってとらえられる。兵制については、「命を天神に受け」ていた古代の民兵による軍団制が廃止された時点に、「兵農の分ること」および「民志」分離の弊害の端緒をみる。しかし何といっても、豊臣以後の兵農分離、武士の都市集住の体制こそ、「民志」分離の決定的要因とみなされる。武士の都市集住が商賈の力を強め、そのため「僭奢」「驕淫蕩佚」を生み、「利を見て義を忘」れ、「廉恥」なく、「天下に生気無く」、諸々の「流弊」が生起してきた。会沢は、「夫れ兵は地を守る所以、地は兵を養ふ所以なり。兵と地とは相離るるを得ず。離るれば則ち地は空虚にして、兵は寡弱となる」という。いわゆる武士土着論の立場であった。かかる会沢にとって、武士集住制による悪循環の構造は、「本末共に弱きを致す」（「本」は幕府、「末」は大名・武士・民）政策にほかならなかった。否、それのみならず「夫れ既に天下を弱にせんとして、天下弱なり。黔首（民衆のこと）を愚にせんとして、黔首愚なり」といった、民衆愚弱化政策がとられてきた。国家全体の衰弱は、すでに深く進行していると指摘する。今の天下に「変」がないのは、ただ「戦を畏るるのみ」という消極的理由によるだけだと、その衰弱ぶりが分析される（以上、「国体」中、七二〜六頁）。

以上の会沢の現状分析にみる彼我認識の落差が、いかに大きな危機感をともなわずにおかないか、もはや明らかであろう。そうした認識は、そのキリスト教理解にもとづいていた。それは、民衆の掌握や動員力という点で、会沢が宗教のもつ政治的意義に着目したことを意味している。逆にいえば、「民心主無く」「衆庶の心、離合聚散」といったわが国の問題点、それを、宗教を必ずしも十分には政治のシステムの中に組み込めていないという政治体制上の欠陥として、自覚したことでもあった。

近世権力は、中世末の一向一揆をはじめとした土一揆をイデオロギー闘争によって克服したのではなく、軍事力で屈服させた。このことを反映して、近世権力の宗教政策（宗教勢力への政治的支配）は、政治的強制や制度的統制によっていた。宗教は、完全な体制内化を強要された。寺請制は、まさに民衆への宗教（仏教）の制度的強制にほかならなかった。それが制度的な、したがって人心にとっては外からの強制であったために、民心への積極的教化策をともなったものではなかった。したがって、幕藩制社会においては、制度上の宗教形式の枠内にある限り、民心は事実上放置に近い状態にあったといってよい。

宝暦以降、百姓一揆や打ちこわしの激発などに代表されるように、民衆は、在来の支配体制の枠を越えて、独自の行動をとりはじめた。(16) 会沢が「新論」で「禱祠呪詛」として言及した不受不施・蓮花往生・富士講などのいわゆる民衆的新興宗教も、民衆の新たな動向が、信仰の形態をとって登場してきたことを意味している。寛政期の幕府や諸藩の政治改革の多くは、かかる状況に対する、儒学（とりわけ朱子学）の理念にもとづく、教化や統合の政策をともなった積極的な対応であった（第五章第三・四節参照）。ただその段階では、西洋キリスト教国の脅威は、いまだ政策の中に組み込むほどには明確に意識されていなかった。

後期水戸学にとっても、民衆の体制離反の動向は、もちろん切実な政治課題であった。この点、幽谷の場合、その農政書「勧農或問」や数多くの封事類に明らかなように、主に元禄以降の、為政者の苛政・悪政に原因が求められていた。水戸の宝永改革を指導した松浪勘十郎などは、その典型と目される人物であった。要するに彼らは、「本」(農)をつとめること(「養民の道」)を忘れ、都市商業資本と結んで「末」(商)にはしり、「好貨の疾」「借金の弊」におちいり、結局農村を窮状に追い込んできた、というのである(「丁巳封事」)。[17] その対策としては、当然、農政論を基本とした改革論として説かれる。それはあくまで為政者内部の責任による経世論であり、そこには、民衆の内面を問題としたイデオロギー的なとらえ方は希薄であった。つまり幽谷は、積極的な民衆教化策を説かなかった。この意味において、宝暦―寛政期に民衆教化論を展開した折衷学の細井平洲や正学派朱子学などと比べて、経世論としては、なお不十分さを免れなかったといわねばならない。[18] この点で、幽谷の学問の本質は、実践的経世論のうちにあり、学問としては、一種の折衷学とみることができよう。[19]

これに対して、文政期、直接外患に向き合った会沢は、民心の離反化の根本原因を、幕藩為政者の民衆教化策の欠如(会沢のいう愚民化政策)に見いだしたのである。しかも、民心離反の現象は、民心への浸透をねらう「妖教」(キリスト教)をともなった西洋脅威観と不可分の問題として、あった。かかる会沢の眼からすれば、民心をつかんで広がりつつある新興の民衆的な宗教は、現実の支配関係の上に、絶対的な「大父大君」の信仰対象を立てる点で、キリスト教や一向宗などと類縁性をもつ危険な邪教そのものと映ってこざるを得なかったのである。[20]

かくて会沢においては、内憂(民心離反)と外患(侵略的危機)とが、民心をめぐるイデオロギー問題として、一体的にとらえられた。まさにこの点が重要である。とすれば、民心の拠るべき国家の「大経」を明確にし、それによって民心の統合をはかる(「民志を一にす」)こと、これこそ、国内秩序の回復はもちろんのこと、邪教の侵入をくいとめ、西洋侵略の脅威を打破する方途に違いなかった。そして、会沢によれば、その「大経」は、すでにわが国古代の天皇祭祀の中に十分そなわっていた。会沢の主張が復古的論調をおびるのは、当然であった。

第三節　会沢の民衆観

後期水戸学の民衆観が封建的な愚民観そのものである、というのは、戦後の通説的な見解である。ただ、それは、後期水戸学を封建補強をめざす反動的思想とみる戦後の主流的な水戸学観の反映という一面をもつ。(21)

前節で見たとおり、会沢は民心の動向に注目し、民心の掌握こそ最も重要な政治的課題であるととらえていた。とすれば、その民衆観を、たんなる封建反動的愚民観としてみるのみでは、片付けにくいものがあると想定されよう。

夫れ天下の民、蠢愚（しゅんぐ）甚だ衆（おお）くして、君子甚だ鮮し。蠢愚の心一たび傾かば、則ち天下固より治むべからず。故に聖人、造言乱民の刑を設くること甚だ厳なるは、其の、愚民を惑はすを悪めば也（「新論」虜情、一〇四頁）

右は全き愚民観の表明のもののごとくである。確かにそうであるとしても、問題はその愚民観の質である。いかに聖人であっても、政治秩序から民心が離反したもとにおいては、民衆は治めることができないという。民心を無視した政治は成り立たない、と考えられているともいえる。これは明らかに、社会の秩序の維持に対して、民衆に一定の役割を期待する考え方である。その場合、秩序維持の機能を、たんに（従来の農村支配の原則にみられるような）民衆の共同体的秩序に求めるのではなく、民衆一人一人の心のうちに求めようとしている点に、会沢の民衆観の特質が見いだせる。

次の引用は、この点をさらに明瞭に示す。ちなみに、「新論」国体篇上の、結論につながる前段部で、「国体」を定義的に論じた有名な箇所である。

（「神聖の大道未だ明らかならず、民心未だ主あら」ざる状態で、夷虜が「愚民を蠱惑（こわく）」する事態となれば）、挙げて之を大観すれば、果たして中国たりや、明・清たりや、将た身毒たりや、抑々西洋たりや。国の体たる、其れ如何ぞや。夫れ四体具らざれば、以て人となすべからず。国にして体無くんば、何を以て国となさんや。而るに論者方に言ふ「国を富ましめ兵を強くするは、辺を守るの要務なり」と。今、虜は民心の主無きに乗じ、陰かに辺民を誘ひ、暗に之が心を移さんとす。民心一たび移らば、則ち未だ戦はずして、天下既に夷虜の有とならん（六八〜九頁）

いかに富国強兵策によって国力強化をはかってみたところで、それ自体は「国の体」ではない。敵が民心を収攬してしまえば、せっかくの富強は逆に敵の有に帰してしまう。したがって、国にとって民心の収攬こそが根本、民心を失えば、国が国として「体」をなさない、というのである。ここでは、民心は、人の存立に四体を要するのと同じく、国が国として存立する（「体」をなす）ための不可欠の要件であると考えられていることは、疑いない。

会沢がここでいう「国体」が、明・清や「身毒」（インド）や西洋などと区別された、日本が日本であるための国家としての固有のあり方やすがたという意味であるとすれば、結局、国家の固有のあり方は、民衆の内面と無関係には存立しえないと想定されていることになろう。会沢において「国体」とは、要するに武士や民衆が日々に実践すべき当為規範（具体的には忠孝道徳、次節参照）をその内容とするものであった。国体が民衆によって依拠され、実践さるべき規範であるとすれば、国体（ひいては国家）は、民衆（および士）の不断の実践によってはじめて安定的に存立できるということになる。かく、民衆がいかに国家にかかわり、それをささえ得るかが問題なのであった。とすれば、「民心主無し」とは、民衆が依拠すべき当為規範としての国体が不明なる状態であることを意味することになる。それは、民心の国家からの離反をも意味し、国家の存立の深刻な危機にほかならない。

しからば民衆は、政治の責任主体と想定されていたであろうか。

今、之（「不抜の業」）を施行せんと欲すれば、宜しく民をして之に由らしむべくして、之を知らしむべからず。若し夫れ民をして之に由らしむる所以の者を論ぜば、則ち曰く礼のみ。礼の目は五、而して民に敬を教ふる

は、祀より大なるは莫し（『新論』長計、一四七頁）

ここに明らかなように、民衆それ自身のうちに拠るべき自律性は認められていない。むしろ、民衆の自律性にもとづく政治主体への成長は阻止されている。あくまで政治の責任主体は武士であり、その点での民衆との差別は判然としている。民衆は「由らしむべくして知らしむべから」ざる存在、そして民衆の拠るべき規範は結局「国体」にほかならないが、実際上は、天皇による「礼」、そのうちでもとりわけ「祀（祭祀）」によって明示された。ここには、朱子学にみられるような主知主義の立場は期待すべくもない。

かかる立場から、会沢がいかに民心の政治的意味に着目しようとも、その掌握や動員には、朱子学のような直接の教化や啓蒙によって、知的に認識させるのではなく、典礼や祭祀などといった為政者の側からの一種の宗教性をともなった制度や術策的操作にもとづいて行われることになる。

なぜ宗教の着目にいたったのか。先に述べたように、キリスト教理解が契機であったのは間違いないとしても、その前提に、在来的秩序の枠をこえた動向を見せている民衆の、人情や内面への理解の深化があった(22)。たとえば「今日耶蘇の禁、厳なること甚だしければ、民も得て詿誤すべからず」という耶蘇教への楽観論に鋭く反撥して、会沢はいう。

民の利を好み鬼を畏るるは、その情の免るる能はざる所、苟くも潜かにその心を移す所以の者有らば、則ち厳刑峻法と雖も亦た得て詰むべからざる者有らん（『新論』虜情、一〇四頁）

ここで「利」と「鬼」（鬼神）をもちだすのは、いうまでもなく西洋の貿易とキリスト教に対応してのことである。この両者の前には、「厳刑峻法」という政治的強制は全く無力であるという。それを「博奕及び徒党」によって例証する。「国に明禁あ」るにもかかわらず、現に博奕が絶えることがないのは、民が「その利を好むに因」るからである。また「禱祠呪詛は、神姦を仮りて以て友を喚び党を聚め、随って除けば随って生ずるは、その鬼を畏るるに因れば也」として、不受不施・蓮花往生・富士講などを挙げている（以上、同前、一〇五頁）。

以上、「利」「鬼」など、「その情の免るる能はざる」人間の自然の性情や内面に対して、政治的強制力は有効性をもちえない。法や制度にのみもとづく政治の限界が気づかれている。それは、在来の幕・藩の政治のあり方の限界への自覚を示すとともに、儒学の問題としてみるなら、制度や政治力の強化を説いた徂徠学や経世学の限界をも意味していよう。いずれも、民衆の奔放でエネルギッシュな動向を見据えるとともに、「妖教」を前にして至りえた認識だったと考えて誤りない。

今や「利」「鬼」をたずさえた西洋に対抗するためには、体制から離反した民衆をいかに一元的に統合し、国家の側に吸引してゆくか、そうした課題に応え得る政策をもたねばならないのである。それは、政治的強制力のおよばない、人間の自然の性情や内面に働きかけうるものでなければならない。第五章でみた天明・寛政期の正学派朱子学は、たしかに人間の内面性にはたらきかける方向性をもっていた。しかし、朱子学は形而上学的な全体的世界観をもち、精緻で難解な理解にもとづいていた。民衆はもとより、大多数の武士に、朱子学を理解させ、能動的な実践に向かわせることは、必ずしも容易なことではなかった（この点、たとえば本章第五節にあげた久留米藩での天保学による正学派朱子学批判を参照されたい）。すなわち朱子学の道徳論は、民衆が心情的に直ちに共感し、能動的に実践にむかわしめるには、難解でかつ観念的にすぎたのである。

この点、会沢が記紀神話にもとづいて提示した忠孝道徳論（詳しくは次節参照）は、比較的単純でわかりやすかった。また、天皇の祭祀を頂点にして、「群神百祀」を有意味に係属させた祭祀の体系（「典礼教化」）は、理屈や政治的強制ではなく、宗教性をよそおうことによって、朱子学よりは民心の収攬に有効性をもつものとして構想されていた。(23)

以上会沢の、宗教的なこの「典礼教化」の体系は、一種の政治神学、ないしは政治的宗教の構想とでもいうべき性格をそなえていたといってよい。

第四節　国体論の構造と特質

「新論」で展開された会沢の国体論は、西洋侵略の危機に直面してうちだされた一種の国家論とでもいうべき性格を有していた。日本神国観にもとづく会沢の国家意識の表明といってもよい。国体論については、これまでややもすれば自明のこととして、それ自体が十分論理的に分析されることが少なかったように思われる。従来は、その思想的系譜やイデオロギー的特質、歴史的評価などに関心が集中して論じられてきた感が深い。しかし戦後世代の我々には、国体論の構造や論理構成は、それほど自明のことではない。ここでは、会沢の論旨に即して、国体論そのものの構成と論理をたどってゆくことからはじめよう。

(1)　「道」と国体──天・天祖・天皇──

道ハ天地ノ道ナリ。天地アレバ人アリ。人アレバ君臣父子夫婦兄弟朋友アリ。君臣ノ道ヲ義ト云。父子ノ道ヲ親ト云。夫婦ニハ別アリ。長幼ニハ序アリ。朋友ニハ信アルコト。天地自然ニ備リタル大道ナリ。四海万国。偏方下州トイヘドモ。コノ五ノ人倫ナキ国アルコトナシ（会沢「読直毘霊」序文）[24]

右に明らかなように、「道」は、五倫五常の自然的存在として、儒学的に、とりわけ朱子学と違わない形で、規定される。また、

天の建つる所、人の由る所、之を道と謂ふ。道なる者は天下の大道なり。故に一人なすべくして、之を天下に行ふべからざるは、道にあらざるなり。一時に施すべくして、之を後世に達すべからざるは、道にあらざるなり。其の言、聴くべきが如くにして其の実、用ふるに疎なるは道にあらざるなり（「下学邇言」巻之一）[25]

あるいは、「皆民生日用の常道にして、賢愚となく身に離れざる所」（「迪彝篇」総叙）[26]ともいうように、「道」の普遍性や日用的・実践的規範性についても、その「天」にもとづく自然性とともに、常に繰り返し強調されるところである。

こうした「道」が、日本では「天祖」すなわち天照大神が神器を伝えたことにより、人々のよるべき「道」「教え」として、確定した。たとえば、「天地の初に　天祖の神器を伝へ給ひしより、忠孝の教立ちて人民淳樸にして天下治り」（「泮林好音」）[27]という。また「新論」でも次のようにいう。

昔者、天祖、肇めて鴻基を建てたまふや、位は即ち天位、徳は即ち天徳にして、以て天業を経綸し、細大の事、一も天に非ざる者無し。徳を玉に比し、明を鏡に比し、威を剣に比して、天の仁を体し、天の明に則り、天の威を奮ひて、以て万邦に照臨したまへり。天下を以て皇孫に伝へたまふに迨（およ）んで、手づから三器を授けて、以て天位の信（あかし）と為し、以て天徳に象（かたど）りて、天工に代りて天職を治めしめ、然る後に之を千万世に伝へたまふ。天胤の尊きこと、厳乎として其れ犯すべからず。君臣の分定りて、大義以て明らかなり（「新論」国体・上、五二頁）

すなわち、天にほかならぬ天祖天照大神が、「天位」「天徳」でもって「天業を経綸」したという。ここで「天」とは、「地」を統べ、「地」と一体となって人と物とを生み育て、あるべき「道」を示す道徳的有機体というべき大自然[28]、あるいはそうした大自然を、はるか上方にあって代表する最高の存在とでもいうべきものであろう。天祖は、まさにかかる「天」にもとづいて「鴻基」すなわち国家および人々の拠るべき大いなる基礎を確立したのである。

具体的には、米穀・衣服の他、「室屋、器財、百物ありて、万民の日用となるもの皆」「天祖天孫の天業を弘め給ひし仁沢」によるものという（「迪彝篇」神天、三四一頁）。また師の幽谷の説として会沢が、「天祖天孫、固より天と一たり」（原漢文、「及門遺範」[29]）ともいうように、かかる意味での天祖は、「天」にもとづき、いわば天の意志を体現する人格的存在であることがわかる。[30] それは『礼記』の「作者之を聖という」（楽記篇）という聖人の役割に相当する一面ももっていよう。

つまりここにおいて、天祖には次の二つの性格が認められる。一は、「天」にもとづく普遍的な「道」の理念の体現者。それは聖人としての性格に相当する。二は、日本を建国した建国者。それは日本の国家としての理念を体現した存在といってよかろう。ところが、日本の建国が「道」（忠孝）の理念でもっておこなわれたものであると考えられていたから、結局、前者は最初から後者に組み込まれて、ある。したがって実際には、建国の理念に集約されて、それが人々の規範として示されたことになる。その建国の理念とは、いうまでもなく「忠孝」の道徳である。

また天祖は、三神器という具体的な器物を提示して、それを自らの血胤たる皇孫に伝えることで、皇統の明証とした。神器を擁する者が正統の皇位者であるとする皇統観がここに確定し、神器に皇位の存在が託された。ところで日本の歴史上、天皇正閏が問題となる場合、神器の所在に関心が集中するのが常である。それは実体をともなわないいかにも空虚な形式論理そのもの（したがって自己正当化のたんなる口実）にすぎないかのように、一見みえる。しかし会沢のこの論脈に即する限り、必ずしもそうでないことに気づかされる。

> 天祖の神器を伝へたまふや、特に宝鏡を執り祝(ほ)ぎて曰く「此を視ること、猶ほ吾を視るがごとくせよ」と。而して万世奉祀して、以て天祖の神と為し、聖子神孫、宝鏡を仰ぎて影を其の中に見たまふ。見る所の者は、即ち天祖の遺体にして、視ること猶ほ天祖を視るがごとし（「新論」国体・上、五二～三頁）

ここに明らかなように、神器、とりわけ宝鏡は、「天祖の神」すなわち天祖の霊代(みたましろ)ないしは神体そのものであり、したがって神器は祭祀には欠くべからざるものであった。[31] そして「聖子神孫」（天皇）が、神器（宝鏡）による天祖への祭祀（直接には大嘗祭を意味しよう）を通じて、天皇が天祖と一体化する。天皇が祭祀によって天祖と一体化できるのは、天皇が天祖に血統が連なる天胤であるからにほかならない。ここには、「父子分身一体」論（子孫を先祖の「遺体」と考える父子同一気論ないしは父子一体観）が前提としてあるが、この点については後述（本節第(6)項）。かくて天皇は、天祖の血胤であること、および神器を擁して祭祀を執り行うこと、この二つの条件のもとで、はじめて天祖と一体となりえ、よって「天に代りて万民を治む」（「迪彝篇」君道、三四三頁）ことが可能となるわけである。かかる意味において、神器が天皇と分離してはありえないものであることが、容易に理解されよう。神器を擁しない天皇は、祭祀（天祖を祀る祭祀）をとり行えない以上、天祖と一体となりえないのだから。かくて神器は、天皇の正統性を実体的に示すものとして、観念されたわけである。

以上、天皇の正統性の根拠は、神器の保持および天祖の血胤という「事実」にのみ、求められた。いずれも記紀神話上の「事実」にもとづいている。逆のいい方をすれば、天皇の正統性は、その人格上の徳性や賢否といった（中国の天子に問題にされるような）天皇個人の人格的属性とは、何らかかわることがないのである。とすれば、天皇は、一個の意思をもつ政治の主体であるという点にではなく、ただ存在していであるということそれ自体に、何よりも重い意味が含まれていると考えざるをえない。それは、祭祀を通じて天祖と一体となって、天祖のもつ二つの規範的理念――「道」の理念と建国の理念（先述の通り、それは結局後者に集約される）――を開示することであった。家臣や民衆の側からすれば、天祖とオーバーラップした天皇の存在自体が、「道」および建国の理念を体現して、拠るべき規範として、眼の前にあるということになる。

かくて、天皇とは、建国の理念、誤解を恐れずいえば、日本という民族的国家としての表象、とでもいえるであろう。つまり、会沢が天皇という存在に託した理念は、日本の国家そのものだったといって、大きな誤りはないと思う。とすれば、かの「皇統無窮」というのも、結局日本という国家の永続性を意味することとなろう。そう考えれば、天皇の人格性がなんら問題とされないのも、容易に理解できる道理である。

(2) 易姓革命峻拒の論理

いうまでもなく易姓革命論は、中国の有徳君主論——有徳者こそが王としての有資格者として天命が下る、逆に不徳なる君主は、たとえ王の地位にあっても天命は離れるという「帝徳論」[32]——に根拠をもつ。易姓革命にも、禅譲と放伐の二つのタイプがある。尭から舜へ、舜から禹へ、有徳者間の禅譲により、各々虞・夏の新王朝が生まれたというのが、前者の歴史上の代表的事例。一方、悪逆な夏の桀王および殷の紂王を、各々その家臣たる湯および武が武力放伐して、殷および周の新王朝を創始したというのが、後者の代表的事例とされる。とりわけ後者（殷周革命）について、孟子が、有徳なる臣が不徳な君を伐つことは天命にかなうこととして、「天」の名のもとに、放伐革命正当化の理論を定式化した。「帝徳論」にもとづく王道思想が儒学思想の主流をしめた中国においては、理想主義者孟子による右の易姓革命論は、名分論とも関わって種々の議論をともないながらも、おおむね肯定的に継承されてきた。

「皇統一姓」史観が一応たてまえであった我が国においては、易姓革命をめぐる議論は、まさに天皇の歴史的扱いにかかわるだけに、複雑かつ微妙な問題をはらみつつ、近世儒者の間では、一つの大きなポレミカルな問題であった。しかしここでは、そうした議論には立ち入る余裕はない。ここでの問題は、水戸学において易姓革命論が徹底して排除された論理とその意味についてである。たとえば藤田東湖は、「唐虞三代の治教」（儒学）は我が国の「皇猷を賛く」学であるとして、儒学の有用性を高唱するが、その一方で「決して用ふべからざるもの、二あり。曰く禅譲なり、曰く放伐なり」（「弘道館記述義」巻之上）[33]と述べ、易姓革命の峻拒を強調した。この点は、前・後期を問わず、水戸学に一貫する核心的主張であった。[34]

会沢の国体論が「天」にもとづいていたことは、先に述べた。易姓革命論と同じく「天」にもとづきながら、会沢においては革命否定論が可能であったのはいったい、何故か。理論的には先述の天皇の性格規定にその理由が準備されている。すなわち天皇は、天祖の血胤という存在上の「事実」のみを資格要件として、けっしてその人格上の徳性は問われなかったということである。天皇は、その存在自体が「道」および建国の理念の表象であり、その理念は忠孝という「人倫の大道」に集約される内容であった。したがって、放伐にしろ禅譲にしろ、天皇への革命自体が、いわば「人倫の大道」に対する挑戦であり、「大義」に背くことにほかならないことを意味することになるのである。

以上、皇位が「天位」として「大義」の表象であるということは、天皇の存在はそれ自体が価値的には善そのものであること、したがって、天皇は、武士や民衆が守り従うべき規範的存在にほかならないことを意味している。換言すれば、皇統一姓の国体は、家臣と民衆が徹頭徹尾守り尽くすべき至高の価値にほかならない。「弘道館記」に「国体の尊厳」というのも、こうした含意があろう。ちなみに、後期水戸学の著作には、前期水戸学と異なり、歴史上の天皇に対する批判的言辞は皆無である。この点、天皇も道徳的批判の対象とされていた前期水戸学からの、天皇観の転回は、明白といってよい。

かくて、「臣民」の行為は、国体的価値によって評価が下される。天皇への忠誠度こそ、善悪の基準であった。もちろんそれが、歴史上の人物評価の基準でもあった。また皇統正閏の確定は、かかる立場からすれば、価値の機軸に関わる問題として、すべてに優先する重大事と考えられたことも、みやすい道理であろう。

もし、逆に易姓革命が是認されたら、どうなると考えられていたのか。

万国には皆易姓革命といふことありて、その国乱るゝ時は、或は其君を弑し、或は是を放ち、或は寡婦孤児を欺きて、其禅（ゆずり）をうけ、或は世嗣絶ゆる時は、他姓のものを以て其位を嗣しむるの類にして、〔我羅斯（オロシヤ）等の国にこの風俗あり」其君の種姓他に移る事、国として是なきものあらず。これ其の天とする所しば〳〵かはる習なれば、其天地といへるも、みな小天地にして、其君臣といへるも小朝廷なり（「迪彝篇」国体、三三五～六頁）

同じことながら、この点を東湖はより直截に、「虞・夏は禅譲し、殷・周は放伐す。而して秦漢以降、孤児・寡婦を欺きて、以て其の位を簒ふ者は、必ず口を舜・禹に藉り、宗国を滅して、旧主を弑し、以て天下を奪ふ者は、必ず名を湯・武に託す。歴代の史、既に二十を過ぐ」（「弘道館記述義」巻之上、二七八頁）という。右の「孤児」とは先帝亡き後を嗣いだ幼帝、「寡婦」はその母（亡き先帝の皇后）を意味する。すなわち革命是認は、政権争奪のためのあらゆる欺瞞的あるいは暴力的行為にさえも、「天」の名による正当化の口実を与え、結局それが必ず簒奪を合理化するための詭弁の役割を果たすことになるというのである。その結果、名分論秩序は崩壊し、社会の混乱は必至となるに違いない、現に、中国の王朝変転常なき歴史の事実こそ、それを物語って余りあるではないか、と指摘するのである。

そもそも易姓革命論は、湯・武による殷周革命と、その後の両「聖人」による殷・周の理想政治の実現という「歴史的事実」にもとづいて、その正当化のために要請された理論であった。しかし、この理論が一たび成立するや、「帝徳」を伴わないあらわな力による権力闘争の中において、易姓革命論がいかに欺瞞的・策略的な役割を果たすことになったか、水戸学が易姓革命論を批判してやまないのは、革命是認が必然的に伴うと思われたこの欺瞞性や策略性の危険と、それに随伴する社会的秩序の混乱とであった。

ただ、革命論の断固たる拒否が、直截には、天皇存在の絶対化をめざすことにあったことも、また明らかである。易姓革命は、天皇を天祖から、したがって「天」の権威から、切断する行為となる以上、天皇絶対化のためには、革命是認論のでてくる余地はない。先に述べた通り、建国理念の体現者である天皇は、日本の国家としての表象であった。とすれば、会沢にとって、天皇を天祖から切断することは、日本が日本であるための根拠を否定することを意味すると思われたであろう。国家としての日本の否定といってもよい。かかる意味において、易姓革命は、いわば日本の国家（民族）的アイデンティティに対する挑戦と受け取られたといえようか。かく考えるとき、東湖が「万一、其の禅譲の説を唱ふる者有らば、凡そ大八洲の臣民は、鼓を鳴らして之を攻めて可なり。況んや口を藉り、名を託するの徒、豈に種を神州に遺さしむべけんや」（「弘道館記述義」二七九頁）と、ヒステリックに叫ばざるをえないその心情も、理解しやすいかもしれない。

(3) 天皇と「臣民」

上述のように後期水戸学においては、天皇は「大義」の表象としての規範的存在であり、神器を擁して、天祖の「遺体」の身として存在することに意味があった。天皇の役割は、もっぱら天—天祖への祭祀という点にあった。逆にいえば、天皇は祭祀を通じて天—天祖に対する責任を負うのみで、それ以外の政治責任からは超越して、ひたすら家臣や民衆から供奉を受ける存在にほかならなかった、ということになる。

国体を支える責任、それは、皇統一姓の国体は「臣民」が守り尽くすべき至高の価値と先に述べたように、幕府以下の「臣民」の側にあること、これはもはや自明である。先の、「新論」冒頭部にすぐ続けて、「夫れ天地の剖判し、始めて人民有りしより、天胤、四海に君臨し、一姓歴々として、未だ嘗て一人も敢へて天位を覬覦するもの有らずして、以て今日に至れるは、豈に其れ偶然ならん哉」と自問し、その理由を、「君臣の義」「父子の親」という「天地の大義」「天下の至恩」が「漸漬（ぜんし）積累して、人心に洽浹し」たことに見いだしている（「国体」上、五二頁）。すなわち「臣民」が、君臣・父子の「忠孝の大義」（それを教えたのが天祖なのだが）を身に体してよく実践し、その結果、だれ一人として「天位を覬覦」することがなかったから、皇統一姓が保持されてきたとい

うのである。(35)

東湖も「万世の下、徳、舜・禹に匹び、智、湯・武に侔しき者有りと雖も、亦た唯だ一意上に奉じて、以て天功を亮くる有るのみ」(「弘道館記述義」巻之上、二七九頁)という。すなわち日本にも、革命の主となった舜・禹・湯・武といった中国の聖人に匹敵する人物が、歴史上いなかったのではない。かれらがその気にさえなれば革命はたやすく可能であったということを、ここでは暗示している。しかし彼らは、皇位簒奪という「革命」を実行しなかった。そしてそのこと自体が逆にその人物の至徳の証明にもなっているのである。

かかる有徳智者の典型が、ほかならぬ東照宮家康をまず念頭においてのことであるのは、疑いない。幽谷は「正名論」において「伯にして王たらざるは文王の至徳たる所以」と文王の至徳性を王位を簒奪しなかった点に見いだしたが、皇位を尊崇した家康の至徳は、その文王に劣らない(「東照公、戦国の際に生れ、干戈を以て海内を平定し、残に勝ち殺を去り、皇室を翼戴す。(中略)其の〔家康の〕至徳たる、豈に文王の下に在らん哉」)、というのも、(36)正しくそれを示唆している。

家康は、「専ら忠孝を以て基を立て、遂に二百年太平の業を成す。孫謀既に貽り、遵守して墜さず、時を以て天下の国主・城主を帥ゐて京師に朝す。天皇褒賞して、官を授け爵を賜ふ。此の時に当たりてや、天下の土地人民、其の治は一に帰し、海内一塗、皆天朝の仁を仰ぎて、幕府の義に服す。天下の勢、治れりと謂ふべし」(「新論」国体・上、六三頁)と、家康の事業が称揚される。つまり「専ら忠孝を以て基を立て」たというように、家康によって確立された幕藩制的政治秩序が、中世、地におちていた国体秩序を、天皇中心の名分論秩序に再建したものと位置づけられ、正当化されたわけである。幕藩政治体制自体のうちに国体(名分論)秩序を最初から読みこむこの立場が、現存の幕藩政治体制擁護の理論的根拠となっているのは、明らかであろう。(37)

さて、たしかに「神聖(天照大神を指す)、忠孝を以て国を建てたまひし」ことが(たとえ歴史上一時的に「乗輿の或は播遷」つまり天皇の配流事件や「陪臣世天下の権を擅にする」ことがあっても）、「敢へて其の主の位を簒は」なかった根本の理由であるのは勿論だとしても（「国体」上、五九〜六〇頁）、それを遵奉して、（その気になれば可能であった）革命にはしらなかった「臣民」のあり方、ここではこの点こそが重要なのである。「臣民」が皇統一姓を守り続けてきたという歴史的「事実」こそ、会沢が繰り返し強調してやまない点であった。なぜなら、それこそ我が国がすべての国に優越する根拠そのものなのだから。

儒者ノ　皇国ヲ道ナシト（宣長が）云ハ。君臣父子ノ大道。万国ニ勝レテ明ナルコトヲ知ラザルノ過ナリ。又コ、ニモ道アリト争フモ不可ナリ。人倫アルコトハ自然ノ大道ナレバ。四海万国ニ人倫ナキ国アルコトナシ。是ヲ行フニ正偏ノ別アリ。　神州ト漢土トハ。其道正シク。就中君臣ノ義父子ノ親ニ至テハ。神州ノ正シキニ及ブ者ナシ。是漢土ト争フニモ及バズ。又強チニ　神州ノ道ト云フニモ非ス。其実ハ天地ノ大道ナリ（「読直毘霊」一五頁）

イトモメデタキ大御国ト云ハ。上古ヨリシテ君民（ママ）（臣）父子ノ大倫。万国ニ勝レテ正シキニアリ（同前、一八頁）

かく、我が国の優越性は、普遍的な「君臣父子ノ大倫」が正しく歴史的に保持され続けたことにある。そして「皇統一姓」が維持され続けたという歴史的「事実」が、日本にのみあらわれたことこそ、日本の比類なき優越性を、一毫の疑う余地もなく証明しているというのである。

とすれば、「皇統一姓」の連続は、たんに自然的・非意志的過程としてそうであったのではなく、あくまで家臣や民衆の側の絶えざる「道」（忠孝道徳）の実践というすぐれて意志的努力の結果として、あったという点に注意を喚起しておきたい。この意味からしても、天皇存在が、「臣民」の守り尽くすべき当為規範にほかならないとされたことは、明らかであろう。

かく考えてくれば、先の第三節でみた会沢の民衆観——国体に依拠しつつ、それを当為として実践することによって、国体の秩序を下から支えるという民衆観——も、右の天皇観や国体論と表裏一体をなすものとしてあったということが、了解されるに違いない。絶えざる「道」=忠孝の実践こそ、皇統一姓の国体を保証するというのであるから。

(4) 建国の原理——忠孝道徳論——

すでに明らかな通り、「神聖、忠孝を以て国を建てたまひ」(「新論」国体・上、六〇頁)というように、「忠孝は建国の原理」というのが、水戸学国体論の基本的前提であった。以下、この意味を考えてみよう。

まず、「道」とは五倫の道であったが、なかでも「夫れ君臣や、父子や、天倫の最も大なる者、(中略)忠孝立ちて、天人の大道、昭昭乎として其れ著る」(「新論」国体・上、五三頁)というように、君臣・父子間の忠および孝こそ人倫の根本とされた。この点、「人道は五倫より急なるは無く、五倫は君父より重きは莫し。然らば則ち忠孝は名教の根本、臣子の大節」(「弘道館記述義」巻之下、三二四頁)と東湖がいうのが、より簡明に示している。

すでにふれた通り、忠孝の道は、天祖による神器および神勅の授与によって、明確に示された。たとえば「天祖三種の神器を授け給ひ、君臣の分定りてより、忠の道著れ、是より皇統一姓にましくて、父子の恩厚く、孝の道著れたり」(「迪彝篇」師道、三四五頁)というように。天祖は、その孫の彦火瓊々杵尊に、神器とともに、日本の統治権を認めるいわゆる「天壌無窮の神勅」を与えたが、しかし右にいうように、なぜこれが君臣関係の確定となるのであろうか。それは、究極の君である「天」の体現者天祖が、天孫およびその子孫たち(天皇)を日本の君とする神勅を与えたからである。つまりこの神勅によって「天壌無窮の宝祚」即ち皇位が確定し、天皇と士以下民にいたるまでの君臣関係が措定されたということになる。それは、天祖—「天」の意思である以上、他(38)

に相対化を許さない絶対的な関係である。

父子の親も、同じくこの時点で確定した。

> 父子の親と申は、天照大神、神器を授給ひし時、御手に宝鏡を取らせられて、「吾児、視二此宝鏡一、当レ猶レ視レ吾」と宣ひしより、床を同くし、殿を共にして、宝鏡を以て、天祖の神となし給ひ、是より父子の親彰れて（中略）宝鏡に映し給ふ御容は、即ち、日神の遺体にましませば、玉体は即ち日神と同体にまします。万億年といへども、同体の親み尽きさせ給はざるは、父子の親、是より惇きはなし(39)（「退食間話」）

ここでも、天祖のいわゆる「宝鏡奉斎の神勅」(40)にしたがって、宝鏡を「天祖の神」すなわち天祖そのものとして、その子孫（天皇）が常にうやうやしくつかえ祭ること、そしてそれを通じて天祖と一体となること、そこに「父子の親」および「孝」のありかたが確定してあるというわけである。(41)

では、かかる忠孝が建国の原理であるとは、一体どういうことなのか。以下、煩をいとわず「新論」の説明を引いてみる。

> 夫れ天祖の遺体を以て、天祖の事に膺り、粛然僾然として、当初の儀容を今日に見れば、則ち君臣観感し、洋洋乎として天祖の左右に在るが如し。而して群臣の天孫を視るも、亦た猶ほ天祖を視るがごとく、其の情の自然に発する者、豈に已むを得んや。而して群臣なる者も、亦た皆神明の冑にして、其の先世、天祖・天孫に事へ民に功徳有り、列して祀典に在りて、宗子、族人を糾緝して、以て其の祭を主る（割注略）入りては以て其の祖に追孝し、出でては以て大祭に供奉するも、亦た各〻其の祖先の遺体を以て、祖先の事を行ふ（割注略）惻然悚然として、乃祖・乃父の、皇祖・天神に敬事せし所以の者を念はば、豈に其の祖を忘れ、其の君に背くに忍びんや。是に於いてか孝敬の心、父は以て子に伝へ、子は以て孫に伝へて、志を継ぎ事を述べ、千百世と雖も猶ほ一日の如し。孝は以て忠を君に移し、忠は以て其の先志を奉じ、忠孝は一に出で、

教訓正俗、言はずして化す。祭は以て政と為り政は以て教と為り、教と政とは、未だ嘗て分ちて二と為さず。故に民は唯だ天祖を敬し、天胤を奉ずるを知るのみにて、郷ふ所一定して、異物を見ず。是こを以て民志一にして、天人合す。此れ帝王の恃みて以て四海を保つ所にして、祖宗の国を建て基を開きし所以の大体也

（「新論」国体・上、五五〜六頁）

ここに描かれた天皇祭祀は、直接には大嘗祭をさしている。それは、天祖の「遺体」たる天皇が、天祖と二重映し（一体）となり、「当初の儀容」（天孫が天祖から神器・神勅を授与されたシーン、したがってまさに建国のシーン）が再現される。皇位＝「天位」は、これによって確認・確定されるのである。その際、並み居る「群臣」（諸氏）も、その先祖たちが、各々自らの一族を率いて、天祖・天孫を守り、臣事してきた。各祖先が「皇祖・天神に敬事」してきた「事実」（祖先の天祖・天孫への「忠」の「事実」）をふまえて、子孫が、内（一族内）に自らの先祖を祀り、父祖への「孝」を尽くす、そのことは先祖がそう（天祖・天孫へ「忠」）であったその意を受けて、天孫（今の天皇）に「忠」を尽くすことにつながる。つまり、祖先への祭祀という「孝」の行為を通じて「忠」の意識が覚醒され、それが現存の天孫（天皇）への「忠」に発展する、という構造である。「孝は以て忠を君に移し、忠は以て其の先志を奉じ」とは、この意味である。かくて、先祖への孝は主君への忠に一致し、「忠孝は一に出で」という「忠孝一致」の主張となる。しかも注意すべきは、この忠孝一致が、「教訓正俗、言はずして化す」というように、「臣民」一般への道徳規範（「教」）の提示でもあった。もともと神器の授与に、君臣・父子の人倫の大義が寓意されていた以上、それは当然であったといえよう。かくて、忠孝を根本とし、天皇による祭祀を通じて行われるところの、祭と政と教の一致の体制によって、「民志一にして、天人合す」という国家のあり方としての理想が実現するというのである。

以上、「忠孝が建国の原理」というのは、結局、建国の際の天祖による神器・神勅に、普遍的な忠孝の理念が

確定して明示されているということ、祭祀によりそれを常に自覚することによってこそ、日本の国体が維持され、国家としての理想的な統合が実現する、という意味であったと整理できよう。

なお「新論」長計篇においては、大嘗祭における悠紀・主基の卜定をはじめ、具体的な個々の儀礼の過程に即して、順にそれがいかに「民志を一にす」るのに深い意味をもっているかが詳しく展開されている（一五〇頁）。ところが今は、大嘗祭も、ただその形式があるのみで、その意味を知る者はない。否、それは大嘗祭に限らない。本来、大祀・中祀・小祀を問わず、諸祭祀には必ず各々固有の意味があった。しかもそれら諸祭祀は、元来朝廷を中心に祭政一致の体制によって有意味に統合され、「民志純一」に貢献していた（祭政教一致の体制）。「後世はその数を陳べ」つまり今は祭祀が形式的に行われているのみとなっているため、「群神百祀も統属する所」のない状態となりはてているというのである（一五二頁）。

結局、会沢において、「民心主なく」「離合聚散・架漏牽補」といったような民心が体制から離反し、多元的に分裂している社会状況の根本的な原因は、こうした祭祀体系の形骸化にあると認識されていたのである（本章第二節参照）。祭祀は、天祖に淵源する忠孝という建国理念を確認し、それを広く士・民の心に浸透させる儀式（手段）であったのだから。したがって、祭祀の形骸化は、国家的統合の機軸の喪失にほかならず、会沢においては、国体の喪失という国家的危機と意識されざるをえなかったわけである。

(5)　忠孝一致の意味

以上、会沢は、忠孝を建国の原理と位置づけたことによって、忠孝をたんに父子・君臣間における個別の道徳にとどまらず、いわば国家の原理として展開した。このことのもつ意味は、さらに考察すべき内容を含む。

「弘道館記」にいう「忠孝無二」に関して、会沢はおおむね『孝経』を典拠に、次のように解説する。

忠は君を敬するの道也。君を敬する事は、即ち父を敬するの心を取て、君に事ふると云事、孝経にも見えたり。孝は愛敬の二つにして、膝下の養に愛敬を尽すは勿論なれ共、身は父母の遺体にして、身体髪膚、皆父母より受たるものなれば、其身をも父母の身と同じき事に思ひ、是を敬するよりして身を立、道を行ふ事、父母の遺体を賢人・君子となすの義也。依て、天子は天下を治め、諸侯は一国を治め、大夫・士は君に事ること、皆、其身の天職を尽すの義にして、即ち身を立るの孝なれば、事の変に臨て、君のために一身を棄て、父の養を闕く類の事も、時の宜きに適はゞ、即ち身を立るの孝と云べし。故に曾子も、戦陣に勇なきは孝に非（あらず）と云れたり。又、官禄を棄て、仕を致し、父母に孝養を尽すがごときも、其君の政に孝を以て国家を治るの意に叶ひて、是亦、忠ともなるべし。されば、か様のこと、変に臨ては時の宜きに従て、皆、忠孝の道を離れず。即ち忠孝両全と云べき也（「退食間話」二五四～五頁）(42)

親の膝下で父母の身を養い、愛敬を尽くしてつかえることだけが孝ではない。それはむしろ小さな孝。自分自身の身は「父母の遺体」（『礼記』祭義篇）であるから、政治的実践の世界に身をおいて、身を立て志を遂げることも孝につながる。その場合、もし仮に変に臨んで身命をなげうって君に忠を尽くし、結果的に（落命のために）親への孝養を欠いたとしても、それも「父祖の業を継ぎて、其志を達」したことになるからむしろ「大孝」、より根本の真実の孝、というべきである（「迪彝篇」師道、三四九頁）。つまり志をいだき、その実践によって君に忠を尽くせば、それが父祖への孝になるというのである（なお、親への孝養も結局は忠につながるというこれと逆の場合も、右の「退食間話」の引用では一応は肯定されている。ところが「迪彝篇」では言及されてさえいない。忠孝一致といっても、実は孝を忠に収斂させることに、その本意があることは明らかであろう）。

　このことは、「天子は天下を治め、諸侯は一国を治め、大夫・士は君に事ふること、皆、其身の天職を尽すの義」であり、いずれも「身を立るの孝」にほかならないというように、天子・諸侯・大夫・士という身分の相違にかかわらず（ただし士以上で、ここでは民は含まれない）、自らのおかれた立場に応じた社会的・政治的責任を、「愛敬」をもって忠実に尽くすことを要請する論理であった。

これを逆の例で考えれば、その意味がさらにわかりやすい。学制や教育を論じた「泮林好音」に、次のように為政者上層の子弟の逸楽を批判している箇所がある。「厚禄の子弟」は「粱肉に飽き逸楽に習ひ、日日僮僕婢妾に親狎し、身体軟弱志気昏惰にな」るため、「戦陣に用ふべからざるのみならず」「古今に暗く、人情に通ぜず、政事に達せず」無能で役に立たない。かく「尊爵厚禄を寝取にして、国家の蠹害となるのみにては、邦君へも其身の祖先へも忠孝の道に非[43]ず、と強く非難される。つまり禄を食んでいながら、自らの政治責任を果たせない怠惰無能の士は、主君および父祖にたいする「臣子としての大節」を果たしていない。忠孝にそむく。したがってそれは「国家の蠹害（紙魚がものを食い破る害）」にほかならぬとして、忠孝を「国家」（ここでの「国家」は直接には藩を指すと考えるのが自然だが）の問題に還元してとらえかえすのである。かく、忠孝道徳の鼓吹は、「臣子としての大節」の実践を要求することを通して、自らの政治的責任を自覚させ、「愛敬」を尽くしての能動的実践主体の意識を喚起するものであった。

ただし先の引用が示すように、それは士以上である。彼らに、忠・孝という主君とそして祖先とに対するという二重の責任をかぶせて、自発的に各自の才能を発揮させ、そのエネルギーを集中して、政治力の強化をめざしたのが、ここでの論である[44]。そして天皇絶対視の国体のもとでは、忠孝道徳の鼓吹が、とりもなおさず、天皇への無限の忠誠心を要求することになるのは、いうまでもない[45]。また、天皇は国家の表象、かつ忠孝は建国の原理であった点を考え合わせれば、国家を忠孝というすぐれて道徳の問題としてとらえなおし、その内面からの能動性を引き出すことをめざしていた。忠孝一致の意味は、こうした点にあったといえよう。

こうした忠孝一致論は、近世武士社会における君臣関係のありかたとして見た場合、特異なものであろうか。

この点について以下若干検討しておく。

ここでの忠孝一致論は、たとえ会沢が『孝経』その他の儒学の経典類によってその構造を論証しようとしても、それが儒学本来の立場でないことは、明らかである。周知のように、中国では「父子天合、君臣義合」が大原則であった。父子の関係は、文字どおり選択の余地のない自然的・運命的な関係である。決して解消することのありえない関係である。したがって「(親を)三たび諫めて聴かれざれば号泣して之に随ふ」ことが子としての正しいあり方となる。一方、君臣関係は「(君を)三たび諫めて聴かれざれば則ち之を逃る」(以上『礼記』典礼・下篇)という関係、あくまで「義」(道=仁政を行うという共通の目的)において成立する相互に対等な関係、したがって君の不義によって臣の側から解消することも十分ありうる関係、であった。

これに対し、忠孝一致論において会沢が示した君臣関係論は、君臣関係も、自然的関係たる父子の関係と同じく、選択の余地のない、宿命的な関係ととらえられていることに気づかされる。(46) というのは、祖先が「天地剖判」の当初より、ひとしく天祖―天孫を君として臣事しつづけてきたという「歴史的事実」を根拠に忠孝一致を説く以上、天皇を君とする君臣関係は、「臣民」にとって、父子関係と完全に同じく(父子関係と一体化した関係として)、宿命的関係とならざるをえないわけである。まさに「君臣天合」(!)の関係にほかならない。

ところで、会沢が前提とした「君臣天合」の君臣関係のあり方自体は、むしろ近世中期以後の幕藩制下の武士社会に定着した意識であったことに注意しなければならない。兵農分離によってスタティックに固定化した社会と、うち続く泰平の結果、大名―武士の主従関係は、代々の世襲によって、主家と臣家という家と家との関係に固定化していった。つまり武士は、ほとんどすべて固定化した譜代の家臣となったのである。もちろん譜代化した家臣にとって、主君は自らの意思によって選択した人格ではありえない。先祖の時代に確定した、したがって生前より定められた運命的関係にほかならない。しかも自己の意思によって主君の変更が許容される可能性はほとんどなかった。「その結合はあたかも血縁関係のように断絶しえないものと感じられたであろう」とは、渡辺浩氏の指摘である。[47] さらに渡辺氏はこの意味において、近世武士の君臣関係を「自然とも、天命とも感じられたことであろう」として、崎門の若林強斎の「唐ノ君臣ハ人ノ立テタ君臣ナリ、我国ノ君臣ハ天地自然生ニ立ツタ君臣ナリ」（『強斎先生雑話筆記』）の文を引いて、例証している。[48] こうした「主君への情緒的一体感、没入的態度」を特質とする近世武士のいわば「君臣天合」論は、それ自体、忠孝一致の論理をなしていること、明らかであろう。[49]

会沢の君臣関係論は、こうした近世武士一般にみられる主従意識と、本質的に変わるところがない。ただ会沢は、それを儒学の概念によって理論化した。そしてそのこと以上に、会沢が、近世武士の君臣意識を、国体論に組み込んで、国家との関係の意識を自覚させて説いたところに、注目すべき特質をもつ。すなわち君臣関係の頂点に、天祖―天皇を据え、（天祖）―天皇―将軍―邦君―武士の関係を、国体論的に意味づけ、しかもこの国体的秩序を内面からささえる当為的実践倫理として、忠孝道徳を提示したのである。

かく会沢の国体論や忠孝道徳論は、近世武士一般に通底する意識や道徳にもとづいて、それと違和感なく構成されていたのである。だからこそ、天保以後、藩を越えて全国の一定の武士の心に訴え、深く染み込むだけの真実性（リアリティ）をもつことができたといえよう。会沢のねらいが、国体―国家の意識の覚醒にあったとすれば、その国体論は、武士の意識からする国家論だったといって誤りない。

なお、以上の意味での忠孝は、主従や父子の間の個別の関係における私的な道徳にとどまるものでないことは、見やすい。たとえば、鎌倉・室町時代の武士社会での主従関係は、いかに「勇闘力戦して」主君のために死んだとしても、それが「名義の明らかならざれば」、つまり国体（名分論）的価値とかかわらぬ私的な権力争奪のための営為であるかぎりは、「其の忠も忠に非ず、其の孝も孝に非ず」（「新論」国体・上、六一～二頁）と、真の忠・孝とはみなされなかった。[50]

先に「臣民」の行為への評価は、国体的価値を基準になされると述べたように、「臣民」にとっては天皇を中心とした国体的秩序が「公」であったわけである。したがって、「臣民」の行為は、国体行為を通じてこそ公的に認知される。「臣民」にとっての自己は、国体的価値に自己を没入させ同一化させることによってのみ、自己と確認されるといいかえてもよい。かかる構造、それはあたかも、自己は「先祖の遺体」で「父祖と子孫は固より同一気」であり、かつ「人は天地の間に在り、天地の気、常に全身に潜行して、以て生活する也。故に人は天地とも、亦た同一気にして、其の元気は固より天地と通ず。人を以て天地を祭らば、亦た感応せざる莫くして（以下略）」（「新論」長計、一四四〜五頁）という、次節にみる「父子分身一体」の理論と照応している。すなわち「天につかえ、先を祀る」という祭祀を通じて、自己が「天」（その人格的形象化が天祖―天皇）および父祖と一体化（これを「天人の合」と会沢はいう）するという構造、との照応である。

それは、自己が、国体を回路として、したがって国家を回路として確認される構造であるといってよい。宮城公子氏は、幕末陽明学の思想を分析して、天＝自然と自己との同一化、すなわち「天人合一」の世界観を通して示された自己意識のあり方に、東アジア特有の近代的自己意識のあり方を見いだし、そこに日本近代の独自の思想の可能性を示唆された。(51) これとの対比でいえば、会沢（もしくは後期水戸学）の論理においては、どこまでも自己を国体―国家と一体化させること（国家への自己没入、もしくはある種の自己否定）を通して、逆に自己の意識を強烈に覚醒させる構造をもっているといえよう。

とにかく会沢にとっての問題は、国家に対する武士や民衆のあり方にあった。この問題に対する彼の回答が、以上にみた自己確認の回路だったわけである。それは、武士が国家の危機を、まさに自己の内面にもとづく問題として引き受けてゆく形での実践主体創出の論理であった。「新論」に貫かれているかかる論理こそ、全国の武士の心にしみこみ、強く揺り動かす力をもっていたと考えてよいと思う。

(6)「父子分身一体」論——忠孝道徳論の存在論的基礎——

すでに明らかなように、会沢が記紀建国神話の解釈に用いたのは、天—自然的秩序にもとづいた儒学の概念であった。この点、朱子学的自然との共通性がよく指摘されるところである。しかし、そこには朱子学の理気論はみられなかった。とすれば、会沢が「天人の合」という場合に、それを合理的に説明する理気論に代わる理論的根拠は何であったろうか。

> 夫れ万物は天に原(もと)づき、人は祖に本づきて、体を父祖に承け、気を天地に稟(う)く。故に言苟しくも天地鬼神に及べば、愚夫愚婦と雖も、其の心を悚動(しょうどう)することなき能はずして、政教・禁令、一に天を奉じ祖に報ゆるの義に出づれば、則ち民心安んぞ一ならざるを得んや。人は天地の心、心専らなれば、則ち気壮(さか)んなり。故に億兆心を一にすれば、則ち天地の心専らにして、其の気以て壮んなり。その気壮んなれば、則ち人の元気を稟くる所以の者は、其の全きを得。天下の人、生れて皆全気を稟くれば、則ち国の風気頼(よ)りて以て厚し。是れを天人の合と謂ふ也（『新論』国体・上、五六頁）

右の引用に就いての割注で、会沢は次のようにいう。

> 天の道は、陰陽測られずして、物を生じて弐(たが)はず。（中略）陰陽合して物を生じ、精なる者は人と為る。其の体は即ち父祖の遺、其の気は即ち天地の精なり。同体一気、交々相感応す（同前、五七頁）

また、祭祀との関連では、次のようにいう。

> 人は父祖の体を受け、天地の気をうけて生けるものなれば、天地と父祖とは人の本也。故に、至尊は天地と祖宗とを祭り給ひ、士民たるもの、外には大祭の用を供し奉りて、己が至誠を天地に通じ、内には父祖を祭りて、自ら其の誠を尽すこと、是当然の道理にして、神聖の正しき訓也と知るべし。（割注略）天地は活物なれば、陰陽の消長を以て万物を化生し、変動周流して測るべからず。故に、天の神道と云ふ。是天地の心

性なり。人は天地の気を受けて、其心性も天地の心性と同じければ、人の教も天の神道に本づくゆゑ、易にも聖人以二神道一設レ教とて、陰陽消長の道を以て人の教とす（「迪彝篇」神天、三四二頁）

以上のように、万物は、天地の活動、陰陽二気の消長・運動によって、生じる。これを『易経』にもとづいて「天の神道」という。人ももちろん例外ではない。だから、「人の教」（人のあるべき道）も天地の「陰陽消長」の自然の道（「天の神道」）にもとづく。ただ人の場合は、「体を父祖に承け、気を天地に稟」けているから、「天地と父祖とは人の本」にほかならない。だから天地と父祖とを祭るわけだが、ただ天地と祖宗（天祖）は、「至尊」（天皇）が代表して祭る。家臣や民衆が祭ってはならない。(52) 士民は、その天皇による祭祀を「誠心」でもって「供奉」するとともに、一家の内においては自らの父祖への祭祀を行う。祭祀は、自己の「誠」を尽くして、自己の「本」たる「天地」と「父祖」とに「同体一気、相感応」することができる。こうした祭祀による「天地」と「父祖」との相感応・一体化、これがすなわち「天人の合」（天人合一）であり、また会沢以下後期水戸学で繰り返し強調される「奉天報祖」「報本反始」の意味にほかならない。

以上の祭祀論や忠孝論をささえる理論が、すでに行論上再三ふれてきた父子一体論——「迪彝篇」では「父子分身一体の義」（師道、三五〇頁）——であった。

たとえば、

父子は本同一気にして、身体の分れたるのみなり。たとへば、一水の流るゝが如し。上流濁るときは下流もまた濁り、下流塞る時は上流も止まる。水脈連綿して絶えざる故なり。人の身も血脈連綿して分流するなれば、子孫の血脈は父祖の血脈なり。父祖は上流にして子孫の前身なり、子孫は下流にして父祖の後身なり。故に聖賢の語にも、身は父母の遺体なりといへり。天地開闢し、初めて人民ありてより以来、一気流通して、子孫あらん限りは相連綿す。故に父を相愛して疾痛痾痒も己が身と同じく、祖先を念ふ事父を慕ふがごとく、

子孫を慈する事己が身に異ならず（「迪彝篇」師道、三四九頁）

というように、父子が本来「分身一体」であることが、川の一水連続に譬えられる。『礼記』（祭義篇）の「身は父母の遺体」というのも、父祖―子―孫の血脈の連続の意として理解され、またそれは「父祖と子孫と同一気にして、天地と共に窮りなき事、自然の天倫なり」（同前、三五〇頁）ともいうように、まさに天地自然的秩序の一環とみなされる。ここで、血脈の連続した父祖と子孫が同一気であるというのは、本質的に父祖と子孫が同一生命であるという生命観の表明である。それはたとえば、「此父子分身一体の義を以て、久遠に推すときは、千百世といへども一身に異ならず」（同前）というのに、明らかであろう。つまり血の連続した子孫が続く限り、生命は生き続けるということである。

この考えのもとでは、血脈の連続という事実こそが重視される。したがって日本の近世社会でかなり一般的に行われていた「異姓養子」は、当然のことながら否定される。

そもそも「人々各々其父祖を祭る」のは「（父祖から連続した）其遺体を以て前身を祭る」からこそ、「本より一気の相感ずる」ことができるのである。死者の霊（「鬼神」）は、ただ漫然と浮遊するのでもなく、あるいは「遠く天堂地獄へ往くべきにも非ず」、「その後身の子孫に付き纏ひて、近く室堂中を離るべからず」なのである。したがって、家名の存続のみを願ってなされる血縁関係のない異姓養子は、先祖以来の血脈の連続を切断してしまう。血脈の連続のない者による祭祀は、父祖と気を同じくしない故、「祖先の神（霊）は、祭を受くべき所もなきに至る」、祖先は降霊のよりどころを失って、祭祀の意味は完全に失われてしまうわけである（以上、引用はいずれも「迪彝篇」師道、三四九～五〇頁）。

以上みてきた通り、「父子分身一体」論の生命の連続性・永遠性の理論が、忠孝道徳論のいわば一種の存在論的基礎をなしていることは、すでに明らかであろう。

周知のように、中国社会では、異姓養子と同姓婚とは禁じられ、しかもそれがかなり厳格に守られてきた。中国では、姓は「その生れついた気の系統を示す、人の根源的なアイデンティティの徴表」[53]、したがって同一姓は、本来同一気、同一生命であることを示していた。とすれば、同姓婚の禁は、インセスト・タブーの中国的表現にほかならず、また異姓養子は、右の通り先祖以来の気の流れ（生命の連続性）の切断と、祖先祭祀の無意味化をもたらすと考えられたのである。[54]

かくみてくれば、上にみた会沢の「父子分身一体の義」の生命観および祖先祭祀論は、明らかに中国儒教の基盤をなしていた生命観や祭祀論の考え方を受容したものであったといえよう。その異姓養子否認論を展開した論旨などは、正しくそれを物語る。[55]しかし会沢の場合、注目すべきは、その「父子分身一体の義」が、たんに父祖との連続性の理論としてのみならず、血脈的に天祖に遡源する天皇の、皇統一姓無窮論をささえ基礎づける理論となっている、ということである。

天孫は天祖の遺体なり。天祖を拝し給んとて宝鏡に向はせ給はん時、鏡中の御形は、即ち天祖の遺体にましませば、天胤の窮りなく昌え給んには、天祖永く鏡中にましまます也（「迪彝篇」師道、三五〇頁）

右はまさに、本節の(1)にみた、天皇が天祖の血胤でなければならぬことと、祭祀による天皇と天祖との一体化の、理論的根拠にほかならない。ここにおいて、血脈連続による生命連続観が、実に皇統無窮（国体・国家の永遠性）の保証原理にまで拡大されて理論化されていることに気づかされる。とすれば、先の革命否定論や天皇祭祀論も、この生命観にもとづいて展開されていることは、もはやいうまでもない。

(7) 国家的宗教の構想

上述のごとく、会沢は、国体を儒学的概念を動員して理論化した。「新論」（国体・上）においても、「報本反始」など、天（地）と先祖への祭祀論を、『尚書』をはじめとした儒教の経書から博引傍証して、儒教的論脈での論証をこころみている。それはいってみれば、「孝」観念をもとに、「天に事へ先を祭る」祭祀の理論体系化であった。

ところで、ここで想起されるのが、加地伸行氏の孝に関する示唆的な指摘である。加地氏によれば、中国古代において成立した孝観念は、死の観念と結びついた宗教的な意味をもつ観念である、という。すなわち中国古代、死者の霊の存在を信じる霊魂観が成立する段階になると、その父祖の霊への崇拝が、祖先崇拝として、孝の観念を生み出した。それが「身は父母の遺体」（『礼記』祭義）や「子は親の後なり、敢て敬せざらんや」（『礼記』哀公問）というのに示されるように、自分の肉体は親の生命を受け継いだものであり、したがって自分の生命は、子を産むことによって絶えることなく、次代へ受け継がれてゆく、という生命の連続性・永遠性を信ずる死生論を生み出した。中国人は、かかる思惟によって死の恐怖から脱出しようとしたというのである。換言すれば、子孫を絶やさぬことによって、自分の生命をこの世に次々と残すことができ、また死後、自分の霊魂は、子孫による祭祀を通じてこの世に降霊することが可能である、ということである。

この祖先崇拝と子孫継嗣による死生論を、「礼」として体系化したのが儒家であり、孔子は傑出したシャーマンとしての性格をそなえていた、という。「子曰く（父母の）生（時）には、これに事ふるに礼を以てし、死には、これを葬るに礼を以てし、これを祭るに礼を以てす、と」（『論語』為政）。

かくて加地氏は、中国の死生論をささえる「礼」（とくにその根本としての喪礼）の宗教性を基本として、儒教のもつ宗教的性格を明解に指摘された。さらに日本においては、中世以降、喪礼や死生論の問題については、儒教ではなく仏教が担当した。このため、儒教から喪礼が脱落していった。その結果、儒教が礼の宗教性を欠いたまま、道徳や知識の学として儒「学」化していった、という。(56)

以上の加地氏の指摘をふまえて、会沢の祭祀論を考えてみよう。

その「父子分身一体の義」は、加地氏のいう孝の宗教的理解と考えて誤りない。「新論」（国体・上）に、「天に事へ先を祀る」祭祀論を説くのに、儒学の経書類を駆使しているのも、そのことに暗示的である。(57) 誤解をおそれず敢えていえば、会沢が、孝の宗教性を日本神国観と結合させて論じたのが、天皇祭祀論であった。あるいは、孝の宗教性によって、忠の宗教化をはかったといってもよい。それは記紀神話の儒教的（その限りでは「合理的」）解釈であったとみることができる。

一般に、近世儒学は死生論を説かなかったといわれる。喪礼を仏教が担当したことと関連していよう。その意味で近世儒学が、現実をこえた世界を問題とするような意味での宗教性をもつことは、ほとんどなかった。(58) 従来の儒学のこうした弱点に、会沢は気づいていた。つまり、近世儒学は民心を十分とらえていないと考えていたのである。そして民心をいかに掌握し統合するかということこそが、会沢の最大の課題にほかならなかった。(59) こうした立場から、次に見るごとく、儒教の概念で死生論を展開し、祖先祭祀を論じた。そのねらいは、人の死後安心論を展開して、民心安定の基礎とするという政治的なところにおかれていた。

物は人より霊なるは莫し。其の魂魄精強にして、草木禽獣と与に澌滅する能はず。其の死生の際においても、亦た漠然として念ふなき能はず。故に聖人は祀礼を明らかにして、以て幽明を治め、死者をして憑る所有りて以て其の神を安んぜしめ、生者をして死して依る所有るを知って、其の志を弐はせざらしむ（「新論」長計、一四三～四頁）

死者の「魂魄」は草木鳥獣とちがって、簡単に消滅するものでない。だから「祀礼」は死者の「魂魄」の憑るところをあらしめて、安んじなければならない。そうすれば、その「祀礼」は、たんに「遊魂」を安んずることのみではなく、何よりも生者の死後への不安を解消することになる。しかも民心を安んずるための基礎は、この死後安心論にこそある。なぜなら、もし「祀礼廃らば（中略）遊魂安きを得」ざるのみでなく、「生者も身後を怵れ、民に固志なく」なる（同前、一四四頁）。こうした死後への不安こそ、生者としての民の心の不安を生み、キリスト教をはじめとした邪教や異端の乗じ入る隙にほかならない。だから「天を誣ふる邪説に誑かれず」「身後の禍福に眩され」ない祭祀論、すなわち死生論（死後安心論）にもとづく喪礼の展開としての祭祀論、が必要であると考えられた。

ところで水戸藩では、藩主の喪礼は儒式で行われていた。光圀が、寛文元年（一六六一）、父頼房の葬儀を儒式で行って以来、仏葬を排して、藩主とその一族は厳格な儒式によって行われるようになった。そして水戸の北方四里、太田の北郊の瑞竜山が藩主とその一族の広大な墓域とされ、そこに手厚く葬られるようになった。とすれば、会沢の祭祀論や死生論も、文政期になって初めて唐突に唱えられたものと考えるのではなく、前期水戸学以来の儒教の理解が底流にあったと考えるのが、自然であろう。(60)

ただ会沢の場合、たんに水戸徳川家の祖先祭祀にとどまらず、それを民衆の死後安心論にまで一般化して論じた。しかも、民心統合という政治目的のもと、独自の国体論と結合して、国家的祭祀の体系を構想してみせた。こうした点に、前期水戸学と区別される会沢の祭祀論の画期性が見いだせよう。

すでにみた通り、会沢は、「（西洋諸国が）恃みて以て伎倆を逞しくする所の者は、独り一耶蘇教有るのみ」（「新論」虜情、九四頁）というように、西洋脅威の根本を、むきだしの軍事力に求めるより以上に、民心を収攬しうる宗教（キリスト教）の力にあると考えていた。こうした会沢のキリスト教理解を前提とするならば、右にみた会沢の宗教祭祀論は、まぎれもなく西洋キリスト教に対抗し得る宗教として構想されたものであった。しかも、一国の国家的統合という政治目的に貫かれているという意味で、一種の国家宗教の体系というべき性格を有していた。宗教の政治化、あるいは政治の宗教化、ともいえようか。会沢自身のことばでは、「祭政教一致」であり、あるいは「典礼教化」の「大経」といわれるものにほかならなかった。

(8)「典礼教化」の体系

前項でみた死生論・死後安心論をもとに、天皇を頂点とする祭祀の体系、すなわち「典礼教化」の理論を展開したのが、「新論」の長計篇である。会沢によれば「典礼教化」は、「成を久遠に期」し、「永世を綱紀する所以」(一三九頁)であった。

「典礼教化」は、もちろん祭祀論を内容とする。崇神天皇が、天下と共に天祖を祭ったことをはじめとして、以下、その地の人の敬尊に応じて全国の群神を祭って、天社・国社を定めたこと、あるいはその地の功烈ある者をその子孫に祭らせたことなど、群神百祀の形成や所以を、朝廷政治や民心と関わらせ意味づけながら、歴史的・具体的に展開してゆく。

古者(いにしえ)、京畿及び諸国の名祠・大社に祭る所の神は、皆嘗て天祖・天孫を佐(たす)けて、能く大功を成せし者にして、山川の百神は、民物を鎮め風雨を起して、天神の功を助けし所以に非ざる者莫きなり。故に其の土民は固より其の功徳に報ぜざるを得ず、而して天朝も亦た報答する所有らざるを得ず。是こを以て官幣有り、国幣有りて、祈年(としごい)・月次(つきなみ)・新嘗(にいなめ)ごとに必ず之を班(わか)てり〔官幣・国幣に班ちし諸社は上に見ゆ〕。其の祭は之を朝廷に統べて、四方の百神、係属する所有り(「新論」長計、一五一頁)

右に明らかなように、全国の「群神百祀」は、なんらかの形で(歴史的に)朝廷とのかかわりによって意味づけられ、天皇祭祀を頂点にして、有意味に統合され、かつ相互に係属させられて、整然と統一される体系であった。会沢の天保期の著作に「草偃和言」一巻がある。[61] それは年間を通じての諸祭祀とその意味が、平易に解説されている。たんに形式化した祭祀に対し、それをあらためて国体秩序の中に意味づけ、「典礼教化」の体系の中に組み入れて、祭祀の活性化をめざす会沢の意図がみてとれる。

ところで、こうした会沢の「典礼教化」（朝廷を頂点にした諸祭祀の統合）の構想は、幕藩制の政治秩序のあり方といかにかかわっているのだろうか。

群神百祀が朝廷を頂点に統一された本来あるべき体制のもとにおいては、「(天下の人々はみな）相告げて曰く『天祖は洋々として上に在り、皇孫は紹述して、黎庶を愛育し、大将軍は帝室を翼戴して、以て国家を鎮護し、邦君は各々疆内を統治し、民をして皆其の生を安んじて寇盗を免れしむ。今、邦君の令を共み、幕府の法を奉ずるは、天朝を戴きて、天祖に報ずる所以なり』と。則ち幕府及び邦君の治、統一する所有り」（一五三頁）という。士民において、「邦君（藩主）の令を共み、幕府の法を奉ずる」こと、すなわち幕府および藩の政治秩序に従うことは、とりもなおさず「天朝を戴きて天祖に報ずる所以」すなわち天皇の国体的秩序に報ずること（忠）であり、そうすることで、幕藩政治秩序の統一が保たれるという。さらにこれに続けて「宗族、相糾緝して、以て其の先を祀れば、則ち又相告げて曰く『宗を敬するは祖を尊ぶ所以にして、其の相与に緝睦して、以て邦君の令を共み、幕府の法を奉じ、天朝を戴きて以て天祖に報ずるは、乃祖乃父の志を継ぐ所以なり』と。則ち其の祖を念ひ徳を修むるの心、統一する所有り」（一五三頁）という。つまり一族内において、その祖先祭祀を行っている「宗」（いわゆる家督者）を「敬」し、共に先祖を尊んで、一家内で「緝睦」することを通じて、邦君・幕府・天朝に従うこと、それは結局、「乃祖乃父の志を継ぐ所以」即ち祖先への「孝」にほかならないという。ここでも先にみた忠孝一致の構造が、祭祀論を通じて展開されていること、明らかである。以上の文を受けて、さらに「若し夫れ此の如くんば、則ち天祖・天孫の仁は海内を覆ひ、幕府・邦君の義は天下に著れ、慈父・孝子の恩は永世に申び、本に報ひ始めに反るの義明らかにして、忠孝の教立つ。民は日に之に由りて、異物を見ず」（一五三～四頁）と結論づけ、天祖・天孫―幕府―邦君―士民の政治秩序の安定が実現されるという。

以上のように、「典礼教化」は、現存の幕藩政治秩序を前提に、ことに武士がそれに随順し、積極的にそのために尽くすことが、結局天朝に尽くすことになるという論理構成の上に説かれたものであった。そうすることが、ほかならぬ忠孝の実践なのである。いわゆる尊王敬幕の立場である。一方、「民は日にこれに由り」というように、民衆は、武士の忠孝の行為を規範として、それにならって生きてゆく。したがって原則的には、武士の忠孝の原理は民衆一般にまで拡大して適用されることになる。かくて、天皇―幕府―邦君―士民の政治秩序（身分秩序）が国体的秩序として、忠孝道徳によってささえられていた。この点からしても、忠孝が建国の原理であり、国家組織の理念であることが理解されよう。

以上会沢は、現存の幕藩政治秩序の体制に、天祖―天皇の宗教祭祀の体系を導入した。そのことによって、士・民に忠孝道徳を説き、内面から国家の意識を喚起しようとしたわけである。いってみれば、幕藩制秩序に、国家主義的な意味づけを注入し、幕藩制国家に対する武士や民衆のあり方を論じたのである。

(9) 普遍と固有

以上、会沢の思想の概念装置は儒教であった。たとえば、「道」は人倫の道であり、忠孝道徳論や祭祀論も、儒教的死生論にもとづいて展開された。また天祖―天皇という日本に固有の存在も、記紀神話の儒教的解釈によって、儒教的普遍ともいうべき「天」の概念に密着して説かれた。民心のあり方を重視するその民衆観にしても、大きくいえば儒教的民本主義（一種の仁政論）のバリエーションもしくはその応用問題とも考え得る。(62)

また、日本の国体の固有性と優越性も、儒教的普遍にもとづいて論じられた。つまり皇統一姓という歴史的「事実」（その始原が、建国神話上の「事実」）に、まさに日本における儒教的真理の貫徹を見いだし、そこに万邦無比の国体のあり方を説いたのである。

会沢が儒者であるかぎり、儒教的普遍原理にたつこと自体、とくに異とするに当たらないことかもしれない。その場合、「天」は「天地の道」「天地自然」などというように、自然的秩序を意味して、会沢がことさらに強調してやまないところであった。しかし会沢が、なぜことさらに「天」＝自然を強調せねばならなかったか。その動機を考えてみれば、たんに「儒者」という一般性にのみ解消するのでは十分でない、そこにある必然性が感じられる。この点に関して、以下若干の考察をくわえる。

人倫アルコトハ自然ノ大道ナレバ。四海万国ニ人倫ナキ国アルコトナシ。是ヲ行フニ正偏ノ別アリ。神州ト漢土トハ。其道正シク。就レ中君臣ノ義父子ノ親ニ至テハ。神州ノ正シキニ及ブ者ナシ。是漢土ト争フニモ及バズ。又強チニ　神州ノ道ト云フニモ非ス。其実ハ天地ノ大道ナリ（「読直毘霊」一五頁）

「道」そのものは、日本にのみ固有のものではない。「漢土」にも「夷蛮戎狄」にも同じく通用する「天地ノ大道」である。「道」の普遍性は、かく確信されている。また会沢の思想の基本的契機は、すでにみた通り西洋への対抗にあった（第二節）。この点を念頭において考えれば、本居宣長のように、たんに日本のみに固有の原理でもって日本の優越性を説く論理では、西洋に対抗できない。「本居ノ見ル所。漢土ノミニ目ヲ著ケテ。万国ヲ通観スルコトヲ知ラザル故。偏見陋説。徒ニ耳食ノ人ヲ誑誣スベクシテ。四海万国ニ通ズベカラズ」（同前、八頁）と批判するように、宣長学（国学）は、所詮独善的な「偏見陋説」に終わるのみであるという。すなわち日本や中国のみならず、「四海万国ニ通ズ」る、西洋までもすっぽりと包摂する普遍的な原理にもとづいて日本の優越性を説くのでなければ、本当の意味で西洋に対抗することはできない。これが、儒教的普遍にことさらこだわって、日本の優越を説く会沢の動機の一つであるといえる。以上、本項で指摘したい第一点である。

次いで第二に、「異端邪説」とのかかわりである。まず仏教やキリスト教について。

夷蛮戎狄ハ。人倫ハアレドモ道ヲ知ラズ。甚シキハ仏界ヲ不滅ノ永劫トシ。君父ヲ一時ノ仮合ト云ヒ。或ハ其本尊ト云フモノヲ尊ンデ。大父大君トシ。君父ヲバ小父小君ト称スルニ至ル。其弊ハ君父ニモ背叛ス。参河一向。島原邪徒ノ如キ。其鑑近キニ在リ（同前、二頁）

ここでは仏教やキリスト教が、いずれも人倫を超越する価値によって、現実の君臣や父子の人倫の大義を相対化し、結局は君・父への背反をまねくという点で、両者が邪教として排撃されている。

一方国学については、「天朝ノ万国ニ勝レテ尊キコトヲ論セシハ。卓見」（同前、四頁）と、その皇統論や尊王論など高く評価する部分を含むだけに、その批判点への攻撃には、とりわけ熱心で鋭角的であった。「読直毘霊」や「読葛花」を著して宣長学の論点を逐一詳細に批判したのも、まさにそのあらわれに違いない。

宣長が「直毘霊」に展開するかの有名な「道」の論、「そも此道はいかなる道ぞと尋ぬるに。天地のおのずからなる道にもあらず。人の作れる道にもあらず。此道はしも可畏きや高御産巣日神の御霊によりて。世中にあらゆる事も物も。皆悉に此大神のみたまより成れり」というのに対して、会沢は「西洋ノ説ニ彷彿タリ」（同前、三四頁）、すなわち万物を高御産巣日神の御霊の所産とする宣長の説が、キリスト教の造物主の説に通底する危険性をもつとしているのである。また「（皇国学は）多は治教の大体をしらず、神聖経綸の道に闇く、人倫の天叙を外にして、私智を以、一種の説を設け、人道を牛馬に同くし、老・荘・墨翟などの意に近き（以下略）」（「退食間話」、二四三～四頁）など、経世論や実践論の欠落の他に、より根本的に「人倫の天叙を外に」する点を問題として、国学を批判している。そして結局「本居モ老荘ノ見ニシテ。人道ヲ知ラザレバ。老荘ヲ神ノ道ニ似タリト思ヒテ。神ノ道ハ君臣父子ノ大倫正シキニ在ルコトヲ知ラザルナリ」（「読直毘霊」、四九～五〇頁）というように、宣長学が老荘の見と同じく、君臣・父子の大倫を廃するに至る説であると結論づけ、国学排撃の根底の理由としている。

繰り返すまでもなく、会沢の国体論の究極は、我が国における君父の人倫の道の実践の比類ない正しさという歴史的「事実」にあった。この意味からして、人倫の道は絶対的真理でなければならなかった。なればこそ、異端排撃にあたって、君臣・父子の大倫の絶対性を相対化もしくは否定するにつながる論点を神経質に拾いだし、そこに集中砲火を加え、異端として排撃していった。それは、彼の異端排撃に共通したパターンであった。

会沢にとって人倫の否定は、「人を牛馬に同くす」る（人間としての否定）とともに、国体の根底をなす価値（忠孝）をも否定することにほかならなかった。それは士民の守り尽くすべき国家そのものの否定につながらざるを得ないと、会沢には思われた。かくて、「天」―儒教的自然は、人倫の道の絶対性を、他のあらゆる「異端邪教」から防衛するための、まさに橋頭堡であったことが理解されよう。

会沢は、かく、普遍のよそおいをもって、日本の国家固有のあり方を論じた。しかし、その拠りどころは、ほかならぬ文字どおり日本に固有の記紀神話であった。周知のごとく、記紀神話は古代国家成立期の政治的述作である。つまり強大な天皇権確立にもとづく政治的イデオロギーを反映した政治的作品にほかならなかった。(63) 会沢は、かかるイデオロギー性をもつ固有の政治的神話によって、日本を西洋諸国に対抗しうるだけの普遍性をもって優越する国家として論じなければならなかった。そこに論の出発点から、矛盾を内包していたことは、明らかである。矛盾を内包するが故にこそ、ことさら「天」―普遍の原理に固執しなければならない会沢の必然性があった、と考えるべきであろうか。

第五節　後期水戸学の影響――久留米藩の場合――

会沢によって確立した水戸学が、水戸藩を超えて注目されはじめるのは、ほぼ天保期からであった。以後、外圧の危機意識の高まりにともない、全国の尊王攘夷の思想や運動に主導的ともいえるほどに、大きな影響をおよぼしたことはよく知られている。水戸学を求めて直接水戸に来遊する者は、枚挙にいとまがないほどであった。

そうしたなかでも、久留米藩は、青年藩主有馬頼永が、水戸学の理念を藩政改革（弘化改革）に生かそうとした点で、たんに個人が個別に水戸学を吸収したのとは異なり、注目に値する。

久留米への水戸学の導入は、天保十一年（一八四〇）、藩士木村三郎が水戸に遊学したのに始まり、次いで村上守太郎や佐田修平らの藩士が来水、会沢らに師事し、藩主頼永へ大きな影響を与えた。そして後の久留米藩天保学連の首魁ともいうべき真木和泉の来水が、天保十五年（一八四四）であった（なお、久留米藩では、水戸学のことを「天保学」、水戸学信奉グループを「天保学連」と称した）。

頼永は、徳川斉昭を慕い、村上守太郎・木村三郎・野崎平八・今井栄ら水戸学信奉者を側近に配し、弘化元年藩政改革にふみきった。ただ改革そのものは、弘化三年（一八四六）頼永が急逝したため、必ずしも順調ではなかった(64)。ここではその改革の実際ではなく、久留米藩に水戸学がいかなるものとして受容されたかを考えてみる。それはまた、同時代への水戸学の影響の一端を物語るはずである。

当時の久留米藩藩校明善堂の主流は、教授助の本荘一郎に代表される正学派朱子学であった。「天保学」導入に不満の本荘は、弘化二年、藩主に上書して、「天保学」撲滅を進言した。その上書（「本荘一郎頼永公へ上書」(65)）において、本荘は天保学連のあり方を強い調子で批判する。天保学連の同志的結合による党派的な動き、具体的には「読書の仕方を初動容周旋」、たとえばその集会や飲食の際の粗暴なふるまいや非同志への蔑視などを、一々言挙げして難じる。それは、近年の水戸の学風、すなわち「殊更気節慷慨を尚ひ急功をいそき諸事奇激に過きやゝもすれハ侠気功名に流れ候弊」をもつ水戸学を、「其基本未ㇾ立」段階の久留米藩の初学者がまねたことによるものであると指摘している。彼らはまさに「（聖賢の）第一の戒」である「躐等」の罪をおかし、結局「大に聖賢の教法に背き教化の妨風俗の害」となる、と結論づけ、その排撃を主張した。

これに対して、頼永の側近で侍読でもある野崎平八は、「公平の心」に立って、天保学連を弁護して、藩主に

「答二下問一奉二政府一書」(66)を提出した。野崎は、先に藩主頼永から天保学連についての調査を命じられていた。これは、その報告書として提出されたのである。その内容は、本荘一郎の右の天保学批判に応えるような形となっている。

そこで野崎は、天保学の根本の動機は、藩の学問の現状のあり方への強い批判にあることをまず明らかにする。具体的には「(今の藩の)人々学問ハ風流無用の事と存候、其根本忠孝大節士分当用の儀と申事を不レ知」こと、および(今の藩の人々は)「学問は六ケ敷理屈にて容易に難レ入と存じ候」こと、今の学の弊をこの二点に見いだす。天保学連はこの二点を打破して、「士分たる者日用切要」の学として「易レ入(いりやす)」き学問を学ぶこと、それによって「萎靡柔弱に」なった「士気」や「気節」を振起し、「専ら武士の学問は君臣父子の大倫を押立忠孝の大節を称へ棄生報国の志を堅くするを大本と申儀を主として唱へ」ることを目的にした学問的同志であると、天保学連をとらえている。また彼らにおいては、「読書も章句文字之間ハ大略にても其大意を領解候得ハ先夫に て宜様申聞平生の躬行も少年の者抔一々規矩縄墨に叶候様とても左様にハ難参に付先つ右の大節をさへ立候得ハ小徳ハ出入にても可也と申位に教へ候」と、瑣末な細行よりも、武士としての「気節」――「忠孝の大節」「棄生報国の志」――に重点をおいた学問と教育が重んじられているとする。その結果、「少年血気英発にて忠義に奮候質有之者抔」が輩出し、「柔弱萎靡の風を脱し」た、という天保学による顕著な成果も述べられている。

野崎は、本荘らの指摘する天保学連の弊(他人を蔑視、粗暴の振る舞い、世の批判に無頓着、非同志の排斥など)は、確かに事実であり、それに何らかの対策が必要であることは認める。しかし実はそれは「末弊」にすぎないという。天保学は「何そ別に教有之にては無御座其押立候大本ハ即聖賢の大道」である。だから本荘らの学(朱子学)と本質的に齟齬する性格のものではない、と結論づけている。

以上、天保学連の学弊を「学弊」と認める点で、本荘と野崎とに相違はない。しかし、野崎がそれを「末弊」

とみるのにたいし、本荘は、より本質にかかわるとみる点で、両者はたもとをわかつ。

正学派朱子学の立場は、上は藩主から下は民衆まで、小は個人の私的な日常の起居から、大は天下の政治に至るまで、全体の秩序を朱子学の原理でもって貫き統合をめざす点にあった。すなわち正学派朱子学にあっては、日常生活の原理と政治統合の原理とは決して別物ではなく、一体であった。だからこそ、藩の公の学は唯一であることが必要であった。(67) かかる立場の本荘らにとって、天保学およびその学弊は決して「末弊」として黙過できるものではなかったのは、当然であったろう。

一方野崎にあっては、水戸学の本旨は、「君臣父子の大倫を押立忠孝の大節を称へ棄生報国の志を堅くする」ことを目的とした武士の学、実践の学という点にあった。「士気の振起」といってもよい。そしてそれこそ、「聖賢の大道」として、学問の本来のあり方であるととらえられていた。本荘が、社会秩序全体の安定的統合を重視する立場であるとすれば、天保学連(野崎)は、政治的難局に積極的に立ち向かう武士の能動的な実践主体の形成を重視する立場といえようか。

以上にみる限り、久留米藩における水戸学の受容は、先に分析した忠孝道徳にもとづく武士の政治責任の覚醒(能動的な実践主体)の側面において顕著であった。もっとも、それは必ずしも会沢の祭祀論や典礼教化論の影響を受けなかったということではない。そもそも会沢において、「士気」(忠孝道徳論)と典礼教化の問題は内的に一貫していたことも想起されたい。現に野崎は、天保学連を「異教を奉ずる」者たちとみなす説のあること、および彼らが「巫祝を不信より仏刹の札抔川へ流し」、あるいは「仏壇の代り祠堂の形取拵神主も儒制に仕魚肉等備候輩」のあるという事実などを指摘している(「答下問奉政府書」)。いずれも水戸学の祭祀論の影響をうかがわせるものといえよう。また、真木和泉のその後の熱狂的な尊王攘夷家としての行跡は、忠孝論のみで説明できるものではあるまい。

ともかく、弘化三年（一八四六）に藩主頼永が没して後、久留米藩天保学連は、村上・野崎を中心とする内連（内同志）と、真木・木村らの外連（外同志）に分裂した。このうち、内同志は藩執行部内における改革派として、むしろ「水戸風の行き方」を放棄することによって門閥守旧派と妥協し、その後の藩論を佐幕・公武合体の路線の方向に主導していった。一方、勤王を主張しつづけた外同志は、弾圧された。真木は藩内に足がかりを失い、脱藩して活動の舞台を藩外に求めざるを得なくなった。(68)

久留米藩天保学連のこうした動向は、一つの政治組織体たる藩が後期水戸学に求めたものが、天皇を頂点とした国家祭祀論であるよりも、やはり忠孝道徳にもとづく武士意識の喚起の側面であったことを推測させる。既に述べたように、後期水戸学は幕藩政治秩序を否定するものではなく、その秩序を前提とした尊王敬幕の立場であった。しかし真木のように、後期水戸学を通じて民族的国家の意識に目覚めた者にとっては、右のごとき内同志が自らの問題を藩という枠にのみ自己限定してゆくことには、到底容認できないものがあったろう。藩内にのみ問題を還元してゆく内同志の学は、真木らにとってはもはや水戸学の本質の放棄でしかなかったのである。

久留米藩は、藩という政治組織でもって水戸学の受容をはかり、そして分裂していった。後期水戸学は、幕・藩政治秩序を前提に、日本の国家意識を喚起する構造をもっていた。したがって、藩の問題と国家の問題が整合しない具体的な局面において、政治的に分裂するのは、むしろ必然といってよかろう。そこでは、武士が藩という政治組織による強い政治的規制下におかれている以上、真木のように、藩を超えたところで自らの政治実践を続けるグループが出てこざるを得ない。しかも同じような同志が藩を超えたところにいた。しかし一面それも、幕藩政治秩序を前提としていた後期水戸学からの逸脱といわざるをえない。この意味で、いずれ後期水戸学勢力の分裂は避けえなかった。だからこそその段階では、後期水戸学を超えた、たとえば吉田松陰や横井小楠などの新たな論理を必要としたわけである。ことに変革期には、かく思想が行動を生み、行動が新たな思想を要請するのである。

幕末にあって、藩という政治組織を通じて、終始水戸学理念にもとづく政治実践をめざしたのは、結局当の水戸藩だけであった。その水戸藩にしても、激動と混迷の政局の中、実際にゆきついた先は周知のように、安政五年（一八五八）の戊午の密勅に端を発した激派と鎮派への分裂と、水戸藩政治勢力の事実上の崩壊であった。

以上からみても、文政・天保期に成立した後期水戸学の、現実の政治過程における政治的使命は、安政五年（一八五八）の開国をもって事実上終わったといってよいであろう。しかし、実際にたどった後期水戸学の政治的軌跡と、後期水戸学のもつ思想史上の意味とは、けっして同じではないことを忘れてはならない。

第六節　忠孝国家論の構想と日本の近代

以上見てきたように、会沢の国体論の契機は、西洋諸国への対抗にあった。すなわち、幕藩制国家を国体論によって国家主義的に再解釈しなおし、もって、西洋諸国の外圧に抗しうる体制と意識の構築をめざした。その際、会沢がもっとも意を注いだ課題が、国体（国家）と、それを構成しかつ支える武士および民衆（「臣民」）との関わり方であった。

会沢の忠孝道徳論は、まぎれもなく国家と「臣民」のこの関わり方の定式化であった。忠孝道徳こそ、天祖による建国にこめられた理念であり、その建国によって確定した皇統一姓も、「臣民」の忠孝の実践によって担われ、保証され続けてきたのである。日本の優越性も、この国体―忠孝道徳の正しさが証明するところであった。

忠孝道徳を理論的に基礎づけたのが、「父子分身一体」論であり、この理論にもとづく会沢の祭祀論は、忠孝道徳を一人一人の内面のうちに確固として措定するものとして説かれた。しかもそれは、一種の宗教的性格をともなった内面化であった。その全民衆への拡大が、天皇祭祀を頂点にもって統一された「典礼教化」の体系であった。「典礼教化」は、会沢のいう祭政教一致の体制であったが、この祭政教一致の結節点こそ、忠孝道徳にほかならなかったこと、いうまでもない。

かくて、国体に対する「臣民」のあり方は、忠孝道徳という実践倫理を規範として定立された。これを「臣民」の側からいえば、忠孝道徳を媒介として、国体（国家）は一人一人の自己同一化の対象となった。すなわち国家との一体化によって自己実現がはかられる、という自己実現の回路の成立である。「臣民」の心への、国家の内面化といってもよい。

かく見てくれば、忠孝道徳論こそ、会沢の国体論の思想的結節点をなしていること、疑いない。久留米藩での水戸学受容が、「君臣父子の大倫」「忠孝の大節」を契機とした「士気」の振起と「棄生報国の志」への期待において、行われていたことを想起されたい。

ところで、会沢の忠孝道徳論が、近世武士の君臣意識を土壌として形成されたものであったことも、忘れてはならない。近世武士に一般的であった「君臣天合」的な君臣意識を、天祖―天皇を媒介として、国家と「臣民」の関係において論じたのである。あたかもそれは、幕藩政治秩序を前提に、幕藩制的国家主義を展開したことに照応している。その意味で、水戸学は近世に根をもつ思想に違いなかった。

しかしそれは、近世意識のたんなる再確認を意味するのではない。その忠孝道徳論は、国家の意識を覚醒させた。そしてその国家とは、西洋近代国家をも含んだ国際関係の中におかれた民族的国家、しかも西洋諸国の強大な軍事的侵略の危機のなかでそれに抗してゆかねばならない国家であった。会沢の国体論を貫くものは、こうした国家の意識である。それは、「忠孝国家論」とでも名付けうべきものであった。

さて、その国体論で説かれた国家の理念（「忠孝国家論」）自体は、本来たんに幕藩制国家の枠にのみ限定されて構想されたものではなかった。建国以来の、そして未来も含めたまさに日本の全歴史過程を通したものとして構想された理念であった。もちろん実際の政治秩序としては、近世幕藩制を下敷きにしてはいた。しかしそれは、幕藩制国家のうちに、建国以来のあるべき国家の理念（国体）を読みこんだ上での議論であった。したがって、仮に幕藩制国家が消滅しても、水戸学が最初から読みこんでいた幕藩制国家という前提をはずしさえすれば、その国家の理念（「忠孝国家論」）自体は、少なくとも論理的には、近代においても再生する可能性をもっていたのである。

世界史的にみて、近代ほど国家の意識が強烈になった時代はない。否、むしろ近代は国家の時代であるといってもよい[69]（だからこそ、国家と個人・自己との関わり方が常に近代思想史の一重要テーマとなりうるのである）。近代化の進展は、また国家の肥大の過程でもあった。ナショナリズムの高揚も、それと内的に関連した近代の現象であること、いうまでもない。

明治国家も、もちろん例外たりえない。幕末の外圧の危機は、明治維新とともに解消したのでは、もちろんない。後進国日本が、近代史を通じて、対外危機から自由たりえたことは、おそらく一度もなかった。資本主義的国際関係の進む中で、国家の意識とナショナリズムの拡大再生産は、必然であった。また国内的には、急速な近代化を可能にする国家的集中と国民的統合および動員を必要としていた。水戸学の国体論や「忠孝国家論」が再生してくる条件は、まさにこうしたところにあった。

会沢の「忠孝国家論」は、必ずしも近代的な国家論とはいえないものであるかもしれない。また、それは確かに、眼前に立ち現れてきた西洋の近代国家に対抗し、それなりの対応として構想されたものであったが、しかしそれが結局日本に固有の記紀神話にもとづくかぎり、本来的に普遍性をもちえない、独善的性格を免れることはできなかった。

こうした水戸学が、明治国家の課題にいかに応え、天皇制国家主義の形成にいかに関わっていったのか、あるいはいかに関わらなかったのか。天皇制国家主義を支えた国家神道や、あるいは教育勅語などの忠君や愛国の思想、あるいは国民教育論や学校行事等のなかに、水戸学の祭祀論や忠孝道徳論がどの程度に影響、もしくは再生していったのか。また明治二十年代以降のナショナリズムの高揚に、水戸学はいかなる意味をもったのか。いずれも水戸学の思想史的意味に関わる（ひいては日本近代化の特質にも関わる）重い問題である。本稿は、それらに直ちに答える準備があるわけではない。しかし、それらの問題を解くための手掛かりとなるいくつかの論点は、提示してきたつもりである。

（1）ただし、この二つの側面は、互いに別個の問題ととらえられているのではない。以下の行論に示すごとく、会沢の国体論は、両者を一体の問題としてとらえることで、独自の構想を示すことができたのである。

（2）後期水戸学の本質を封建反動もしくは封建補強とみる見方が、とりわけ戦後間もない時期から、主に政治史研究の立場から唱えられ、その後の通説的見解となった。たとえば、遠山茂樹「水戸学の性格」（中村孝也編『生活と思想』、小学館、一九四四年）、同『明治維新』（岩波全書、一九五一年）、松島栄一「尊王思想の思想史的意義」（『歴史学研究』一二八号、一九四七年）、山口宗之『幕末政治思想史研究』（隣人社、一九六八年、のち改訂増補版ぺりかん社、一九八二年）など。また、丸山真男『日本政治思想史研究』（東京大学出版会、一九五二年）でも、後期水戸学は封建的階統制の絶対性を、自然的秩序観を再生させることによって基礎づけた思想とされ、後期水戸学は幕末思想の停滞を示す代表的事例とみなされた。

なお、こうした戦後の通説を批判して、水戸学の変革性を最大限に評価するのが、上山春平「明治維新の革命性」（『明治維新の分析視点』、講談社、一九六八年）である。また、本山幸彦「明治維新と尊王攘夷思想」（『明治思想の形成』、福村出版、一九六九年）は、右の遠山説と上山説をともに批判する立場から、後期水戸学は、幕藩制国家を国体論的に解釈し直すことによって幕藩制改革を意図し、その結果、後期水戸学は幕藩制国家に対して一定の変革性をもちえ、それが国家意識をうちだし、日本の国家的統一への道を開いた、と論じられた。

（3）近年、後期水戸学を天皇制国家主義の源流とみるこうした視点からの水戸学研究が深められつつある。たとえば、尾藤正英「水戸学の特質」（日本思想大系53『水戸学』解説、岩波書店、一九七三年）、安丸良夫「日本ナショナリズムの前夜」（一九七五年歴史学研究別冊特集『歴史における民族の形成』）、本郷隆盛「幕藩制の動揺と国体イデオロギーの形成

――後期水戸学を中心に――」（一九七七年歴史学研究別冊特集『民族と国家』）など。本稿も、基本的にはこうした視点を継承するものとなる。

なお、戦前・戦中の水戸学研究のほとんども、後期水戸学の近代日本への連続性を強調する。しかしその場合、同時代の時局のもとめる国家と国民の理念やそのあり方を、そのまま水戸学に投影させ、そのために主観的かつ非歴史的な水戸学賛美の論調に塗り込められているのを、おおむね常としている。学問的評価にたえうるものは、管見の限りではほとんどないといってよい。

（4）「幽谷封事拾遺」所収（菊池謙二郎編『幽谷全集』、七一八～二二頁、一九三五年）。

（5）同前『幽谷全集』、七～八頁。なお、引用文中の括弧内は引用者。以下同。

（6）水戸市編『水戸市史』中巻（二）、四六五頁以下（瀬谷義彦執筆）参照、一九六九年。

（7）日本思想大系25『キリシタン書・排耶書』四二〇頁、一九七〇年。

（8）朝尾直弘「鎖国制の成立」（『講座日本史』第四巻、東京大学出版会、一九七〇年）参照。

（9）奈倉哲三「幕藩制支配イデオロギーとしての神儒習合思想の成立」（一九七四年歴史学研究別冊特集『世界史における民族と民主主義』）八五頁。

（10）排耶論における神国観については、前掲奈倉論文に展開されている。

（11）朝尾前掲論文参照。なお朝尾氏は、秀吉の神国観を、たんなる「統一支配樹立のための方便にすぎない」（八〇頁）とみるのに対し、奈倉氏はそれを批判して、「日本『中世』を通じて形成された国家意識の支配的な傾向に依拠したもの」（奈倉論文八五頁）との考え方を示している。それが中世的なものであるか否かはともかく、以後の近世に通底し、とりわけ国学や水戸学等で増幅して継承される国家意識であった。この点を思えば、秀吉の神国観は、たんなる「方便」である以上の積極的な意味があったとみるべきであろう。

（12）日本思想大系53『水戸学』二三〇頁、一九七三年。

（13）日本神国観や尊王論は、必ずしも儒者や一部武士・知識人層のみに固有の意識ではなく、広く民衆的広がりをもっていたと想定される。たとえば、元禄・享保期の長崎の町人学者西川如見である。彼は町人意識を基本にもっていたが、日本神国観、皇統無窮論、易姓革命否認論、他国に対する日本優越論等が、実に鮮明に展開されている（佐久間正「西川如見論――町人意識、天学、水土論――」、『長崎大学教養部紀要（人文科学篇）』二六―一、一九八五年）。また、西鶴や近松らの元禄期町人文芸に見られる「神国」意識に民衆的な民族国家意識の存在をみる宮沢誠一氏の見解もある（「元禄文化の精神構造──京・大坂を中心として──」、『講座日本近世史』4、有斐閣、一九八〇年）。

（14）この点、『水戸市史』中巻(三)では、『新論』の特徴として、詳細な海外事情の知見が注目される。これは『形勢』『虜情』に記されており、西洋・東洋の諸国を含む世界の大勢と各国の動静を説明し、更に西洋諸国の東洋進出の実情を述べて、実に精彩に富んでいる。恐らく当時の海外知識の中では、最もよくまとまったものであろう」（九三六頁、尾藤正英執筆）と記されている。

（15）前掲(注12)日本思想大系53『水戸学』書き下し文、六八頁。以下、「新論」よりの引用は同書に拠り、一々注記せず、その頁数を本文中に示す。なお、一部漢字表記に改めた。また引用文中の傍点や括弧内は、特に断らない限り引用者による。

（16）たとえば、林基「宝暦─天明期の社会情勢」（『岩波講座日本歴史』12、一九六三年）など参照。

（17）前掲(注12)『水戸学』二六頁以下。

（18）細井平洲および正学派朱子学については、本書第二章および第五章参照。

（19）本山幸彦氏は幽谷の学問的性格を、①実学性、②折衷性・総合性、③古学的思考、の三点に見いだし（「明治維新と尊王攘夷思想」、前掲『明治思想の形成』所収）、さらに幽谷を「政経論」者と規定された（「後期水戸学の人々」、『江戸の思想家たち』下、研究社、一九七九年）。

（20）本郷隆盛「幕藩制の動揺と国体イデオロギーの形成──後期水戸学を中心に──」（前掲注3論文）参照。

（21）後期水戸学愚民観説を特に強調するのは、水戸学封建反動説の論者に多い。注2に挙げた遠山、山口、丸山氏など、いずれもそうである。これに対して、近年、水戸学を近代天皇制の原型とみる一部の論者から疑問が呈されている。たとえば安丸良夫氏は、「両者（後期水戸学と篤胤学）はともに、民衆を受動的な『農奴』から、なんらかの意味で能動的な『国民』たらしめようとした点で、たんなる封建思想ではなく、近代国民国家形成の論理となりうる資格をもっていた」（『総合講座日本の社会文化史』第二巻、四二四頁、講談社、一九七四年）と述べ、本郷隆盛氏もそれを継承して、水戸学愚民観説を批判した（前掲注3論文）。また、海原徹氏は、水戸学は「愚民観の限界を説いた」とする見解を示されている（海原『近世私塾の研究』三四九頁、思文閣出版、一九八三年）。なお、安丸氏のいう意味での民衆観の修正は、すでに寛政前後の正学派朱子学や松平定信らに見いだせるというのが、私の考えである（本書第五章）。

(22) 民衆の内面への着目は、一般的には、宝暦以降の社会情勢(一揆・打ちこわしの頻発、農村の在来的秩序の崩壊、民衆的宗教の流行、など)を契機としていよう。つまり従来の政治の枠組みをこえた民衆の動向に直面して、そうした民衆の内面を意識せざるをえなかったということである。したがって先にみた通り、宝暦―寛政期に取り組まれたいわゆる中期の幕・藩の政治改革には、ほぼ例外なくイデオロギー政策をともなっていた。儒学を動員し、藩校を設置して、藩士の教育と藩民への教化が政策的に取り組まれたのである。たとえば、石門心学の教化の政治的動員や先に見た細井平洲の君恩をテコとした民衆教化あるいは正学派朱子学の教化構想など、いずれもかかる文脈上に位置づけられよう。

会沢の場合、かかる歴史的前提の上に、キリスト教の政治的意味を発見したことを契機として、宗教への着目があったわけである。

(23) ただし、会沢の構想する「典礼教化」の祭祀の体系が、実際に民心を収攬しうるものであったか否かは、全く別の問題であること、いうまでもない。それは、せいぜい武士の心をある程度吸引しえたとしても、民衆一般までには到底およばなかったといってよいであろう。

(24) 関儀一郎編『日本儒林叢書』第四巻(一九七八年復刻)、一頁。以下、「読直毘霊」の引用およびその頁数はすべて同書による。

(25) 高須芳次郎編『水戸学全集第二編、会沢正志集』(一九三三年)一九三頁。以下「下学邇言」の引用および頁数はすべて同書による。

(26) 物集高見編『新註皇学叢書』第一二巻(一九二八年)三三三頁。以下、「迪彝篇」の引用および頁数はすべて同書による。

(27) 瀬谷義彦『会沢正志斎』(日本教育先哲叢書一三、一九四二年)二一〇頁。以下、「泮林好音」の引用および頁数はすべて同書による。

(28) 田原嗣郎「会沢正志斎における天と天皇について」(『日本歴史』四一六、一九八三年)五~六頁参照。

(29) 前掲(注24)『日本儒林叢書』第三巻、一頁。

(30) この点、本山幸彦氏は、「天祖をあたかも天そのものであるかのようにとき」として、「天と天祖の同一視」と説明する(前掲注2の本山論文)。しかし「天」は一面、万物を生育させるはたらきをもつ自然的存在でもあったから、天祖は「天」を「人格(神格)的」に体現したものと考えた方がより正確であるやに思われる。

(31)　三種の神器には、各々に意味が託されていた。なかでもとくに宝鏡（八咫鏡）が、かく天祖の御霊代として重視された。なおこの宝鏡は「諸神相議りて、石凝姥の神をして、日神の御形を鋳せしめしなり」（「迪彝篇」三四二頁）というように、「日神の御形」つまり天照大神のすがたを念頭において作られたという。天照大神は「日神」＝太陽神であるから、結局円形ということになろう。

(32)　「帝徳論」というのは、長尾龍一氏の引くところの石井紫郎氏の言葉。長尾『日本国家思想史研究』（創文社、一九八二年）一三頁。

(33)　日本思想大系53『水戸学』二七八頁。以下「弘道館記述義」（書き下し文）の引用および頁数はすべて同書による。

(34)　尾藤正英氏は、前期水戸学は、普遍的な朱子学的道徳論の立場に依拠しており、したがって易姓革命を否認する考え方はないと主張される。その例証として、『大日本史』が南朝滅亡をもって擱筆していることを挙げている。つまり南朝滅亡で一つの王朝が完結した、即ち易姓革命があったと水戸学でとらえられていたというのである（尾藤前掲注3論文、五六七〜八頁）。しかしそれは「帝徳論」を直線的に革命肯定論に結びつけたための誤解であるやに、私には思われる。皇統一姓という日本の歴史的「事実」を、ほかならぬ朱子学的名分論の貫徹と理解した徳川光圀ら前期水戸学に、革命容認論があるとはどうしても思えない。前期水戸学には、朱子学の道徳的普遍主義と易姓革命否認論は、矛盾なく併存しているのである。たとえば、修史事業の動機となった光圀の劇的な「伯夷伝体験」の核心的理念は、明らかに革命否認にあった。「文王は聖人なり。武王は聖と申しがたし。伯夷が諫めしこそ正道なれ。武王簒弑の義のがれがたし」（徳川光圀「西山公随筆」、前掲『水戸学全集第四編、水戸義公・烈公集』二六〜七頁）という光圀の言葉は、尾藤氏のいわれる革命否認論では解釈できないのではないであろうか。なお、『大日本史』の擱筆に関する解釈については、橋川文三「水戸学の源流と成立」五八頁（日本の名著『藤田東湖』、中央公論社、一九七四年）、および野口武彦『江戸の歴史家』第九章（筑摩書房、一九七九年）の解釈の方が、より説得力をもつと思われる。なお光圀の「伯夷伝体験」とは、橋川氏の使用した語である（橋川前掲論文一九頁以下）。

(35)　本山幸彦「後期水戸学の人々」（前掲注19）二二六頁以下参照。

(36)　日本思想大系53『水戸学』一二〜三頁。

(37)　本山幸彦（前掲注2）論文、二一頁以下参照。

(38)　「葦原千五百秋之瑞穂国、是吾子孫可レ王之地也、宜爾皇孫就而治焉、行矣、宝祚之隆当下与二天壌一無上レ窮者矣」という

のが、その「天壌無窮の神勅」で、『日本書紀』巻二、神代下、天孫降臨の章第一の一書に見える。なおこの時、天照大神は「宝鏡奉斎の神勅」と「斎庭稲穂の神勅」も授けた。いわゆる三大神勅である。

(39) 日本思想大系53『水戸学』(前掲)二三八頁。以下、「退食間話」の引用および頁数はすべて同書による。

(40) 『日本書紀』巻二、神代下、天孫降臨の章の第二の一書に「是時天照大神手持二宝鏡一、授二天忍穂耳尊一而祝レ之曰、吾児視二此宝鏡一当レ猶レ視レ吾、可三与同レ床共レ殿以為二斎鏡(イワイノカガミ)一」と見えるのが、皇祖崇敬の重んじるべきことを説いたいわゆる「宝鏡奉斎の神勅」である。

(41) その他、夫婦・長幼・朋友の人倫のあり方も、君臣や父子の場合と同様に、記紀の記述にもとづいて、その確定が説かれる。夫婦の別は、伊弉冊尊(女神)が伊弉諾尊(男神)に先んじて「好哉(あなにやし)」と唱えたのを改めて男神が先ず唱えたこと、長幼の序は、伊弉諾・伊弉冊の間の三貴子(天照大神・月夜見尊・素盞嗚尊)が各々天・夜・海を分治したこと、朋友の信は、天孫降臨に際して互いに助け協力しあった諸神(思兼(おもいかね)・手力雄(たぢからお)・児屋(こやね)・太玉(ふとだま)・建雷(たけいかずち)・猿田彦(さるたひこ)等)のあり方に、各々の寓意が示される。以上、たとえば「退食間話」二三八〜九頁など参照。

(42) 「迪彝篇」師道・五之三にも、ほとんど同じ内容の文がある。

(43) 「泮林好音」二〇四頁(日本教育先哲叢書一三)。

(44) 天保期に開設された藩校弘道館は、藩士が教育対象とされ、民衆は排除されていた。明らかに弘道館は、政治をになう人材の育成を目的としていた。その教育理念を示す「弘道館記」に「忠孝無二」が高唱され、忠孝道徳を鼓吹してやまなかったのは、こうした意味があったわけである。

(45) ただしこの場合注意すべきは、大名や将軍を越えて天皇への直接的な忠誠行動を要求するものでは、決してない。すでにみたとおり、幕藩制政治秩序は、国体秩序の再建であった。「天子は天工に代りて天業を弘め給ふ。幕府は天朝を佐けて天下を統御せらる。邦君はみな天朝の藩屏にして、幕府の政令を其国々に布く、是が臣民たらん者、各々其邦君の命に従ふは、即ち幕府の政令に従ふの理にて、天朝を似(ママ)(仰)ぎ、天祖に報い奉るの道なり」(「迪彝篇」師道・五之二、三四七頁)というのに明白なように、「邦君」(直接の主君)への忠の中に、既に天皇への忠が読みこまれているわけである。

(46) 尾藤正英氏は、「尊王攘夷思想」の論文(『岩波講座日本歴史』近世5)において、浅見絅斎が、国民と国家との関係を親子の関係と同一視し、運命的・絶対的関係においてとらえていることを、指摘している(同論文、五三〜四頁)。

(47) 渡辺浩『近世日本社会と宋学』（東京大学出版会、一九八五年）七九〜八〇頁。
(48) 渡辺同前書、八一頁。
(49) 家業精励を媒介とした近世武士の忠孝一致論についても、渡辺氏は、同前書に論じている（一五五頁）。
(50) 本山幸彦(前掲注2)論文、二一〜二頁参照。
(51) 宮城公子「山田方谷の世界」（岸俊男教授退官記念論文集『日本政治社会史研究』下、塙書房、一九八四年）、同「『誠意』のゆくえ——大橋訥菴と幕末儒学——」（『日本史研究』二八五、一九八六年）。
(52) 天地と天神（この場合、天神とは天照大神を指し、それは万民にとって、米穀・衣服・室屋・器財・百物等を教えた仁沢ある存在）への祭祀は、「至尊」（天皇）が「万民の心志を玉体に負せ給ひて」祭るものであって、万民は、天地・天神を祭ってはならない。「天子は天地を祭りて、卑賤の者は天地を祭るべから」ずなのである。なぜなら、「今平交の間（人間の一般の交わり）にも、其人に一事を頼みたらんに、其人をさし置きて、己また其事をいろはんは、頼まれたる人を蔑如したるなり。況んや既に至尊に頼み奉りては、己より天地を祭るの理あるべからず」という。したがって、「唯心を一にし、志を専らにして、至尊に事へ奉らば、己が誠は、自然に天に通ずべきなり」（以上いずれも「迪彝篇」神天、三四一〜二頁）というように、万民に代わって天地や天神を祭祀する天皇に、「心」「志」を専一にして誠実に臣事することが、天地・天神に仕えることを意味しているというのである。ここでも天皇が、天（地）・天神の権威を独占する構造が見てとれる。先の、天—天祖—天皇の一体化の構造が、祭祀論として説かれた場合、このようになるわけである。
なお、「人の本」たる天地と父祖は、それぞれ忠と孝の道に対応してあることも、以上によって明らかであろう（この場合、忠が天地に対応するというのは、天祖—天皇が、天（地）の人格的表現としてあったということを想起されれば、了解されよう）。
(53) 渡辺浩前掲書(注47)一二九頁。
(54) 渡辺同前書、第二章第三節参照。なおこれらの指摘は、滋賀秀三『中国家族法の原理』（創文社、一九六七年）に拠っている。またここで指摘した中国社会における異姓養子と同姓婚の禁止は、ほぼそのまま韓国社会にも認められる慣行である。
(55) 「家」の構造や観念あるいは習慣などに関して、日本は中国とは根本的に異質であった。たとえば「家」の観念にしても、日本では実際の血統上の連続の事実より、家業・家名・家産などを実質的内容とする形式的機構ともいうべき観念でとらえられていた面が強い。こうした観念のもとで、「家」を守るために、異姓養子は確立した慣行であった。かかる社会的背景のもとで、異姓養子の問題をどう理解し、いかに日本に適用するか、この問題は、近世儒者たちにとって大変な難問であった。中国儒教と異なって、異姓養子肯定論を展開した儒者も、必ずしも少数ではなかったが、この点、渡辺前掲書（第二章第三節）に詳しく論じられている。

(56) 加地伸行「『孝経啓蒙』の諸問題」（日本思想大系29『中江藤樹』解説、一九七四年）、同「中江藤樹の孝——川島武宜・守本順一郎両氏の解釈について——」（『史学雑誌』第八五編第六号、一九七六年）。なお両論文とも、加筆修正の上、加地著『中国思想からみた日本思想史研究』（吉川弘文館、一九八五年）に収載。

(57) また「天朝、大嘗の礼は、天祖を祀りて、天に事へ先を祀るの意、並び存す。亦た猶ほ郊禘（こうてい）のごとき也。（中略）蓋し亦た神州と漢土と、風気相同じきを以てして、其の事の暗合する者此の如き也」（「新論」長計、一四八頁）というように、日本の祭祀や教えの漢土（中国）との親近性を指摘するのが、水戸学の常である。

(58) 加地氏によれば、中江藤樹の孝の理解にもとづく思想は、その数少ない例外であるという。

(59) 本章第二・三節参照。

(60) 徳川光圀は、藩士・藩民にも儒式による自葬祭を勧め、その礼式を記した「喪祭儀略」なる手引書を編纂し、頒行していた。寛文年間、七一三箇寺の破却処分を含む徹底した寺院整理など仏教への抑圧と、仏教から分離させた神社の整理などの改革も、喪祭と一体の宗教政策であったことは、いうまでもない（『水戸市史』中巻(一)第六章参照）。またほぼ同様の時期、会津藩（保科正之）や岡山藩（池田光政）など、儒教の影響の強い藩主のもとでも、似通った宗教政策がとられている。それらの詳細を明らかにする材料をここにもっているわけではないが、いずれも儒教の宗教的理解とかかわる問題であると思われる。

(61) 『日本国粋全書』第一八輯（一九一六年）所収。

(62) 会沢が民心を重視していたことについては、本章第三節参照。なお会沢は、最晩年の文久二年（一八六二、翌年八二歳で死去）、「時務策」を著して開国論への転換を示した。同論のなかで「民命ハ聖天子ノ尤重ジ給フ所」とか、「天下ハ天下ノ天下ニシテ一人ノ天下ニアラズ」などと述べ、一種の儒教的民本主義の立場を基本的論拠として、開国の必要性を説いた。あるいはまた「人心去就説」においては、「孟子ニ『民為レ貴、社稷次レ之、君為レ軽』ト云ヘルモ、君臣共ニ皆民ノ世話ヤキノタメニ天ヨリ設ケタル役人ナルユヘ、民ヲ本トスルコトヲ云シナリ」と見えていることも、参照されたい。

「時務策」は日本思想大系53『水戸学』三六四・六頁、「人心去就説」も同書三五五頁)。
(63) 尾藤正英「日本における歴史意識の発展」(旧版『岩波講座日本歴史』別巻1、一九六三年)参照。
(64) 藩校明善堂および久留米藩の学問や文教をめぐる動向については、新谷恭明「久留米藩明善堂の学校史的研究」(昭和六十年度科学研究費研究成果報告書)に詳しい。
(65) 久留米市民図書館蔵。なおこの上書の複写、および次の野崎平八「答下問奉政府書」の複写については、新谷恭明氏のご好意で入手できた。記して謝意を表したい。
(66) 戸田乾吉著『久留米小史』(一八九五年)巻一七(二七~三三丁)所収。同上書の筆者を野崎平八とするのは、『久留米小史』の推定による。新谷氏も前掲論文においてそれを踏襲している。ここでもそれに従っておく。
(67) 本書第五章第三節参照。
(68) 主に新谷前掲論文参照。
(69) 越智武臣『近代英国の起源』(ミネルヴァ書房、一九六六年)第一章参照。

終章　結語──統合と教育を中心に──

本書は、近世中後期儒学思想史の過程に即して、教育思想の歴史的展開の解明につとめてきた。そしてそれを通じて、おもに幕藩領主層の立場からする教育政策の展開をささえる論理を明らかにしてきた。それはまた、「教育爆発」始動期の一面に対する思想史的考察でもあった。以上をふまえて、以下、本書の全体的整理をこころみる。

総じて、近世日本の教育政策は、幕藩体制の構造的矛盾の進行に並行する形で、その取り組みが本格化していったといえる。それはおおむね、幕・藩の政治改革の一環として、教育的政策が把握されていたことを示す（教育が政治的視点から構想されるという教育と政治のこの関係は、いうまでもなく、近代の日本にもそのまま引き継がれる）。そこでは、動揺し、変質し、解体してゆく社会の秩序をいかに再編し立て直してゆくか、といった課題に対する一つの対応であったといってよい。したがって、幕藩領主層による教育的政策や、それをとりまく教育思想の論理は、一種の政治や社会の統合論としての視点からとらえることも、また可能であろう。以下は、また統合論と教育の視点からのまとめでもある。

近世前期の朱子学については、本書ではふれるところがなかった。ここで粗雑ではあるが、徂徠学以前をとりあえず朱子学で代表させ、序章での分析をふまえて、朱子学における統合論の原則的立場をみておく。

序章にふれたところから明らかなように、朱子学の構成においては、社会の統合は初めからいわば予定調和的に保証されていると考えられる。なぜなら、人性は本来善であり、しかも万人に生まれながらにひとしく天理として内在しているのだから。かかる朱子学における統合の性質をあげれば、(一)政治を個人の道徳性の問題に還元してとらえ、いわば人倫社会における道徳的統合をめざすという点で、道徳的理想主義であった。(二)教育との関連でいえば、政治が民衆への道徳教化や啓蒙として具体化されるものであってみれば、政治自体を広義の教育的営為の範疇でとらえることができる。その意味では、教育（一種の民衆教育）を通じての社会の統合という構造を、論理的には内在させていた。しかも本来、これを総ての人が入学する「小学」と、為政者や一部エリートのための「大学」、という組織的に営まれた二種の学校でおこなうこと、これが朱子学における理想的な方法であると考えられていた。(三)その一方で、朱子学の有徳為政者による徳治政治の原則の立場からすれば、社会の統合（「治国平天下」）は、形式的には学問や政治の最終目標に掲げられるとしても、実際は修身というすぐれて個人的な営為にもとづく結果にすぎない。したがって、もし右にいう「小学」の学校制度の方法をともなわないとすれば、朱子学は統合の論理としては、いかにも楽天的にして無力な理想主義に過ぎよう。

こうした朱子学の原則は、本来むきだしの力によって成立してきた近世前期の幕藩政治の現実を覆う原理たりえなかったことは、いうまでもない。しかしそれにもかかわらず、新興為政者層たる一部のいわゆる好学大名や、良き武士たらんとして自覚的に学問を修めた一部の武士たちが、朱子学を、自らを支え律する新しい倫理として思想的に受け止めた。そして朱子学的理念にもとづいて、政治や教育の実践のうちに朱子学を生かそうとところみた。しかしそうしたいわば先進的で真摯な試みも、自覚的なこうした一部の人たちの個別的な営みにおわり、組織としても体制としてもほとんど継承されるところとならなかった。多くの場合彼らの努力は、後の近世中期の政治改革のなかで、再評価されてゆく(「問題の所在」注6を参照)。

享保の幕政改革にも関わるところがあった荻生徂徠は、享保期初頭、徂徠学を成立させた。徂徠学は、享保改革を必然化させた元禄・享保期幕藩制の「初発的危機」を見据える中から形成され、それまでの学問・教育のもつ意味を根本から転換せしめることになった。すなわち、一人一人を各々の内面において律するものとしての儒学から、何よりも人間の世界(すなわち社会)を全体として統合するための方法としての儒学、への転換である。「経世済民の儒学」の成立といってもよい。そして徂徠は、その統合の方法を、「礼楽刑政」という作為的に組織された政治・社会の諸制度や文化と、それらを有効に使い機能せしめる政治的術策とに想定していた。それは、超越的な「天」に権威づけられた君主を政治主体とした、強力な政治改革の論理――もしくは超越的な君主権による強力な統合の論理――を提示したことでもあった。ここでは、「道」(学問)は、結局統治・統合の技術や方法を示すものにほかならなかった。かかる立場から、政治(統治)のための諸技術や方法を身につけた「人材」(武士「官僚」、一面それは実務的専門人でもあった)の育成、およびその方法を示す実用的な専門学の成立に、道を開くことになった。

徂徠学における教育は、統治・統合のための専門的な諸技術を身につけた多様な「人材」の育成という点に構想される。すなわち、政治の一端を担う政治的「官僚」をめざして行われる武士教育である。その際、「人材」の多様性の確保と学習者の自発性を尊ぶ意図から、画一的な学校教育は排され、政治権力に掌握されたもとでの「私的」(個別的)な教育の方法が構想されていた。民衆に対しては、言葉や教説によってなされる直接教化や学校などを通じての主知主義的な教育は、明確に否定される。民衆は、政治や社会の諸制度や文化など(「礼楽刑政」)によってこそ、よく教化されうるものと考えられた。徂徠が人間形成の契機として重視するものは、他(教師や君主など)からの、言葉や理屈によるはたらきかけではなく、自らの主体的思索にもとづく学習者の自己活動や実際的経験であった。模倣・習熟・自得の教育といってもよい。それを民衆に即して言えば、日々の社会生活そのものの人間形成作用に着目する考え方となる。それは、人間の意義を個人としてよりも集団（社会）の中でとらえる徂徠の人間観と照応する。かくて、よき生活環境を作ることこそよき人間を成す最良の方法――つまりよき政治こそ最良の民衆教育――ということになる。

徂徠学によって成立した「経世済民」のための儒学という学問観は、本書でとりあげた以後の儒学、すなわち折衷学や正学派朱子学、さらには後期水戸学などにも、陰に陽に基底的なところで継承されていた。

徂徠学はかく強力な政治の論理を構築したが、一方で大きくいって二つの脆弱な面を有した。一つは、自らが構想する政治の実践を、その内面において支え律する実践倫理を十分に展開しなかったこと、それは、実践主体を原理的なところで支える全体的な世界観をもたなかったことと内的に関わっていよう。二つには、超越的な君主の存在を、その論理の前提としていたこと、この二点である。十八世紀後半、徂徠学が政治改革の場で、その有効性を発揮すべき段階において、逆に急速な後退がみられたのは、主要にはこの点に関わっていた。

こうした徂徠学のもつジレンマをもっともよく示す一つの事例が、亀井南冥の思想と、天明・寛政期における福岡藩での彼の活動および挫折であろう。南冥の思想は、たしかに十八世紀後半期の政治改革において、徂徠学の有効性の一面を、明瞭に物語っている。それは、やはり強力な政治改革の論理（経世論）であった。とりわけ、政治の実際的な諸局面に自在に対応しうる政治主体――しかも多様な実務的才芸を身につけた「人才」・「官僚」群――の育成を構想する武士教育論の面において、南冥によって説かれる徂徠学の有効性が、顕著に認められるといってよい。しかし、南冥の構想も、やはり強力で有能な君主という統合主体が前提であった。したがって、政治の実際の場においては、南冥自身、朱子学の実践的倫理や秩序道徳のもつ政治的意味、すなわち朱子学的統合の論理を容認せざるをえなくなった。つまり十八世紀後半期、政治の実際に関わった徂徠学は、皮肉なことに、自らの論理のうちから、朱子学的統合論の復活につながる論理を準備せざるをえなかったわけである。南冥にみられた学派共存の論理――徂徠学と朱子学の、政治的・術策的使い分け――がこれである。

折衷学は、南冥の学派の使い分けからさらに一歩進めて、積極的に折衷する形で登場してきた。折衷により徂徠学の限界を修正しつつも、折衷学はなおやはり徂徠学の経世学の論理の延長線上にあるといって、大きくは誤りない。あらゆる学問は、政治という目的のもとに意味づけられ、その有効性が動員され、また折衷された。その意味で学問は、やはり政治のための方法や技術であった。そして細井平洲の儒学説にみたその本質は、「天」の権威に密着した超越的な政治主体としての君主を前提として構想された強力な政治改革論という点にあった。もちろんそこでは、徂徠学の脆弱性への配慮は十分になされていた。すなわち実践倫理や秩序道徳を「天」なる語で語られる自然的秩序によって基礎づけ、しかも「天」を「有徳」性を前提に措定した君主存在の根拠とした。つまり「天」の規範を体現した絶対的な「有徳」君主（「名君」）の徳治（仁政）を前提として、君主の「恩」とその規範（内容的には秩序規範）を、直接民衆の心情に語りかけ教化し統合してゆく構造である。しかしその前提となる「有徳」君主（「名君」）は、「天」の規範の体現者であらねばならない限り、実際には、最大限に演出され偽装された「名君」たらざるをえない。なぜなら、易姓革命論をもたない平洲が、世襲君主制を前提にして説く「帝徳」論は、偽装性を免れないからである。その意味で平洲の場合、政治的術策の駆使による「徳治」主義的統合論であった。

かかる平洲の思想の論理において、教育の契機は、(1)「名君」を目指しての厳烈な道徳的君主教育、(2)家臣団を対象とする武士教育、(3)民衆への道徳教化、の三局面において見いだされる。

家臣団は、絶対的な君主の手足となって、その「徳治」を最大限演出する役割をになうことになる。したがって、多様な役割に対応し得る多様な「人材」――それぞれ異なった徳や才や芸をもった武士「官僚」――を育成するとともに、そうした家臣団を有機的に一体化して君主中心に統合しうる藩固有の統合の理念の浸透がめざされる。平洲の学校（藩校）での武士教育の目標は、この二点であった。民衆に対しては、先述の通り、君恩を前提とした、講話という形での直接的教化の活動である。しかしそれは、欺瞞的な「名君」論を前提とする限り、たとえ民衆の心情に訴えうる平洲の巧みな講話術があったとしても、たんなる一時的効果にとどまり、ほどなく破産せざるをえなかった。結局そこでなお意味をもつとすれば、藩校での「人材」教育と、家臣団を結束にみちびく藩固有のイデオロギーの鼓吹という点であったといえよう。

ところで、天明・寛政期にあらわれた正学派朱子学は、新たな質をもつ統合論を展開してみせた。それは、学問を社会の全体を整然たる体系でもって統合する統合の原理（したがって政治の根本理念）においてとらえた点では、徂徠学の学問観を基底のところでふまえていた。しかしそれを自然的秩序に基礎づけ、全体的世界観にもとづいて、政治と社会と人間（人心）の全体を覆う統一原理として展開したところに、天明・寛政期の政治的課題に応えうるだけの質を備えていた。しかもそれは、道徳的秩序の体系として、人心を対象とした統合論であった。社会秩序に自発的に同化する民衆教化を目指したといってもよい。

こうした正学派朱子学の独自の特質は、何よりも「学統」論のもつ構造に見いだされた。「学統」は、君主を頂点とし、民衆一般にまでおよぶ整然とした政治的秩序の「真実」性を保証した。また君主の権威は、正統の「学統」を確定することを通じて、その学問（朱子学）の「真実」性によって担保された。そこでは、君主の有徳性を前提にせずとも、武士と民衆を全体的に統合する論理が可能であった。そして、それを可能にする方法が、「学統」にもとづく教育に見いだされた。そこでの教育は、政治によって組織化された「学校」、しかも、君主―藩校―郷学―寺子屋という、君主から民衆までを包摂した「公」的な学校の体系を構想したものであった。ここでは、民衆教化の「化源」が、君主の徳ではなく、藩校の学問（「学統」）にあった。その意味で、藩校こそ君主に代わる一藩教化（統合）の根源であった。

藩校は、武士教育の場であったこと、もちろんである。正学派朱子学では、道徳主義的あるいは実践倫理的な朱子学は、すべての武士に共通な、基礎的な学問（「小学」）として必須のものとされた。その上で、有能な武士「官僚」たることをめざして、多様な諸学が、専門学ないしは技術学として、それぞれ個別に学んでゆく学校教育のあり方が構想されていたのである。その場合、「学統」は、多様な武士「官僚」を藩の政治組織の中に一体化して組み込んでゆく絶対的な理念として機能することになる。これは、君主の独裁政治よりも、組織化された「官僚」群による政治を想定した論理であったといってよい。

いわゆる寛政異学の禁は、徂徠学的（もしくは折衷学的）な政治の論理にもとづいた定信の立場から、正学派朱子学が展開してみせた統合の論理の政治的有効性に着目して、自らのうちに取り込んでいった政策であった。もとより正学派朱子学は、徂徠学的作為の論理は否定した。徂徠学や折衷学にみられた術策的政治の論理と方法を必要としなかったからである。学問（朱子学）の「真実」性にもとづいて、教育と教化の浸透をはかればよく、君主は、「学統」の権威を握って（つまり「学統」を確定して）、存在していることに意味があったのである。右に見た朱子学の「学統」の論理は、後期水戸学の名分論につながる。

後期水戸学、とりわけ会沢正志斎の主要な課題は、西洋キリスト教国による侵略（と意識された）危機に対抗しうる国家体制の構築にあった。そのためには、武士はもちろん、民衆におよぶ人心を対象とした国家的統合をはかり、彼らの自発的能動性を引き出す論理の必要性を痛感した。その結果主張されたのが、忠孝道徳にもとづく国家論と、宗教祭祀による民心教化体系の構想であった。

その場合の統合の機軸は、いうまでもなく、天皇である。天皇は、「天」を体現した天祖と血胤で連続していた。その意味で、天皇は、規範としての存在そのものであった。その規範とは、忠孝道徳にほかならず、忠孝道徳は、また日本の建国の原理をも成していた。かくて、天皇、そして皇統は、その人格的道徳性を問わぬまま、普遍的な「天」によって超越性が保証され、武士や民衆にとって守り尽くすべき至高の規範的存在とされた。しかも忠孝は一致するとも考えられていた。こうした忠孝道徳というシンプルな単一の規範原理でもって、すべての「臣民」の心を統合し、国家に対する自発的能動性を引き出すことをめざした論理であった。

こうした統合論としての後期水戸学の論理の構造は、正学派朱子学の「学統」を機軸とした統合論の構造と、その枠組みの基本は変わらない。両者の違いは、一つには正学派が「学統」の根拠を朱子学の定式化になる自然的秩序論においたのに対し、後期水戸学が「皇統」の根拠を「天」よりもむしろ「天」を体現した天祖と、その血胤としての連続性の歴史的「事実」においたこと、二つには、正学派は、いまだ外圧に対する危機の自覚がなかったことを反映して、民族的統合まで視野に入れていないこと(だから民族に固有の「皇統」でなく、普遍的な「学統」で事足りた)、三つには、民心教化の方法の点で、正学派が組織化された学校での主知主義をも伴った教化の方法を構想していたのに対し、会沢では宗教祭祀を通じての教化をめざしていたこと、などの点に見いだされる。あえていえば、後期水戸学は、正学派朱子学の統合論を国家論的に再構成し直し、国家的集中と動員のイデオロギーを構築したとみることができる。

後期水戸学のこうしたイデオロギーの構造は、近代日本の天皇制国家主義の原型的構造を成した。

日本近代の公教育の体制は、いわゆる学校令体制に定着をみた。それは、西洋近代の公教育をモデルに、学校は国家によって体系的に組織された。そこでは、資本主義を支え発展させるに必要な西洋的な学問や知識・技術などが教えられる一方、教育勅語に集約されたいわゆる「忠君愛国」のイデオロギーの注入の徹底化もはかられた(こうした公教育の原型的構造自体は、早くに正学派朱子学に形成されていた)。いうまでもなく、教育勅語は、立憲体制下の国民として必要な近代市民倫理を含んでおり、その意味で近代的修正がほどこされている。しかし、日本の国家的発展を至上課題とする日本の近代において、国民の国家的動員と国家的集中は不可欠であった。この点に関する限りにおいて、後期水戸学の忠孝道徳論は、近代日本において繰り返し再生産される可能性と特質とを備えていた。なによりもそれは、国家意識を覚醒させ、自発能動的に国家に自己を一体化させる論理をもっていたからである。とりわけ、国家としての危機の際にそれは拡大再生産されてきた。昭和のファシズム期の、あのファナティックな国家意識の高揚は、その何よりの例証であろう。

とすれば、日本の国家としての近代化や教育の問題は、やはりこうしたイデオロギーを前提とせずして語ることはできない。本書は、このイデオロギー装置の原型構造が、すでに近世の歴史過程のうちに形成されてきたことを明らかにしてきたわけである。

〔初出一覧〕

「荻生徂徠の人間観――その人才論と教育論の考察――」(『日本史研究』第一六四号、一九七六年四月)
「「名君」の思想――細井平洲の思想と学問――」(『京都大学教育学部紀要』第二三号、一九七七年三月)
「寛政期一異学者の思想――亀井南冥について――」(『光華女子大学研究紀要』第一七集、一九七九年一二月)
「亀井南冥の学校論と福岡藩学の設立」(『光華女子大学研究紀要』第一八集、一九八〇年一二月)
「寛政異学の禁における正学派朱子学の意義」(教育史学会紀要『日本の教育史学』第二七集、一九八四年九月)
「後期水戸学の危機認識と民衆観――会沢正志斎を中心に――」(『日本教育史論叢・本山幸彦教授退官記念論文集』、思文閣出版、一九八八年三月)
「忠孝国家論の構想――会沢安の国体論をめぐって――」(『徂徠以後――近世後期倫理思想の研究』昭和六二年度科研費研究成果報告書、研究代表子安宣邦、一九八八年三月)
「福岡藩寛政異学の禁と亀井南冥――徂徠学の「主体」の問題に関連して――」(『立命館文学』第五〇九号、一九八八年一二月)

〔関連論文〕

「近世思想における統合論の系譜――幕末・近代教育史への一視角」(『季刊日本学』第三号、名著刊行会、一九八三年一二月)
「十八世紀後半期儒学の再検討――折衷学・正学派朱子学をめぐって――」(『思想』第七六六号、岩波書店、一九八八年四月)
「日本近世教育思想史の研究」(『私学研修』第一一〇号、私学研修福祉会、一九八八年七月)

あとがき

やっと卒業論文を書き終えた、というのが実感である。

「寛政異学の禁の歴史的性格――『和魂洋才』型思惟の形成――」というのが、一九七三年に私の提出した卒論題目（京都大学文学部史学科）である。異学の禁の意味を、日本の公教育のあり方を準備した思惟形態形成の視点から考えてみようとしたものである。主な考察の素材は、「異学」者亀井南冥の思想であった。もとより粗雑かつ未熟な論文であったが、それ以来、私は異学の禁にこだわってきた。

なぜ異学の禁にこだわったのか。一つには、学問が社会とかかわりあうそのあり方の問題があった。異学の禁は、学問と政治と教育とが交錯するところに成立した政策である。だからその三者のかかわり方の構造に関心をいだいた。そうした関心の根をさぐれば、入学当時のいわゆる「学園紛争」の中で、学問のあり方が問われていたことと無関係でなかったように思う。

しかし、異学の禁へのこだわりのより直接的な理由は、近代とのかかわりにある。おおむね当時の近代日本教育史像は、近世からの離陸の過程としてのみとらえられているように、私には見えた。そこでは、近世は近代前史にすぎない。近世が、近代の側からのみとらえられていたといってもよい。近世社会のもつ豊かな可能性に目を開きつつあった当時の私は、こうした教育史像には、違和感をおぼえた。近世からの連続として近代がある、という至極当たり前の歴史の前提に立って、既存の日本教育史像を修正する自分なりの視点の必要性を痛感した。そうした思いから、近世の側に視点をすえて、近代を見通す方向を模索するようになった。そのためには、制度史や事実史などの現象的事象分析より、変化する制度や事実を生み出し、またそれらを基底のところで支える思想をみてゆくことこそ、近世の側から近代を見通す視点につながるように思われた。もっとも、丹念で緻密な史料の捜査と操作を要する事実史の研究は、怠惰な私には手に負えないと思われたという気恥ずかしい告白も付け加えておかねばならないが。

しからば、近代とつながる視点から、なぜ寛政異学の禁が問題となるのか。この問題に対する解答こそ、まさに本書を通じて私がもっとも展開したかったことにほかならない。それはつまるところ、副題に掲げたように、日本における「公教育」思想の源流もしくは形成にかかわってくる。

なお念のために付言しておこう。ここで「公教育」というのは、明治国家が政治的に組織した日本近代の国民教育が念頭にある。その意味で、津田秀夫氏が『近世民衆教育運動の展開』（お茶の水書房、一九七八年）でいうような、もっぱら国民の教育権の視点からとらえた民衆的な公教育の理念ではない。民衆的公教育運動の歴史的解明は、国家と教育の関係が問われている今日、もとより必要である。教科書問題一つとっても、それは明らかである。しかし日本近代の公教育が、国民教育として、国家によって政治的に組織されたという事実はまぎれもない（ただ、国家が、民衆の動向を無視して一方的に組織した、と私が考えているわけでは決してない）。そしてその組織の仕方に、日本における公教育の特質も、したがって国家と教育の関係の構造も、みいだせよう。とすれば、日本の公教育をうみだした思想的伝統を歴史的に明らかにすることもまた不可欠となってくる。これまでの研究史上、この問題での成果は十分であるとはいえない。本書があえて「公教育」思想を副題に提示した所以であり、私の意のあるところでもある。

さて、寛政異学の禁とは何であったのか。この問題を歴史的に考えるためには、折衷学や正学派朱子学をいかに評価するかが大きなカギとなる。このことを私は、立命館大学の衣笠安喜先生に学んだ。いうまでもなく、先生は、思想史上なおざりにされてきた折衷学再評価の視点を示され、寛政異学の禁の思想史的研究に新生面を開かれた。思想の社会的機能に着目するのが、先生の思想史の立場であった。思想を教育史的にとらえようとしていた私には、思想の社会的機能こそ必要な視点だと思われた。躊躇することなく衣笠先生の門をたたき、卒論以来先生に個人的にご指導いただいた。ただ折衷学や寛政期朱子学理解のためには、徂徠学を避けては通れない。修士論文（教育学部）に徂徠学を選んだ理由はここにあり、本書第一章は、その研究にもとづく。なお、寛政異学の禁を日本近代の教育思想とのかかわりにおいて考えるなかで、後期水戸学のもつ意味にも気づくことができた。こうした意味あいから、第六章において後期水戸学の思想を取り上げたが、これも、結局私の異学の禁研究の延長上不可欠となった研究にほかならない。

かく、徂徠学から折衷学、正学派朱子学の研究を経て後期水戸学まで一応通してみることによって、ようやく私なりに異学の禁が理解できたように思う。卒論を書き終えたと実感する所以である。思えば、ここ十五年あまり、卒論から抜け出せなかったことになる。まことに牛歩に似た卒論研究となってしまったことを恥じ入らないわけにはいかない。しかし反面、まがりなりにも、儒学を中心とした近世中・後期教育思想史の一応の全体的な構図を描く結果となったようにも思われる。

もとより、本書は私の視点からする一つの全体的な像にすぎない。逆説的ながら、それは多くのものを落とすことによって辛うじて可能となった構図といってよい。このことは私自身、十分自覚している。その意味からしても、多くのすぐれた先学・同学の諸研究を十分に生かせなかったうらみが残る。とりわけ徂徠学については、修論以後の十年あまりに生産された研究は枚挙にいとまがない。それら諸研究に多くのことを学びながら、不器用な私は、その成果を本書に十分反映できたという自信はない。むしろ、諸研究の波に呑み込まれて溺死しないよう、自らの論理を追うことに精一杯であった。自らの非力を思わずにはいられない。

ところで、近世は豊かな可能性をはらんだ社会だと、私は思っている。一般にいわれるほどにスタティックではない。近世教育史も、かつてのような、藩校・郷学・私塾・寺子屋などの学校中心の類型的研究を脱皮する動向があらわれている。社会史的方法による教育史や教育文化史、民衆運動の視点からの教育史などの研究が多く発表されるようになってきたが、これらはいずれも、近世の社会や教育のもつ豊かさや可能性を明らかにしつつあるように思われる。思想史の方法で近世教育史をとらえることが当面の私の課題であるが、この点からしても、私に残された課題は限りなく多い。たとえば明治儒教の問題である。明治国家によって組織された政治や公教育のシステム自体が西洋近代型であったのは、まぎれもない。しかしそのシステムの中に儒教などの伝統的な思想や文化が一定程度生きていたこともまた事実である。その構造や意味を問うことは、日本近代の特質を問うことにつながるはずであり、そこには近世の側からの視点を必要としよう。元田永孚や西村茂樹らが、今私の関心に上ってくる所以である。それらの研究が本書の延長上にあることは、容易に了解していただけるにちがいない。

またこれとは別に、今一つの新たなテーマに取り組みはじめている。中内敏夫氏が「日本の教育は、いかに教えるべきかではなく、いかに学ぶべきかの体系でき上っている」といわれることにかかわる。中内氏は教育思想成立の基本が「いかに教えるか」という教育の技術にある以上、教育が「いかに学ぶか」という「学習論」として論じられてきた日本には、教育思想の伝統が乏しいともいわれる(「教えるという技術の成立」、『岩波講座・教育の方法』第一巻、一九八七年)。この問題は早くに春山作樹が「本邦教育学の祖益軒先生」(一九三〇年)で指摘し、近年江森一郎氏がこれを「学習法的教育観」と呼び、教育思想微弱説の中内批判をこころみている（「貝原益軒の教育観」、『教育学研究』四五―一、一九七八年）。なぜ日本では「教育」でなく「学習」になるのか。この問題は、日本の伝統的な教育の原理にかかわるだけに、思想史的に解かなければならないと私は思っている。とりあえずこの問題は、模倣と習熟が日本の伝統的な教育の方法であったことを示すことで説明できるというのが、目下のところの私の仮説である。本書で展開した徂徠の習熟論も、この視点からとらえなおすことができるはずである。しかし、こうした説明にとどまることがめざすところではない。習熟論を近世思想の論理に即して明らかにすることは、近世の教育思想のもつ豊かさの一面をえがくことにつながるにちがいない。このテーマに託する私の思いはこうしたところにある。

隘路におちいった現代の学校教育や、人間として生きる力を弱めているように思われるいまの子どもたちの問題を考えるためにも、実は前近代や伝統的な教育の多様ないとなみを明らかにすることが必要であると考える。現代の教育や子どものありようを、長い歴史の時間の中に解き放って、あらためて大きな尺度でとらえなおすこと、これこそ現代の教育や子どもの硬直を解きほぐすことにつながるはずではないか。教育史学の大きな課題の一つがそこにあることはまぎれもない。本書もそのための一助になることを願っている。

非才の上に怠惰な私がともかくここまで歩んで来れたのは、多くのよき恩師、先学、学友たちに恵まれたおかげである。なかでも京都大学教育学部大学院以来ご指導いただいた本山幸彦先生には、思想史の厳密な考え方や学問の厳しさを学んだ。本書原稿に対しても、有益な助言を惜しまれなかった。また衣笠安喜先生の学恩の一端は、先に述べた。京大文学部の朝尾直弘先生、島田虔次先生、教養部の筧田知義、海原徹、上横手雅敬の諸先生、および大阪大学の子安宣邦先生や立教大学の逆井孝仁先生といった諸先生方からいただいた幾多の学恩も忘れたくない。その他一々お名前をあげないけれども、私の授業を受けてくれた学生たちまでも含めて、私を支えて下さったすべての方々に、改めて感謝申し上げる。

本書は、勤務する光華女子大学から一九八六年度に与えられた国内研修を機に、それまでの研究に全体としてすじが通るよう大幅に手を入れてまとめた。また、本書出版のために、やはり光華女子大学から助成金を受けた。若い研究者の研究に理解と援助を惜しまれない、蜂屋慶学長をはじめ光華女子大学の関係各位に感謝をこめて、本書の完成を報告させていただく。

実績のない私の著書の出版を引き受けていただいた思文閣出版には、その決断に敬意を表するとともに、ご協力いただいたスタッフの方々に、お礼申し上げる。ことに編集部の林秀樹氏には、終始お世話になった。今となっては、ただその期待に応え得たか否かのみが気がかりである。また、繁雑な校正をお手伝いいただいた立命館大学院生の清水教好氏にも感謝する。

本書の出版を、何はともあれ田舎の母に報告しよう。早くに父を喪って後、母にかけた苦労は忘れるわけにはいかない。そして、妻と三人の子どもたちとともに喜びたい。

一九八九年十月十日　　不惑を前に

辻本雅史

辻本雅史(つじもと　まさし)…京都大学名誉教授

近世教育思想史の研究
—日本における「公教育」思想の源流—
(オンデマンド版)

2016年9月30日　発行

著　者　辻本　雅史
発行者　田中　大
発行所　株式会社 思文閣出版
〒605-0089　京都市東山区元町355
TEL　075-533-6860　FAX　075-531-0009
URL　http://www.shibunkaku.co.jp/

装　幀　上野かおる(鷺草デザイン事務所)
印刷・製本　株式会社 デジタルパブリッシングサービス
URL　http://www.d-pub.co.jp/

AJ804

ISBN978-4-7842-7020-0　C3021　Printed in Japan

◉著者略歴◉
辻本雅史（つじもと・まさし）
1949年　愛媛県に生まれる
1973年　京都大学文学部史学科卒業
1978年　京都大学大学院教育学研究科博士課程
　　　　単位取得
1990年　文学博士（大阪大学）
光華女子大学教授を経て現在は甲南女子大学教授
著書・論文：『京都府の教育史』（思文閣出版，共
　　　　著），「十八世紀後半期儒学の再検討」
　　　　（『思想』第766号）ほか

近世教育思想史の研究
——日本における「公教育」思想の源流——

一九九〇年二月一日　発行
一九九二年十一月一日　再版

著者　辻本雅史
発行者　田中周二
発行所　株式会社　思文閣出版
京都市左京区田中関田町二—七
電話（〇七五）七五一—一七八一(代)

印刷　同朋舎　製本　大日本製本紙工

ISBN4-7842-0582-9　C3037

人名索引

き

く

け

こ

さ

し

事　項　索　引

け

こ

さ

し

す

せ

そ

た

ち

て

と

な

に

の

は

ひ

ふ

へ

ほ

め

も

り

れ